高等商業学校の経営史

学校と企業・国家

長廣利崇 著

有斐閣

目　　次

序　章　高等商業学校の役割 …………………………………………… 1

第**1**節　工業化と商業教育の役割　1

第**2**節　本書の目的と対象　3

第**3**節　学校と企業　5

第**4**節　学校と国家　6

第**5**節　「フンボルト理念」と「教養主義」　8

第**6**節　本書の構成　11

第Ⅰ部　戦間期の学校と企業

第**1**章　修業年限延長への戦略 ……………………………………… 16

第**1**節　問題の所在　16

第**2**節　帝国大学と専門学校との格差　17

第**3**節　校長の役割　20

第**4**節　修業年限延長要求　27

第**5**節　社会の高等教育要求と修業年限延長　29

第**6**節　修業年限延長の反故　34

第**7**節　結　語　36

第**2**章　修業年限延長要求と学科課程 ……………………………… 38

第**1**節　問題の所在　38

第**2**節　「技術的・技能的」教育　39

第**3**節　「予科学科目」「語学・体操科目」の比重　42

第**4**節　4年制学科課程案　49

第**5**節　4年制学科課程案と修業年限延長　54

第**6**節　結　語　59

第**3**章　自由選択制と学科課程の改正 ……………………………… 61

第**1**節　問題の所在　61

第**2**節　学科課程の概観　62

i

第**3**節　1926 年の学科課程の改正と自由選択制　64

第**4**節　1934 年と 38 年の学科課程の改正　66

第**5**節　生徒の教育需要　73

第**6**節　結　語　75

第 **4** 章　研究体制の構築 ································· 76

第**1**節　問題の所在　76

第**2**節　調査組織と研究組織の設立　77

第**3**節　調査・研究と理論・実際　79

第**4**節　和歌山高等商業学校における調査・研究体制の構築　85

第**5**節　ゼミナールの動向　94

第**6**節　結語──教官と生徒の「研究」　97

第 **5** 章　生徒の管理 ····································· 99

第**1**節　問題の所在　99

第**2**節　高等商業学校の「生徒心得」　100

第**3**節　出席と服装の規律　102

第**4**節　生徒の懲戒制度　104

第**5**節　厳罰の徹底──1922〜29 年　106

第**6**節　厳罰と緩罰との合間──1930〜32 年　109

第**7**節　緩罰化──1933 年以降　114

第**8**節　結　語　116

第 **6** 章　文芸作品からみる生徒の特質 ··············· 118

第**1**節　問題の所在　118

第**2**節　作品の概観　119

第**3**節　煩悶型作品　120

第**4**節　社会問題への関心　128

第**5**節　男女関係型　131

第**6**節　結　語　137

第 **7** 章　高等商業学校の就職斡旋活動 ··············· 138

第**1**節　問題の所在　138

第**2**節　昭和恐慌による就職問題の発生と就職相談部の設立　140

第**3**節　分析資料の特徴と就職過程の概観　146

第**4**節　企業の推薦依頼・面会・採用　147

第**5**節　生徒の推薦　151

第**6**節　企業の銓衡　163

第**7**節　結　語　168

第 II 部　戦時期の学校と国家

第**8**章　国民精神総動員運動と生徒の規律 …………………………… 172
——1937〜40 年

第**1**節　問題の所在　172

第**2**節　寮における生徒の規律　173

第**3**節　1937 年度　178

第**4**節　1938 年度　182

第**5**節　1939 年度　184

第**6**節　1940 年度の国民精神総動員運動　189

第**7**節　結　語　190

第**9**章　大政翼賛会と学校行事の形式化 ……………………………… 193
——1941〜43 年

第**1**節　問題の所在　193

第**2**節　報国団・報国隊の結成　195

第**3**節　拝賀・奉祝式典　198

第**4**節　大詔奉戴日　200

第**5**節　記念式典　203

第**6**節　参拝，その他式典　206

第**7**節　小樽高商の場合　207

第**8**節　運　動　208

第**9**節　防空訓練・航空訓練　209

第**10**節　勤労作業　211

第**11**節　結　語　213

第 10 章　戦時体制下における学科課程の再編と「錬成」の限界 …… 216

第 *1* 節　問題の所在　216
第 *2* 節　修業年限の短縮　217
第 *3* 節　高等商業学校標準教授要綱と学科課程　218
第 *4* 節　和歌山高商における「標準要綱」の導入　228
第 *5* 節　「錬成」の限界　232
第 *6* 節　結　語　236

第 11 章　高等商業学校の転換 ……………………………………… 237

第 *1* 節　問題の所在　237
第 *2* 節　教育審議会での専門学校改革　238
第 *3* 節　修業年限の延長　242
第 *4* 節　進学の制限と徴兵猶予の廃止　245
第 *5* 節　高等商業学校の転換　250
第 *6* 節　転換後の学科課程　254
第 *7* 節　勤労動員の強化　260
第 *8* 節　結　語　262

終　章　高等商業学校と企業・国家 …………………………………… 265

第 *1* 節　高等商業学校と企業　265
第 *2* 節　高等商業学校と国家　274

注 …………………………………………………………………………… 279
研究文献一覧 ……………………………………………………………… 303
あとがき …………………………………………………………………… 309
索　引 ……………………………………………………………………… 311

◎ 凡　例
・引用史料は，原史料，復刻史料を問わず，必要に応じて旧字体から新字体に改めた。
・引用史料には，適宜，句読点を挿入した。
・引用史料の括弧内の語は，断りのない限り筆者の注釈である。
・研究文献は，原則として，2016 年 9 月までに公刊されたもののみ参照した。

iv

序　章

高等商業学校の役割

第 *1* 節　工業化と商業教育の役割

　戦前期日本の経済成長に教育は重要な役割を果たしたといわれる[1]。明治の工業化期には，銀行，商社，鉄道，鉱山などの会社が相次いで設立されるとともに，理工系の知識をもつ技術者のみならず，語学を含めた，金融，会計などの商業知識をもつ事務系の人材が必要とされた。理工系の教育機関（企業内教育も含める）が産業に与えた役割を分析した研究には，内田（1987），岩内（1989），尾高（1993），橋野（2001, 2010），大淀（2009），沢井（2012, 2016），小路（2014）など多数あるものの[2]，文科系の教育機関と産業との関わりを検討した研究は少ない。

　図序-1，図序-2 によれば，専門学校では高等工業の卒業生に対して高等商業の卒業生が 7% 高く，大学では文科系（文・法・経・商学部）の卒業生の比率が圧倒的に高い。したがって，量的にみても高等商業と文科系の大学が産業に与えた役割を検討すべきであろう。

　幕末の開港以後，貿易による外貨の獲得が重視されるとともに，簿記，外国語，国際法などの商業知識の重要性は高まった[3]。三好（2012a）によれば，商業教育は，工業・農業教育とは異なり，民間主導で始まった。1875 年に東京で設立された商法講習所を契機として，民間の求めに応じて神戸や大阪などで商法講習所が設立された。農業教育と比べれば，「商業教育は，学理よりも実

I

図序-1　専門学校の卒業生構成（1932年）

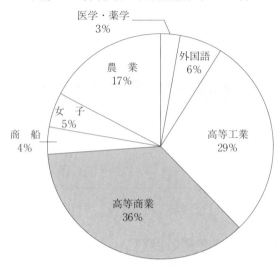

出所）　文部省『日本帝国文部省第六十年報』1932年度。
注）　大学専門部などを除く「生徒」の数値。

図序-2　大学の卒業生の構成（1932年）

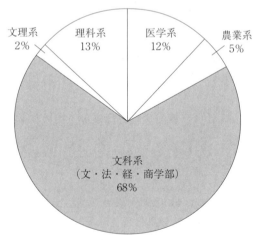

出所）　文部省『日本帝国文部省第六十年報』1932年度。
注）　予科・選科などを除く「学生」の数値。

践を重視し，実践的能力をもつ人材養成を進めてきた」とされる[4]。東京商法講習所の教授内容をみれば，英語と簿記に加えて，「紙幣銅銭ノ模型」による商品売買などの実践が重視された。

形成期の商業教育の実践重視は，三好（2016）によれば，徳川時代からの伝統である「知恵才覚」に商人が依存したこと，欧米においても工業や農業に比べれば商業の学理が未発達であったことに基づく。こうして「商業教育は学理よりも西洋に範を求めた実地の実践という技術的性格の強いもの」となった[5]。

1884年の商業学校通則によって，中等レベルの商業学校が設立されるとともに，外国語学校に高等商業学校が付設され，文部省による商業学校の系統化と体制化が進んだ[6]。とりわけ，1887年に設立された高等商業学校（東京）はベルギーのアントワープ高等商業学校を模範としたが，商法講習所からの実践を重視する教育は受け継がれた[7]。しかし，1900年頃に高等商業学校（東京）では，実業界からはより実践を重んじるように求められる一方で，生徒からは簿記の試験をやめるなど，高度な学理教育を求める運動がおこった[8]。この運動は，実践型の教育を重視した校長の矢野二郎排斥に至った。酒井（2001）によれば，矢野校長排斥後の高等商業学校（東京）では，実社会と結びつきの深いものの，学理志向が進んだとされる。

1902年に神戸高等商業学校が官立として設立され，1901年には大阪市立の大阪高等商業学校が設立された。1920年には東京高等商業学校が東京商科大学に「昇格」した[9]。こうして商業教育は，大学 – 高等商業学校 – 商業学校の3つのレベルに分かれた。さらに，1929年には神戸高等商業学校が神戸商業大学へ，1928年に大阪高等商業学校が大阪商科大学に「昇格」した。

1899年の実業学校令と1903年の専門学校令によって，高等商業学校（高等の商業教育を行う学校）は実業専門学校とされた。1917年には臨時教育会議が設置され，19年の「高等教育拡張計画」によって高等商業学校は増設されることになった[10]。

第2節　本書の目的と対象

このように形成期の商業教育は，「学理」を取り入れながらも，工業化に即応した実践型の教育を行っていた。実業教育が大学 – 高等商業学校 – 商業学校

の3層となったとき，大学は「学理」，すなわち「研究」を行う学校へと転化した。他方，高等商業学校は大学への「昇格」を要望するものの，戦前期にそれが実現することはなかった。したがって，実践教育を行う商業学校，「研究」を行う大学の中間に位置する高等商業学校の役割が問われることになった。高等商業学校はしばしば「実学」志向にあったとされるが，これを批判的に検討することが本書の課題となる。

とりわけ，第一次世界大戦を経て重化学工業の発展，大企業化や総合商社の成長などに伴い多様化された事務系の人材養成が必要となってきた。さらに，「学歴社会」の進展とともに，高等教育に分類される商科大学（以下，商大と略す）と高等商業学校の卒業者の間に企業内での昇進・給与などの位置づけが問われ，大学とは異なる高等商業学校独自の教育目的も必要とされてきた[11]。

先行研究では，形成期の高等商業教育に関しては詳しく検討されているが，東京高商が大学に「昇格」した1920年以降の展開期の高等商業教育のあり方に関しては十分に検討されていない。ただし，天野（1993，2013a，2016），三好（2012b）などよって，1920〜45年の専門学校の動向は概括されているものの[12]，高等商業学校の役割の変化などに注目して検討されていない。

そこで本書では，1920〜45年の官立高等商業学校（以下，本書では高商と略す）の動向を検討する。分析対象は，大学へ「昇格」した東京高商，神戸高商，大阪高商を除いた非昇格型の官立高商（長崎・山口・小樽・名古屋・福島・大分・彦根・和歌山・横浜・高松・高岡）である。公立の高商（横浜市立横浜商業専門学校，兵庫県立神戸高商），私立の高商（私立高千穂・大倉・松山・巣鴨・日本女子・同志社・鹿児島・浪華高商）は本書の分析対象から除外する。

官立学校が独自に行う資金調達活動は，創設時や施設拡張のための寄付金の受け入れがあった[13]。しかし，私立学校と比べれば，官立学校が運営資金を独自に獲得する機会は少なく文部省の裁量に委ねられていた。したがって，ここではヒト・モノ・カネからなる経営資源の調達に自律性がなく制限された状態において，学校が主体的に行う活動を「経営」と捉える。具体的には，外部環境との相互関係における学校の主体的な活動の流れを見直すことが学校の「経営史」となる。そして，その高商の活動をみることが本書の課題となる。

さらに，以下で示すように，本書では学校と企業，学校と国家（政策）との関係に注目したい[14]。

第3節　学校と企業

　学校が社会的な存在である限り，社会のなかでの学校の役割を考える必要がある。とりわけ，実業教育を行う高等商業学校と企業との関わりは重要となる。しかし，矢野（2001）によれば，「教育と経済の不幸な関係」が存在するとされる。すなわち，「教育」は長期的な視野に立ち「人格の完成」を目指すのに対して，「経済」は短期的な立場で私的利益を追求するとされる。こうした「水と油」のような関係が学校と企業にはあるとしても，戦前期の高等商業学校と企業とがいかなる関係にあったのかは，個別に歴史的検討を行う必要がある。

　同様に，学生の就職にもあてはまる。菊池（1999）によれば，東京商科大学の福田徳三（のち慶應義塾大学教授）は，「就職への教育の従属」を問題視した。そして，大学は，学問を考究する，教育＝研究をなす場所であると唱え，職業に就くための教育を排除しようとした。福田の教育＝研究という「フンボルト理念」は，留学して学位を得たドイツのミュンヘン大学から学んだものであった。しかし，1930年代はじめには，研究＝学者の養成という前提の下で，実態と解離した大学教育を見直そうとする動きが起こっていた。

　ただし，菊池（1999）によれば，大学令において「蘊奥ヲ攻究スル」と定められた大学の事例である。「高等ノ学術技芸ヲ教授スル学校」と専門学校令で謳われた高商と「フンボルト理念」との関わりは，あらためて検討されなければならない。

　「教育」と「経済」との調和が困難だとしても，人材を育成する「教育」は「経済」の基盤となることにはかわりない。大塚・黒崎（2003）によれば，教育と経済成長の関係は次のように理解できる。

$$\text{④教育の収益}$$
$$\text{①教育需要} \rightarrow \text{②教育生産関数} \rightarrow \text{③労働（労働市場）} \rightarrow \text{⑤経済発展への貢献}$$

　すなわち，家計での教育需要に基づいて教育生産関数（学校）に投下された人が，教育の成果として生産を上げる。生産性が上昇した人が労働市場により高い評価を受け，教育の収益を得ればさらに教育需要は増える。この連繋を通

序章　高等商業学校の役割　　5

じて教育は経済発展に寄与する。

こうした人的資本理論を背景とした経済学による数量的分析は重要であるが，本書では，教育生産関数としてブラック・ボックスのように取り扱われている学校の実態を明らかにしたい。学校がどのような教育の成果を目指し，どのような活動をしたのかを明らかにしたい。

とりわけ，経済史・経営史研究では，高等教育機関を卒業した学生・生徒の就職先が詳しく検討されている。高商については，生徒の就職先の名簿などを史料として卒業後の就職動向が研究されている[15]。これらの研究は，広義に捉えれば，教育の成果を検討していることになるものの，教育内容と教育成果との関係がみえてこない。

学校と職業との関係に注目した刈谷（1991）の分析対象は1980年代前半の日本の高等学校であるが，その分析結果は「刈谷モデル」ともいうべき影響力をもっている[16]。刈谷（1991）によれば，「実績関係」と呼ばれる企業と高校との長期的な結びつきが存在し，生徒の「自己選抜」（学校が下すであろう選抜の結果と同じような進路を自分自身の判断で選ぶように導く）を経て，成績を重要な基準として学校内での「職業選抜」が行われ，生徒は学校の推薦状をもって企業の選考試験（「十分により抜かれた候補者たちの追認」）を受ける。こうした「学校に委ねられた職業選抜」は，「経済の論理」に「教育の論理」が「対抗」し「優越」したと論じられている。

他方，戦前期の職業指導を分析した石岡（2011）によれば，学校と職業との関係は「教育内容における非連続性」と「システムにおける連続性」が生じたとされる。すなわち，学校から職業への「移行」が進むものの，学校の教育内容が職業との関係において全面的に組みかえられるようなことはなかったとされる。

こうした研究背景に基づいて，本書では，戦前期の高商の動向を多面的に検討し，「実学」を教授する学校と目されてきた高商の「経済」と「教育」との関係を探りたい。

第4節　学校と国家

本書が分析対象とする高商は，文部省の組織の一部であったため，学科課程

（カリキュラム）は文部省の許可が必要であったばかりか，ヒト・モノ・カネという経営資源も国の裁量の範囲内で供給された。こうしたなか高商の意思決定の独自性の有無について検討する必要がある。

ところで，学校の意思決定は，複数の問題と解が参加者によって「ゴミ箱」に投げ入れられ，あるタイミングでそのうちの1つが取り出される「組織化された無政府状態」であるとされる[17]。とりわけ，Cohen and March（1974）によれば，大学の学長は「目的」「権力」「経験」「成果」において曖昧性が存在するとされる。ゴミ箱モデルが唱える「組織の無政府状態」や意思決定の曖昧性は，戦前期の高商に妥当するか否かについて考察する必要があろう。

Clark（1983）では，Cobban（1975）の中世イタリアのサレルノ大学が「知的進歩を維持するための防衛力と凝集力のある組織を発展させることに失敗」したとの記述を引用することで，大学の組織のあり方に注目する[18]。March の無政府状態論を援用しながら，Clark（1983）では「高等教育システムは無秩序を必要とする。無秩序のあるところでは，個々人と集団は自律的に自らを主張し，お互いにインフォーマルにかつある程度フォーマルに相談しあい，その結果，フォーマルな統制がもたらすことのできない効果を達成する」と述べている。学知の生産・発展・維持・普及を役割の1つとする高等教育組織は，秩序と無秩序の強度が成果を左右させるといえよう。

高等教育機関の内部組織のみならず，国家（政策）との関わりも重要となる。国家が学校に大きな影響を与えるようになるのは，学校が国民教化機関の色合いを濃くした戦時期（1937～45年）であった。とりわけ，「大正デモクラシー」から戦争へ進んでいく過程は，鹿野・由井（1982）が「統合と抵抗」と俯瞰したように，国家の民衆に対する教化・弾圧とその抵抗という歴史像であった。

ただし，近年の国民国家論，国民統制論に影響を受けた歴史実証研究の深化によって，国民統合を図る政策サイドの研究のみならず，国民統合の手段，国民統合の効果などが分析されている[19]。例えば，伊勢（2014）では，国民統合の手段である銅像による視覚的支配を分析し，「銅像による政策意図の伝達はほとんど成功事例を見つけることはできない」としている[20]。また，「修身教育において意図された国家に対する忠義や奉公の感覚はむしろ教科書よりも玩具によって与えられていた」ともしている。他方で，国家の機能に関して，藤

野（2015）は「国家による暴力の独占＝社会の秩序化という図式がファンタジーにすぎない」と述べ，民衆の暴動の要因を分析している。

　したがって，重要なことは，国民統合の政策意図，手段，効果を論証することである。戦時期の文部省の政策過程や政策意図については，荻野（2007）をはじめとして，寺崎・戦時下教育研究会編（1987）に代表される学徒動員を含めた戦時期の高等教育機関の研究は多数存在するものの，その政策の手段やその効果を検討した研究は少ない。

　具体的には，戦時意識の浸透や戦時協力などの政策意図に対して，政策手段として行われた国民精神総動員運動・大政翼賛運動の学校での実施過程を検討した上で，それらの政策効果を検討したい。なぜなら，学校の現有する資源と意思決定によって政策効果に差異がみられることを想定できるからである。

第5節　「フンボルト理念」と「教養主義」

　専門学校は大学のあり方に影響を受けた。本節では，戦前期の大学に影響を与えた「フンボルト理念」と「教養主義」についてみておきたい。

　潮木（2008）で論じられているように，研究を通じての教育という「フンボルト理念」の理想と現実は乖離していたとされる。また，中野（2003）で明らかにされたように，臨時教育会議に先立って一部の東京帝国大学教授から学術研究所設置構想が提言され，大学における研究と教育との分離が主張された[21]。ただし，それが理想にすぎずとも，戦前期の日本の大学は「フンボルト理念」に大きな影響を受けていた[22]。そこで高商をみる上で，本書，全体の議論に必要となる「フンボルト理念」について，みておきたい。また，河合栄治郎の見解による「教養主義」と職業との関係に関してもふれる。

　前述した菊池（1999）において詳しく言及されている，福田徳三の言説をみたい[23]。福田は，大学は研究＝教育の場所とする。これを実現させるためには，①教える自由，②学ぶ自由，③転学の自由が担保されている必要があるとする。①教える自由は，教授が何をどのような方法で教えてもよい，②学ぶ自由は，学生がどの授業を選択するのも自由ということである。③転学の自由は，学生がどの大学で何を学んでもよいということである。さらに，④大学の自治が重要となる。すなわち，身分の保証された教授の下，教授会が大

8

学運営の決定権をもち，学長は教授会の決議を執行するのみとする。加えて，⑤大学は生徒の職業には介入しない。福田は，学問研究を行うドイツの大学が職業の周旋を一切していないことに言及している。

福田の述べるドイツの大学理想は，1903年の高根義人の「大学制度管見」とほぼ一致している[24]。したがって，この理想は，多くの大学人の知るところであった。福田にとって重要なことは，菊池（1999）で「理念を主張し続けることに意味」があるとされたように，学問を「攻究」する場という理想の大学像を掲げて現状を批判することであり，その手段として「フンボルト理念」が存在していた。

福田にとって「研究」は，「実業家」や「紳士」を養成するのではなく，「人を人として完成せしむる」ためにあるとし，「複雑なる文明生活に入りて独立自尊の人格を維持せん為には学問的研究により頭脳を陶冶す」べきだとする[25]。この学問研究の目的が「人格の陶冶」にあるということも，当時の多くの大学人が共有する観念であった。とりわけ，福田によれば，専門学校は「研究を本位とせず唯だ教へんとす，是れ小学中学の事なり」とし，その教師は「人の子を教へて一生を空費し自らは何の学ぶ所なし何の研究する所なし」とする。さらに，専門学校でカンニングが発生するのは，「研究を本位せざる」ためだとする暴論を唱えてまでも，「研究」の重要性を強調する。

他方，河合栄治郎の「教養主義」について検討したい。現在の日本では「教養」は多義的に用いられている。それは①幅広い知識，②「専門」の予備教育，③人間性の向上などである。とりわけ②については戦前期の日本では帝国大学（以下，帝大と略す）の予備教育としての高等学校での教育に該当する。③が「教養主義」と呼ばれたものである。増渕（1996）によれば，文化的産出物を知によって意味づけ，教化された主体として行為できる状態を「教養」と捉えているように[26]，「教養」は狭隘な「専門性」を超えた全体的・一般的でかつ発展性のある行為と捉えられる。③の意味では「教養」は知識や授業科目ではなく，人の目指すべき目的となる。

河合は，1934年に大学と専門学校の差異について述べている[27]。河合によれば，帝大と専門学校の卒業生の違いは「専門知識の量的の差にあるのではなくて，人物の優劣の差に在る」とする。「人物の優劣」とは，「道徳性」「物の本質を把握する能力」「視野教養の廣さ豊かさ」「理解することの速さ」「物の大

観的な洞察をする力」「大事を安心して託することが出来ること」などをいう。とりわけ，こうした「人格の陶冶」は，「問題を抱いて苦しみ悩み悶く」高等学校における読書，思索，哲学・文学の授業を通して達成する。しかし，虚栄心，就職などの地位上昇のために帝大へ入る学生が増え，自己の思想の確立，人格の成長，真理の愛好などの本来の大学の機能を逸脱してしまっている。こうした学生を「大学より排除して，専門学校に向かはしめる」と述べている。

　さらに河合によれば，大学の教育目的は「人格の陶冶」，すなわち，自己の成長であり「職業教育」ではないとする。大学生は，①職業の予備教育と考え，実際的知識を学ぶ，②享楽に過ごす，③広い豊かな教養を身につけて，自己を成長させる，の3類型に分けられる。河合は，大学令が「職業教育」を包含していないことを挙げ，「高等専門学校は職業教育に従事し大学は之とは異なる」とする。ただし，就職を否定しているわけではなく，人間的に成長した結果，就職するのは「偶然」であり，就職するために自己を陶冶させているのではないと述べている。

　ここにみられる河合の考え方は，$Y＝AX$ という関数を考えればわかりやすくなる。大学生の目指す目的 Y は「人格の陶冶」である。ただし，これは道徳的な要素のみならず理解力や洞察力などが含まれる。定数項 A は，高等学校において学ぶ哲学を中心とする「人文教育」である。帝大では「技術的」な「職業教育」も含まれる，「学術教育」（例えば，経済学や法学）である X を学ぶ。重要なのは，A の能力の高低によって，X の理解が左右され，成果 Y に影響すると考えられていたことである。したがって，河合は「人文教育」を最も重視する。ただし，「大学教育は人文教育であつて，学徒を養成することを目的とするのではない」とし，「学問研究」を大学院に求める。したがって，河合は「自己と他人との人格成長に最も密接な関係を持つ職業」（教育者，宗教家，芸術家，学者など）を「必要なる条件を供与する職業」（官吏，会社員，技術家，医師など）よりも推奨した[28]。

　注目すべきは，経済学や法学などの「技術的」な知識ではなく，これらを学ぶ過程で「偶然」得た理解力，洞察力，道徳性，信頼性などが官界実業界から高い需要を得ているという河合の主張である。こうした「人格の陶冶」の要素となる能力が実業界で必要とされる能力と一致していると述べられている。大学における「職業教育」を否定した福田に対して，河合は「教育」と「職業」

との関連性を認識していたことになる。

　福田や河合の述べる職業に対する消極的な態度は，稀有なものではなかった。寺田（2009）によれば，職業は生活のための必要悪であり，「人格の陶冶」には無効とする「職業教育否定論」が存在し，フンボルトなどの新人文主義者がこの説に同調していた。他方，「職業を通しての人間形成」，「職業のための人間形成」などの職業と人間形成との関係性を重視する論者も存在した。福田や河合は前者の「職業教育否定論」という1つの潮流に乗っていたといえる。本書では，高商における教育と職業との関係性について探る。

第 6 節　本書の構成

　第Ⅰ部（第1〜7章）では戦争以前の平時における高商（教育）と企業（経済）との関係が検討され，第Ⅱ部（第8〜11章）では戦時期における高商と国家（政策）との関係が分析される。本書では，和歌山高商をはじめとした個別学校の動向を詳細に検討することで，上述の課題に応えるという方法をとる。

　第1章では，1920〜30年代前半にかけて高商が社会的・教育的役割を変貌させようとしたことをみる。これは3年から4年への修業年限の延長要求という形で現れた。延長要求の方向性を定めた渡邊龍聖の主張を背景に各高商の校長の主導の下で文部省と折衝が進められたことを明らかにする。最終的には，社会的な風潮に従って，4年制の「職業教育機関」を高商が目指すことになったことを明らかにする。

　第2章では，高商の修業年限延長の理由を検討する。具体的には，高商が作成した修業年限の4年化が実現した際の学科課程（カリキュラム）を検討する。そして，修行年限の延長が商業教育の創成期に構築された「技術的・技能的」な教育から，「独創性啓発」「個性の発達」「研究力」などに代表される教育目的に転換されようとしたことを明らかにする。

　第3章では，個別学校の学科課程の改正を検討する。自由選択制と「独創性啓発」や「個性の発達」に親和性があることに言及した上で，和歌山高商の事例によって学科課程の改正を検討する。具体的には，和歌山高商が導入しようとした自由選択制が文部省の意向で反故となったことをみる。その上で，和歌山高商の学科課程の改正にそれがどのように影響したのかを検討する。

序章　高等商業学校の役割　　11

第4章では，1920年代に独創性，個性などを発露させる教育を目指した高商が教官の「研究」体制も同時に構築したことを明らかにする。高商の意図は「教育」と「研究」との調和を図ろうとしたと考えられるが，大学と専門学校との「研究」の位置づけの違いを検討した後，高商が構築した研究組織について明らかにする。

第5章では，生徒の懲戒の動向が検討される。第1〜4章では高商のアカデミズム化という現象をみたが，その前提には学問の自由が必要となる。とりわけ，学生・生徒の「思想問題」の発生するなか，学校の生徒の懲戒の動向をみて，学校の生徒に対する態度を考察したい。

第6章では，教養主義の専門学校における浸透が検討される。とりわけ，旧制高等学校で展開したとされる教養主義が専門学校においてどの程度浸透していたかは明らかにされていない。ここでは生徒の動向をみるための資料として『校友会誌』に掲載された生徒の創作作品を取り上げる。創作作品を歴史実証研究の資料として用いる説明をした上で，3つの時期に区分された生徒の行動・思考に特徴があることを明らかにする。

第7章では，生徒の就職が検討される。学校から職業の移行がすでにみられた戦前期において，高商は，「職業教育機関」を自認することによって，生徒の就職を学校の成果の1つとして捉えた。ここでは和歌山高商の就職相談部を検討することで，高商の生徒の就職動向や就職制度の特長について検討される。

第II部冒頭の第8章では，国民精神総動員期の高商の動向が検討される。戦時期には平時と比べて，文部省を主とした当局からの通達文書によって，学校はさまざまな精動運動を求められた。本書では，通達文書による学校の実施過程を詳細に検討する。したがって，個別学校の動向の分析が必要となる。ここでは，和歌山高商の事例において政策に対する実施過程が検討される。精動運動下の通達文書は，抽象的な理念と多岐にわたる実施項目によって具体性に欠けていた。そのため高商は，通達文書に明記されていた運動を実施する傾向にあったことを明らかにする。他方で，第5章でみた生徒の規律に問題を抱いていた教官は，すでに寮で実施されていた規律を精動運動下に学校全体に浸透させようとしたことをみる。このように精動期の和歌山高商では，当局の政策意図よりも学校の教育意図が反映されていた。

第9章では，第8章と同様に和歌山高商の大政翼賛活動下における学校行事，勤労作業，防空訓練などの実施過程を検討する。とりわけ，政策意図・政策手段・政策効果の3つの側面から大政翼賛会下の国民教化運動を評価する。「聖戦ノ完遂」などの政策意図を文部省は式典などの政策手段によって浸透させようとした。しかし，和歌山高商の実施した式典は「形式化」したものとなり，政策効果は低かったことを明らかにする。また，この時期の勤労作業にも限界があったことをみる。

　第10章では，第2章で検討した高商の学科課程が戦時統制とともにどう変化したかを検討する。国民精神総動員運動と大政翼賛会下運動とは，高商において十分に進展していなかった。とりわけ，本章の目的はこの理由を検討することにある。重要なことは勤労作業や報国団の活動は，教育の一環として捉えられていたことである。すわなち，知育・徳育・体育を統合した「錬成」という新しい教育理念が語られるようになった。しかし，高商の知育重視が精動運動や翼賛運動を制約する側面があったことを考察する。

　第11章では，高商の転換について検討される。具体的には，経済専門学校・工業経営専門学校・高等工業学校の3校への転換が検討される。

　終章では，本章で問題を提起した学校と企業，国家との関係を総括する。

第 I 部

戦間期の学校と企業

第1章

修業年限延長への戦略

第 *1* 節　問題の所在

　戦前期の官立高等商業学校の大学への「昇格」は，東京高等商業学校（東京商科大学）と神戸高等商業学校（神戸商業大学）の 2 校のみであった。本章では戦前期に「昇格」しなかった非昇格型高商（長崎・山口・小樽・名古屋・福島・大分・彦根・和歌山・横浜・高松・高岡）が 2 つの高商の「昇格」を目前にしていかなる対応を図ったのか検討したい。天野（1993）などの先行研究では東京高商・神戸高商の昇格問題は明らかにされているものの，ここでの対象とする 1920 年代の高商の動向は，三好（2012b）で概略されているにすぎない。

　結論を先取りすれば，高商の校長のリーダーシップの下で校長会議を通して修業年限延長（3~4 年への延長）が文部省へ要求された。さらに，社会の教育要求と相まって高商は 4 年制の高等職業教育機関を目指した。修業年限の延長は，1930 年代前半に実現予定であったものの，日中戦争の影響によって反故とされた。

　これらのことを明らかにするため，第 2 節では，帝国大学と専門学校との格差が検討される。第 3 節では，高商の修業年限延長要求の主体となった校長の動向を取り上げたあと，文部省へのフォーマルな意思表明機関である校長会議の動向を検討する。第 4 節では，高商の修業年限延長要求を検討する。第 5 節では，社会の高等教育要求が一元化と職業教育機関化をキーワードに検討す

る。第6節では，校長の取り組みとは逆に修業年限延長が反故になったことを明らかにする。第7節の結語では総括と展望が示される。

第2節　帝国大学と専門学校との格差

(1)　渡邊龍聖の高等商業学校論

　高商の社会的役割を検討する上で渡邊龍聖（1865〜1944年）の発言をみておきたい[29]。渡邊は1911〜19年に小樽高商の校長，1920〜35年に名古屋高商の校長に就いていた。

　渡邊の高商に関する主張は，第1に高商の大学への「昇格」には反対するということである。1921年の小樽高商10周年式において渡邊は「専門学校を変じて大学と為さんとする昇格運動は我輩の素志にあらず」と述べていた[30]。これは1918年の大学令を発端とした小樽高商での昇格運動に対する発言であったと思われるが[31]，これ以後も渡邊は昇格不要論を展開した。

　第2に，専門学校の独自の役割を渡邊は主張していた。「大学の本分は理論を主として応用を兼ねるにあり」「専門学校の職分は応用を主として理論に兼ね及ぶにあり」と述べ，「理論が応用されて各種の専門は現はる」「（専門学校令の）学術技能は学術技能の理論的方面にあらずして応用的方面を云うこと明らかなり」と述べていた[32]。つまりは，大学と専門学校に理論と応用の教授の必要性を認めつつも，大学は理論，専門学校は応用を中心に教授する教育機関であるという主張である[33]。

　第3は，学校の特性に応じた修業年限を設定することである。「文部大臣は時の必要に応じて修業年限を定むるが故に必要ある時は何時にても修業年限を延長するは無論こと」であり，「専門学校令によれば必要なる場合には大学よりも修業年限を延長することを得る」と述べ，専門学校よりも長い大学の修業年限をもって「其の高下を論ずるは妥当なりと云うを得ず」と述べていた[34]。

　これらでみた1〜3の渡邊の主張は，1921年のものである。他方で，1926年の名古屋高商の開校5周年式において，第4として，大学と専門学校との「差別待遇」が存在することを認めていた[35]。「大学は学生と云うべし専門学校は生徒と云うべし，大学卒業者には肩書を認めるが専門学校卒業者には其必要を認めない，大学の校舎は坪当り四百円の煉瓦造り専門学校は坪当たり二百円の

第1章　修業年限延長への戦略　17

表 1-1　教官 1 人当たり学生・生徒数

（人）

項　　目	教授・助教授 1 人当たり学生 (生徒) 数			全教員 1 人当たり 学生 (生徒) 数		
学 校 名	1925 年度	29 年度	33 年度	25 年度	29 年度	33 年度
山口高商	23.5	25.6	24.6	14.8	14.3	14.1
長崎高商	27.5	31.3	30.0	18.3	17.1	18.4
小樽高商	24.3	29.0	26.3	14.5	14.1	16.5
神戸高商・商業大学	46.9	68.3	23.7	20.6	31.5	14.0
名古屋高商	33.2	29.4	32.5	13.7	19.9	17.9
東京商科	33.9	34.3	27.4	13.3	17.2	13.2
東京帝大	44.3	60.4	60.3	16.8	22.5	23.6
京都帝大	54.4	81.0	50.0	39.3	42.6	40.0

出所）　文部省『日本帝国文部省年報』各年度。
注）　教官からは在外研究員・兼任は除く。1925 年度は神戸高商，29・33 年度は神戸商業大学の数値。全教員は，教授・助教授に嘱託・外国人教師を加えたもの。

木造，大学教授は勅任官，専門学校は奏任官」という「差別待遇」があり，「政府の差別待遇は社会に反映するから社会も亦差別待遇をする」と述べていた。文部省が専門学校から大学への「昇格」という言葉を使うことは，専門学校の職能を発揮する妨げとなるとも述べていた。

　なお渡邊は，1921 年に小樽高商校長を引き継ぐ伴房次郎に「実業界ノ為ニハ専門学校ガ最モ適当ニテ実益ニナルト確信」していたため，「昇格セヌ様」に伝えていた[36]。

(2)　大学と高等商業学校との格差の実態

　はじめに，教官 1 人当たり学生 (生徒) 数について表 1-1 を通してみてみたい。1 人当たり学生・生徒数がより少なければ，教員の教授条件がよりよいことを示すと想定される。しかし，表 1-1 に示されているように，1 人当たり学生・生徒数は，大学と高商とに明確な差がみられないばかりか，高商間においても差がある。このことからは，大学と高商の 1 人当たり学生・生徒数において格差が存在していなかったといえる。

表 1-2　神戸高等商業学校・神戸商業大学の歳入・歳出

(円)

			1925 年度	28 年度	33 年度
歳入	経常	政府支出金	156,264	179,578	229,384
		授 業 料	66,461	78,936	73,357
		検定料入学員	6,445	1,690	4,315
		利 益 金	1,470	998	5,174
		その他の収入	1,179	2,214	5,911
		受託製品収入	0	0	0
		計	231,819	263,416	318,141
	臨時	政府支出金	1,556	4,956	1,250
		用途指定寄付金	24,600	16,700	14,833
		その他の収入	0	0	0
		計	26,156	21,656	16,083
		合 計	257,975	285,072	334,224
歳出	経常	俸 給	115,686	123,682	144,223
		臨時及修善費	41,793	45,911	81,886
		旅 費	4,699	8,642	21,621
		給 与	33,978	45,682	54,413
		学 生 費	0	0	0
		傭外国人給与	32,435	36,605	8,760
		受託製品費	0	0	0
		その他の経費	2,137	1,959	3,298
		計	230,728	262,481	314,201
	臨時	臨 時 部	26,156	21,500	16,083
		合 計	256,884	283,981	330,284

出所)　文部省『日本帝国文部省年報』各年度。
注)　1925 年度は神戸高商, 28・33 年度は神戸商業大学の数値。

　ここで高商から大学への「昇格」がどのような変化を与えるかを検討するため，1928 年に大学へ「昇格」した神戸商業大学の動向をみたい[37]。表 1-2 が示すように，神戸高商と神戸商業大学との歳入・歳出の変化を 1925・28 年度でみれば，10.50％ の歳入増に対して政府支出金の伸びが大きく（寄与度 9.04％），10.55％ の歳出増に対して，俸給（寄与度 3.11％）と給与（寄与度 4.56％）の伸びが大きい。同様に 1928 年と 33 年度との変化をみれば，17.24％ の歳入増に

第 1 章　修業年限延長への戦略　19

表 1-3　神戸高等商業学校・神戸商業大学の教員構成

年　度	官　位	教官数（人）	報酬額（円）	職　位
1925	勅 任 官	1	3,800	教　授
	奏 任 官	27	53,155	教　授
	判 任 官	4	6,000	助 教 授
1933	勅 任 官	6	23,490	教　授
	奏 任 官	10	29,850	教　授
	判 任 官	11	19,613	助 教 授

出所）　文部省『日本帝国文部省年報』各年度。
注）　兼任は除く。1925 年は神戸高商，33 年は神戸商業大学のもの。

対して政府支出金の伸びが大きく（寄与度 17.47%），16.30% の歳出増に対して臨時及修善費（寄与度 12.67%）と俸給（寄与度 7.23%）の伸びが大きい。このように大学への「昇格」は政府支出金の増加を可能にしたといえる。神戸商業大学の場合，それは俸給，給与，臨時及修善費に充てられた。

　俸給の増加に関して詳細に検討したい。表 1-3 にみられるように，1925 年と 33 年を比較すれば，教官数は減少している。これは予科 1 年と本科 3 年の神戸高商が大学昇格とともに 3 年制になったことによる教官定数の減少に基づく（1928 年から 3 年間は商業専門部が設置された）。注目すべきことは，1933 年の勅任官数の増加である。1933 年の高商の教官総数をみれば，勅任官 6 人，奏任官 208 人，判任官 41 人であった。すなわち，高商全体と神戸商業学校の勅任官数は等しかった。このことは上述した渡邊の「大学教授は勅任官，専門学校は奏任官」という「待遇格差」が当てはまる。このように教官側からみれば大学への「昇格」は，職位の上昇につながったといえよう。

第 *3* 節　校長の役割

(1)　校　　長

　高商の文部省への要求は校長が主体となった。本節では高商の校長の動向をみてみたい。1922 年以降の各高商の校長の変遷は，図 1-1 にみられる。7～10 年で校長の退任がなされたが，岡本一郎，只見徹，田中保平のように退任後に他校の校長となることもあった。この図には掲載されていないが，渡邊龍聖の

小樽高商から名古屋高商への校長就任，田尻常雄の長崎高商から横浜高商への校長就任があった。

　校長は文部省によって選任され，教授会には人事権がなかった。そのため校長の進退には教官・生徒からの要望が沸き起こることもあった。例えば，大分高商における山崎弥九太郎の病気による退任時には，教官が同校教授の森文三郎の昇進を求める要求を同窓会とともに起こした[38]。なお，和歌山高商の校長排斥に関しては第5章で詳しく検討したい。

　校長の個別事例をみてみたい。

　第2節で言及した渡邊龍聖は，1865年に越後で生まれ，87年に東京専門学校英語本科を卒業してアメリカへ留学した[39]。1894年にコーネル大学でドクトル・オブ・フィロソフィーを授与され，95年に高等師範学校講師，96年に同校教授となり，99年に東京音楽学校校長となった。高商には1910年に新設された小樽高商の校長に就任し，20年に名古屋高商校長となり35年に退任した。

　田尻常雄は，1877年に熊本県で生まれ，1901年に東京高商を卒業し大倉高等商業学校に就職した[40]。1908年に長崎高商教授となり，20年に長崎高商校長，23年に横浜高商に校長として就任し43年に退官した。

　岡本一郎は，1881年に山口県で生まれ，1907年に京都帝大法科大学を卒業し，岡山県立商業学校教諭，第六高校講師を経て12年に水戸商業学校校長となり，15年に京都帝大事務官（京都高等蚕糸学校教授兼任）となった[41]。1912年に和歌山高商の校長に就任し，32年に山口高商の校長となった。

　花田大五郎は，1882年に生まれ，京都帝大法科を卒業した後，大阪朝日新聞社に入社した[42]。1918年の米騒動に関する『大阪朝日新聞』の記事に対して，政府が大阪朝日新聞社を告発したため，同社の長谷川如是閑などが退社する「白虹事件」が起こった。花田もこの事件にともない退社し，読売新聞社を経て1924年に京都帝大学生監，30年に大阪商大教授兼学生監に就き，32年に和歌山高商校長となった。

　校長に関して特筆すべきは，文部省との関係である。とりわけ，1931年の文部省の実業学務局の廃止が検討された際，高商の校長はこの動きを阻止する運動を行った。1931年9月に矢野貫城・田尻常雄・渡邊龍聖の連名で各高商の校長宛に「実業学務局廃止問題は近日中に決定を見る様にて之が防止は焦眉の急に迫り」「農業，工業，商業の専門学校と連絡を取りて夫々要路の方面に

図 1-1　高等商業

名称	1922	23	24	27	30	31	32	35
長崎	田尻常雄	木村重治 ————→			只見徹 ———			
山口	横地石太郎 ——→		鷲尾健治 ———————				岡本一郎 ———	
小樽	伴房次郎 ———————————————						→	苫米地英俊 -
名古屋	渡邊龍聖 ————————————						→ 国松豊 —	
福島	蒲生保郷 ————→			伊藤仁吉				
大分	山崎弥九太郎 ————————					→ 添野信		
彦根	中村健一郎 ————→			矢野貢城				
和歌山	岡本一郎 ————————————						→ 花田大五郎 ———	
横浜		田尻常雄 ———						
高松			隈本繁吉　沢田源一					
高岡			只見徹 ——→	鈴木弼 ———				

出所）　各学校『学校一覧』各年。

猛運動を継続致し候へども其の前途憂慮に耐へざるもの有之候間貴地方に於て
も有効なる御運動方可然御依頼申上候」と書簡が送付された[43]。和歌山高商の
岡本一郎は，和歌山県の政治家であった中村啓次郎に実業学務局存続を依頼す
る書状を送った。

　高商の校長の実業学務局存続運動は，1931年8月上旬に文部省へ陳情し，9
月上旬の新聞報道後に各方面へ存続運動，10月上旬の閣議決定前には最後の
運動に奔走した。具体的には，首相，文相，文部当局者，蔵相，内相，金子堅
太郎，渋沢栄一，清浦奎吾，山本達雄，斯波忠三郎，岡田前文相，小橋前文
相，古在前総長，古市公威，大麻前参与官，上山議員，徳富蘇峰，野村前政務
次官，矢作行政整理委員，商工会議所，帝国農会，工政会などに運動した。と
りわけ，商工会議所は，首相，大臣に陳情した。こうした運動の結果，10月9
日の閣議において実業学務局の存続が決まった。

　こうした大規模な存続運動を専門学校の校長が行ったのは，専門学校と実業
学務局とが共通の利益関係にあったからだというべきであろう。また，こうし
た部局の存続運動を行うことで，文部省への交渉力を高めようとしていたとも
考えられる。

22　第Ⅰ部　戦間期の学校と企業

学校の校長

| | 38 | 39 | 40 | 41 | 42 | 43 | 44 |

———————————→ 高田休広　岩松五良・田中保平 ————————→

————————————————————————————————→ 岡本一郎

——→

——→

———————————→ 江口重国　　　　　　　　西沢喜洋芽

——→

———————————→ 田中保平 ————→ 田岡嘉寿彦 ——————————→

————————————————————————————————→ 田中重芳

———————————————————————————→ 田尻常雄

———————————→ 阿原謙蔵　安井章一 ————————→ 久保謙

→ 堀池英一 ——————————→ 熊木捨治 ————————→ 長崎太郎 ——→

(2)　校 長 会 議

　高商の要求は校長を通して文部省へ伝えられた。校長が個々に文部省に要求するインフォーマルな形式も想定されるが，本項では，高商の校長によって組織された会議の議決（答申）を通して文部省への要求がなされるフォーマルな形式のものに注目する。

　高商の校長が集まる会議は，少なくとも毎年度１回開かれる（直轄）実業専門学校長会議，不定期に開催される（全国）高等商業学校長協議会あった（以下，校長会議と略す）。校長会議による高商の文部省への要求は，①文部省から各高商へ見解が尋ねられる（諮問），②教授会での討議後に各高商の見解が提示される（建議），③校長会議において各高商の見解を考慮した上で高商全体の見解が提示される（答申）という流れであった。①に関しては諮問事項のみならず，協議・聴取事項があり，諮問事項が存在せず協議事項のみの場合もあった。表1-4には，校長会議の諮問事項・協議事項・聴取が掲載されている。

　この表に掲載されている事項については，各章において詳しく検討されるが，とりわけ，校長会議答申は，高商の要求が反映されていることを指摘しておきたい。

表 1-4　実業専門学校長会議における審問・協議事項（1923〜42 年）

年	諮 問 事 項	協 議 事 項	聴 取
1923	入学者選抜試験及び生徒募集募公告・無試験入学・器具機標本等の公開・実業補習教育の附設		
24	入学者選抜試験・各学科目の教授上相互の図るため適切なる方法・国民精神振興上実業専門学校に於いてすべき事項・農村の振興を図るため我国の産業上とるべき方策		
25	実業教育の改善に関し社会の要求と認むへき事項並びに之に対する方策	入学者選抜・教練・学科科目整理統一	
26	我国商業の新興を図るため今後特に留意する教育政策	入学選抜試験	
27	地方産業の開発	入学試験並びに進級及び卒業試験	
28	海外発展に関し教育上留意すべき事項	入学者選抜	思想問題
29	実業教育を重せんとする近時の機運に際し一層其の教育を振興せしむるため特に留意すへき事項	入学者の選抜・卒業者の就職・移植民教育	
30	現下の産業状態に鑑み実業教育上留意すべき事項・学生生徒の独創力啓発に関し教育上留意すべき事項	入学者選抜・生徒思想上の指導及び生徒左傾運動の取締	
31		政治教育の徹底・卒業者の就職・入学・在外研究並びに内地教育・特別講義・生徒の処分・校友会その他学校付帯施設を一層教育的に統制	
32	実業教育上留意すべき事項	入学・卒業生就職・国民精神文化の発揚・思想問題に関し学校教育の改善・左傾運動の防止・左翼運動の情勢・学生の右傾運動・学校福利施設	
33	精神教育の徹底，教育の実際化の具体的方案	入学・卒業生就職・左傾運動・教職員の思想事件・国民精神文化研究所研究生・特別講義制度	地方実業教育の状況
34		実業教育の革新・入学・卒業者の就職・左傾運動・右傾運動・学生生徒の国家主義運動・国民精神文化研究所・思想問題と学校教育の関係・その他学校提出事項	
35		入学・卒業者の就職・思想運動・思想上の指導並びに施設・国民精神文化研究所・実業教育改善に関する件	
36		実業教育と産業界との連携・実業専門教育刷新・入学試験・卒業者就職・思想状況・国体の本義に関する書冊の頒布・日本文化講義の実施・日本文化に関する講習会開催・日本文化に関する学会の開催	
38		実業教育制度並び内容に関し刷新改善・国民精神総動員・集団勤労作業・内地研究員・運動場開放・入学試験・卒業者就職・教学の刷新・生徒訓導・思想動向	
39	興亜国策に即応し実業専門学校に於いても実施すべき事項	時局認識徹底・集団勤労作業・入学試験科目・入学試験並び入学者の状況・卒業者就職状況・国体観念の透徹具現・思想動向・興亜青年勤労報国隊派遣・時局の学生生徒の思想動向の及ぼせる影響及び其の対策	
40		興亜教育新興・産業報国精神特別講義実施・生産力拡充計画に対する協力・中等実業学校の指導・集団勤労作業・国体の本義に基づく教学の刷新新興	
41	修業年限の臨時短縮 人事刷新		時局下生徒の学習状況
42	実業教育の刷新新興・生徒の調育・学校教練の振作・武道並びに体軀運動振興・海洋教練の振興・国民勤労報国協力令の実施，報国隊の実践活動・外国及び外地教育職員派遣・学校防空・日本諸学の刷新新興・戦時下生徒の思想指導・外地人生徒の思想上の指導監督		

出所）　和歌山高等商業学校『職員会議事録 附録』。

(3) 校長と教授会

帝大が総長・教官の人事権を獲得して「大学自治」を保持したのに対して[44]，高商の教官の権限は限定的であった。高商の教官の参加する会議は「校長ノ諮問ニ応ジ審議」された。和歌山高商の事例をみれば，校長会議の諮問事項は会議を通して教官から意見聴取されていた。したがって，制度の上では，校長は教官の意見を校長会議において代弁する役割をもっていた。

和歌山高商の教官組織をみておきたい。正規教官（教授・助教授・講師）が参加する権利のあった会議は，教官会議・職員会議・教授会・全職員会議（以下，断りのない限り本書では一貫してこれらを教授会と呼ぶ）という名称で開催され，これらは次のような変遷を辿った。

1923年から教官会議という名称で開催されてきた会議は，24年に職員会議と改称されたが，これは後述する評議会の設立に伴うためであった。1927年に職員会議は教授会と改称され，教授のみが参加する教授会A会，教授とともに助教授・講師が参加する教授会B会の2つとなった[45]。学生の処罰の決定，校長会議の諮問事項など学校運営に関る議事がA会に提出され，学科課程の改正などの全教官に関わる議案がB会に提出された。A会・B会とは別に開催された卒業判定会議は，全教官が参加していたが，1941年に教授会が全職員会議と改められて，教授・講師・助教授が参加する開校当初の形式に戻った。

他方で，1924年に教職員が増加したため「事毎ニ教官会議ヲ開クコトハ教官ヨリ云フモ事務進捗上ヨリ云フモ如何ト思ハル」という理由から評議会が開かれることとなった[46]。各年度に5〜8人おかれた評議員はほぼ教授から構成されていたが，評議会は学校運営に付随的な議案を決定する場であり，学校運営に重要な議案は教授会で提示された[47]。評議会での議案は，「皇太子殿下御成婚御饗宴奉祝」「徳川頼倫侯告別式参列」，卒業式などの式典関係，プール設置，夏期講習会，校友会行事，学資補給生の選定などであった。なお，評議会制度は1927年に廃止された。

教授会では，教務，生徒，庶務，寮務，図書，商品，会計，産業研究部からなった校務分担のうち教務課長と生徒課長が主として議題を提出した。教務・生徒・庶務課長が示されている表1-5によれば，生徒課長は2年程度で交代しているが，教務課長は岩城（在外研究中は加川が代理）と島本が長期にわたって

第1章 修業年限延長への戦略 25

表 1-5　和歌山高等商業学校の役職

年	教　務	生　徒	庶　務
1923	西島彌太郎	加川航三郎	谷口吉彦
24		宮城太郎	
25	山本芳壽	小山田小七	田中保平
26			
27	岩城忠一	大淵慧真	山本勝市
28			
29	（加川）	山本勝市	古賀経美
30			
31	岩城忠一	古賀経美	不在
32			
33			
34	島本英夫	大淵慧真	島本英夫
35			
36		西山　貞	
37			
38		大淵慧真	
39			
40		苔荷幸也	
41			

出所）和歌山高等商業学校『学校一覧』各年。
注）括弧内は代理。

その職に就いている。教授会における校長の役割は校長会議の諮問事項の討議を主導する他，学校経営全般にわたる方針を述べることもあったが，教務課長と生徒課長との議題によって教授会は進んだ。ただし，教授会で提出された議題は校長と課長との討議が事前に行われており，最終的には校長の判断で議題が提出された。

規定によれば教授会では，①学科課程，②試験，③生徒の賞罰，④その他校長が必要と認める事項が審議されることになっていた[48]。『職員会議録』を通して教授会で討議された具体的内容を概観しておけば，①校長会議の諮問事項，②入学試験，③学科課程の再編，④卒業判定，⑤生徒の処罰からなった。本書全体にわたって考察していくように，①と②に関しては，校長・校長会議の影響力が強く，④と⑤に関しては，教授会の裁量が大きかった。③については，教授会（もしくは教授会で選出された委員会）における討議がなされたが，最終的な決定は文部省の裁可をあおぐ校長に委ねられた。

第4節　修業年限延長要求

(1) 1921 年の「高等教育機関拡張整備計画」案

「高等教育機関拡張整備計画」案では，神戸高商の大学への移行（以下，「昇格」と呼ぶこともある）が決定されたが，他の高商の要求，とりわけ修業年限の延長が認められなかったため，その後の高商の修業年限延長要求の起点となった。

1921 年 10 月 1 日に文部省が教育評議会へ諮詢した「高等教育機関拡張整備計画」案は，①「東京高等工業学校，大阪高等工業学校，神戸高等商業学校ノ組織ヲ変更シテ東京及大阪ニ工業大学，神戸ニ商業大学ヲ設置スルコト」，②「東京及廣島ニ文理科ヲ内容トスル単科大学ヲ設置スルコト」，③「専門学校ヲ中学校第四学年ヨリ連絡スルモノトシ其ノ修業年限ハ四年ヲ本則トスルコト」，④「東京師範学校及専門学校卒業者竝之ニ隼スヘキ者ニ大学卒業者ト同シク学士号ヲ許スコト」，⑤「官立実業学校専門学校卒業者ニシテ特殊ノ研究ヲ為サントスル者ノ為ニ専攻科（二年以内）ヲ設クルコト」，⑥「東京外国語学校ノ修業年限ヲ五年トスルコト」，⑦「官立歯科医学専門学校（修業年限五年）ヲ設置スルコト」からなった[49]。高商についてみれば，③は「専門教育ノ内容ヲ充実」させることと「入学ノ機会ヲ均等」にすること，④は「（専門学校卒業生に対する）差別的取扱」と「徒ニ大学教育ヲ希望スル如キ弊風」を排除すること，⑤は「学力優秀ニシテ更ニ特殊ノ事項ニ付研究セントスル者」に「適当ナル施設」を与えることが目的とされた。

この文部省案に対して，教育評議会は，①②⑤⑦を認めた（⑥は条件つきの承認）[50]。高商に関する承認は，⑤（専攻科の新設）のみであり，③（修業年限 4 年制）と④（学士号授与）は教育評議会によって承認されなかった。政府は 1922 年の第 45 議会にこの答申に従った案を提出するも審議未了となり，ほぼ同じ内容で提出された 23 年の第 46 議会において可決された[51]。

この改革で「昇格」が決定した実業専門学校は，神戸高商のみであった。文部省は，「専門学校ハ専門学校トシテ存立セシメ出来得ル限リ其ノ発達ヲ為サシムル必要」を論じて「大学タラントス運動ヲ惹起スルガ如キコトナカルベシ信」じ，実業専門学校が大学昇格運動を起こした場合は「相当ノ処置ヲ採

ル」と述べていたように，高商の大学昇格を目指していなかった[52]。修業年限
の4年制化には，高商の大学昇格とは異なる論理が存在していた。

(2) 1925年の校長会議

「高等教育機関拡張整備計画」において認められなかった修業年限4年は，
官立高商校長が校長会議を通して要求する事項となった。

1925年の実業専門学校長会議での審問事項は，「実業教育改善に関し社会の
要求と認むへき事項並に之に対する方策」であった[53]。この商業部会では，
①小学校令第1条の目的を徹底させること[54]，②高等小学校において職業準備
教育を行うこと，③義務教育延長は従来の小学教育形式ではなく実業補習教
育を拡張すること，④児童職業紹介所を設けて公民教育・職業教育を達成す
ること，⑤中学教育を社会的・産業的に有効とすること，⑥中学卒業者への
高等実業補習教育機関を設置すること，⑦中等実業学校が上級学校の予備校
化しないこと，⑧高等実業教育機関が施設を拡張して最終最高機関としてふ
さわしい機関となることであった。とりわけ⑧に関しては，「(1)修業年限の適
宜延長，(2)設備の完成，(3)学生実修機関並に教授研究機関の整備，(4)最高機
関内に於ける伝統的若くは人為的差別取扱の撤廃」を決議していた。

名古屋高商校長の渡邊は，上述の商業部会での決議を「教育諸機関は封建時
代の形式的修養教育の弊に陥つて居るから，今の時代の要求に鑑み，初等教
育・中等教育・高等教育を一貫して産業立国の国是を閑却することなからしめ
たしとの趣旨に外ならぬ」と述べている[55]。

(3) 1925年の文部省全国直轄高等商業学校長協議会

1925年11月24～25日に和歌山高商で開催された文部省全国直轄高等商業
学校長の協議会において，「実業専門学校ノ入学資格ヲ高等学校ノ夫レト全一
ニシテ，其ノ修業年限ヲ四ヶ年ニ変更サラレタキコト」と決議された[56]。この
決議はすでに校長会議において「再三審議決定」されたものであったが，実施
されないため再提案するとされた。高商がこれを求めた理由は，高等学校と入
学資格が異なれば高商に「適材ヲ逸スル」こと，中学校からの進学が「二様ニ
分タ」れば中学教育に影響を与えること，実業界の要求に応じて多数の学科を
履修させる必要があるとともに「基礎的常識ノ完備」を必要とするためには

「現在ノ如キ三年制度ノ年月ヲ以テシテハ到底其ノ目的ヲ達スルコトヲ得ス」
ことが挙げられた。

　和歌山高商の教授会では，1925年の校長会議の協議事項の「実業教育ノ改
善」が事前に協議されていたものの，「本学トシテ特ニ之ト指定スヘキ事項及
方策ヲ認メズ」とされ，修業年限延長に関しては言及されることはなかっ
た[57]。ただし，教授会では「全国実業専門学校一様ニ一年制度ノ研究科ヲ設
置」することを希望していた。この時点では和歌山高商の教官は修業年限の延
長に関心を示していなかったが，以後，他の高商と歩調をあわせて延長を求め
ていくことになる。

(4) 「高等商業学校の修業年限を四ヶ年に延長すべき理由項目書」

　1933年9月に名古屋高商校長の渡邊龍聖は，文部省において修業年限の延
長を要求した。この際，上述した1925年の校長会議における決議を「高等商
業学校の修業年限を四ヶ年に延長すべき理由項目書」としてまとめ直した[58]。
この内容は第2章で詳しくみるが，1925年以後の校長会議での答申を盛り込
んだ「理由項目書」が作成されていた。

第5節　社会の高等教育要求と修業年限延長

(1) 田中文相案と高等教育の一元化案

　今まで高商の修業年限延長要求をみてきたが，この節では，社会の高等教育
要求（一元化案・職業機関化案）を受けて高商が修業年限の延長を主張していっ
たことを検討したい[59]。

　起点となったのは経済審議会案であった。1928年12月に田中隆三へ建議さ
れた経済審議会案は，就職難が「一般思潮ノ不安ヲ醸成」するとし「実務者ノ
養成機関ト学術ノ研究機関」との「混同」を避けることを改革の目的とし
た[60]。この改革案では小学校6年，中学校5年の上に専門的職業教育を行う
「実業学校」の新設が提示された。さらに「一般国民教育ノ階梯ヲ終リタル者」
と「実業学校」の卒業生に修業年限3〜4年の「大学」の設置が提案された。
ただし，「現在ノ大学及各種専門学校ハ総テ之ヲ大学」とするとされた。

　こうした大学と専門学校との一元化案は，1931年5月に教育研究会によっ

て提出された「教育制度改革案」にもみられた[61]。すなわち,「現在の大学,高等学校,専門学校を整理して官公立専門学校とし,尚私立専門学校の発達を助成する」とされた。高等教育機関の「専門学校」への一元化が提言されていたことになる。また,「専門学校」が「専門の学術を研究し,技能を修る」とされたことは,現行の専門学校に大学と同等の研究機能が付与されることを意味した。

田中隆三文相によって主導された1931年の教育改革案（以下,田中文相案と略す）では,民政党の緊縮財政方針と相俟って,学制の単純化,修業年限の短縮などの抜本的な学制改革が提示されたが,教員養成制度改革への批判が強く,政権交代とともに,この案は立ち消えとなった[62]。経済審議会案・教育研究会案において提案された高等教育機関の一元化は,田中文相案では「専門学校は現行制度の通り」とされた。しかし,経済審議会・教育研究会の両案はその後の高等教育改革に影響を与える。

(2) 1930年代の教育制度改革案

日中戦争が始まる前の1930年代における教育制度改革案では,高等教育機関の一元化を踏まえつつ,大学・専門学校を職業機関化する提案が増えた。改革案や論者ごとに見解に温度差があったが,大学卒業者の多くが民間企業に就職している事実を重視し,高等教育を学問的性格のものから応用的・実用的性格のものへと変えようとする提案が増えた。こうした動きは,教育の実際化として知られるが,本項では学制制度の改革が問題とされていることを踏まえ,高等教育機関の職業機関化と呼びたい。1931年5月の「教育制度改革案」では,専門学校に研究機関としての位置づけを与える見解もあったが,こうした動きは職業機関化論の攻勢によって後退することとなった。

1933年6月の東洋文化学会の「教育制度改革案」で打ち出された大学と専門学校とを「大学」に一元化する発想は,1920年代の提言の延長線上にあったが,その理由は「（「大学」が）職業教育に偏し複た毫も専門学校と撰ぶ所なし故に現在の大学及専門学校は總て之を大学と稱し各種専門教育を施す所」とされていた[63]。「各種専門教育」の意味は説明されていないが,「学術ノ蘊奥ヲ究ムル」ため「大学院」の設置が提言されていることからみて,この改革案がいう「各種専門教育」は当時の大学令での定義とは異なり,職業的教育の側面

を高めるものであったといえよう。

1935年の全国中学校校長協会の「学制系統改正案」では，高等教育機関を「大学及女子大学」に整理統合するとされた[64]。とりわけ，「学術の蘊奥」を究めるはずの大学において多数の卒業生が卒業直後に就職しているため，大学は「求職者のみを教育する機関」とし，「（学術の）応用指導」する専門学校と同様の機能を果たすべきとされた。このことは「大学と専門学校の差別撤廃をも目的」とするとされた。すなわち，大学から学問的性格を取り除き職業教育機関化することをこの改革案は主張していた。「学術の蘊奥」を究める点については，「研究機関」としての「大学院」を設けることを提言していた。

1937年6月の教育同志会の「教育制度改革案」では，大学生の大多数が「学術の研究を主眼」とするのではなく「会社，銀行，官庁等に於て実務」に就くため，「学術研究の向上を任務とする機関」と「職業教育を行ふための機関」とを「劃然と区別」することを提言し，大学・高等学校・専門学校を「専門の職業教育機関としての新制の大学校」とし，「最高学術機関」として「大学院」を設けるものであった[65]。

個人の見解をみれば，①「職業教育機関たる点に於ては大学も専門学校と何等撰ぶ所がない」ものの，②大学は専門学校の上級機関となっており，③大学における「深遠な学理や高尚な学問」は万人には必要なく，④「学術の応用」こそ重視すべきであるため，⑤「普通教育偏重」に基づいた「大学万能主義」を打開するため「大学は之を廃止」するというものもあった[66]。

(3) 高松高等商業学校の「三波晴夫」の見解

こうした高等教育改革に関して高松高商の三波晴夫の見解は注目に値する[67]。これは1928年の高松高商の『学友会誌』に掲載されたものであるが，三波晴夫という名前の教官・生徒はこの高商に存在しない。ただし，高商のおかれた内情を熟知していることからみて，三波は高松高商の教官であると考えられる。三波が主張することは，学生が卒業後に職に就くことに鑑みれば「大学は職業教育機関となりきつた」といえるが，「充分其職業教育機関たる職能を盡して」ないとされ，「真理の探究をなす機関」を「大学院」「研究所」に求めている。他方で，「高等職業教育」を行う高商の学科課程は，分科制を設けて「年限1年延長することによりて，充分に実行し得る」とする。さらに，

第1章　修業年限延長への戦略　31

「地方の学校は地方産業の調査研究所たり，指導機関であらねばならない」とし，「調査研究指導機関たる職能を盡して初めて学理と実際の合致があり，眞に教育の成果を上げる」ことができるとする。

このように調査研究指導機関と分科制を除けば，修業年限の1年延長，職業教育機関化を要求する三波の主張は，高商の全般の動きと同一であった。

(4) 実業教育振興委員会答申と4年制高等職業教育機関案

1935年6月に実業教育振興委員会が組織された[68]。これは「我国産業ノ現勢ニ適応スベク，我国実業教育全般ニ亘リ充分ナル改善刷新ヲ為シ以テ斯教育ノ振興発達ヲ図ルコトヲ目的」とするものであった。諮問第一号の「我国産業ノ趨勢ニ鑑ミ実業教育振興ノ方策如何」に関して，実業教育振興委員会は実業界と教育界とに見解を聴取した。高商卒業者を雇用する民間企業の見解に関しては，現状を支持する東京銀行集会所の答申もあったが，日本貿易協会・三菱商事のように高等教育を4年制の「単科大学」に一本化する見解も存在した。

直轄実業専門学校長会議では，「専門学校ノ修業年限延長」が答申された。これは大学が「学術ノ理論及応用ヲ教授シ並其ノ蘊奥ヲ攻究スル」ことを目的としているものの，「工業及商業ノ単化大学及総合大学」が「主トシテ職業教育トシテノ実業教育ヲ施シツツアルコトハ，専門学校ト選フ所ナキ」ため，「大学及専門学校ヘハ，独自ノ機能ヲ発揮セシメ，猶実業専門学校ノ修業年限ハ四年以上トシ，大学ハ，其ノ本體ヲ純然タル学術研究及其ノ指導機関」とすることとされた。

実業専門学校の修業年限4年化は，従来どおりの主張である。しかし，大学が学術研究およびその指導を行う機関とし，専門学校が「職業教育」としての実業教育をなす機関として独自の機能を発揮させるべきだという主張は，高等教育機関の職業教育機関化論がその背後にあったといえる。ここに4年制の高等職業教育機関を目指す高商の理想像が形作られたといえよう。

(5) 修業年限4年制の批判論

次に，こうした修業年限の4年への延長に対する批判論をみてみたい。注目すべき見解は，桐生高等工業学校校長の西田博太郎のものである[69]。西田は，①単科大学に「昇格」する，②修学年限を1年延長する，③1年間の予科を

32　第Ⅰ部　戦間期の学校と企業

新設する，④本科3年の上に2年の研究科を設ける，という4つの選択肢があると論じた。①に関しては，学術研究の成果に基づいて応用できる人材を養成する工業専門学校の独自の役割を強調し，単科大学への「昇格」を否定する。②に関しては，修業年限を増やす前に長期休暇の圧縮と授業科目の整理をすべきと主張した。とりわけ，「実業専門学校学徒ハ此夥シキ休日ヲ常ニ利用シ体育ニ，精神修養ニ，又工場実地練習ニ費ス」という高商の主張を批判して「大多数ノ学徒ハ概し価値低キ方面ニ空費」するという。④に関しては「何名ノ篤学研究生ガ入科スヘキカ疑ハシイ」とした。西田が注目したのは予科を新設する③であったが，中学4年卒業者のための予科は半年間のみとし，これに加えて半年間の専門教育を教授する修学年限の延長を主張した。西田が念頭においていたのは工業専門学校であったが，1年間の修業年限延長は高商の見解と同様であった。

修学年限の延長に対して全面的に批判した論者であった栗山緑朗は，年限延長を「形を変ヘタ昇格運動と見られないこともない」と述べ，「適当な分科制によつて亦年限を延長せずして改革は可能」とした[70]。

(6) 修業年限延長の現実化

こうした批判論に対して高商は，授業科目の整理によって対応しようとしていた。注目すべきは，修業年限4年への延長を文部省が了解していたことである。1933年7月に神戸で開催された「全国高等商業学校長会議」では，「四年延長ニ全部賛成ナルコト従前ノ通」とし「文部省モ大体諒解セルモノノ如シ」とされ，「常置委員」として渡邊龍聖，田尻常雄，矢野貫城が就任することになった[71]。

実業教育振興委員会への答申がなされる約1年前の1934年5月には，和歌山高商の教授会において校長は「文部省モ修業年限延長ノ趣旨ニハ賛成シナカラ，直ニ実行セサル理由ハ，推測ナレ共，経費ノ関係，及其ノ後ニ昇格問題ノ起ルコトヲ懼ルヽカ故ナラン」と発言していた[72]。9月の神戸で開催された全国高商校長会議では，「現下ノ情勢ハ，独リ高等商業学校ノミナラズ工業，農業，即チ実業専門学校ハ全部右延長ヲ希望セリ。右ニ就テハ文部当局モ了解セルモ，世間ニテハ教育機関短縮ヲ考ヘ居ル際ナルヲ以テ，四ヶ年ニ延長スルニ付テハ，世間ノ納得セシムル丈ケノ充分ナル理由ヲ要ス」とされた[73]。この場

第1章　修業年限延長への戦略　　33

において横浜高商から「高商全般ヲ通シテ必修科目丈ケハ統一シテハ如何」という提案がなされた。この必修科目の統一は，名古屋高商で開催予定の教務主任会議で討議されることとなり，1932年の「全国高商校長会議」において提出された，名古屋高商の渡邊と横浜高商の田尻とが委員となって作成された「四ヶ年制ノ具体的学科課程」が参考にされることになった[74]。この教務主任会議の内容は不明であるが，1936年9月の「全国官公立高等商業学校長協議会」において「高等商業学校ノ授業勧告内容ノ調査機関設置」と「四ヶ年制ノ如何ニ必要ナルカノ認識ヲ深ムル」ことが討議された[75]。

第**6**節　修業年限延長の反故

(1)　時局ニ対処スベキ実業教育方策ニ関スル意見

日中戦争の勃発とともに1937年11月に時局に対する実業教育のあり方が諮問された[76]。この答申については，校長会議における決議ではなく，高商校長各々が見解を述べた。高商からは，長崎高商（只見徹），山口高商（岡本一郎），小樽高商（苫米地英俊），名古屋高商（國松豊），福島高商（伊藤仁吉），大分高商（石丸優三），彦根高商（矢野貫城），横浜高商（田尻常雄），高松高商（澤田源一），高岡高商（鈴木明）が答申している。注目すべきは，山口高商，小樽高商，高松高商，高岡高商が修業年限延長を主張しているのみであり，1920年代初めより修業年限の延長要求に携わってきた只見徹，田尻常雄がこの見解に触れていないことである。なお，渡邊龍聖は1935年に名古屋高商を退任していた。

田尻常雄については第11章で詳しくみるように，1938年の教育審議会において臨時委員として大学と専門学校をあわせて3年制の「大学」とする見解に転じていた（ただし，特別委員会では修業年限の4年化を提案していた）。したがって，高商の求める修業年限の延長は，教育審議会での決定に委ねられていたものの，将来の課題として先延ばしされた。

1939年に「興亜国策ニ即応シ実業専門学校ニ於テ実施スベキ事項」に対する「実業専門学校長会議諮問答申」では，「長期建設ノ大衆ニ響ヘ単ニ収容生徒数ヲ増スノミナラズ生徒ノ精神力，道徳，体位及学力ヲ一層充実セシムルタメニ将来修業年限ヲ延長セラレタキコト」としている[77]。

34　　第Ⅰ部　戦間期の学校と企業

第11章で言及するように，校長会議を経て1940年8月に「官立高等商業学校ノ修業年限四ヶ年ニ延長サラレタシ」という「建議」を文相に提出した。しかし，1941年10月には，修業年限の短縮が決まり，高商の修行年限の延長要求は頓挫した。そして1944年には，高商が経済専門学校・工業経営専門学校・工業専門学校に転換することとなった。

(2) 和歌山高商における文部省批判

和歌山高商の教授会を振り返り，修業年限の延長が反故となる過程に噴出した教官の文部省批判をみていきたい。

文部省批判は，1932年の校長会議の諮問事項である「実業教育上留意すべき事項」への和歌山高商教授会における討議に始まった。1932年の教授会では建議案を討議するに際して，30年の建議の1つである修業年限4年への引き上げを再提案するか否かが議論されたが，「経費ガ許セバ賛成」という見解が出るに留まった[78]。この問題とは無関係に，学生・生徒の左傾化問題を「インチキ学校ヲ今日迄放任セルハ文部省ノ責任ニアラスヤ」「悪イ事ガ其侭ニサレ置キナカラ学生ノ左傾防止ノ方策ヲ問フ如キハ如何ノモノニヤ」という文部省に対する批判が加川航三郎から出された。

加川のこの突発的発言を契機として，教員の文部省に対する憤りが噴出する。山本勝市は1932年の諮問事項が「盛リ沢山ニテ実現ノ可能性ナルモノ少シ」と指摘した上で，「政府ハ人心ヲ不安ナラシメヌヤウ秩序ヲ維持シ，学校ノコトニツキテハ学校長ニ権限ヲ附与シテ校長ニ一任」し，「文部省ハ何カ事ヲ起コスヨリモ欠点ナキヤウ」にすべきだと述べた。さらに加川からは「文部大臣カラシツカリシテ貰イタイ」との発言があり，後藤清からは「諮問事項ヤ建議事項ヲ，文部省ハ聞キツ放シニスルハ不都合ナランヤ」という文部省の批判が相次いだ。

文部省批判は，1934年の校長会議の協議事項とされた「実業教育の革新」についての討議に際しても起こった。この協議事項については，島本英夫が「ゼミナール制度カ完全ニ運用シ得ラルレハ余程実力ヲ養ヒ得ル」といい，そのためには修業年限を4年に延ばすことを求めたが，後藤清が「文部省ハ修業年限延長ノ件ノミニ限ラス何事モ熱意ノ程疑ハシ」と述べた[79]。すでにみたように1934年時点では，少なくとも校長の間では修業年限4年化が実現する雰

囲気であったが，教官の間にはこれが伝わっていなかった。

1935 年の校長会議に対して教授会では「実業教育の改善」に関して協議された[80]。討議に先立ち校長は「修業年限延長ノ件ハ今回ノ会議ニ於テモ必ラス議題トシテ出ル」とし「出来ル丈主張スル積リナリ」と述べたが，後藤清から「担任学科ノ時間増加ヲ望ムモ直ニ修業年限ニ関係ス」との発言があり，土岐からは「改善ニ結局ハ予算，修業年限ノ点ニ帰着スヘシ」，宮川實からは「年限ヲモ延長セス予算モ又増額セストナレハ仕方ナシ，修業年限延長ハ直チニ不可能トシテモ予算増額セラルルトセハ」書物の購入，教室・閲覧室の増設を行えるとの意見があった。

しかし，これまでの教授会において，校長は文部省に対する批判的発言をすることはなかったが，1936 年には「文部大臣並文部ノ首脳部ノ変更頻ニシテ，校長会ニ於テ熱心討議シタル事項，建議スル事項ニ対シテモ，常ニ検討実施ノ域ニ至ラスニシテ終ル状態」であり，「本会議ニ期待ヲ懸ケテモ甲斐ナケレハナリ」と述べた[81]。さらに，1936 年の校長会議の協議事項が文部省から送付されるのが後れたため，和歌山高商の教授会での建議は不可能となったことも校長の文部省批判につながった。最終的には，1936 年 12 月の教授会において校長より「四ヶ年制ハ望ミ薄キ為，学科課程ヲ改正スル学校」があることが指摘された上で，学科課程の改正に着手することが提案された[82]。

1938 年 5 月の和歌山高等商業学校の教授会では，実業専門学校長会議において「本省ヨリノ附議事項」として「修業年限四制度ノ件」に言及されているが，これを最後に修業年限に関する言及はみられなくなった。

第7節　結　語

神戸高商が大学に「昇格」した以後の官立高商は，修業年限延長（3 年から 4 年への延長）を文部省へ要求した。修業年限の 4 年化は，校長のリーダーシップの下ですべての高商が一体となって要求していた。とりわけ，1930 年代における大学改革論に乗じた高商は，4 年制の高等職業教育機関を主張した。これは大学との役割の違いを明確化し，大学への「昇格」とは別の道を歩むことの現れであった。実際，修業年限の延長は，1930 年代前半に実現の可能性が高かったが，日中戦争の影響によってこれが反故とされた。

36　第 I 部　戦間期の学校と企業

専門学校に独自の役割を与え，大学への「昇格」を否定する考えは，小樽高商，名古屋高商の校長となった渡邊龍聖が1921年より唱えていたものであった。渡邊の見解に基づき校長会議を通して意思統一をなした校長は，修業年限の延長を文部省に要求し続けたと考えられる。渡邊の退官後も，横浜高商の田尻常雄などによりこの延長要求は続けられた。

　4年制の高等職業教育機関の設立という要求は，大学に「昇格」するのではなく，高商独自の役割を果たそうとする意味では，1918年から渡邊が主張していた。しかし，高商が「職業教育」に力点をおくのは，本来，「学問」や「研究」を行うはずの学生が卒業とともに「職業」に就いているという大学への批判が契機となった。したがって，大学＝「研究」，高商＝「職業」という図式として捉えられる。しかし，第4章でみるように，高商は大学と同様に「研究」を目指していた。こうしてみれば，修業年限の4年化を求める高商間に共通する戦略はあったが，その主張の力点のおき方は社会や企業などの世論に左右されるという日和見的な側面もあった。このことは，1930年代後半に高商が「職業教育」を強調しなくなったことからも分かる。

第2章

修業年限延長要求と学科課程

第**1**節　問題の所在

　第1章では，修業年限延長が高商間で共通した要求であったことを明らかにした。しかし，修業年限延長の理由を明確にしていなかった。本章では，なぜ高商が修業年限の延長を求めたのかを検討したい。それを分析する際に重要となるのは，修業年限の延長を前提として高商が作成した「4年制学科課程案」である。この学科課程を検討することによって，修業年限延長の理由を探りたい。

　高商の学科課程案を分析した研究はないが，酒井（2010）において，高等工業学校の「4年制カリキュラム案」が分析されている。高商と同時期に，高等工業学校校長協議会は，修業年限の4年制化を主張していた。酒井の同論文によれば，高等工業学校が修業年限の延長を求めた理由は，①高等工業卒業者が「技手」止まりで大卒者と同じように「技師」に昇進する者が少ないと考えられていた待遇問題，②技術者養成の必要性にあった。そして，大学になるのではなく，4年制の高等工業としての独自の役割を果たそうとしていた。この点に関しては，第1章で検討した高商と同様の方向性がみられる。

　結論を先取りすることになるが，高商の修業年限の延長の目的は，教育の中心をアカデミズム（「研究」）の方向へ移行させることにあった。以下では，このことに関して論証したい。

38

第2節では，ここでの議論の前提となる「技術的・技能的」教育について検討する。第3節では，高商の学科課程を分析し，「予科学科目」「語学」「体操」の授業時間数の特長を指摘する。第4節では，「4年制学科課程案」を分析する。第3節と第4節の分析結果に基づいて，第5節では，修業年限延長の理由が検討される。

第2節 「技術的・技能的」教育

(1) 佐野善作の言説

本章での議論の前提となる「技術的・技能的」教育についてみておきたい。「技術的・技能的」教育とは，商業教育の創成期における外国貿易や国内商業の発展のために必要とされた語学，簿記，金融，商業組織などの実務的ノウハウを教授することである。

1926年の東京商大の記念講演において，大学長の佐野善作は「10～20年ほど前」，すなわち東京高商時代の教育が「萬屋式に種々の学科目を詰め込んで而かも其 Technique のみに百事便覧か営業案内見た様なものを教へた結果は手先の人は造り得ても頭の人は多く之を造り得なかつた」と述べ，「往時の Technique 偏重の非」に言及していた[83]。そのため，「人に使はれて居る間は間に合うが人を使ふ位地に進むと餘り感服しない」人材が育成されていた。

しかし，1926年当時の東京商大では，「近頃は理論の方向に専ら力を用ひ Technique を軽視」しており，「商大の卒業生は理屈は偉いかも知らぬが気位許り高い様で実際使つて見て役に立たぬ英語も計算術も往時の卒業生に比して遥かに劣り文章も書法も著しく下手になつた」と論じた。これは東京高商時代には「実業界に入る者を養成するを殆ど唯一の目的」とされたが，大学への「昇格」後は「商業を中心とし之に関係ある諸学科の研究及び教授を為す学府たらん」とし，実業のみならず，「商事行政官」「高等商業の教師」「外交官領事館」「真理の研究を志す者」などの養成に転じた。

佐野の主張は，「Technique」から「研究」までの「All round に凡ゆる方面」をなすことであった。しかし，この「研究」という要素は，1900年初頭から盛んになる東京高商の大学昇格運動とともに主張されてきたものであった。一例を示せば，関一は，『欧米商業教育ノ概況』において，「商業取引上日

常起ルベキ事務ヲナスモノヲ養成」するのみであれば高等商業教育は不要であるが,「人間ノ権利義務ノ関係ヲ設定スル」ため「商業ハ尤モ深奥ナル学理的研究」を必要とすると論じた[84]。

「技術的・技能的」教育と「研究」とを明確に区分することはできず,両者は高等教育に併存する。しかし,東京高商の事例にみられるように,「技術的・技能的」教育から「研究」,すなわちアカデミズムへ移行することが大学への「昇格」への前提となった[85]。

(2) 宮田喜代蔵の言説

1925 年に名古屋高商の宮田喜代蔵は,卒業生への言葉として『校友会誌』に執筆している[86]。宮田は「学校を出て直ぐに役に立つと言へば,恐らく単なる商業の実践的技術,例へば記帳法,書式の書入れ,手紙の書方,算盤の弾き方など」であると述べ,「学校で習つたことが実際の社会で役に立たない」と述べる。

しかし,高商は「単なる技術の習技場」ではないと述べ,「学府を卒へた者も傳票を付け,算盤をはじく,然しそれを単なる傳票者算盤者と異つてゐなければならない」といい,「技術の生活の内に全体の経営の精神を摑んでゆくかどうかの点にある」と述べる。すなわち,「商業経営の精神を摑み得る経営者を養成」することが高商の目的であると述べる。宮田は「商業経営の精神」に関して具体的に言及していないが,「流通経済の本質を究明することによつて本当の商業経営の精神を摑む」としている。このように宮田は,「技術」よりも「究明すること」を重視していた。宮田の言説は,佐野のいう「Technique」と「研究」とを区分する考え方に等しいといえよう。宮田は,防波堤を築く際,土台の下に捨石をすることを例にし,一見すれば「役にたたない」ような「基礎の学問」が重要であると述べる[87]。また,宮田は,「商業教育が単なる技術の習練」ではなく,「種々の根本問題に対して解決を與へる」経営者を養成するものであるため,「根本原理的」な内容となる必要があると提言している[88]。

1920 年代の高等教育は,「技術的・技能的」な教育から「研究」で代表される教育が重視されるようになった。しかし,この「研究」には輪郭が与えられるも明確な定義はなされていなかった。

(3) 「商業道徳」

「技術的・技能的」に特化する教育体系は「人格の陶冶」の弊害となるという見解もみられた。これは「商業道徳」の重要性を説く言説として展開された。この点に関しては「道徳経済合一説」「論語算盤説」などとして有名な渋沢栄一の影響を受けているものだと思われる[89]。

1918年の臨時教育会議における実業教育の「改善」に関する答申では，「実業家ノ道徳低キカ為産業ノ発達ヲ阻害」することもあるため「実業学校ニ於テハ徳育ニ一層ノ力ヲ傾注シ人格ノ陶冶」を行い「技能教育ニ偏スル」ことがないよう提案された[90]。ただし，臨時教育会議における答申では「大学ニ於ケル従来人格ノ陶冶，国家思想ノ涵養ヲ等閑ニ附シタルニアラサル」と述べられていたように「人格ノ陶冶」と「国家思想」とは結びつけられていた。

実業学校における徳育は，高等商業教育の従事者，企業などから重要視されていた。神戸商大学長の田崎慎治は，1934年の講演会において「商業教育ト人格教育」の重要性について論じていた[91]。「品性の陶冶」「人格の陶冶」「人間を作らぬことには段々堕落する」と述べていたが，田崎は営利を追求する商業とそれに相反する道徳との関係に注目した。すなわち，「商業自身に多分に利己的な考へが盛られて居る」ため「産業教育職業教育といふものは教育自身にどうも余り人の品性を向上せしめないやうな点が」あるとした。「学問の性質自身が人格教育に困難」であり，「儲けさへすれば幾ら儲けてもよい，寄付さへすればそれでよい」という考え方があることに言及した。

とりわけ，ある学生が「清らかな学問をして来たが，（高商入学以後は）職業の為めの学問に入るのだ，実に苦しい，死んだ方がましだ」と述べ，「高等商業学校に入ることは糞尿を舐めるやうだ」と述べていたことに言及した。田崎は「金の話ばかりで人格を本当に養成して行かなければならぬ」「商精神に清い精神を吹き込むといふのが我々の精神であり目的であ」ると述べ，「個人の利益も計るが同時に社会の利益を図る」という「個人主義社会と全体主義社会の調和」が必要であると論じた。

田崎は，商業に備わる営利の追求という利己心が同時に社会の利益となる必要性を説いていたと考えられる。他方，彦根高商校長の矢野貫城は「企業の存在が社会全般に利益を與へる」ため「企業家の利益」のみではなくその「社会性」を考察する必要性に言及していた[92]。したがって，「商業の知識技能」の

みではなく「商業自体を其の社会性」から研究するため，「社会学」や「社会政策」を学ぶ意義を論じていた。矢野は営利追及の是非に言及していなかったが，個人レベルでは，「職業即生活」という状態であるため，「職業を通じて人格を表はさなければならない」「人生観の基礎を與へるやうな教科目」，すなわち「哲学概論・文化史・自然科学等」の重要性を説いていた[93]。

　他方，企業の見解をみれば，大阪商工会議所は「学校教育ハ商業知識ノミノ注入ニ傾キ責任ヲ重ジ並ニ規律ヲ尊ブ等ノ人格陶冶並ニ勤労ヲ尊重スル気風ノ養成ニ欠クル」と述べていた[94]。また，大東紡織は，専門学校以上の卒業者について，知識よりもその活用が重要であり国家社会に貢献する者として「信頼シ得ラレル人物」となる必要があるが，「自己ノ人格修養ニ心懸ケタトイフ者ハ殆ドナイ」ことに言及していた。

第3節　「予科学科目」「語学・体操科目」の比重

(1)　「予科学科目」と「本科学科目」

　高商の修業年限4年化の1つの理由には，語学を主とした「予科学科目」の授業時間数の多さがあった。高商の求めた理想型の1つには，予科1年・本科3年の神戸高商が挙げられよう。確かに高商は予科の設置を求めていたわけではない。しかし，ここで明らかにするように，高商におかれていた専門学校予科の学科目が，本科の学科目の授業時間数を圧迫している側面があった。

　ここでいう「予科学科目」（以下，「予科目」と略すことがある）とは，神戸高商の予科において教授されていた学科目を指す。これに対して，「本科学科目」（以下，「本科目」と略すことがある）とは，神戸高商の本科において教授されていた学科目を指す。神戸高商に設置されていた学科目を判断指標とする理由は，本書が分析対象とする1920年代において1年制の予科は神戸高商のみにおかれていたためである。

　そもそも予科とは本科の予備教育を意味し，高等学校が帝大の予科の役割を果たしていたことは有名である。表2-1が示すように，「高等学校規定」に提示される文科と理科に分けられる高等学校の教授科目は，3年制の東京商大予科においても教授されている。これに加えて東京商大予科では，「商業通論」「簿記」「経済通論」「法学通論」「民法総論」「商業算術」「電気及機械工学」が

42　　第I部　戦間期の学校と企業

表 2-1　予科で設置された学科目の比較（1928 年）

学科目名		高等学校	東京商科大学予科 （3 年制）	神戸高等商業学校予科 （1 年制）
				備　考
文科	修　身	○	○	○
	国語及漢文	○	○	○
	第一外国語	○	○	○
	第二外国語	○	○	
	歴　史	○	○	
	地　理	○	○	
	哲学概説	○	○	
	心理及論理	○	○	
	法制及経済	○		
	数　学	○	○	○　　代数・幾何
	自然科学	○	○	
	体　操	○	○	○
理科	物　理	○	○	○　　物理及化学
	化　学	○	○	
	植物及動物	○		
	鉱物及地質	○		
	心　理	○		
	法制及経済	○		
	図　画	○		
	商業通論		○	○
	簿　記		○	○
	経済通論		○	○
	法学通論		○	○
	民法総論		○	
	商業算術		○	○　　珠算を含む
	電気及機械工学		○	
	作　文			○
	書　法			○

出所）　各学校『学校一覧』各年。

注）　高等学校の理科には，修身，国語及漢文，第一外国語，第二外国語，数学，体操が含まれる。

第 2 章　修業年限延長要求と学科課程　　43

表2-2　神戸高等商業学校と長崎高等商業学校の授業時間数

(時間)

分類	学科目名	神戸高商 第一部	神戸高商 第二部	長崎高商 中学	長崎高商 商業	備考
予科学科目	修身	1	1	3	3	
	作文・書法	2	2	2	2	
	商業算術・珠算	4		5	1.5	
	簿記	5		5.5	2.5	
	商業通論	2	2	2.5	1	
	経済通論	2	2			
	法学通論	2		2	2	
	国語		3		1.5	
	代数		3			
	幾何		2			
	物理及化学		5		2.5	
	外国語			7	7	
	工学			1.5	1.5	
	世界近世史				1.5	
	数学				2.5	
	英語（予科）	10	10			
	体操（予科）	3	3			
語学・体操（本科）	英語（本科）	14	14	21.5	21.5	
	体操（本科）	6	6	9	9	
	第二外国語（本科）	選択	選択			
	英文解釈（本科）	選択	選択			
	英作文（本科）	選択	選択			
経済学	統計学	1	1	選択	選択	
	貨幣論	1	1			
	商業政策	2	2	1.5	1.5	
	財政学	2	2	1	1	
	工業政策	2	2	1	2	
	経済史	3	3	1.5	1.5	
	経済原論	3	3	2.5	2.5	
	経済地理	4	4	1.5	1.5	商業地理
	商工心理	選択	選択			
	殖民政策	選択	選択			
	社会問題	選択	選択			
	経済学史	選択	選択			
	経済問題	選択	選択			
	経済統計	選択	選択			
	国際経済	選択	選択			
	経済学史	選択	選択	選択	選択	
	社会政策			選択	選択	
	交通政策			選択	選択	
	植民政策			選択	選択	

分類	学科目名	神戸高商 第一部	神戸高商 第二部	長崎高商 中学	長崎高商 商業	備考
法学	破産法	1	1			
	国際法	2	2	1	1	国際公法
	商法	4	4	3	3	
	民法	5	5	4	4	
	親族法及相続法	選択	選択			
	米英法	選択	選択			
	憲法及行政法	選択	選択			
	憲法			選択	選択	
	商事関係法			選択	選択	
	国際私法			選択	選択	
商学	取引所	1	1	選択	選択	
	外国為替	1	1	1	1	
	倉庫及市場	1	1	1	1	税関及倉庫
	英文簿記	1	1	1	1	
	保険	1	1	2	2	
	海上保険	1	1	2	2	
	経営学	2	2	選択	選択	商工経営
	原価計算	2	2	選択	選択	
	会計学	2	2	2	2	
	銀行及金融	2	2	3	3	貨幣及銀行
	交通	2	2	3	3	海運・鉄道
	商業文	2	2			
	商業数学	2	2			
	商業道徳	3	3			
	商品学	4	4	2.5	2.5	商品学及商品実践
	貿易学	5	5			
	共同海損	選択	選択			
	生命保険	選択	選択			
	広告	選択	選択			
	海事	選択	選択			
	会計監査	選択	選択			
	共同海損	選択	選択	1	1	
	外国経済事情	選択	選択			
	商業実践			1.5	1.5	
	海外貿易事情			2	2	
その他	外国書購読	2	2			
	研究指導	2	2			
	選択科目	7〜15	7〜15	6	6	
	機械概論	選択	選択			
	研究指導			選択	選択	
	総授業時間	124〜132		105		

出所）　神戸高等商業学校『神戸高等商業学校一覧』1928年。長崎高等商業学校『長崎高等商業学校一覧』1928年。

注）　備考欄は表中の「学科目名」に対する長崎高商での名称。授業時間数は年度当たり毎週授業時間数（総計値を除く）。

教授されている。他方で，1年制の神戸高商予科の学科目のうち東京商大予科の設置科目にみられないものは，「作文」と「書法」のみである。このように神戸高商予科は，高等学校と東京商大予科の教授科目から修業年限1年の範囲内で教授可能なものを設置していた。

　表2-2を通して，予科1年・本科3年の4年制の神戸高商と3年制の長崎高商との学科目の比較をしたい。はじめに確認しておきたいことは，高商では，中学校卒業者と商業学校卒業者とで教授科目が異なっていたことである。概観すれば，中学卒業者は簿記などの商業学科目を，商業学校卒業者は「自然科学」・「理化学」などの「予科目」をより多く教えられる仕組みになっていた。在学中の授業時間数は，神戸高商が124〜132時間（平均128時間）であったのに対して，長崎高商が105時間であった。神戸高商の予科の学科目に含まれる「英語」「体操」を除いた「予科目」の授業時間数は，第一部・第二部ともに18時間であり，他方で，長崎高商の中学・商業学校卒業者のそれは28.5時間である。総授業時間に対するこの割合は，神戸高商が14.1%，長崎高商が27.1%である。

　これに加えて，神戸高商では予科と本科において「英語」と「体操」が教授されていたため，選択科目を除く両者を加えた授業時間は51時間である。同様に長崎高商は59時間となる。したがって，「予科目」「英語」「体操」の総授業時間に占める割合は，神戸高商が39.8%，長崎高商が56.2%となる。すなわち，長崎高商において総授業時間の半分以上がこれら科目で占められていることになる。このように高商が修業年限の延長を求めた理由には，「予科目」「英語」の授業時間数が「本科目」のそれを圧迫しているという側面があった[95]。

　表2-2によって「本科目」を比較したい。法学系と経済学系に関してみれば，選択科目を除けば神戸高商と長崎高商との授業時間数の差はあるものの（経済学系：神戸18・長崎10時間，法学系：神戸12・長崎8時間），長崎高商に「統計学」「貨幣論」「破産法」がないのみであり，設置科目はほぼ等しい。他方で，商業系に関しては，授業時間数の差が大きく（神戸：32，長崎22時間），神戸高商でのみ必修科目として設置されているものがある（「取引所」「経営学」「原価計算」「商業文」「商業数学」「商業道徳」「貿易実務」）。修業年限の差からこれら学科目の設置が長崎高商には不可能であったといえる。

第2章　修業年限延長要求と学科課程　　45

(2) 高等商業学校間の比較

ここまで神戸高商と長崎高商とを比較してきたが，次に長崎高商を含めた高商間の「予科学科目」「語学・体操科目」の授業時間数を比べてみたい（表2-3）。注意すべきは，「予科目」のうち「簿記」「商業通論」「経済通論」「法学通論」が「簿記及会計」「商業学・商業実習」などのように，「本科学科目」と一体となって開講されている高商もあるため，一定の基準で高商間の比較検討ができないことである。そこで「予科目」のうち「簿記」「商業通論」「経済通論」「法学通論」を除いた高商間の授業時間数を比較したい[96]。

確認すべきことは，選択科目となっていた和歌山高商の「第二外国語」の授業時間数が推定値（中学：9時間，商業：9時間）となっていることである[97]。後述するように，和歌山高商では，生徒の多くが選択科目を「第二外国語」としていたため，この推定は実態に近いものとなる。多くの高商の総授業時間数は，1年間で毎週34時間，3年間で102時間を基本としていたが，長崎・和歌山高商のようにこれを超過，高岡高商のようにこれを下回る高商もある。表2-3に示されている学科目の総授業時間数に対する割合は，中学卒業者で平均47.6%，商業学校卒業者で平均52.2%となる。このうち英語の占める割合は中学卒業者が平均22.4%，商業学校卒業者が平均22.7%である。この分析を通しても高商における「予科目」「語学・体操科目」の占める割合が多いことがわかり，上述した神戸・長崎高商との比較を一般化することができる。

(3) 研 究 科

「予科学科目」「語学・体操科目」による「本科学科目」の授業時間数の制約が修業年限の延長要求の1つにつながったと考えられるものの，高商卒業者を対象とした研究科などの設置が各高商には選択肢として存在した。すなわち，生徒の進学が前提となるが，高商3年間の修業年限不足を研究科の設置によって補うということである。

第1章第4節でみたように1921年の「高等教育機関拡張整備計画」案では，「官立実業学校専門学校卒業者ニシテ特殊ノ研究ヲ為サントスル者ノ為ニ専攻科（二年以内）ヲ設クルコト」が認められた。この専攻科は，研究科と名称変更され，長崎高商の海外貿易科，山口高商の支那貿易科，名古屋高商の商工経営科が存在した。この他には，商業教員を養成する小樽高商臨時商業師範研究

46　第I部　戦間期の学校と企業

表2-3 高商間の「予科学科目」「語学・体操科目」の授業時間数の比較（1928年）

(1) 中学卒業者 (時間)

学科目名	長崎	山口	小樽	名古屋	福島	大分	彦根	和歌山	横浜	高松	高岡
修 身	3	3	3	3	3	3	3	3	3	3	3
書法・国語漢文・商業文	2	3	1	2.5	2.5	1	2.5	4	2	2.5	2.5
数 学	4	3	4.5	3.5	5.5	5	2	2.5	5.5	4.5	5
英 語	21.5	22	25	23.5	23.5	23	21	22.5	23	24	21.5
第二外国語	7	9	9	6.5	8	8	8	9	7	8	9
体 操	9	6	6	6	6	6	6	6	6	6	6
工 学	1.5		1	2	2		1	1.5	2		
自然科学・物理化学・博物											
理 化 学					3.5						
珠 算	1						0.5	1	1		
哲学概論							1				
世界近世史・歴史・文化史							3				
合 計	49	46	49.5	47	54	46	48	49.5	49.5	48	47
総授業時間	105	102	102	103	102	102	101	105.5	102	100	96
合計/総授業時間（%）	46.7	45.1	48.5	45.6	52.9	45.1	47.5	46.9	48.5	48.0	49.0
英語/総授業時間（%）	20.5	21.6	24.5	22.8	23.0	22.5	20.8	21.3	22.5	24.0	22.4

(2) 商業学校卒業者 (時間)

学科目名	長崎	山口	小樽	名古屋	福島	大分	彦根	和歌山	横浜	高松	高岡
修 身	3	3	3	3	3	3	3	3	3	3	3
書法・国語漢文・商業文	3.5	4.5	3	3	3	3	3	4	3	5	3.5
数 学	4		4	2.5	5.5	4		4	5.5	4.5	4.5
英 語	21.5	22	27	25.5	23	23	21	22.5	23	24	21.5
第二外国語	7	9	9	6.5	8	8	8	9	7	8	9
体 操	9	6	6	6	6	6	6	6	6	6	6
工 学	1.5		1	2	2		1	1.5	2		
自然科学・物理化学・博物	2.5	3.5	2				3	3			
理 化 学				2	4.5	2.5			2		
珠 算											
哲学概論							1				
世界近世史・歴史・文化史	1.5			2		2	3	2	2	2	5.5
合 計	53.5	52	54	52.5	55	51.5	52	55	53.5	52.5	53
総授業時間数	105	102	102	103	102	102	101	105.5	102	100	96
合計/総授業時間（%）	51.0	51.0	52.9	51.0	53.9	50.5	51.5	52.1	52.5	52.5	55.2
英語/総授業時間（%）	20.5	21.6	26.5	24.8	22.5	22.5	20.8	21.3	22.5	24.0	22.4

出所) 各学校『学校一覧』各年。

注) 和歌山高等商業学校の第二外国語科目は選択科目であるため推定値。授業時間数は年度当たり毎週授業時間数（総計値を除く）。

科があった。これら研究科を設置していない高商には、研究生制度が存在した。福島高商のこの規定をみれば、「本校卒業者ニシテ既修ノ学科目ニ付更ニ研究セント欲スル者ニハ出願ニヨリ二年以内研究生トシテ在学ヲ許可スルコトアルヘシ」とある[98]。

山口高商についてみれば、1916年に支那貿易講習科として開設された支那貿易科は、山口高商卒業生と同等の学力のある者を対象とした修学年限1年の研究科であった[99]。「支那経済事情」「支那語」などを中心に教授されたこの研究科は、「修業年限も1箇年と定められていたから、生徒をして充分なる研究を果さしむること得ざる」といわれた。そのため1920年に修学年限2年の東亜経済科を新設するよう試みたが、文部省の認可を得ることができなかった。

「対外商業」に従事する者を育成する目的で1917年に設置された長崎高商の海外貿易科では、「国際公法」「国際私法」「行政法」「経済史」「殖民政策」「国際金融」「海外貿易事情」「商工経営」「農業大意」「統計学」「衛生学」「英語」「第二外国語」が教授された[100]。毎週総授業時間34時間のうち英語3時間・第二外国語3時間であった。語学の割合は17.6%であったため、「対外商業」に関する本科学科目の教授が主体となっていたといえる。

1924年に「商工業ノ経営管理ニ須要ナル知識技能」を修得するために設けられた名古屋高商の商工経営科では、「生産経済学」「経済財務」「産業能率」「工業原料学」「経済数学」「統計学」「産業心理学」が必修学科目としておかれた。なお、商工経営科では語学科目が教授されていなかった。

このような特徴をもった研究科の卒業者は、聴講生を除けば、山口高商が1916～25年に最低1人・最高12人・平均4人、長崎高商が1918～25年に最低1人・最高7人・平均3.6人、1926～31年に最低1人・最高11人・平均6.3人、名古屋高商が1925～31年に最低5人・最高11人・平均8.2人であった[101]。「量的にみると、必ずしもこれらの取組が産業界や社会に受け入れられたとは言い難い」と指摘されるように[102]、少なくとも高商3年間の延長教育とはならなかったといえよう。このことが、高商に研究科の拡充ではなく修業年限の延長を要求する方向へ向かわせたものと思われる。

48　第Ⅰ部　戦間期の学校と企業

第*4*節　4年制学科課程案

(1)　4年制学科課程案の特徴

　前節では高商の学科課程において，「予科学科目」「語学・体操科目」の占める割合が高いという特徴を明らかにした。本節では高商が作成した修業年限を4年とする学科課程をみることで，3～4年への修業年限引き上げを求めた理由を検討したい。

　第1章において，1932年の全国高等商業学校長会議に提出された「四ヶ年制ノ具体的学科課程」（「4年制学科課程案」もしくは「4年制案」と略す）の制定過程についてはすでに述べた。高商が求めた授業編成が判明するこの学科課程案の分析は，修業年限延長の理由を考察する上で重要となる。

　表2-4から判明される「4年制案」の特徴は以下の通りである。第1に，4年間の総授業時間数（117時間）は，表2-2で示した神戸高商（124～132時間）よりも少ない。第2に，「予科目」「語学・体操科目」の総授業時間に占める割合は，中学卒業生36.8%，商業学校卒業生41.9%であり，前掲表2-3でみた高商平均（中学47.6%，商業52.2%）よりもそれぞれ約10%減少している。このうち「英語」の割合は17.1%であり，上述の高商平均22.4%よりも約5%減少している。このことからみて，高商が「予科目」「語学・体操科目」の授業時間数を問題としていたことが分かる。第3に，選択科目数の多さが特徴に挙げられる。この総授業時間に対する割合は27.4%となる。

(2)　1930年高商科目との比較

　さらに詳しくこの特徴を検討するため，1930年に官立高商10校に設置されていた学科目（「1930年高商科目」と略す）と「4年制案」とを表2-4を通して比較検討してみたい[103]。「1930年高商科目」の必修295科目うち250科目（84.7%）が「4年制案」で必修学科目となっている。同様に，「1930年高商科目」において平均7.4校が必修としていた学科目が「4年制案」で必修となり，平均2.4校が必修としていた学科目は選択学科目となっている。このことからみて，各高商において必修として設置されていた学科目が「4年制案」においても必修とされていたといえる[104]。

第2章　修業年限延長要求と学科課程　　49

表 2-4　高等商業学校

(1) 必修学科目　（時間数・校数）

分類	学科目名	時間数 中学	時間数 商業	1930年の設置校数 必修	1930年の設置校数 選択
予科学科目	修　身	4	4	10	
	数　学		2	10	
	国　漢	1	2	9	
	商業作文	0.5		9	1
	自然科学		3	10	
	世界近世史		1	4	2
	文化史	1	1	1	1
	哲学概論	1	1	1	1
	珠　算	0.5		7	
	工　学	1	1	8	1
語学・体育	体育及教連	8	8	10	
	英　語	20	20	10	
	選択外語	6	6	8	2
法学	法学通論及憲法	2	2	10	
	民　法	3	3	7	
	商　法	5	5	7	
経済学	経済原論	3	3	10	
	貨幣論	1	1	2	2
	財政学	2	2	9	
	統計学	1	1	6	2
商学	商業地理	2	2	9	
	商業政策	1	1	6	
	商業史	2	2	7	
	商業概論	1		10	
	商業数学	2	1	7	
	海外経済事情	1	1	5	5
	経営経済学	2	2	5	
	市場論	1	1	3	
	金融論	1	1	3	1
	外国為替論	1	1	6	
	交通論	1	1	8	1
	簿　記	4		10	
	保険総論	1	1	5	1
	会計学	1	1	10	
	商品及商品理化	2	2	9	
研究指導		2	2	－	－
選択科目		32	32	－	－
総　計		117	117	－	－

(2) 選択学科目

学科目名	時間数
選択外国語	4
論理学	1
心理学	1
高等数学	1
商業経済（英語購読）	2
社会学	1
教育学	1
近世外交史	1
経済史	1
経済学史	1
世界経済	2
景気論	2
投資論	2
信託論	2
銀行経営論	2
海運論	2
鉄道論	2
取引所論	2
倉庫論	2
生命保険論	2
火災保険論	2
海上保険論	2
社会保障論	2
国際公法	2
国際私法	2
行政法	2

出所）「彦根高等商業学校長　矢野貫城から神戸商業大学学長田崎愼治宛の送付状と四学年制高等
注）　空欄は0。表中の○は「4年制案」での新設を示す。選択科目は資料に記載されている順に示
の欄については，本文を参照。授業時間数は年度当たり毎週授業時間数（総計値を除く）。

の4年制学科課程案

(時間数・校数)

1930年の設置校数		学科目名	時間数	1930年の設置校数	
必 修	選 択			必 修	選 択
−	−	破産法及和読法	2		2
	4	租 税 法	2		1
	3	産業法規	2	○	
1	2	工業政策	2	4	
1	1	農業政策	2		5
1	6	植民政策	2		8
	5	社会政策	2	2	5
○		産業組合	2	○	
1	1	都市計画	2	○	
	6	経営統計	2	○	
○		銀行簿記	2	4	
	2	英文簿記	2	1	
○		会計監査	2		4
	3	工場管理	2	○	
5	1	商店管理	2	○	
	2	広告及店頭装飾	2	○	
	3	経済心理学	2		7
3	3	海外経済事情	2	−	−
1	3	商品実験	2	2	1
	2	貿易実務	2	3	
	2	商業実践	2	4	1
1		タイプライティング	2	1	
	1	速 記 術	2	○	
	6	書 法	2	4	
	7	珠 算	2	−	−
1	3	原価会計	2	5	1

商業学校学科課程案（未定稿）」識別番号201250100130005，神戸大学文書館所蔵。
す。「海外経済事情」と「珠算」は必修・選択の2つに含まれる。「1930年の高商での設置」

選択学科目に関してみれば，5校が必修学科目としていた「銀行経営論」は選択学科目となっている反面，1校のみが必修科目としていた「海上保険論」「タイプライティング」は選択学科目として「4年制案」に残存している。他方，1校のみが選択学科目としていた「租税法」と「社会保障法」は「4年制案」の選択学科目となっている。

　「4年制案」において廃止となったのは，各高商におかれていた「共同海損」「商事関係法」「税関」である。「商事関係法」に関しては，1928年の長崎高商では「信託業法」が教授され，30年の同校では「売買」「問屋営業」「運送営業」などの法規が教授されていた[105]。これら学科目が廃止された理由は，「4年制案」の『教授要目』が手に入らないため定かではない。高商で3〜4時間教授されていた「商法」が「4年制案」で5時間に増えているため，これら学科目の内容の一部がこの「商法」もしくは新設の選択学科目の「産業法規」のなかで教授される予定であった可能性がある。

　ただし，「1930年高商科目」において各高商が独自においていた「科学概論」（長崎高商），「国民性研究」（彦根高商），「英文学史」（以下，和歌山高商），「人種学」「芸術工芸史」は「4年制案」にはみられない。この反面，「近世外交史」「世界経済」「投資論」「産業法規」「産業組合」「都市計画」「経営統計」「工場管理」「商品管理」「広告及店頭装飾」「速記術」は新設学科目として「4年制案」に加えられた。このうち「近世外交史」は「1930年高商科目」に存在していた「近世史」と，「世界経済」は「経済事情」と，「投資論」は「貨幣論」と関連性が高いため，新規性があるのは「産業法規」「産業組合」「都市計画」「経営統計」「工場管理」「商品管理」「広告及店頭装飾」「速記術」となる。

　このように先にみた3つの「4年制案」の特徴に加えて，ここでの分析からは①高商に既設の必修学科目の多くが「4年制案」の必修学科目となり，②廃止学科目が少なく，③少数の高商の既設選択科目が「4年制案」に残存し，④新設科目が少ないという学科課程の特徴が見出された。つまりは，各高商で設置されていた学科目が詰め込まれる形で「4年制案」は成り立っていた。

(3)　4年制学科課程案と学問動向

　ところで，高松高商の『学友会誌』には三波晴夫の学科課程に関する興味深い見解が掲載されている。三波は「教授科目中に非実際的科目多」く，「職業

的科目割に少く普通科目に関する諸種の課目割に多い」と述べている[106]。ここでいう「普通科目」とは今までみてきた「予科目」「語学」をいい，「職業的科目」は商業や経済科目を指す。とりわけ，「高商に於て会社金融（経営財務，事業金融），マーケティング，景気循環論，広告学，販売原理，産業心理学，労働組合，商工統計，会計監査等の最近重視さるる商業学を必修科目は愚か選択科目さへも加へずして，選択科目に大学の経済学に於てさへ選択科目なる文明史，社会学，国際公法，憲法の如き商業に割に縁遠き科目を課している」と批判している。さらに，「必修科目に於ても経済学に関する科目割に多く」，商業学においても「商業通論，銀行論，倉庫論，鉄道論，保険学の如き総論的一般的のもの多」いと高商の学科課程を批判している。とりわけ，「国際公法」に関しては，明治期において「万国公法」として日本の近代化・海外貿易に重要な学科目として位置づけられていた。しかし，1920年代後半にはこうした意識が喪失されていたといえよう。

　こうした学科課程の問題から三波は，貿易科・金融科・商工経営科の3つの分科を設け，修業年限を4年にすることを主張していた。すなわち，「普通科目」の授業時間数の多さに起因する「職業科目」の内容と授業時間の不足から修業年限延長は必要であった。

　「4年制案」の授業内容は正確には分からないが，三波が非設置を問題とした「景気循環論」「広告学」「商工統計」「会計監査」に関連する学科目は，「4年制案」の選択学科目におかれている（表2-4参照）。しかし，「会社金融」「マーケティング」「販売管理」「産業心理学」「労働組合」は「4年制案」にはみられない。「総論的一般的」学科目の多さに関しては，総論と各論の関係にある「保険総論」「生命保険論」「火災保険論」「海上保険論」が「4年制案」におかれている。この問題は解決されていたが，総計32時間の選択学科目の修業時間数に対して，98時間の選択学科目が準備されているため，生徒が総論と各論を系統的に修業するかが次の問題となる。すなわち，三波の指摘する「分科制」は「4年制案」では導入されていなかった。

　「4年制案」において教授すべき学科目の選択には，学問的動向は反映されていなかった。増地庸治郎によれば，ドイツの大学では「商業学，会計学などの名称を有する講義はなく」，すべての講義は「経営経済学」と呼ばれており，ドイツの学問的動向に倣って，日本の商業学は「経営経済学の体系に基づいて

第2章　修業年限延長要求と学科課程　　53

商業上の問題を整理」する方向にあった[107]。増地によれば「経営経済学」は「経営学」，現在の市場取引に等しい「交通学」に分けられる。「経営学」は「交通学」と「特殊経営学」に分けられ，「特殊経営学」は，①「農業経営論」，②「林業経営論」，③「工業経営論」，④「商品商業経営論」，⑤「銀行経営論」，⑦「交通業経営論」，⑧「保険業経営論」などに区分される。他方，「交通学」は「一般交通学」と「特殊交通学」に分けられ，「特殊交通学」は，①「商品交通論」，②「貨物交通論」，③「支払交通論」，④「資金交通論」，⑤「保険交通論」などに区分される。表2-4に示されている「4年制案」では，商業科目では必修に「経営経済学」，選択に「銀行経営論」は存在するものの，増地が指摘する「経営経済学」を中心とした体系にはない。

前述した三波が高商における「マーケティング」の非設置を問題としていたように，ドイツの「経営経済学」の体系に加えて，「マーケティング」がアメリカで発展していた[108]。日本において「マーケティング」は「配給論」や「配給組織」などと訳されていた。「市場論」が市場や取引所を対象とするのに対して，「配給論」は財の流れを体系的にみようとしたが，表2-4の「4年制案」では，「市場論」と「取引所論」はあるが「配給論」はみられない。

このように「4年制案」は，本節の(2)でみた各高商の設置学科目が詰め込まれたものという特徴に加えて，ここでみたように学問的動向を受けた授業内容の再編でもないという特徴が見出された。

第5節　4年制学科課程案と修業年限延長

(1)　「高等商業学校の修業年数を四ヶ年に延長すべき理由項目書」

前節でみた①授業時間数の減少，②「予科学科目」「語学・体操科目」の授業時間数の減少，③選択科目数の増加という「4年制案」の特徴は，修業年限延長を要求する高商の意図が反映されているものであった。

第1章でみたように，1933年9月に名古屋高商校長の渡邊龍聖は，修業年限延長理由を文部省において説明する際，「高等商業学校の修業年数を四ヶ年に延長すべき理由項目書」を提出した[109]。その内容は【史料1】として示している。

【史料1】

一，今の進歩したる世界経済の時代に於ては，高等商業学校は三年制度にては専門学校としての職能を十分に発揮し難きこと。

一，本邦に於て始めて高商の設置せらるるや，調査研究の結果，四年制を採用せられたること（東京神戸両高商）。

一，山口高商以下其後設置の高商に於て三年制の採用されたることは，教育上の見地に基くにあらずして，時代の要求に応じたる一時的便法たるに過ざる事。

一，過去に於ては，一般に詰込主義に由る点取り頭脳を概して質よしと認めた時代もあつたが，今は学術応用の才幹，常識のはたらき，人格の修養，能力の充実，手腕，独創力の有無等を標準として人物を判定する。然るに三年制にてはかかる人材を養成し難きこと。

一，四年制度を三年制度に改めたる際に，三年制度の学校に於ては，授業時間数を最小限度一週三十四五時間に改められ，今尚は右やうであるが，之は教育上非常に無理であること（米国諸大学に於て一週二十時間以上の授業を受けることを禁止され居ることは参照の価値あり）。

　　(1) 過度の授業時数は，教授側からは講義詰込主義，生徒側からは筆記暗唱点取主義に流れること。

　　(2) 過度の時間数は，生徒の心身の自然発達を妨げ，常に神経を過敏ならしむる為に，精神的には常識のはたらきを鈍ぶらし，独創力を減殺し，応用の才幹を亡ぼし，身体的には体格を虚弱ならしめ，神経衰弱並に之に伴ふ幾多の疾病に犯されやすきこと。

　　(3) 人格の陶冶，団体観念の養成はオチツキのあるユトリのある制度の下に於てのみなされ得べきに，過度の授業時数は之に背反す。

一，学科の整理，内容の改善によりて，授業時間数を減少させよとの説もあるが，実際其局に当つて見ると，整理すればする程，却つて授業時間数を増さなければならぬ，それは時代の進歩と共に諸学科の内容が複雑になり，又新なる学科が加へられねばならぬからである。

一，教育年限の短縮は今尚は輿論ではある。然しながら之は初等中等高等教育を通じての短縮のことであるから，専門学校に於て，中学四年より収容するとせば年限延長にはならぬこと。

第2章　修業年限延長要求と学科課程　　55

みられるように「過度の授業時数」が「講義詰込主義」「筆記暗唱点取主義」に教員・生徒を導き，さらには生徒の「神経衰弱」を惹起させ，「人格の陶冶」の弊害になることが指摘されている。こうした背景には，試験の成績から「人物」を重視する風潮への社会の変化があることにも言及されている。

したがって「4年制案」の特徴①の授業時間数の減少は，「過度の授業時数」の減少につながる。特徴②の「予科目」「語学・体操科目」の授業時間数の減少によって「本科目」の授業数を増やしていることは，「（授業科目を）整理すればする程，却つて授業時間数を増さなければならぬ」点と関連する。③選択科目数の増加については，【史料1】の記述からは読みとれないが，1930年の校長会議諮問の「独創力啓発」の諮問にみられた。

(2)　独創力啓発

1930年の校長会議では「学生生徒の独創力啓発に関し教育上留意すべき事項」が諮問事項として挙がった。これに対する校長会議の答申は次の通りである[110]。

一，学科科目ノ整理並授業時数ノ減少ヲ図リ学生生徒ヲシテ自主的研究ヲナスノ余裕ヲ與フルコト

二，学科課程中選択科目ヲ多クシ又ハ科目制度ヲ加味シテ学生生徒各自ノ個性ノ発達ヲ助長スルコト

三，教授方法ニ改善ヲ加ヘノート式ノ弊ヲ改メ討議式課題式ケースメソッドノ如キ啓発的方法ヲ採ルコト

四，努メテ個人指導ニ意ヲ用ヒ又一学級ノ学生数ヲ減少シテ教授ノ徹底ヲ図ルコト

五，実験実習其ノ他ノ機会ニ於テ科学的観察及思索ノ力ヲ豊富ナラシムルヤウ努ムルコト

六，学生ニ近代ノ発明，発見及改良ノ経路ヲ知ラシムル方法ヲ講ズルコト

七，見学実習ニヨリ実地ニ現レタル独創工夫ヲ感得セシムル便宜ヲ得ルヤウ実業界ト協力スルコト

八，調査，実地及研究ノ設備ヲ拡張シ並其ノ費用ヲ充実スルコト

九，各実業専門学校ニ博物館ヲ附設シ並図書館ノ充実ヲ図ルコト

一〇，教授及学生生徒等ノ研究ノ成積優良ナル者ニ対シ適当ナル表彰方法ヲ講
　　ズルコト
一一，各実業専門学校ニ研究科ヲ設ケ独創的研究ヲ助長セシムルコト
一二，一般ニ学校卒業ニ対スル資格特典ヲ廃シ実力尊重ノ風ヲ興シ学生生徒ノ
　　眞ノ好学心ヲ誘起スルコト

　みられるように，「4年制案」において「学科科目ノ整理」は完遂されてい
たとはいい難いが，「授業時数ノ減少」と「選択科目ヲ多ク」することは「4
年制案」で成し遂げられていた。
　このように修業年限延長を目指した「4年制案」は，教授科目の体系やその
必要性の精査というよりも，授業時間数の削減を前提とした「講義詰込主義」
の回避，「人物重視」「独創力啓発」「自主的研究」などの教育の質をかえる目
的があったといえよう。したがって，高商の求めた修業年限延長は，教育の質
の変化を図ることにあったといえる。
　これら内容は，「4年制案」が作成される以前に高商が個々に主張していた
ものであった。例えば，彦根高商の1926年の学科課程改正では，「自発的ノ研
究ニ重キ置キタルコト」として，「上級学年ニ於テハ幾分ニモ教授時数ヲ減シ
テ自発的ノ研究ヲ促カシ教育ノ効果ヲ増進スルト共ニ卒業後ニ於テモ研究ヲ継
続スルノ風ヲ助長セシメンコト期セリ」とされた[111]。他方，横浜高商は1931
年の学科課程の改正の際に「生徒ノ自学自修ノ気風及独創力養成ニ最モ必要ナ
ル研究指導及選択学科目ヲ多クシ」と述べていた[112]。ここにおいても「授業
時数ノ減少」と「選択科目ヲ多ク」することが，「自発的ノ研究」「自学自修」
につながると主張されていた。
　したがって，「4年制案」の作成目的であった修業年限の延長は，「技術的・
技能的」教育から「研究」，すなわちアカデミズムへと高商の教育の質の転換
を図ることにあった。

(3) 教育の実際化

　「独創力啓発」とともに1930年の校長会議では「現下ノ産業状態ニ鑑ミ実業
教育上留意スヘキ事項」が諮問された[113]。この校長会議答申では，第1に「教
育制度ノ改善」を主張し，修業年限延長を要求した1925年の答申を繰り返し

第2章　修業年限延長要求と学科課程　　57

ている。第2に「実業専門学校ノ教授法ヲ改善シ，理論ニ偏スルノ弊ヲ避ケ，教育ノ実際化ヲ図ルコト」，第3に「産業ノ合理化ヲ達成スル為，教育上経営管理ニ関スル教授研究ニ一層ノ留意ヲ為スコト」，第4に「産業振興ニ関シテハ，女子ノ力ニ負フ所尠カラサルヲ以テ，事情ノ許ス限リ実業専門学校ヲ女子ニ開放スルコト」，第5に「海外発展ノ気風ヲ旺盛ナラシムル為，本省ニ於テハ関係各省トノ連絡ヲ一層緊密ニシ，海外就職ノ便法ヲ講スルトトモニ，益々海外事情ノ調査研究ニ力ヲ注クコト」が答申された。

　この諮問に対して和歌山高商の教授会の建議では，①小学校六年・中学校五年・専門学校三年・大学無期限という学制の改組を行うこと，②実業家と学校との連携を図り「教育モ実際ニ則シテ」行うこと，③小学校時代より経済地理的知識を養成すること，④「中学五年ヲ廃シ専門学校ヲ四年」とし，「高商ヲ卒業シタルモノハ大学ニ行ク必要ナキ迄ニナス」こと，⑤「実際ノ経済ニ関スル智識不十分ニ付」産業研究部等の機関を充実させることが提案された[114]。校長会議の答申には，和歌山高商の提案した学制の改革や初等・中等教育の改革は織り込まれなかったが，「実際ノ経済ニ関スル智識」という提案は校長会議で示された「教育ノ実際化」とつながる[115]。

　1933年の和歌山高商の教授会では，校長会議諮問の「教育の実際化の具体的方案」が検討された[116]。島本英夫から「実際家」を招いて生徒に「実際上ノ講話」をすること，実業界の視察を行うこと，商工会議所との連携を図ることが提案され，さらに，島本は最終学年の生徒は志望に応じて交通，金融，保険などの必修科目を設けることを求め，この提案の前提として「修業年限ヲ四ヶ年ニスル」ことを主張した。この問題に関して，土岐政蔵はすべての生徒が必修となるゼミナール制度を設けることを提案し，この制度は「精神教育上相当ノ効果」があることも付け加えた。土岐がここで「精神教育」に関して述べたのは，1933年の諮問事項に「精神教育の徹底」が含まれていたからである。だが，土岐のこの発言に対して加川航三郎はすぐさま精神教育と物質教育は相反するといい，「物質ヲ重セントスル実業教育ニ於テ，精神教育ヲ鼓吹シ，物質教育トノ調和ヲ図ルコト難シ」と述べた。諮問事項に関する建議はこれ以上挙げられず，結局，「具体的方策トシテ別ニ提議ナシ」というのが校長会議への和歌山高商の建議となった。

　校長会議答申と和歌山高商での建議に関してみたが，重要なことは，教育の

58　第Ⅰ部　戦間期の学校と企業

実際化が【史料1】にみられる修業年限延長要求に織り込まれていないことである。このことからみて，高商は「講義詰込主義」の弊害や「人格の陶冶」などの教育の質の変化を目的とした修業年限延長を目指しており，「教育の実際化」などの教授内容の変更は修業年限延長の目的としていなかったといえよう。

(4) 和歌山高商における教官の教育観

ここで，1935年の教授会で発言された和歌山高商の教官の教育観をみておきたい。この教育観は，校長会議建議の「実業教育の改善」に際して言及されたものであった[117]。

教員それぞれが思いのままに発言していることと，詳しい説明がないことを留保すれば，①実際家と接触させる（土岐・北川），②専門学校と大学で学ぶことの重複を是正する（大畑），③訓育を重視する（加川），④古典味ある教育を行う（大淵），⑤学生が自発的に勉強するよう工夫する（茗荷），⑥人間をつくる・判断力の独立した人物を養成する（府川），⑦学生と職員との接触を増やす（府川・長崎・古賀），⑧科目数を減らし学問に興味を持たせる（岡橋），⑨詰め込み教育の弊害を避けるため体育を重視する（大西），⑩海外旅行を容易にする（土岐）ことが提示された。

③は「寮以外ニ各教官ニ夫々少数ノ生徒ヲ預ケ」ることが主張され，④は「我国ノ実業教育ハ軽佻浮薄ニシテシカモ功利的」であるため「古典味アル教育方法」を取り入れ「重厚ナル奥行キアル人物ノ養成」を求める修身担当の大淵の意見であったが，実業教育を「功利的」と考えることに特徴がある。⑤に関しては「ゼミナール制度」の導入が挙げられていた。

ここにみられるように⑤⑥⑧⑨の見解は，「4年制案」の趣旨と一致しており，教官との間でも教育の質を変えることが要求されていたといえる。

第6節　結　語

高商が修業年限の延長を求めた理由は，「技術的・技能的」教育から「研究」，すなわちアカデミズムへと高商の教育の質の転換を図るためであった。

修業年限の延長の際の学科課程である「4年制案」を現行の高商の学科課程

と比較すれば，①総授業時間数の低下，②「予科目」「語学・体操科目」の総授業時間に占める割合の低下，③選択科目数の増大が挙げられる。この改変を高商が求めた理由は，「過度の授業時数」が「講義詰込主義」や「筆記暗唱点取主義」に生徒を導くとともに，「独創力」を欠如させると考えたからであった。とりわけ，特徴②，すなわち「予科目」「語学・体操科目」の授業時間数を減少させることに関しては，「英語」を主とする「語学」の授業時間数の多さを是正し，商業・経済・法律分野の学科目の授業時間の増加を計画していた。

　重要なことは，「過度の授業時間数」の減少が生徒の「独創的研究」「自発的研究」を促すと考えられていたことである。同様に選択科目数の増加は，生徒の「独創性」や「自発性」を促すと思われていた。「独創性」や「自発性」は「研究」に包括される概念であった。したがって，「4年制案」は「技術的・技能的」教育から「研究」へ教育の質の転換を図る目的があったといえる。

　ただし，「4年制案」は，各高商の設置学科目が詰め込まれる形で作成されており，「経営経済学」の体系に依拠するような教授内容の変更はみられなかった。それゆえ，修業年限延長を前提とした「4年制案」は，「詰込主義」の是正など教育の質の変更に特化されたものであった。また，「教育の実際化」を修業年限の延長の目的に結び付けることに高商は消極的であった。

　最後に，酒井（2010）による高等工業の4年制カリキュラムと，ここでみた高商のそれとの比較をしておこう。高等工業の「4年制案」（機械工学科）は，「基礎的学科目」と「設計製図」「実験及実習」の大幅な授業時間数の増加にあった。これを作成した広島高等工業の川口虎雄の目的は，基礎学科目を増やして専門学科目の理解を促し，実習を増やして実際の工業への応用を図ることにあった。すなわち，「理論」と「実際」との両立を図ることにあった。ただし，高等工業と高商の「4年制案」を比較すれば，①総授業時間数が高等工業のほうが多い（工業：156時間，商業117時間），②高等工業に英語・外国語科目の授業時間増加があった点を指摘できる。ここに高商と高等工業との教育方針の違いを見出すことができよう。

第3章

自由選択制と学科課程の改正

第 1 節　問題の所在

　第2章でみたように，修業年限延長は教育の質の転換を図ることにあったといえる。教育の質の変化の1つとして挙げられた「独創力啓発」では，「学科課程中，選択科目ヲ多クシ，又ハ科目制度ヲ加味シテ，学生生徒各自ノ個性ノ発達ヲ助長スルコト」が指摘されていた。

　和歌山高商では，開校後最初の学科課程の改正において，教官は学科目の自由選択制の導入を試みていたが，文部省の意向によって挫折していた。和歌山高商において自由選択制の導入が計画されたことは，教官間で「個性ノ発達ヲ助長」を求められていたことを示している。自由選択制の挫折以後，和歌山高商では，自由選択制を「選択科目ヲ多クシ」という理想に読み替えて学科課程を改編していく。

　自由選択制の推奨は，ドイツの大学理念と関連性が強い。1903年の高根義人の「大学制度管見」によれば，「学修ヲ自由ナラシム可シ」ことが言及されていた[118]。ドイツの大学のあり方を理想としていた高根は，試験のため学生が「筆記ト受験ニ忙シク」「研究ノ素養ヲ得ル余暇ナキ」ことを問題視し，自由選択制を推奨した。すなわち高根は，最小履修時間数を定めるものの学生自らが授業を選択することを主張していた。加えて，高根は，「転学ヲ自由ナラシムヘシ」ことも主張した。この主張は，ドイツの大学において一般的とされ

61

た，学生が大学を自由に移動して授業を選択する制度に基づいていた。

自由選択制は「研究ノ素養」を学生にみつけさせる手段であったが，1919年の臨時教育会議においても「研究力」と「独創力」の欠如が問題となり，「学生ヲシテ研究セシメルヤウ」な「教授法ノ改正」が必要とされていた[119]。この会議においても「自分ノ目的トシ興味ヲ感ズル所ノ学科」を選択する方法が必要とされていた。さらに「学年制度ヲ廃シ」，自由選択を意味する「科目制度」を導入することと，学生が自由に大学間の講義を選択することが提案されていた。

これらのことに鑑みて，和歌山高商では生徒の「自発性」や「独創性」を高めるために，自由選択制の導入を図ろうとしたと考えられよう。重要なことは，「研究力」や「独創力」などの大学に関する議論が高商に影響を与えていたことである。

第2節では，学科課程を概観し，第3節において自由選択制に関して検討する。第4節では，自由選択制の挫折以後の和歌山高商の学科課程の改正を明らかにする。なお，ここまでの議論では教官の教育理念が中心となっていたが，第5節では生徒の教育需要に関しても検討する。第6節では，本章から得られた知見を示す。

第2節　学科課程の概観

本節では表3-1をみながら，和歌山高商の学科課程を検討したい。この表に示されている「必修普通科目」とは，第2章においてみた「予科目」「語学・体操科目」を主とする学科目に相当し，「必修専門科目」とは法律・経済・商業学科目に相当する。

第2章でも言及したように，中学卒業者は商業学科目（「商業通論」「簿記」など）の「必修専門科目」，商業学校卒業者は「予科学科目」（「数学」「自然科学」「地理及歴史」など）をより多く履修するよう編成されていた。

表3-1が示している総授業時間数の推移をみると，1926年の学科課程の改正によって総授業時間数が増え（105.5時間）[120]，38年の改正で23年の水準（102.0時間）に戻り，42年（93.0時間）に減っていることがわかる。

1923～42年の「必修普通科目」の平均時間数（割合）は中学卒業者44.3時

表 3-1 和歌山高等商業学校の週当たり授業時間数と総授業時間に対する割合

(1) 中学校卒業者 (時間・%)

項　目	分　類	1923 年	26 年	34 年	38 年	40 年	42 年
授業時間	必修普通科目	45.5	40.5	43.5	47.0	48.5	41.0
	必修専門科目	52.5	53.5	50.5	49.0	50.5	47.0
	選択科目	4.0	11.5	10.0	6.0	6.0	5.0
	総　計	102.0	105.5	104.0	102.0	105.0	93.0
割合(%)	必修普通科目	44.6	38.4	41.8	46.1	46.2	44.1
	必修専門科目	51.5	50.7	48.6	48.0	48.1	50.5
	選択科目	3.9	10.9	9.6	5.9	5.7	5.4
	総　計	100.0	100.0	100.0	100.0	100.0	100.0

(2) 商業学校卒業者

項　目	分　類	1923 年	26 年	34 年	38 年	40 年	42 年
授業時間	必修普通科目	50.5	46.0	49.0	52.5	54.0	44.0
	必修専門科目	47.5	48.0	45.0	43.5	45.0	44.0
	選択科目	4.0	11.5	10.0	6.0	6.0	5.0
	総　計	102.0	105.5	104.0	102.0	105.0	93.0
割合(%)	必修普通科目	49.5	43.6	47.1	51.5	51.4	47.3
	必修専門科目	46.6	45.5	43.3	42.6	42.9	47.3
	選択科目	3.9	10.9	9.6	5.9	5.7	5.4
	総　計	100.0	100.0	100.0	100.0	100.0	100.0

出所) 和歌山高等商業学校『学校一覧』各年。

注) 1923 年の選択科目は各学期当たり 4 時間と仮定。1926 年の総時間数は最小と最大授業時間数の平均値をとり選択科目数は逆算(なお授業時間数は最小 102 時間, 最大 109 時間)。1934 年の総授業時間数は最小値。普通科目の定義については本文を参照。1942 年の選択科目 5.0 時間は「特殊学科目」の数値。授業時間数は年度当たり毎週授業時間数(総計値を除く)。1942 年の必修普通科目には「教練」6 時間が含まれる。

間 (43.5%), 商業学校卒業者 49.3 時間 (48.4%) であった。ただし, 表 3-1 において 1926 年に「必修普通科目」の時間数が減った理由は, 他の年次に必修科目であった「第二外国語」を選択科目に繰り入れたからであった。このうち「英語」の授業時間数は, 1923・26・34 年に 22 時間, 38 年に 19 時間, 40 年に 18 時間, 42 年に 16 時間 (「第一外国語」) であったため, 「必修普通科目」に占める「英語」の授業時間数の多さが分かる。

第 3 章　自由選択制と学科課程の改正　63

次節以降では，和歌山高商の学科課程の改正を通して，和歌山高商のその特質を明らかにしたい。

第 *3* 節　1926 年の学科課程の改正と自由選択制

(1)　自由選択制の模索

1922 年の和歌山高商の開校時には教員数の制約から授業科目数も少なかったが，教員の新規採用に伴う学科目の新設によって，23 年の学科課程は当初より改定される予定であった。1922 年 7 月 10 日の教授会では，加川航三郎によって提出された「教授制度改正ノ件」のうち「学年制ヲ採リツツ自由選択制ヲ採ル」ことが決議され，23 年の学科課程の方針とは異なり，生徒に履修科目の裁量権がある「科目自由選択制度」の導入が決定された[121]。本来，加川は「学科目ハ如何ナルモノヲ選択スルモ生徒ノ自由」という案を提出していたが，完全な自由選択制度の導入に対しては意見がまとまらない恐れがあったため[122]，自由選択制に学年制（必修制）を加える妥協案を提示して賛同を得ていた。学年制については，7 月 10 日の教授会では具体化していなかったが，法学・経済・英語・商業学科目群が同じ時間帯に開講されないよう時間割編成に配慮することが決定されていたことからみて，時間割編成によって完全な自由選択を制限する可能性も残していた。

1923 年 7 月 12 日の教授会では，第二外国語の時間割での重複が避けられるように組むことが決議されたが，「特殊ナル科目」に「予備（基礎）科目ノ聴講ヲ了ヘタル後」に聴講を認めることは「自由選択制ノ精神ニ添ハサル」ために否決された[123]。また，この教授会では「商業学校タルコトヲ無視シテ若干ノ部ヲ作ルコト」も否決されていた。

1923 年 7 月 23 日の教授会では，①各学年の第 1 学期のすべての科目を必修とし，第 2 学期より自由選択とする案，②第 1 学年を必修とし第 2 学年から自由選択とする案の 2 つが提出された[124]。加川と山本勝市（講師）は直ちに自由選択制に移行することを主張したが，「校ノ気分，校風」が整うまで第 1 学年は従来の制度を適用させるべきだという西山貞教授，中学校，商業学校出身者の歩調を揃えるまで「現制度ニ近キ制度」を設けることを求めた古賀経夫教授の「尚早論」が出て，意見がまとまらないまま散会となった[125]。これら一

64　第 I 部　戦間期の学校と企業

連の学科課程改正に関して校長はまったく見解を述べていなかったが、この教授会において今までの決定事項を「仮決議ノ形二止メラレタシ」と述べていた。

実施方法に差はあれ、和歌山高商の教授会では自由選択制を導入することでは見解が一致していたといえよう。

(2) 自由選択制の挫折

1923年7月23日の教授会の後、夏季休業中に時間割編成案を教務課で作成するなどの学科課程改正のための準備は進められていた。しかし、第2学期に入った1923年10月22日の教授会で「自由選択制ハ、文部省ノ意向カ之ヲ様認セサルコト判明シタルヲ以テ、文部省ノ意向二合スル範囲二於テ現制度ヲ改正」することになった[126]。

この「文部省ノ意向」に対して、教授会において自由選択制度を強く主張していた加川航三郎教授に加え、他の教官の反論はなかった。こうして1923年10月22日の教授会において、可能な限り早期に新学科課程を作成することが決まったが、文部省の意向と合致しない自由選択制度の導入は断念せざるをえなかった。自由選択制度の理念を継承する進級・卒業条件とは無関係に授業に出席する「自由聴講」は「異議ナキ」とされたが、山本勝市教授の提出した選択科目を3科目以上合格すれば、必修科目の4つが未修了でもこれを修了とみなすという案は教授会において討議には至らなかった[127]。加川とともに自由選択制度の導入に積極的であった山本は、必修科目の選択科目への代替を認めることで自由選択制の理念を追求していたのだと思われる。

(3) 1926年の学科課程改正

1923年10月24日の教授会において、「必修科目」「準必修科目」「自由選択科目」の3分類がなされた[128]。「準必修科目」とは、「会計学」「取引所論」「財政学」「経済政策」などの2科目から1科目を必修科目と生徒自身が決めるものであった[129]。しかし、1924年11月29日の教授会で、生徒の自由選択を認める「準必修科目」を導入しないことが教務課長の西島彌太郎教授より提案された。2度にわたって決議が先送りされたが、12月6日の教授会において新学科課程が決定した[130]。

第3章　自由選択制と学科課程の改正　65

以下では，こうして成立した 1926 年の学科課程の改正の特徴をみてみたい。第 1 に，総授業時間数を 102〜109 時間とし，3 学年 6 学期中に 12 科目 16〜30 時間の選択科目を履修することである。多くの高商の総授業時間は 1 学年 34 時間の 102 時間を基本としていたが，和歌山高商の総授業時間は最高で 109 時間の履修となっていた。第 2 に，「第二外国語」を選択科目としたことである。すなわち，1923 年の「第二外国語」の授業時間数 7.5 時間を選択科目に繰り入れ，他の高商にないこの特徴によって「必修科目」の授業時間数を増やしていた。

　注目すべきは，和歌山高商の選択科目数の多さである。同時期の名古屋高商の選択科目数は 6 科目であったのに対して，和歌山高商の選択科目数は 1926 年の学科課程の改正で 24 科目であった[131]。「第二外国語」を選択科目とすることによって，経済や商業の選択学科目を生徒が履修できる機会を増やしていた。

第4節　1934 年と 38 年の学科課程の改正

(1)　1934 年の学科課程の改正

　1934 年の学科課程の改正は，校長によれば，必修科目と選択科目との関係，すなわち法学・経済・商業・語学とその他科目を「如何ニ配当シ，如何ナル分量カ最モ適当」であるか，「学問修習上生徒ノ負担能力」を考慮して「最モ良キ学科課程を制定」することにあった[132]。加えて，後述するように「改正案ノ趣旨ハ生徒負担ノ軽減」にもあった。

　1933 年の教授会において，教務課長の島本英夫教授によって①総授業時間数を何時間にするか，②選択科目を第 1 学年に課すか，③ほとんどの生徒が履修している「第二外国語」を必修科目にするか否か，が学科課程改正の論点として挙げられた。島本によって委員会を設けることが提案され，法律（島本），経済（岩城），商業（土岐），語学（西山），修身・哲学（加川），国語・漢文（大淵），数理（古賀），経済地理・その他（小野）の 8 名による委員が教授会で選定された[133]。

　表 3-2，表 3-3 によって 1934 年の学科課程の改正の 3 つの特徴を示したい。第 1 に，1926 年にすべてが選択科目とされた「第二外国語」を第 1 学年のみ 3

66　第 I 部　戦間期の学校と企業

時間の必修としたことである。第2に，選択科目の履修時間に上限を設けなかったことである。1926年の学科課程の選択科目時間数（最小）は8時間と推計されるが，34年の学科課程において10時間となった。また，選択科目は，第2・3学年の各学期に最低2.5時間選択するよう定められた。第3の特徴として，選択科目数を24科目から32科目に増やしたことが挙げられる[134]。選択科目は第2学年の両学期に9学科目，第3学年の両学期に10学科目が設置された。

　この改正は，選択科目に最小時間数をおくが上限を定めないこと，選択科目数を増やすこと，この2つによって生徒の自由選択を促そうとしたと考えられる。この改正の結果，最小総授業時間数（表3-1注参照）は102時間から104時間へ2時間増加した。

　しかし「如何ニ配当シ，如何ナル分量カ最モ適当」という学科課程改正の目的に関しては，若干の改変に留まった。すなわち，表3-3にみられるように，「経済原論」を1時間減らして選択科目の「貨幣論」1時間を必修科目とし，新設の「商法及手形法小切手法」（26年では「商法」）などの授業時間を減らして，法律科目を2時間削減した。商業科目に関しては，「簿記」を2時間削減して「工業簿記及原価計算」を新設している。また，「金融及銀行」を廃止して「金融論」を設けるとともに「商業史」も新設している。「第二外国語」の一部必修化に加えた「普通学」に関する主な改変は，「英語（商業経済書講読）」を新設したことと「体操」の授業時間を1時間延ばしたことであった。

　とりわけ，「英語（商業経済書講読）」に関して花田校長は，「西洋文学の香り高いところを，語学の時間に教へ，精神的教養に充てたいと思ふ一方，（外国書購読は）実用的な商業書，経済書を早く読み，他方，外人の思想を味はふ」目的があるとしている。第4章で和歌山高商の教員構成をみる際に言及するが，英語科目は文学系の英語教員のみならず経済・商業・法学系の教員も教授していた。1934年の改正は，1926年に22.5時間教授されていた「英語」を「英語」19時間と3時間の「英語（商業経済書講読）」の合計22時間とし，英語科目を0.5時間削減したといえる。

　委員会の提案したこの新学科課程については，「第二外国語」の選択の変更に関して意見が出され，履修者2名から選択科目が開講されることが確認された他は特筆すべき見解はなく，委員会案が採択された[135]。ただし，教授会で

第3章　自由選択制と学科課程の改正　　67

表 3-2　和歌山高等商業学校

	1923 年			26 年				34 年		
分類	科目名	時間	分類	科目名	時間	新設	分類	科目名	時間	新設
普通学	国語漢文及作文(中)	2.0	普通学	英語	22.5		普通学	英語	19.0	
	数学(中)	4.0		工学	1.5	○		体操	7.0	
	理化学(中)	1.0		国語漢文	3.0	○		第二外国語	3.0	
	英語	22.0		作文及書法	1.0	○		数学(商)	3.0	
	修身	3.0		自然科学(商)		○		修身	3.0	
	体操	6.0		修身	3.0			自然科学(商)	3.0	
	第二外国語	7.5		珠算(中)	1.0	○		国語漢文	3.0	
	国語漢文及作文(商)	3.0		商業算術(商)				英語(商業経済書講読)	3.0	○
	数学(商)	5.0		商業算術(中)	2.5	○		商業数学(中)	2.5	○
	理化学(商)	3.0		数学(商)				地理及歴史(商)	2.0	
商業	商業学(中)	12.0		体操	6.0			珠算	1.0	
	商業学(商)	10.0		地理及歴史(商)		○		作文及書法	1.0	
	簿記及会計学(中)	9.0	商業	簿記(中)	6.0	○		工学	1.0	
	簿記及会計学(商)	6.0		金融及銀行	2.5	○		商業数学(商)	1.0	○
	商業地理	2.5		簿記(商)	2.0		商業	簿記(中)	4.0	
	商業歴史	2.0		会計学	2.0			商業地理	2.5	
経済	経済学及財政学	9.5		経営学	2.0			保険学	2.5	
法律	法律学	10.0		交通論	2.0			会計学	2.0	
その他	社会学及社会問題	3.0		商業及工業政策	2.0			金融論	2.0	
	商業実践	2.0		商業地理	2.0			経営学	2.0	
	商事研究	不定		保険論	2.0	○		工業簿記及原価計算	2.0	○
	商品学及工業大意	3.0		商業通論(中)	1.5	○		交通論	2.0	
	選択科目	4.0		外国為替	1.5			商業及工業政策	2.0	
				売買論	1.5	○		商業通論(中)	1.5	
			経済	経済原論	4.0	○		国際金融論	1.5	○
				財政学	2.5	○		市場論	1.5	○
				統計学	1.0			商業史	1.0	○
			法律	商法	4.0		経済	統計学	1.0	
				民法	4.0			経済原論	3.0	
				憲法行政学	2.0			財政学	2.5	
				法律通論	2.0	○		貨幣論	1.0	○
			その他	社会問題及社会政策	2.5		法律	商法及手形法小切手法	3.5	○
				商業実践	2.0			民法	3.5	
				商品学	4.5	○		法律通論	2.0	
				選択科目	8.0			憲法	1.0	
							その他	商業実践	2.0	
								社会政策	1.0	○
								商品学	4.0	
								選択科目	10.0	

出所)　和歌山高等商業学校『和歌山高等商業学校一覧』各年。

注)　「新設」欄の○は新規の開設と選択科目から必修科目への変更を意味する。なお，明らかな
　　　分類した。科目名注の（中）は中学卒業者，（商）は商業学校卒業者の履修を示す。1923・
　　　その他），選択科目の合計値は表 2-4（1）を参照のこと。授業時間数は年度当たり毎週授業
　　　お，学科目に（中），（商）と記されていないものはすべての生徒が履修する。

68　　第Ⅰ部　戦間期の学校と企業

の学科課程における必修科目

38年 分類	科目名	時間	新設	40年 分類	科目名	時間	新設	42年 分類	科目名	時間	新設
普通学	英語	19.0		普通学	英語	18.0		普通学	国史	1.0	○
	国語漢文	2.5			作文及書法	1.0			修身	3.0	
	作文及書法	1.0			修身	3.0			体育	3.0	○
	修身	3.0			選択外国語	9.0	○		教練	6.0	○
	体操	7.5			体操	8.0			第一外国語	16.0	○
	第二外国語	8.0			東洋思想	2.0	○		第二外国語	7.0	
	工学	1.0			日本思想史	1.0	○		東洋思想	1.0	
	商業経済書購読	2.0			工学	1.5			国語及漢文（商）	2.0	○
	自然科学（商）	3.0			近世史（商）	1.0	○		自然科学（商）	1.0	
	数学（商）	2.5			国語漢文（商）	2.0	○		数学（商）	2.0	
	地理及歴史（商）	2.0			自然科学（商）	1.0			商業数学（中）	1.0	
	商業数学（中）	2.0			数学（商）	2.5			珠算・商業文（中）	1.0	○
	珠算（中）	1.0			地理（商）	1.0	○		工業概論	1.0	○
	商業数学（商）	1.0			珠算（中）	1.0			商業数学（商）	1.0	
商業	簿記（中）	4.0		商業	商業数学（中）	2.0		商業	簿記（中）	5.0	
	金融及国際金融論	3.0	○		商業経済書購読	2.0			簿記（商）	2.0	
	商業地理				商業数学（商）	1.0			会計学	2.0	
	会計学	2.0			商業通論（中）	1.5			金融論	2.0	
	経営学	2.0			簿記（中）	4.0			経営経済学	2.0	
	工業簿記及原価計算	2.0			会計学	2.0			交通論	2.0	
	交通学	2.0	○		金融論	2.0			商業概論	2.0	
	商業及工業政策	2.0			経営経済学	2.0			保険論	2.0	
	保険学	2.0			工業簿記及原価計算	1.5		経済	統計学	1.0	
	商業通論（中）	1.5			交通論	1.5			経済原論	3.0	
	市場論	1.0			保険論	1.5	○		経済政策	3.0	
	商業史	1.0			国際金融論	1.0			経済史	2.0	
経済	統計学				配給論	1.0	○		経済地理	2.0	
	経済総論	4.0	○	経済	統計学	1.0			財政学	2.0	
	東洋経済事情	1.0	○		東亜経済論	2.0	○		日本産業論	2.0	
	日本産業論	1.0	○		経済総論	3.0			東亜経済論	2.0	
	財政学	2.5			経済政策	2.0		法律	商法	3.0	
法律	商法及手形法小切手法	3.5			財政学	2.0			民法	3.0	
	民法	3.5			日本産業論	2.0			法学通論・憲法	2.0	○
	法学通論	1.5	○		経済史	1.5	○	その他	演習	3.0	○
	憲法	1.0			経済地理	1.5	○		商品学	2.0	
その他	社会政策	1.0		法律	商法及手形法小切手法	3.5			特殊学科目	5.0	○
	商業実践				民法	3.5					
	商品学	3.0			法学通論	2.0					
	選択科目	6.0			憲法	1.0					
				その他	特別講義	3.0	○				
					商品学	3.0					
					商業実践	1.5					
					選択科目	6.0					

名称変更も新設と見なした。「商業史」「商業地理」は商業に分類，「経済史」「経済地理」は経済に
26・34は選択科目の時間数を除く。必修普通科目（普通学），必修専門科目（商業＋経済＋法律＋
時間数。表中の（商）は商業学校卒業者のみ，（中）は中学校卒業者のみが履修することを示す。な

表 3-3　和歌山高等商業学校における学科課程改正の授業時間数の増減（1934 年）

（時間）

増　　加		削　　減	
体　操	1.0	英　語	3.5
第二外国語	3.0	工　学	0.5
英語（商業経済書講読）（○）	3.0	金融及銀行（×）	2.5
商業地理	0.5	簿記（中），簿記（商）（×）	2.0
保険学	0.5	外国為替（×）	1.5
金融論（○）	2.0	売買論（×）	1.5
工業簿記及原価計算（○）	2.0	経済原論	1.0
市場論（○）	1.0	商法及手形法小切手法（○）	0.5
商業史（○）	1.0	民　法	0.5
貨幣論（○）	1.0	憲法（○）	1.0
国際金融論（○）	1.5	社会政策	1.5
選択科目	2.0	商品学	0.5
	18.5		16.5

※18.5 − 16.5⇒総授業時間数の 2 時間増加

出所）　和歌山高等商業学校『和歌山高等商業学校一覧』各年。
注）　表 3-2 に対応。（○）は新設，（×）は廃止を意味する。選択科目は最小時間数。
　　　授業時間数は年度当たり毎週授業時間数。「社会政策」は選択科目から必修科目となる。

の討議中，「改正案ノ趣旨ハ生徒負担ノ軽減ナリシニ，結果ハ却ツテ増加セリ」という意見に対して校長は「趣旨ハ左様ナリシモ（中略）必須ノモノ多く漸クシテ本案ヲ得タル」と述べていた。

　注目すべきは，校長がこの改正が「大シタ変更ハ出来ス」と認めた上で，「如何ニシテモ四年ヲ要スルモ現在ハ之ヲ許サス」ことを問題視していたことである。このことは，1934 年の改正に関する文部省への「理由書」に「修業年限四ヶ年ニ延長スルノ必要ヲ益痛感スル」と明記されていたことからも分かる[136]。

(2) 1938 年の学科課程の改正

　1936 年 12 月の教授会において校長より「四ヶ年制ハ望ミ薄キ為，学科課程ヲ改正スル学校」があることが指摘された上で，学科課程の改正に着手することが提案された。学科課程改正の論点としては，「第二外国語ヲ全廃シ，英語

ニ全力ヲ画スカ，少ナクトモ他ノ学科ヲ増スコト」であり，具体的な科目としては，「ゼミナール」「体操」の授業時間を増やすことが各教官より挙げられた[137]。

だが，これらの論点の多くは1938年の学科課程に反映されることはなかった。前掲表3-2が示すように，「第二外国語」は8時間の必修となっている。1934年の「第二外国語」は，必修3時間に，選択科目から6時間を選択した場合，合計9時間となり，多くの生徒が選択科目に「第二外国語」を選んだとされる。したがって，38年改正の「第二外国語」の8時間は，必修化とともに1時間の削減の意味を含んでいたが，1923年の7.5時間を超えるものであった。「第二外国語」の必修化によって「英語ニ全力ヲ画ス」道は閉ざされ，2時間の「英語（商業経済書購読）」の新設によって英語科目は合計21時間，すなわち1時間の削減となっている。

1934年に10時間以上となった選択科目は，38年の改正によって6時間となった。加えて，34年に104時間以上であった総授業時間数は，38年改正で102時間となり，23年の水準に戻った（表3-1参照）。選択科目の授業時間数の減少に伴い，選択科目数は32から23科目に削減された。選択科目のうち「英文学史」「英文簿記」「経済統計」「産業心理」「人種学」「税関」「美術工芸史」「民事手続法」が廃止された。理由は定かではないが，「英文学史」と「英文簿記」の廃止は，文部省商工教育課の意向に沿ったものであった[138]。

すなわち「少ナクトモ他ノ学科ヲ増スコト」，語学科目以外の科目の授業時間数を増やすことが目的とされた1938年の学科課程の改正は，表3-4に示されているように，経済科目の「東洋経済事情」の必修化と「日本産業論」の新設にあった。両学科目の新設は，「時勢ニ適応スル」ためであった[139]。合計2時間の科目設置のために，「金融論」と「国際金融論」をあわせて「金融及国際金融論」として0.5時間の削減，「保険学」「法学通論」（「法律通論」からの名称変更）を合計1時間削減して対応したと考えられる。なお，「貨幣論」と「経済原論」をあわせて「経済総論」を設けることと，「金融論」と「国際金融論」とを同一科目とすることは文部省の意向に従ったものであった[140]。

いま一度，表3-4が示す1938年の学科課程改正の授業時間数の増減・削減をみれば，14.5時間の増加に対して16.5時間削減したため，総授業時間数は2時間の削減となる。総授業時間を104時間から102時間に減らした1938年の

表 3-4　和歌山高等商業学校における学科課程改正の授業時間数の増減（1938 年）

(時間)

増　　加		削　　減	
第二外国語	5.0	国語漢文	0.5
体　操	0.5	商業経済書購読（○）	1.0
東洋経済事情（○）	1.0	数学（商）・商業数学（中）	0.5
日本産業論（○）	1.0	金融論（×）	2.0
金融及国際金融論（○）	3.0	国際金融論（×）	1.5
経済総論（○）	4.0	経済原論（×）	3.0
		貨幣論（×）	1.0
		保険学	0.5
		法学通論（○）	0.5
		商品学	1.0
		商業実践	1.0
		選択科目	4.0
	14.5		16.5

※16.5 − 14.5⇒総授業時間数の 2 時間削減

出所）　和歌山高等商業学校『和歌山高等商業学校一覧』各年。
注）　表 3-2 に対応。（○）は新設,（×）は廃止を意味する。授業時間数は年度当たり毎週授業時間数。

　学科課程の改正は，34 年の改正時に問題となった「生徒負担ノ軽減」の方向に動いていたといえよう。

　続いて，選択科目の授業時間数と学科目数が削減された 1938 年の学科課程の改正の目的を検討してみたい。1934 年の学科課程の改正では，第 2 学年と第 3 学年において合計 10 時間の選択科目を履修することとなった。この 10 時間は，「第二外国語」6 時間とこれ以外の学科目 4 時間の選択を可能とした。ただし，「第二外国語」以外の学科目を選択した場合は，選択科目 8 時間が最低卒業要件として認められた。したがって，1934 年の改正では「第二外国語」を選択すれば語学以外の学科目の選択は 4 時間となる。これに対して，1938 年の改正では「第二外国語」が選択科目から外されたため，経済や商業などの

72　　第 I 部　戦間期の学校と企業

選択科目6科目6時間の履修が卒業要件となった。したがって，1938年の改正は，「第二外国語」を必修とすることによって，経済や商業などの学科目の選択を生徒に促す目的があったといえる。

第5節　生徒の教育需要

(1)　和歌山高商の生徒

　こうした学科課程の改正は教官の意思決定から成り立っていた。本節では，一方で生徒が何を教育に求めていたのかを探ってみたい。使用する史料は1937年度卒業者の「修身」の課題として提出された「卒業に際しての希望」である。この課題は高商教育に対する希望が述べられているものであり，1937年は戦時統制期が始まった時期であったが，戦時色は濃厚とはいえず30年代前半の生徒の教育需要の延長線上にあるものといえる。ただし，現存する史料が少ないため5名の記述から生徒の教育需要を類推することとなった。

　中谷豊治によれば，教育とは「最善の教育を與ふべきかではなくして，学ぶを希望する人教ふるを希望する人の」「如何に最善の関係を作るべきか」であるとされる[141]。すなわち「教授と学生の間の最善の関係」は「自然の関係」が理想であり「強制の関係」であってはならない。「学生の退屈がり嫌がるものを無理に覚えさせる必要は有り得ず」「此を強制する必要が有るとすれば，此は唯方法の不完全を証明するもの」であり，「教授自身が自分の教へる学課に通暁せず，且つ之を愛する熱心さが少ければ，此に比例して厳格と強制との必要が加はる」とされる。また「学校で自由を与へよと叫んできた」が，「自由の限界は教授彼の知識彼の学級を指導する能力に依って自然に定ま」り，「課業中講義をよそに小説や駄本をよむ者が多くなったと聞くが，之を強制的に廃止し秩序づける前に教授は先ず自ら反省しなければならぬ」と述べられている。

　河野謹一によれば，中谷の求める「自然の関係」すなわち学校の自由な雰囲気は，実現していた。すなわち，「学校当局として教授生徒の区別なき同人的集団の独立を認め，其の研究項目の何たるかを問わず，其の志望生徒の長所を各自しっかりと伸す」和歌山高商において「確固たる自己を認識し進む可き途を照らす光明を見出」したと述べられている[142]。

三宅徳造は教授内容に関してみれば[143]、和歌山高商に「ゼミナール」がないことを問題としている。「先生が教壇から自分のノートを読んで生徒が機械的に写す平凡な学校教育」や「全生徒が論文を書く機会のきわめて稀な事」を問題としている。「書物丸うつしにして提出する様な弊害」もあるが「かなり広汎な書物を読み真摯な研究を怠らぬ生徒も居る」ため「最終の試験は論文のみを以て採点」すべきだと述べている。

他方で、畑山一郎は「商人の家で育てられ」「理論よりも役立つ実際的な方面へと走つた」ものの、「会計学、経営経済論、事務論、販売論」が「合理的、科学的ならしめんと企画させことと」を理解していた[144]。これが契機となって「高等教育をうけたるものが哲学の何たるやをしらないのは恥ずかしいと考へ書物を読み」「人性をめぐる色々の問題にぶつかつて又萬事が物質的に解決し得ざる矛盾もさとる」と述べている。

小畑陽吉は教官が「役に立つ講義をするのであろうが」、「理想に忠実な学生は現実の生々しさに触れたくない気持から学問として講義を期待して居る」とする[145]。「無情の社会へと巣立んとして」いるが「商売に専心するのは余りに乾燥した生活」であり「自己の趣味（文学）を生かして暮して行かう」と考え「自己の仕事に楽しみを見出し趣味を生かす」ことを学んだとしている。

(2) 生徒の理想の教育

ここにみられる5人の生徒の記述からは、①学校は自由な雰囲気であるべき、②実用的な講義よりも科学的・哲学的な講義をすべき、③研究をして論文を書くべき、④学問は自己の陶冶に繋がるべきと考えていたと分かる。

第2章でみた「4年制案」との関連では、「生徒が機械的に写す平凡な学校教育」を生徒が批判していたことからみて、「詰込主義」の弊害は教官・生徒間で共通した問題となっていたといえる。③の生徒の論文執筆の希望と「独創力啓発」とは手段・目的関係となる。④に関しては、「人格の陶冶」を必要とする教官側の問題意識と共通する。他方で、①と②に関しては「4年制案」では言及されていなかった。とりわけ、生徒が実用性よりも科学的・哲学的教育を求めていたことは、職業教育を標榜する高商とは逆の動きであったといえよう。

第6節 結　語

　和歌山高商には，自由選択制という教育理念があった。自由選択制は生徒に「研究力」や「独創力」を向上させるための手段と考えられていた。

　1926年の学科課程の改正ですべての学科目を自由選択する方針が決まったものの，文部省の意向によって実現できなかった。そのため和歌山高商では選択科目制度によって，この理念を追求しようとした。

　具体的には1926年の学科課程の改正では，「第二外国語」を選択科目とした。この理由は「第二外国語」以外の商業や経済などの学科目に対する生徒への選択機会を増やすためであった。また，和歌山高商では他の高商よりも選択科目数を多く設置していた。

　しかし，多くの生徒が選択したのは「第二外国語」であった。そのため，1934年の改正ではこの「第二外国語」の一部を必修学科目とし，38年の改正では「第二外国語」をすべて必修化することになった。ただし，1934年の改正では選択科目の履修時間数を2時間，科目数を10科目増やした。こうして和歌山高商では，生徒自らが選択する自由選択制の理念を選択科目制度によって追求していた。

　第2章で明らかにした修業年限延長を踏まえた「4年制案」では選択科目数が多かった。和歌山高商は，自由選択制の理念を追求するためにも修業年限の延長を必要としていたといえよう。

　他方，「詰込主義」の弊害，「独創力啓発」などは生徒側も問題としていたことであり，修業年限の延長は，教官と生徒双方にとって必要なことであったといえよう。

第3章　自由選択制と学科課程の改正　　75

第4章

研究体制の構築

第1節　問題の所在

　今までみてきたように，修業年限の延長の背後には，生徒の「独創力」や「研究力」の向上を目指そうとする動きがあった。こうした教育の質を変える動きと並行して，高商の教官が教育のみならず「研究」を行う体制を構築しようとする動きがみられた。本章では，この点について検討してみたい。

　法令に基づけば，大学は「国家ニ須要ナル学術ノ理論及応用ヲ教授シ竝其ノ蘊奥ヲ攻究スルヲ目的」とされ，専門学校は「高等ノ学術技藝ヲ教授スル学校」とされた。両者の違いは，学術の「蘊奥ヲ攻究スル」である。すなわち，法令に依拠すれば，大学は学術の「教授」と「攻究」（本章では「研究」とする）を行うが，専門学校は学術の「教授」のみが役割として与えられていた。そもそもこうした違いは，ドイツに倣った森有礼によって，帝大は「学問」，中等学校以下の学校は「教育」の場所とされ，「学問」と「教育」とに違いをつけたことに基づいていた[146]。

　先行研究では学説の日本への導入やその展開，学説の研究に中心的な役割を果たした人物が検討されており[147]，とりわけ，阿部（2003）と松重（2006）によれば，高商のアジア調査の動向が明らかにされているものの，高商の教官の「研究」に対する態度やその組織体制などは明らかにされていない[148]。また，山野井編（2007）や岩田（2011）などの大学教授職の研究では，大学教授の研

76

究活動が前提におかれているが，大学とは異なる専門学校の教授に与えられた役割に「研究」が含まれるか否かは別途考察する必要がある。

第2節では，高商における調査組織と研究組織の設立過程を検討する。第3節では，調査・研究と理論・実際との違いを明確にし，高商が帝大と同様に研究・理論を求めていたことを検討する。第4節では，和歌山高商の事例を検討する。第5節では，高商において「フンボルト理念」に基づいた「研究」と「教育」の関連性を検討するため，各高商のゼミナールの動向をみる。第6節は総括である。

第2節　調査組織と研究組織の設立

(1)　高等商業学校における調査組織

高商では，国内外の経済の実態の調査・公表，教官の研究の発表を制度化した。教官・生徒たちが自主的に発行するパンフレットや論集も存在するが，本節では学校によって制度化された調査・研究の組織・公表手段に関してみてみたい。高商の特徴としては，商業・経済の実態を調べる調査組織（調査雑誌を含む），教官の研究成果を発表する研究組織（研究雑誌を含む）からなっている。

調査組織に関してみれば，高商の調査組織には①情報収集機能，②調査情報発信機能があった。神戸高商では1912年に調査部（14年に調査課と改称）が設立され，調査内容を公表するために『商事研究』が発刊され，さらに19年に兼松商店の寄付によって商業研究所が設立された。

高商の調査組織の開設とその調査情報の発信（機関誌の公刊）に関してみてみたい。長崎高商（1905年開校），山口高商（05年開校），小樽高商（10年開校）のうち小樽高商では12年から「産業調査会」によって調査報告が公表された。山口高商では，1916年設立の「東亜経済研究会」によって『東亜経済研究』が刊行された[149]。山口・小樽高商に遅れて長崎高商では，1920年に寄付金で「研究館」を新設し，『研究館月報』（20年），『商業と経済』（21年），『研究館彙報』（22年）を発刊した。

名古屋高商（1920年開校）では，27年に「産業調査室」の報告書が発刊された。福島高商は，1921年に「東北経済研究所」を設立した。大分高商は，

第4章　研究体制の構築　77

1922 年に「研究課」を開設し，26 年に機関誌『研究調査彙報』公刊し（27 年「商事調査部」と改称），29 年に「移植民研究室」を設立した。彦根高商は 1923 年に「調査課」を設置し，横浜高商は 25 年に「研究所」を開設，高松高商は 25 年に「商工経済研究室」（『商工経済研究』創刊）を新設した。

　高商の調査組織の上述した①情報収集機能，②調査情報発信機能を具体的にみてみたい。まず，①の情報収集機能に関してである。長崎高商の「研究館」では，「内国新聞」の切抜き，図書資料の蒐集・整理，定款・営業報告書等の蒐集・整理，内国雑誌索引の調製，外国雑誌の索引，その他の資料蒐集活動をしていた[150]。大分高商の「商事調査部」では，「商事に関する研究調査」として大分県の小売物価，産業などを「研究調査」するとともに，「研究調査資料の蒐集整理及保管」として新聞重要記事の切抜き，会社定款・営業案内・官公庁の刊行物の蒐集などを行っていた[151]。

　つぎに，②の調査情報発信機能に関してである。これについては，小樽高商の「産業調査会」が特筆すべき活動をしていた[152]。同会の目的は「北海道ノ重要産業ヲ調査スル」ことであった。とりわけ，1912 年から夏季休暇に「授業上の参考」として教官の指導の下に生徒の視察調査を実施し，その調査報告を公刊していた[153]。大分高商の「商事調査部」では，「研究調査の発表」事業として，『研究所彙報』と『調査報告』の公刊を行っていた[154]。『研究所彙報』は，ⓐ「経済商業理論」，ⓑ「日本経済事情一般」，ⓒ「大分県経済事情」，ⓓ「外国事情一般」からなっていた。とりわけ，ⓐに関しては「経済段階説の批評」など後述する「研究」に匹敵するものであったが，ⓑ～ⓓに関しては，「調査」に分類されるものであった。『調査報告』では「豊後青莚と其の取引」などの大分県の経済・産業に関するものであった。

(2)　高等商業学校における研究組織

　調査組織とは別に，高商では研究組織が構築された。長崎高商の調査組織の機関誌『商業と経済』が「論説研究」を掲載していたように，調査組織で発行された雑誌においても「研究」が発表されることもあったが，多くの高商では調査組織による発行雑誌とは別に研究組織を構築して，その機関誌を公刊した。

　「産業調査会」を組織していた小樽高商では創立 15 周年を契機に 1926 年に

78　　第 I 部　戦間期の学校と企業

『商学討究』を発刊した。名古屋高商では 1923 年に『商業経済論叢』を創刊
し，大分高商では 26 年に『商学論集』を創刊し，福島高商では 30 年に「経済
研究会」を組織して『商学論集』を創刊した。同様に，彦根高商では 1925 年
に「商業及経済研究会」を創設して『彦根高商論叢』を公刊，横浜高商では
29 年『商学』，高岡高商では 29 年に「商業研究会」を発足させて『研究論集』
を発刊した。

(3) 大学の調査組織

　高商の調査組織が，①情報収集機能，②調査情報発信機能を備えたのに対
して，帝大の調査組織は①のみの役割をもっていた。

　1913 年に設立された京都帝大経済学部の「経済研究室」では，「明治以前の
経済書」「支那経済書」「公私各種事業報告書」などを収集していた[155]。しか
し，「経済研究室」では高商のように調査結果を発信する機関誌を公刊してい
なかった。この機能をもった調査組織は，1940 年に設立された「東亜経済研
究所」がはじめてであった。

　他方，東京帝大経済学部では，1900 年に設立された法科大学の「研究室」
を起源とする「経済統計研究室」が設けられていた[156]。また，「商業資料文
庫」ではドイツの企業のバランスシートを収集していた[157]。

　帝大に対して東京商大では新聞記事，営業報告書などの収集に加えて「特殊
問題ノ調査研究」を行う調査部が存在した[158]。関東大震災によって収集資料
のすべてを失ったため，調査部は 1926 年に企業の調査研究に特化する体制を
構築した。

　このように高商では，調査と研究を行う 2 つの体制が構築されたが，以下で
は両者の特徴を詳しく検討してみたい。

第 *3* 節　調査・研究と理論・実際

(1) 調査と研究

　『経済学商業学国民経済雑誌』の創刊号は，「論説」として①「官営鉄道の経
営主義」（関一），②「関税報復並ニ関税互恵ヲ論ス」（堀江帰一），③「物価決
定ノ原則ニツキテ」（河津暹），④「所得ノ異議ニ関スル論争」（瀧本美夫），⑤

「賃金論(1)」（津村秀松）で，「雑録」として①「佛蘭西銀行ノ紙幣発行制限拡張ニ就テ」（堀江帰一），②「比律賓群島ニ於ケル金貨為替本位制度」（内池廉吉），③「自由競争ニツキテ」（藤本幸太），④「企業ノ意義」（藤本幸太郎），⑤「伯林商業大学」（藤本幸太郎），⑥「北米合衆国海運補助法案」（渡邊水太郎），⑦「マークス，ニーツッエ氏ノ日本禍論」（津村秀松），⑧「取引所ノ意義及ヒ其ノ特質」（坂西由藏）であった。

　ここで注目したいのは「論説」と「雑録」との違いである。概略すれば，「論説」は外国語文献を引用しながら筆者の見解が述べられている分析的なものであり，「雑録」は外国の経済事情・理論や制度の紹介・報告・抄訳からなった[159]。例えば，堀江帰一の「論説」②では，他国の輸入関税引き上げに日本が同じ行動をとる「関税報復」と，2国間で相互に関税を引き下げる「関税互恵」とをドイツ語文献を引用しながら吟味し，自由貿易の推進を論じた分析的なものである。他方で，同じ堀江の「雑録」①はフランス銀行の紙幣発行制限の原因を紹介しているにすぎない。「雑録」は欧米の経済誌の引用があるものの，学術文献を引用したり自説を唱えたりしていない紹介に近いものである。

　同様の特徴は，京都帝大が1915年に発刊した『経済論叢』にもみられる。この雑誌の第1巻は「論説」「雑録」「雑報」からなっていた。第1巻の掲載内容をみれば，「論説」には「貧困問題」「地代ノ性質ニ就テ」，「雑録」には「減債基金ト鉄道資金」「戦争ト社会問題」が含まれていた。両者とも外国語文献を引用しながら自己の主張を展開しているため，「論説」と「雑録」との違いを区別することは難しいが，「論説」は抽象的な論題，「雑録」は具体的な論題からなる傾向にあった。このことが影響したと思われるが，第2巻より「雑録」のうち経済に関する具体的な論題を取り扱うものは「研究」に分類されるようになり，「米国ノ経済的繁栄」や「戦争利得税新法」などの経済事情の解説・紹介は「雑録」に含まれるようになった。第5巻からは「研究」にかわり「時事問題」が新設され，「論説」「時事問題」「雑録」の3つとなった。

　他方で，第12巻より『経済論叢』は「論説」「時論」「説苑」「雑録」に分類された。「時事問題」が「時論」と名称替えされたが，新たに設けられた「説苑」は「論説」には至らない段階の内容の論文が掲載されていた。「雑録」には以前と同様に経済についての解説や紹介が掲載されていた。このように抽象

的な問題を分析した「論説」「説苑」，具体的な問題を論じた，もしくは解説・紹介した「時論」「雑録」から『経済論叢』は成り立っていた。

このように「論説」「説苑」と「時論」「雑録」を対置させた経済雑誌の内容分類が存在することをみてきた。本章ではこの対置関係を研究（分析的）・調査（紹介・報告的）と表現する。

こうした研究・調査の対置のみならず，理論（観念的）・実際（現実的）の関係が主張された。以下ではこの点についてみていきたい。

(2) 理論・実際

1923 年に発刊された名古屋高商の『商業経済論叢』は，校長の渡邊龍聖によれば，「実社会の経験に対する理論的展開の一史料たり，同時に実社会より之に対する経験的批判を賜り以つて吾等の思索を匡正するの機会を作し得しめ」ることが目的とされた[160]。「科学をして理論と経験，概念と現実の調和の上に立たしめよ」とも述べられているこの論叢は，理論と現実社会との関係が重要視され，「一階級を対象とし概念的理論に捉はるるとき又た其の学問の妥当性失はれ」るとされる。他方，長崎高商の木村重治校長は，「正確なる原則と理論とは学問の研究に必要である」ものの，「商業界に恒久不変なるものはない」ため理論よりも「事実と其の適用との研究」を推奨した[161]。

主張の力点は異なるが，こうした高商の校長が考える理論と現実（事実）とを対置させる考え方は，1927 年に発刊された日本経営学会の「趣意書」にみられた。すなわち，「固より商学，経営学の研究は殊に学理と実際の両方面に於ける研鑽観察によつて始めて其完璧を期し得るものである」とされる。

他方，1931 年に創設された京都経営学会は，「経営学なるものは，実行方針たる所の一つの実学である」とした[162]。創刊者の小島昌太郎によれば，「実学」は，「事象の真実」を解明する「科学」の成果に基づいて「吾々の生活の実際に役立つやうに組立てられた学問」と考えた[163]。そしてこの「科学」の役割を経済学に求めた。

ただし，馬場敬治は経営学を実学とする考え方に疑問を呈した。馬場によれば，「経営学は個々の産業経営者の実践的意識を根底として生成した知識体系であり，本来，それは実践的である」という考え方に異論を唱えている[164]。この理由は，理論・実践の区別が明確に把握されていないこと，理論を「観念

的なるものとして之を排斥する」が「観念的」という概念が把握されていないことを挙げている。馬場の立場は，経営学には，理論的なものと「技術論」（経営政策）的なものがあり，「産業経営者と同一の実践をするものではな」いと考える。

いま少しみれば，三菱鉱業の三木良賛は，「会計学者の論研は，唯々徒にバタ臭い理想に走つて之が實務との間には少なからざる距離がある」ため「實務家が体験の上から築き上げた斯学の方が，反つて実際に価値が有る」と述べる[165]。また，野村證券株式会社調査部の公刊した『経済実学の研究』では，経済学は，「抽象的なる理論に終り，人類生活の向上発展に貢献し得るが如き生きた経済学は甚だ少ない」ため「実業家は，経済学を軽視し，経済学者は，実業家を卑しめる」[166]。それゆえ「実業家を指導して，経済界の欠陥を一掃し，その発展を可能ならしむる」「経済実学」を提唱している。

今まで述べてきた諸説は識者によって力点をおく点が異なっているが，「理論」に対して，「現実」「事実」「実学」「実践」を対置させていることは共通している。本書ではこの対置関係を理論・実際と表現する。

(3) 高等商業学校の調査・研究

福田徳三は「学理と実際とは必然一致両立せねばならぬ関係」があると述べ，実際問題では「学理と実際」が一致することは稀有であるが，これは「二者の合致をして不適当ならしめた学理夫自体が甚だ疑しいもの」とする[167]。

しかし，今まで学術雑誌の内容と識者の見解から読みとった調査・研究，理論・実際の対置構造は一般に浸透していた。図4-1ではこれらの関係が示されている。第Ⅰ象限：理論－研究，第Ⅱ象限：実際－研究，第Ⅲ象限：実際－調査，第Ⅳ象限：理論－調査となる。すでにみた高商で設立された調査組織による「調査」は第Ⅲ象限に含まれる。他方で『国民経済雑誌』などに掲載された「論説」は第Ⅰ象限に入るといえる。

この4つの象限に個々の掲載記事は含まれるが，掲載記事の特徴を踏まえながら検討してみよう。小樽高商の調査報告「北海道樺太方面ニ於ケル不定期船」では，「授業上の参考に質し且つ生徒をして視察調査に熟せしめん為，大正元年以来毎年夏季休暇を利用し，教授指導の下に数名の生徒を特派し主として，北海道に於ける重要産業の調査に従はしめたり」とされる[168]。小樽高商

82　第Ⅰ部　戦間期の学校と企業

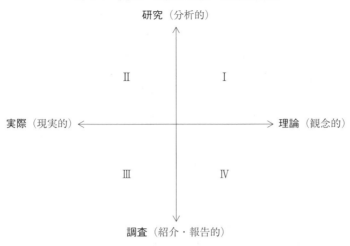

図4-1 調査・研究と理論・実際の関係

出所) 筆者作成。

の「産業調査会」では1912～30年まで同様の方法で調査報告書を公刊している。こうした生徒の実地調査に基づいた調査報告は第Ⅲ象限に含まれるといえよう。

こうした高商の調査組織の活動が第Ⅲ象限・第Ⅳ象限（第Ⅳ象限は外国の理論を翻訳して紹介する活動など）に含まれたのに対して、高商で設立された研究組織では第Ⅰ象限・第Ⅱ象限に含まれる活動をしていた。例えば、名古屋高商の『報告第一集 本邦卸売物価指数の総観』では、「学理と実際との接触を目的として生まれた本校産業調査室」の報告書であることが記されており[169]、第Ⅱ象限の活動に匹敵する。また、小樽高商の『商学討究』は「研究」「資料」「商品研究」「新刊批評」からなり、「研究」はすでにみた『国民経済雑誌』・『経済論叢』の「論説」と同様の位置づけを与えられていたため、第Ⅰ象限の活動に等しいといえる。とりわけ、1934年の『商学討究』では、「百年忌記念 マルサス研究」として上田貞二郎、堀経夫の寄稿を含めた「研究」を行っている[170]。加えて、小樽高商には日本への「近代経済学」の導入を進めた手塚寿郎も「研究」活動を行っていた。

上述した理論・実際との調和を謳った名古屋高商の『商業経済論叢』の「開校五周年記念巻」において渡邊龍聖は、産業調査書が「社会と学校との距離を

第4章 研究体制の構築 83

短縮する」目的をもつとともに，『商業経済論叢』が「実際社会と学府との連繋を保ち，社会より豊穣なる其の経験と素材との給付を受けいれ」「此れを理論化し組織化せる認識を広げて社会に反対給付」する，すなわち「実社会の有する第一次源泉より研究素材を仰ぎ」「その活動を裏づくるところの規則性を統計的に曲線図表的に機能的なる解説的又理論的に見出」し「此れを実際活動の参考指針に供する」ことと述べる[171]。さらに，社会からさまざまな問題を集め，それを「ケエス・メソッド」として教育に反映させようと渡邊は考えていた。このように社会から問題や事実を集め，①理論化しそれを社会に還元する，②ケース・メソッドとして教授題材とすることを名古屋高商では目指していた。

①としては，商品価格の収集→理論に基づく指数化→「産業調査室」の『報告』での公表が挙げられる。価格の収集に関しては第Ⅲ象限の活動となるが，それを分析する意味において第Ⅱ象限の活動となる。

名古屋高商のこうした取り組みは限定的であった。実際，この「開校5周年記念巻」の『商業経済論叢』では，郡菊之助の「物価指数研究」が①に匹敵する「研究」として掲載されている。だが，他の「研究」12編は，①の方法とは直接つながりのない「流通證券に就いて」や「英国産業革命史論」についてであった。

重要なことは高商の教官が第Ⅲ象限・第Ⅳ象限の調査活動をしていたのみならず，第Ⅰ象限もしくは第Ⅱ象限の「研究」活動をしていたことである。このことは高商から帝大への教官の移動からも論証できる。例えば，戦前期の名古屋高商における赤松要（1939年：東京商大教授），宮田喜代蔵（41年：神戸商大教授）の異動は，これら教官の「研究」の成果に基づいていたといえよう。

1924〜42年の官立高商から東京商大への教官の異動をみれば，26年：村瀬玄（小樽高商→専門部教授），27年：上原専祿（高松高商→専門部教授），新里文八郎（和歌山高商→予科教授），28年：米本新次（高松高商→専門部教授），31年：堀南（和歌山高商→学生主事兼専門部教授），38年：府川哲雄（高松高商→予科教授），39年：赤松要（名古屋高商→大学教授兼専門部教授），41年：古川栄一（山口高商→大学助教授），松本雅男（山口高商→予科教授）となる[172]。上述のように，赤松を除けば予科・専門部への異動であったが，上原が1939年に兼任大学教授になったように，大学教授への道も残されていた。

84　第Ⅰ部　戦間期の学校と企業

第4節　和歌山高等商業学校における調査・研究体制の構築

(1)　教員の採用と離職

　1923年5月に和歌山高商の職員定員が教授10人，助教授4人と定められた[173]。和歌山高商の教員の採用候補者の選定は，校長の岡本一郎が主導し，文部省はこれに関与していなかった。岡本は，京都帝大の河上肇や西田幾多郎などに教員となるべき人材を紹介するよう依頼し[174]，河上から紹介を受けた京都帝大3年生の山本勝市を筆頭に谷口吉彦，新里文八郎などが和歌山高商の教員となった。山本の回顧によれば，事前に河上と岡本の打ち合わせがあり，河上の自宅に呼ばれた山本は京都に残って勉強を続けるつもりであったが，「河上さんが行けといはれるし，又校長も来てくれといふ，その時の校長の意気込みがとても物凄かったので」和歌山に行くことを承諾したという[175]。

　この事例からも分かるように，岡本が京都帝大の書記官をしていたことから，表4-1が示すように，1923年に採用された11人の教員のうち西山貞，土岐正蔵，小林甚兵衛を除く8人が京都帝大の卒業者であった。その後の採用においても「商業科目」に関しては京都帝大卒業者が多く，この他としては神戸高商，東京高商が挙げられ，他方，外国語を教える教員は大阪外国語専門学校の卒業者，体操に関しては体育の専門学校卒業者から採用されている。1923〜42年を通して京都帝大卒業者が採用される傾向は続くが，29年以降には佛教大学，國學院大學，同志社大学からの「普通科目」の採用がみられる。特筆すべきことは，和歌山高商を卒業後に九州帝大へ進学した岡橋保が1929年に講師として採用されていることである。いわゆる自校出身者はこの期間には少ないが，表4-1には掲載されていないものの，和歌山高商卒業後に事務職兼任として作文を教えた守屋守もいた。

　官立高等教育機関・組織へ異動する場合には転任，国立機関外の組織への異動と定年退職は免官として処理され，自発的な離職ではないが，在職中に死亡する場合もあり，1923〜42年において，教員の離職は転任11人，免官6人，死亡2人，休職期間の満期による離職1人であった（表4-1）。赴任から離職までの期間は，最小2年，最大9年，平均4年であり，11人の転任先は高等教育機関が主であり，高等商業3人（彦根・横浜・山口），大学6人（京都帝大1

表 4-1　和歌山高等商業学校の教員の動向

氏　名	採用		昇進		備考		担当科目		学士号	最終学歴
	採用年	職　階	昇進年	職　階	年	種　別	分　類	主とする科目		
西島彌太郎	1923	教　授			1932	免官	法律	商　法	○	京都帝大
新里文八郎	1923	教　授			1928	転任（東京商大予科）	普通	英　語	○	京都帝大
谷口吉彦	1923	教　授			1925	転任（京都帝大）	経済	経済学	○	京都帝大
古賀経夫	1923	教　授					普通	理化学	○	京都帝大
岩城忠一	1923	教　授					経済	社会政策	○	京都帝大
小野鉄二	1923	教　授					普通	商業地理	○	京都帝大
加川航三郎	1923	講　師	1923	教　授			普通	修　身	○	京都帝大
西山　貞	1923	講　師	1924	教　授	1941	免官（宮城高等女学校）	普通	英　語	○	ペンシルバニア大
山本勝市	1923	講　師	1924	教　授	1931	教授・免本官転任（国民精神文化研究所所員）	経済	経済原論	○	京都帝大
土岐政蔵	1923	講　師	1927	教　授			商業	会計学		神戸高等商業
小林甚兵衛	1923	嘱　託	1923	助教授			普通	体　操		
田中保平	1924	教　授			1927	転任（彦根高等商業学校校長）	商業	原価計算		
山本芳壽	1924	教　授			1928	免官	普通	商業通論	○	
大淵慧真	1924	教　授					普通	修　身		
小山田小七	1924	教　授			1927	転任（大阪商大）	経済	統　計	○	京都帝大
光井武八郎	1924	講　師			1926	転任（横浜高等商業）	普通	英　語		
橋寺太郎	1924	講　師	1925	教　授			普通	哲　学	○	京都帝大
水島密之亮	1924	講　師	1925	教　授	1932	休職満期	法律	法律学	○	京都帝大
後藤　清	1924	講　師	1925	教　授			法律	民　法	○	
長崎精男	1924	助教授	1930	教　授			普通	数　学		名古屋高等工業
堀　潮	1925	教　授			1931	転任（東京商大予科）	経済	経済政策		東京高等商業
宮川　實	1925	講　師	1925	教　授			経済	経済原論	○	東京帝大
府川哲雄	1925	講　師	1925	教　授			普通	英　語	○	京都帝大
伊藤義路	1925	講　師	1925	教　授	1929	死亡	商業	交通論・保険学		
関　忠治	1925	助教授	1932	教　授			普通	中国語		大阪外国語専門学校
山口　大	1925	嘱　託	1925	助教授	1926	免官	普通	露　語		
古林喜楽	1927	教　授	1928	教　授	1931	転任（神戸大）	商業	経営学	○	
佐々木季邦	1927	助教授	1928	教　授			普通	体　操		武道専門学校
茗荷幸也	1927	嘱　託	1928	講　師			普通	英　語	○	京都帝大
森川有佑	1928	講　師	1928	教　授	1929	死亡	普通	英　語	○	
木村和三郎	1928	講　師	1929	教　授	1931	転任（大阪商大高等商業部）	商業	簿　記	○	京都帝大
印南伝吉	1928	講　師	1929	教　授	1932	免官	商業	交通論・保険学	○	東京大
山崎謹一郎	1929	講　師	1930	教　授			普通	英　語	○	京都帝大
岡橋　保	1929	講　師	1931	教　授			商業	金融及銀行	○	九州帝大
金持一郎	1929	講　師					商業	農業及植民政策	○	京都帝大
松壽　孝	1929	助教授					普通	作文及書法		佛教大学
大石義雄	1930	教　授	1938				法律	法学通論	○	京都帝大
大畑文七	1931	教　授			1938	転任（文部省視学官）	商業	商業及工業政策	○	京都帝大
北川宗蔵	1932	講　師	1933	教　授			商業	経営学	○	東京商大
三上利三郎	1932	嘱　託	1932	講　師			商業	保険学	○	東京商大
島本英夫	1933	教　授			1942	免官（同志社高等商業学校校長）	商業	商　法	○	京都帝大
大西弘治	1933	助教授					普通	体　操		体操学校
米倉二郎	1937	講　師	1938	教　授		転任（山口高等商業）	普通	地理及歴史	○	京都帝大
山崎正雄	1938	教　授					普通	仏　語	○	京都帝大
島　恭彦	1938	教　授					経済	経済政策	○	京都帝大
湯川　寛	1938	嘱　託	1941	助教授			普通	国語及漢文		國學院大學
北野熊喜男	1939	講　師	1940	教　授			経済	経済総論	○	京都帝大
稲葉　襄	1939	講　師	1940	教　授			商業	商業数学	○	神戸商大
井上宗次	1940	講　師					普通	英　語	○	京都帝大
宇佐美一男	1940	助教授					普通	中国語		大阪外国語専門学校
吉田隆章	1941	教　授					普通	英　語	○	同志社大学
松井武敏	1942	教　授					普通	経済地理	○	京都帝大
清田研三	1942	教　授					普通	東洋思想	○	二松学舎専門学校
三木正雄	1942	教　授							○	京都帝大
稲垣義一	1942	助教授					商業	商品学		和歌山工業学校

出所）　和歌山高等商業学校『和歌山高等商業学校一覧』各年。

注）　昇進については，1942 年までの動向を示す。

人，東京商大予科2人，大阪商大2人，神戸商業大学1人），残り2人は国民精神文化研究所への移動（山本勝市）と文部省視学官への就任（大畑文七）であった。免官した6人のうち2人は宮城高等女学校校長（西山貞），同志社高等商業学校校長（島本英夫）となった者もいた。

　なお，表4-1に示されているように，教官の主とする担当学科目が存在した。研究と教育との相乗効果を求める「フンボルト理念」に基づけば，教官の研究分野と教育分野とが一致することがふさわしい。高商では帝大のような講座制がなかったが，教官の「研究」する学科目に加えてこれに関連する学科目を担当していた。

　もっとも教官の授業担当は，前任者の担当学科目に基づいていた。すなわち，「交通論」と「保険学」の担当は大久保忠雄→伊藤義路→印南伝吉という後任人事が行われた。印南は，1941年に『保険経営経済学』を公刊したように，保険学を専門としていたが，前任者の担当の「交通論」も受け持った。他方，東京商大を卒業した北川宗蔵は「哲学」の研究を志したが，師の坂西吉蔵から古林喜楽の後任として和歌山高商で「経営学」を教えることを勧められた。北川にとって「経営学」の担当は偶然の産物にすぎなかったが，哲学的知見に基づいて「経営学方法論」の研究を進めた。ただし，北川の担当は「経営学」のみならず，1933年には「経営学」に加えて「売買論」「倉庫」「会計監査」を担当している[176]。また，「経済原論」を担当する宮川實が「統計」を1927〜29年に担当していた。

　このように高商の教官は自己の「研究」する分野の学科目のみならず他分野の学科目の授業を行った。ただし，京都帝大においても教授は所属講座の講義のみを行ったのではなく，兼担として他の講座の授業を受け持っていた[177]。こうしてみれば，帝大と高商との担当授業のあり方は同質的であったといえよう。

(2) 教員構成

　和歌山高商の教員は，正規教員（教授，助教授，講師）と非正規教員（外国人講師・教師，日本人講師）からなっていた。両者の違いは，正規教員が教授・助教授に昇進するのに対して，非正規教員は数年度契約でかつ和歌山高商において教授・助教授に昇進することはないことであった。ただし，日本人非正規

第4章　研究体制の構築　　87

教員は京都帝大などから教授を招くこともあった。

表4-2の示している和歌山高商の正規教員に関してみれば，1923〜25年にかけて増えた後，小さく変動するが41年まで大きな増減はない。正規教員は開校後の2年間を除く1925〜41年に平均26人であり，他方，非正規教員は最も多い年で19人，少ない年で8人，全期間平均すれば12.4人存在する。1923〜41年において各年に非正規教員のうち外国人講師・教師は最低2人，最高6人，日本人講師は最低3人，最高13人存在した。

総授業時間における語学科目の多さについては第2章でもみたが，「商業科目」担当者と同数の「普通科目」担当者が存在した[178]。正規教員のうち経済・商業（経営・会計）・法律分野からなる「商業科目」を担当する者と，修身，国語，外国語，数学，体操などの科目を教授する「普通科目」担当者との比率をみれば，表4-2に示される全期間の平均で「商業科目」49.7%，「普通科目」50.5%であり，両者の割合はほぼ等しい。

1923〜41年の「普通科目」担当者の構成についてみれば，各年当たり平均で「英語」4人，「中国語」1人，「国語・作文」2人，「数学」「自然科学」2人，「修身」「哲学」2人，「体操」「武道」2人，「歴史」1人であった。他方，「商業科目」を経済学・商業学・法律学の3つに分類すれば，経済学3.3人，商業学5.9人，法律学2.6人であった[179]。

さらに「商業科目」を担当した正規教員のうち，多い年で9人，少ない年で2人，各年平均で5人の語学科目を担当する者が存在し（表4-2），言語別の構成は英語2.7人，ドイツ語1.6人，フランス語0.8人，中国語0.1人であった[180]。

非正規教員の動向についてみれば，外国人講師・教師は，「商業実践」と「売買会計監査」を主として担当した者1人を除くすべてが外国語を担当し，1923〜42年において英語13人，ドイツ語6人，中国語6人，フランス語4人，スペイン語1人，ロシア語2人の外国人講師・教師が教鞭をとっていた。外国人講師・教師が教えた言語をみれば，各年当たり英語1.7人，中国語0.9人，ドイツ語0.8人，フランス語0.8人，スペイン語0.3人，ロシア語0.2人であった[181]。なお，日本人非正規教員（講師）のうち1932年以前に「英語」を担当したものは1人にすぎず，1933〜41年において日本人で「英語」を含む語学を教授した非正規教員は存在しなかった。

88　第I部　戦間期の学校と企業

表 4-2 和歌山高等商業学校における教員構成

(人)

年次	正規教員				非正規教員								
	教授・助教授・講師数	教授・助教授・講師の授業科目			外国人講師・教師数 (A)	外国人の授業科目		日本人講師数 (B)	日本人講師の授業科目			非正規教員合計 (A＋B)	非正規教員の語学担当者数 (C＋D)
		商業	普通	うち商業科目担当者の語学担当		商業	語学 (C)		商業	普通	語学 (D)		
1923	12	6	6	3	2		2	6	2	3	1	8	3
24	21	10	11	3	3		3	6	3	1	2	9	5
25	27	13	14	2	5	1	4	6	2	2	2	14	8
26	25	13	12	5	5		5	9	2	2	5	16	12
27	24	12	12	3	6		6	10	2	3	5	17	12
28	24	12	12	7	6		6	11	5	4	2	18	9
29	26	12	14	6	6		6	13	5	5	3	19	9
30	28	16	13	4	6		6	10	1	6	3	17	9
31	26	13	13	2	5		5	9	4	4	1	14	6
32	28	13	15	7	4		4	4	1	3		9	4
33	27	13	14	4	4		6	8	3	4	1	13	7
34	28	13	15	7	3		3	3	1	2		8	3
35	27	13	14	8	3		3	3	1	2		8	3
36	26	14	12	9	3		3	3	1	2		8	3
37	26	13	13	8	3		3	3	1	2		8	3
38	25	12	13	4	5		5	5	1	4		10	5
39	25	12	13	4	5		5	9	4	5		14	5
40	27	16	11	7	5		5	9	3	6		14	5
41	27	12	15	2	3		3	9	3	6		12	3

出所）　和歌山高等商業学校『和歌山高等商業学校一覧』各年。
注）　在外研修者も含める。

　語学科目を除く非正規教員の「普通科目」は，「弓道」「柔道」「体操」「美術工芸史」からなっていた。「商業科目」では「珠算」を担当する教師が定期的に採用されたが，京都帝大教授の宮本英雄が「民法」，同じく京都帝大教授の作田荘一が「商業及工業政策」を和歌山高商において講師の地位で担当し，大阪商大の教員が「商業科目」を担当することもあった。

(3)　教官の昇進

　前掲表4-1には和歌山高商の正規教員の昇進の動向が示されている。昇進の特徴をみれば，①教授として採用（これ以上は昇進しない），②助教授で採用さ

れ長期間を経て教授に昇進，③助教授から昇進しない，④講師・嘱託で採用され早期に教授へ昇進，⑤講師・嘱託で採用されて長期を経て教授に昇進するパターンがある。

①に関してみれば開校から2年目までは教授採用者が多いが，それ以後の教授採用者は少ない。開校2年以降に教授として採用された者は，1931年に拓殖大学から転任してきた大畑文七のように他の高等教育機関から和歌山高商へ赴任して来た者が多かった。②に関してみれば，「数学」を担当した長崎精男，「中国語」を教えた関忠治がこれに該当する。両者に共通することは，学士号を所持していなかったことが挙げられる。③のタイプに属する教員は，「武道」「体操」を教授していた小林甚兵衛，佐々木季邦，大西弘治，「国語・作文」を担当しかつ事務兼任であった松壽孝であった。佐々木は陸軍歩兵少尉であったが，佐々木を含めてこの4人は学士号を保持していなかった。

和歌山高商の教員の昇進の基本的なあり方を示す④は，講師として採用され2年以内に教授へ昇進するものであった。この形で昇進する教官は帝大の学士号をもっていた。教師嘱託として採用された「英語」を教える茗荷幸也も採用後1年で教授に昇格していることからみて，採用時の職階よりも学士号の保持の有無が教授採用の基準であったといえる。ただし，1938年に嘱託として採用された私立大学卒業の湯川貢が，41年に助教授に昇進したのは茗荷とは異なる。帝大卒業が教授への昇進スピードを速めていたといえる。

⑤の講師・嘱託採用後から長い期間を経て教授に昇進するタイプに関しては，2点指摘しておかなければならない。1点目は，神戸高商を卒業して岩井商店に勤務し，1923年に和歌山高商へ会計学の講師として着任した土岐政蔵についてである。土岐の教授昇進は学士号を保持して同時期に講師採用された者と比べて遅れた。2点目は，1930〜31年に採用された学士号を保持する大石義雄（法律学）の教授昇格が38年まで行われていなかったことである。学士号をもつ米倉二郎が38年に教授に昇格していることからみて，大石の昇進の遅れは，昭和恐慌（1930〜31年）による昇進の見合わせの可能性がある。

①〜⑤以外の昇進のパターンとしては，1929年に「タイプライター」を主に教える嘱託として採用された前述の守屋守が翌年に助教授に昇進したが，42年まで教授の昇進はなかったこと，32年に嘱託（翌月に講師）として採用された三上利三郎（後，斎藤に改名）が33年に助教授に昇進し，35年に教授に昇

格したことが挙げられる。商学士号を保持する三上の変則的な昇進パターンは，経済不況による昇進の見合わせが関係している可能性がある。

　和歌山高商の教師の昇進の特徴をまとめれば以下のようになる。第1は，最終学歴が昇進とそのスピードを決定していた。すなわち，帝大の学士号を保持する者の教授への昇進は早かった。第2に，将校であることと教授への昇格は無関係であった。第3に，武道・体操を教える教師は教授への昇進はなかった。第4に，昇進のあり方は経済不況によって左右された可能性がある。

(4) 調査・研究体制の構築

　このように和歌山高商の多くの教官は，帝大を卒業した者からなった。帝大へ異動する者も存在した。こうした帝大出身の教官の下で調査・研究体制が構築された。

　和歌山高商では1924年に調査部を設立した[182]。調査部は「商事ニ関スル調査」を目的として研究資料の収集・整理，著書・論文の目録調製，講習会・講演会の開催，調査・研究に関する公刊物の発行が主な活動であった。この「設立経費要求書」では実業専門学校が「実際的の知識に即する高等の学術を」教授する機関であり，「純理のみならず実際に重き」をおいて生徒に専門の学術を基礎として広く活社会の経済状態に関する推移を研究」させるための予算要求をしていた。

　「実際的の知識」を強調して設立された調査部に対して，1924年に「学術雑誌の発刊」が「パンフレット又ハ雑誌トシテ発刊スルコトニ決定」した[183]。この時に設立された「学会」は「経済商業及其他ニ関スル学術的研究ヲナス」ことが目的とされた。この具体的な活動は，研究叢書を発行，研究会・講演会を開催することであった。研究の公表は『商業論叢』（『内外研究』と改称）によってなされた。学会には和歌山高商の教官と学生が主体となった。

　1927年の校長会議諮問の「地方産業開発ニ鑑ミ実業専門学校ニ於テ留意スヘキ事項」に対して，「調査部ニ於テ一層調査ヲ盛ニシ之ヲ開放利用セシムルコト」を和歌山高商は答申していた[184]。注目すべきは，この答申として「高等工業学校ニ於ケル科学研究ニ相当スル調査組織」，すなわち「産業科学所ヲ設置スルコト」が答申されていたことである。

　この答申の内容は1929年に実現化した。すなわち，「校長ヨリ実業教育ヲ重

ンセントスル近時ノ機運ニ際シ，先般来本校ニ於イテモ此ノ時勢ノ要求ニ副ス為，何等カノ機関ヲ設ケテハ如何トノ議起リ」，「産業科学研究所」が設立されることになった[185]。注目すべきはこの研究所が「本校ニ於ける研究中心機関」とされ，「調査研究」「資料蒐集整理」「公刊物の発行」「講習会又は講演会の開催」を主な活動としたことである。具体的には，「従来の調査部の事業を革新し拡張」した調査部と「学会を本研究所本部内に置き其の事業を引継」いで「研究」の中心機関とする編纂部の2部からこの研究所は構成されるとされた。ただし，「産業科学研究所」という名称は「産業研究所」に改められて設立され，1930年に産業研究部と改称された[186]。

1930年の校長会議諮問「現下ノ産業状態ニ鑑ミ実業教育上留意スヘキ事項」について，「研究部」などの機関を通して「実際ノ経済」の知識を生徒に熟知させることが和歌山高商の答申の1つに挙げられた。このように和歌山高商では，産業研究部を通して経済の実態を把握する「調査」活動を行い，学会を通して「学術的研究」を行う体制を構築した。

(5) 調査・研究活動の成果

産業研究部の活動は，「和歌山県を中心とする経済事情を明らかにする」ことを目的とした『産業調査』として1934年に「紀州蜜柑の生産」を端緒として「米の調査」（34年），「紀州産除蟲菊」（37年・40年）が公刊された。加えて，『和歌山綿ネル業研究』（1938年）が公刊された。

こうした「調査」活動に対して「研究」活動を検討するため，図4-2を通して『内外研究』の執筆者の特徴をみてみたい。この図には横軸に和歌山高商の勤続年数（採用から転任まで，転任なしの場合は1945年まで），縦軸に勤続年数当たりの『内外研究』掲載数が示されている。この特徴は，第1に勤続とともに『内外研究』掲載数が増えない「商業科目」担当者が存在すること，第2にこれら集団を除けば「商業科目」担当者の掲載数が勤続とともに上がる傾向にあること，第3に「普通科目」担当者の掲載数が勤続とは無関係なことである。

とりわけ第3の特徴については，『内外研究』が経済・商業・法律関係のテーマのみを掲載するという制度的な要因があった。すなわち，「商業，経済，法律関係の論文と併せて文学的研究を同一雑誌に収容するのは体裁を失する」

92　第Ⅰ部　戦間期の学校と企業

図4-2 和歌山高等商業学校における『内外研究』の教官の執筆動向

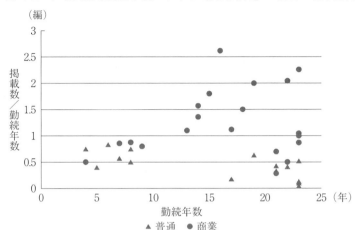

出所）和歌山高等商業学校『内外研究』各年。

という理由から『英吉利文学』を不定期刊行することとなったが，この雑誌の公刊は1928年と33年のみであった。それゆえ英語担当者の掲載数は少なくなった。

勤続年数当たりの『内外研究』掲載数の上位は，大石義雄2.6編，岩城忠一2.3編，後藤清2.0編，古林喜楽2.0編，大畑文七1.8編，北川宗蔵1.6編，木村和三郎1.5編，印南伝吉1.5編であった。他方，大淵慧真（修身担当），橋寺太郎（哲学），小林甚兵衛（体操），佐々木季邦（体操），大西弘治（体操）などの『内外研究』の掲載数はまったくなかった。

このように経済・商業・法律に関してのみを掲載対象とした『内外研究』は，「普通科目」担当者に執筆機会が開かれていなかった。したがって，「商業科目」担当者と「普通科目」担当者との「研究」には温度差があったと思われる。

さらに個人教官レベルでの「研究」活動について検討してみたい。北川宗蔵は，「学会向研究発表」として『国民経済学』（第51巻第1〜3号）に掲載した「フッサールの現象学における還元の思想」を執筆したのが最初であった[187]。以後の北川が和歌山高商の『内外研究』に執筆した経営学の方法論については

第4章 研究体制の構築 93

すべて「学会向研究発表」と分類された。ただし，『内外研究』第10巻第2号（1937年）に掲載した「百貨店法案」は「百貨店法案ノ内容ヲ解説」したものとして「一般向け，時事解説」と自ら分類していた。同様に産業研究部が公刊した『和歌山綿ネル業研究』（1938年）に関しては，「和歌山綿ネル業調査ニオイテ企業組織ノ分野ヲ担当シテ調査ニアタリタルモノ」とし「一般向け，調査」としていた。1931〜44年に北川の執筆した31編のうち「学会向研究発表」19編，「一般向け，調査」3編，「一般向け，時事解説」2編，「学生向け，解説」4編，「随筆」3編であった。

このように北川の著作は，上述した第Ⅰ象限・第Ⅳ象限に値する「学会向研究発表」，第Ⅲ象限に含まれる「一般向け，調査」「一般向け，時事解説」からなった。北川の認識では，和歌山高商の産業研究部の活動成果は「調査」という認識であり，「研究」とは区別されていた。重要なことは，高商教官が「調査」のみならず「研究」を行い，その成果を公表する場としての役割を学会の機関紙『内外研究』が果たしていたことである。

第 *5* 節　ゼミナールの動向

⑴　ゼミナールの概観

今までみてきた教員の「研究」に対して，ゼミナールにおける「研究」と「教育」との関連についてみてみたい。

ゼミナールとは呼称であり，「商事調査研究」「商事研究」などの学科目として学科課程にみられる。1921年の名古屋高商の学科課程では不定時の「商事調査研究」が設置され，その後の新設された高商においても「商事研究」などが開講された[188]。具体的には，福島高商1922年，長崎・和歌山・彦根高商23年，高松・横浜高商24年，高岡高商25年，大分高商26年に「商事研究」や「研究指導」などがおかれた。ただし，これらは授業時間数の算入されない不定時開講とされていた。とりわけ，長崎高商は1923年に「生徒ノ自発的研究調査ヲ奨励シ正確ナル学術研究法ヲ理解セシムルト共ニ其選択シタル研究事項ニツキ精深ニシテ且統括的ノ知識ヲ體得セシメンカ為」，「研究指導」を導入した[189]。

しかし，小樽高商の1924年の学科課程の改正では「学校長ノ承認ヲ経テ特

定学科目研究上ノ指導ヲ受クル者ニ課スル選択学科目時数ハ毎週四時間トスル」とされた。すなわち，毎週6時間の選択学科目が研究指導を受ける4時間となることより，「研究上ノ指導」に毎週2時間が充当されていたといえる。

1932年の横浜高商と彦根高商の学科課程の改正では，前者は2学年1時間，3学年2時間の時数指定の必修，後者は3学年2時間の時間数指定の必修となった。ただし，時数指定の必修は高商において一般化せず，1939年の山口高商の学科課程の改正では全学年の不定時必修の「特殊研究」として設置された。

1919年に東京高商に入学した赤松要（後に名古屋高商→東京高商教授）は，福田徳三のゼミナールに入った。福田の「批判なくして学問なし」という方針によって，赤松はマルクス理論を批判的に考察した。発表の前夜は緊張で眠れないほど福田の指導は徹底していたといわれる[190]。

(2) 名古屋高商のゼミナール

名古屋高商におけるゼミナールの動向についてみてみたい[191]。1934年に酒井正三郎（商業政策）のゼミナールに所属していた生徒は，「学的研究は，一命題・一学説を丸呑みすることではな」く，「それを客観的現実的立場より吟味し，批判し，現実に一致するやを判断すべき」であると述べる。酒井ゼミナールでは，W. アシュレイの "The Economic Organisation of England" を批判的に「論争」し，「丸呑にする様な非学問的発展的態度は取らな」かったとした。そして，酒井は「我々の人格と自由とを尊重し」「具体的研究の結果にゆだねた」。こうした「論争」は「我々三年間の学窓生活に於ける最も真剣な，そして最も意義ある学的進歩」であるとした。

宮田喜代蔵のゼミナールでは，リカードの経済学が輪読され，「現代のすべての経済学の問題とする問題は，リカードにそれを見出し，一応はリカードにまで，あらゆる問題が帰つて行く」ことを学んだ。前場治一（商業通論）のゼミナール生は，「自己研究，詰込主義にあらざる研究の効性」があり，「無味乾燥な灰色の理論ではなくして，師と弟子の心が人格」的な「ハーモニイーを醸成」したと述べている。

他方，1936年に赤松要のゼミナール生は，ゼミナールは「教授との人格的接触と共に重ねて真理の追究討論」を通した「人格陶冶」を求めていた[192]。

野本のゼミナール生は，シルターの信用分析論を学び，白木屋，髙島屋の比較経営分析などをした。さらに「会計分析論を応用し，自己の位置する企業を同種事業と比較し研究し，大いにその経営方法を改善し」て「真に学問を生かす」と述べている。

これらの事例から，ゼミナールは，「詰込主義」的な教育ではなく，討論によって真理を目指す学問的研究をする場所と考えられていることが分かる。

(3) 和歌山高商のゼミナール

和歌山高商では，1942年の学科課程の改正において必修学科目に加えられた「演習」は，「商事研究」「研究指導」「特殊研究」などとして開講されていた。これら科目の設置は，①不定時の必修，②不定時の選択科目，③時数指定の選択科目，④時間数指定の必修科目に分けられる。①は必修科目ではあるが「不定時」開講とされて総授業時間数に加算されないもので，④は授業時間数が定められ，総授業時間数に加えられるものとなる。

和歌山高商の場合，開校時には不定時必修の「商事研究」，1926年の学科課程の改正では不定時選択科目の「特殊問題研究」，34年の学科課程の改正では時数指定（第3学年2時間）の選択科目の「特殊問題演習」として設置された。1940年の学科課程の改正において各学年1時間の「特別講義」が必修科目として設置された後，42年の学科課程の改正ではすでに言及したように「演習」が必修化された。

これらの学科目では生徒に論文の提出を課していた[193]。1926〜33年の現存する和歌山高商の生徒の論文195編の特徴をみたい。国内外の経済や企業，政策の実態を研究した論文74編は，『百貨店対小売問題』『満蒙社会研究』『鉄道経営論』など種々のテーマからなっていた。他方，『ミル経済原論』や『限界効用経済学』などの経済理論に関する論文は22編，『貨幣とインフレーション』や『銀行信用ノ量的考察』などの金融に関する論文は18編，『会計監査』や『製造原価構成要素ニ就テ』などの会計に関する論文は37編あった。『借家法ヲ論ズ』や『百貨店法案に現れたる諸問題』などの法律に関する論文は10編，『民族問題』や『宗教の社会学的考察』などの社会に関する論文は7編あった。また，『ピグー原著「応用経済学論集」一部翻訳付労働者に関する若干問題』のように外国語の文献を翻訳したのみの論文が6編あった。

96　第Ⅰ部　戦間期の学校と企業

特筆すべきは，高商生の提出論文に英文学を主とした文学と思想をテーマとする論文が21編あることである。これは『英文学研究　シングに就いて』『英文学』『支那新興文学と周作人の文学的地位』『オヘンリー』『近世英文学史』『ジヨオジ　エリオットとその作サイラスマアナー』などである。「特殊問題研究」は2〜3人の教官からなる4つのクラスで実施された。語学科目を商業・経済・法律を専門とする教官が担当したように，「特殊問題研究」も新里，府川，橋寺，加川などの英文学・哲学を専門とする教官が毎年1〜2名指導した。そのため生徒が英文学を論文のテーマに選択したと考えられる。

　これは「特殊問題研究」の担当教官が偶然，英文学を研究していたからではない。和歌山高商の『校友会誌』に掲載された生徒の「論説」94編をみれば，経済・商業系67編に対して人文系27編存在した。経済・商業系については，金融貿易16編，経済理論12編，会計9編，海外経済事情7編，日本経済事情7編，移民4編，経営4編，法律4編，経済史1編，消費組合3編であった。他方で，「普通学」に関係する人文系の「論説」は，哲学思想7，芸術6，社会6，天文学2，文学4，数学1，歴史1であった。人文系の「論説」をみれば，「生存意志に就いての考察」「ハーモニカの歴史とその民衆化」「短歌発展史の一画面」などがあった。このように高商の生徒は，経済や経営などの実業分野のみならず文学・芸術などへの関心があったといえよう。

(4)　横浜高商

　横浜高商では，1人教官当たり20人程度の生徒に研究指導を行っていた[194]。2学年には外国書の講読を行い，3学年には「1つの研究題目について『纏まりをつける』方法を教授するとともに，師弟の個別的接触によつて人格の陶冶に質し学生相互の研究室に於ける近接によつて切磋琢磨」するようにしていた。

第6節　結語——教官と生徒の「研究」

　「学術ノ理論及応用ヲ教授シ竝其ノ蘊奥ヲ攻究スルヲ目的」とする大学に対して，高商は「高等ノ学術技藝ヲ教授スル学校」と謳われた。しかし，大学の教官と同様に，高商の教官は，「調査」のみならず「研究」活動を行っていた。

第4章　研究体制の構築　　97

各高商に相次いで設立された調査組織と研究組織によって教官の調査・研究活動はなされた。

　教官の研究活動の成果は，各高商の学会の設立とともに公刊された機関誌において発表された。ただし，和歌山高商の『内外研究』が経済・商業・法律に限定されたように，すべての教官の「研究」活動が担保されていなかった。

　実際的・応用的な「調査」に対して，「研究」は抽象的・理論的であると捉えられていた。こうした対置関係に対して，名古屋高商の渡邊龍聖は「実際社会と学府との連繋」を掲げていた。確かにこうした連携は名古屋高商の調査部において推進されつつあったが，この活動は一部の教官に限定されていた。

　このように1920年代の高商は，大学に匹敵する学術を「蘊奥ヲ攻究」する制度的基盤を築いて，これに基づく教官の「研究」活動を支えた。他方，ゼミナールでは，討論による真理の追究が目指され，生徒自らがテーマを選択して「論文」を執筆していた。こうしたゼミナール生の「学問的研究」と教官の研究体制の構築は符合していた。

98　第Ⅰ部　戦間期の学校と企業

第5章

生徒の管理

第1節　問題の所在

　第1〜4章において高商のアカデミズム化という現象をみてきた。この過程において生徒の独創力や真理の追究などが重視されたが，アカデミズムの前提となる学問の自由が担保されていたとは限らない。社会情勢は「大正自由主義」といわれる現象がみられていた。とりわけ，福田徳三はデモクラシーを推進する知識人集団であった黎明会の中心的人物の1人であった[195]。

　しかし，マルキシズム，社会主義，無政府主義などの革新的思想によって，1920年の森戸事件，28年の河上肇などの退官事件など，帝大の教授の「思想問題」が激化していた[196]。こうした帝大教授の退官は，「学問の自由」や「大学の自治」に関連づけられて家永（1962），伊ケ崎（2001），小股（2010）などの多数の研究で言及されている。さらに，生徒側からみれば，大逆事件によってタイトルに「社会」という文字がつく本の閲覧が禁止され[197]，「思想問題」は学生・生徒の読書の自由にも影響を与えた。

　先行研究によって注目されてきた国家（文部省）と教官との関係に加えて，教官（学校）と生徒との関係をみることは，「学問の自由」や「大学の自治」を探る上で重要となろう。国家が教官の「自由」に対する「権力」となりうると同様に，教官が生徒の「自由」に対する「権力」ともなりうる。こうした教官と生徒との関係について，本章では生徒の懲戒を中心に検討したい。

斎藤 (1995) によれば，明治後期の中学校では「指，手，肩，胸，臀，足頸に至るまで，その位置や形，角度や距離のとり方等，生徒の一挙手一投足に及ぶ厳格な統制がめざされた」とされる[198]。さらには，生徒の態度や行為そのものを「操行査定」し，その「落第」や「退学」に結び付けたとされる。

生徒の管理は，明治期に日本に導入されたヘルバルト派の教育方法に基づいていた[199]。この教育方法は，「封建的な道徳」と混同され，学級内における教師への絶対的服従，学力の優れた者に対する尊敬と服従として現れ，学級内の自治とあわさって教師を頂点とした生徒のピラミッド構造を形成することもあった。

本章でみる戦間期 (1920〜36 年) においては，通説に従っていえば「新教育」の時期に入り，ヘルバルト派の教育方法は色あせていた。実際，ここで検討される高商では，明治後期を対象とした斎藤 (1995) にみられるような生徒の管理が実施されてはいなかった。高等学校に関しては筧田 (2011) による詳細な分析があるものの，高商の生徒の管理の実証研究が存在しないため，その実態を探るべく和歌山高商の事例を通して検討したい。

本章の構成は次の通りである。第 2 節において高商の「生徒心得」を概観した上，第 3〜7 節では和歌山高商の事例をみる。第 3 節では出席と服装に対する規律を検討し，第 4 節では生徒の懲戒制度を概観する。第 5〜7 節では 3 つの時期に分けて和歌山高商の懲戒制度の特徴が示される (第 5 節：1922〜29 年，第 6 節：30〜32 年，第 7 節：33 年以降)。第 8 節では，本章から得られた知見をまとめる。

第 *2* 節　高等商業学校の「生徒心得」

(1)　明治後期の東京高等商業学校の「生徒心得」

明治期に日本に取り入れられたヘルバルト派の教育方法では，一方でその批判的考察も進んだものの，道徳を最高の教育目的として捉えるとともに，生徒の管理や訓練が重視された。高等教育では，初等・中等教育と比べて，ヘルバルト派に基づく「生徒の一挙手一投足に及ぶ厳格な統制教授法」は導入されていなかった。しかし，1900 年の東京高商の「生徒心得」にみるように，この教育方法の影響を受けていた[200]。すなわち，以下のように，生徒の目標とす

べき理念（以下，目標理念と略）とともに生徒管理（規律）につながる指示・禁止事項が「生徒心得」に書かれていた。

　生徒の目標理念としては，①「長上の命令訓誨に聴従し規則を遵守する」こと，②「正直」，「精励」，「周密」，「恭順」を智徳・立身の基本とすること，③人への「温和」と「信実」が重要なこと，④「放恣遊蕩の所業」と「隠匿卑劣の行為」を「厳誡」すること，⑤「衛生」に気を配ることが掲げられていた。②と③が最上位の目標理念となり，それを実現させるために④と⑤が提示されていると考えられる。①に関しては目標とする理念というより生徒管理の側面が強い。

　他方，生徒管理を意味する指示・禁止事項としては，①教室において潜心課業に従事すること，②「教育の指命」に従うこと，③課業時間の5分前に着席して教員の来室時に「敬礼」すること，④放課後に喧噪の行為をしないこと，⑤校物の取り扱いに注意すること，⑥所定の場所で「喫煙」・「吐唾」し，食堂外で飲食しないこと，⑦携帯品を「整置」すること，⑧制服制帽を着用すること，⑨授業中に他人に「面接」しないこと，⑩課業時間に遅れるときは届け出ること，⑪課業中に病気・怪我となったときは届け出ること，⑫「欠課」した場合は届け出ること，⑬通学生が寄宿所を転居したときは届け出ること，⑭通学生は寄宿舎に許可なく入らないこと，⑮意見があるときは陳言し，校内で「会同」しないこと，⑯校物を汚損亡失したときは届け出ることが挙げられていた。

(2)　高等商業学校の「生徒心得」

　東京高商の生徒の目標理念は1920年代の高商に継承されなかったが，指示・禁止事項は高商間に差異を残しながらも継承された。

　表5-1が示すように，高商には目標理念と生徒管理につながる指示・禁止事項が「生徒心得」に記されていた。同表が示すように，「立身報国」「学業に励む」「品行を慎む」「信義」は，多くの高商の目標理念となっていた。また，「質実剛健・身体の鍛錬」などの，健康の維持に関するものはほとんどの高商が理念として掲げていた。

　他方で，生徒管理については「師長を尊敬」，所定の場所での飲食・飲酒・喫煙をすること，建物器具などの破損を禁止すること，「礼節」に関しては多

第5章　生徒の管理　**101**

表 5-1　高等商業学校の

年次	校　名	立身報国	学業に励む	品行を慎む	師長を尊敬	信義	質実剛健・身体の鍛錬	礼節	静粛
1911	長　崎	○					○	○	○
1905	山　口		○	○	○	○	○		
1917	小　樽	○	○	○	○	○	○		
1922	名古屋				○			○	○
1922	福　島		○		○		○		
1923	大　分				○			○	○
1923	彦　根	○	○			○			
1923	和歌山								
1924	高　松	○	○		○				
1925	高　岡	○		○	○				
1934	横　浜						○	○	○

出所）　各高等商業学校『学校一覧』各年。
注）　開校期の資料を使用。○はその学校に項目が存在することを示す。

くの高商が「生徒心得」に記載していた。また，「猥褻卑陋」な図書を閲覧しないこと（長崎高商），学校許可なく新聞雑誌に寄稿しないこと（山口高商），校紀を紊す場所に立ち入らない（彦根高商）ことを明記する高商もあった。なお，すべての高商では制服と制帽を着用することが義務づけられていた。これらの指示・禁止事項，とりわけ，所定の場所での飲食・飲酒・喫煙，所持品の整置などは，東京高商の「生徒心得」と同一のものであった。

第 **3** 節　出席と服装の規律

　すべての高商では制服と制帽の着用が義務づけられ，「生徒心得」には学業に励むことが明記されていた。しかし，これらの規律の乱れが教官間での問題とされていた。本節では和歌山高商の事例を通してこの点についてみてみたい。

102　　第Ⅰ部　戦間期の学校と企業

「生徒心得」

所定の場所での飲食・飲酒・喫煙	所持品の整置	許可なく教室に入らない	授業の終始に立礼もしくは敬礼	建物器具などの破損の禁止	集会・会合・団体の組織の許可
○	○			○	
		○			
○	○	○		○	
○			○		
○	○	○	○	○	
○				○	
○	○			○	
○	○		○	○	

　1924 年の教授会において，「出欠表ヲ厳格ニ調べ正確ニ記入」することが校長より提案され，「合併教室」（自由選択科目）の出欠は生徒課が行い，必修科目は講義担当教員が出欠を調査することになった[201]。また，このとき，教室の生徒の座る座席を定めることが校長より提案されるとともに，1925 年には授業時間の 10 分の 5 を欠席した者には試験の受験資格が制限されることとなり，出欠調査のときに着席していない者は「遅刻，早引き」とみなされず，その後出席しても欠席とされた[202]。1929 年度から生徒は，教官が教室に入室した後にいっさい入室してはならないこととなった[203]。

　服装への規律に関してみれば，1922 年の教授会で「生徒ニシテ制定ノ服装ヲナサザルモノアリ」とこのことが問題とされ，「厳ニ履行セシムル」ことに決定した[204]。

　生徒の頭髪についてみれば，1930 年に 1・2 学年は頭髪を入学当初に「短ク刈ル」ことになっていたが，「若干長髪ノモノ」が存在していた[205]。この頭髪

問題が教授会で議論されたとき，「学校ノ確固タル方針ヲ短髪トスルカ，生徒ノ自由意志ニ任スルカニ付，長時間ニ亘リ意見ノ交換」があった。和歌山高商の励行寮の生徒の頭髪は「丸坊主」と決められていたが，和歌山高商では生徒の頭髪に明確な規則が定められていなかった。

　学生服に下駄を履くことは，バンカラという言葉で象徴されるように社会的な批判があったが，禁止されている教室・廊下などで下駄履きをする生徒が存在していたことが1930年の教授会で問題とされていた。1932年においても「近時本校制定以外ノ服ヲ着用セルモノ」が存在することが問題となっており[206]，生徒課が生徒に注意を促していたものの，和歌山高商における生徒の服装管理の不徹底さが窺える。

　他方では，1928年に机の落書が問題とされ，喫煙を「絶滅」させることが教授会で議論された[207]。ところで，1938年の調査によれば，帝大では70%，専門学校では43%の学生・生徒が飲酒・喫煙をしており，専門学校の生徒のなかには未成年者がいるため「学生の生活刷新改善の一問題」と捉えられていた[208]。

第4節　生徒の懲戒制度

　第3節でみた出席と服装の規律に関しては幾度となく教授会で議論されたが，これらの違反によって生徒が懲戒されることはなかった。表5-2には和歌山高商の生徒の懲戒が示されている。後に詳しくみるように，懲戒は①試験における不正行為，②学校騒擾，③女性問題に分類される。

　懲戒制度をみれば，規則第26条「性行不良ニシテ改善ノ見込ナシト認メタル者」が退学とされた[209]。第27条では，「生徒ニシテ校風風紀ヲ紊乱シ，又ハ訓育ノ趣旨ニ違背シ其生徒ノ本分ニ背戻シタリト認メタル者アルトキハ，学校長ハ之ヲ懲戒ス，懲戒ハ分ツテ戒飭謹慎及放校ノ三トス。謹慎ニハ停学ヲ附加スルコトアルヘシ」とされた。第28条では「戒飭ハ訓戒ヲ加ヘテ将来ヲ戒メ，謹慎ハ一定期間特別ノ監督ノ下ニ反省セシメ，放校ハ学校ヨリ放逐ス」とされた。

　生徒の懲戒は，生徒課より処分案が提案され，教授会で決定された。処分決定には投票が行われることもあった。だが，1931年10月8日の教授会におい

表 5-2　和歌山高等商業学校における生徒の処罰

事件番号	懲戒決定日（年月日）	氏名	処罰	処罰理由
1	1923. 5. 17	Y	退　学	女学生と数回密会
2	1923. 5. 17	H	謹慎（無期停学付加）	事件1に関係する女学生の友人と密会
3	1923. 10. 9	T	謹慎（停学1ヶ月）	不正行為
4	1923. 10. 13	T	謹慎（停学1週間を付加）	不正行為
5	1924. 2. 28	O	勧告的退学	女学生と懇意となる
6	1924. 2. 28	I	勧告的退学	女学生と懇意となる
7	1924. 3. 8	M	退　校	不正行為
8	1924. 10. 15	S	1年間の謹慎（停学1カ月）	不正行為
9	1925. 10. 8	Y	退　学	不正行為
10	1925. 10. 10	T	退　学	不正行為
11	1926. 12. 6	T	退　学	女学生と関係
12	1927. 10. 10	N	本学年間謹慎（停学付加）	不正行為
13	1927. 10. 10	N	謹慎（停学付加）	不正行為
14	1928. 3. 25	T	謹慎（停学1ヶ月付加）	不正行為
15	1928. 5. 19	O	戒　飭	出入り口の戸を閉鎖し机で出入りを妨害
16	1930. 3. 5	K	諭旨退学（表面は依病退学）	不正行為
17	1930. 12. 23	H	謹慎（停学40日）	自動車運転手と争闘
18	1930. 12. 23	M	謹慎（停学40日）	自動車運転手と争闘
19	1931. 3. 6	N	停学（4月末まで）	不正行為
20	1931. 5. 8	N	退　学	情婦と高飛
21	1931. 6. 19	H	諭旨退学	毆打事件を起こす
22	1931. 6. 19	H	諭旨退学	毆打事件を起こす
23	1931. 7. 9		停学16人・戒飭252人	
24	1931. 11. 19		無期停学2人・無期停学（1年間）6人。	生徒共産党事件
25	1932. 2. 24		謹慎（1年間）・謹慎（本学年間）	第2学年全員が体操に出席せず，教練査閲延期
26	1932. 2. 24	T	諭旨退学（表面は家事都合）	不正行為
27	1932. 2. 24	I	謹慎（5月末まで停学）	不正行為
28	1932. 2. 24	K	謹慎（5月末まで停学）	不正行為
29	1933. 3. 8	M	戒飭（当該科目を零点）	不正行為
30	1933. 9. 26	U	在学中謹慎	起訴猶予
31	1933. 10. 3	I	戒飭（本学年間）	不正行為
32	1938. 5. 17	M	戒　飭	不正行為
33	1938. 12. 22	H	停学（10日間）	寮事務員を毆打
34	1938. 12. 22		戒飭7人	不正行為

出所）　和歌山高等商業学校『教官会議録（大正12年度以降）』，『職員会議事録　大正十六年以降』。
注）　氏名欄のアルファベットは，処罰当事者の姓を示す。処罰名は資料の通りである。

て，試験での不正行為は，①懲戒の最高を退学とし，②不正行為をした科目を零点とし，③不正行為が発覚してから懲戒決定まで受験を続けさせるという3点の「一般原則」が合意され，この「範囲内ニ於テ生徒課ガ処分ヲ決定」することになった[210]。他方で，不正行為を除いた「一切ノ懲罰事犯」は「従来ノ如ク教授会ニ諮ラスシテ懲罰委員会ヲ設置シ，同委員会ニ於テ懲戒方法ヲ決定」することが合意され，懲罰委員は生徒主事・教務課長・組主任・寮または部活動の部長などからなる5～7名とされ，委員会の構成は「生徒主事ノ裁量ニ一任」するとされた。「必要アル場合ハ教授会ヲ開ク」とされたが，「懲罰委員会ノ決定ハ最後ノモノトス」と定められたように，懲罰委員会が生徒の懲戒を決める最高機関となった。

　しかし，この懲罰委員会によって懲戒が決定したのは表5-2における事件26にすぎず，1932年2月24日の教授会において，生徒の懲戒は「現在ノ小委員制ヲ改メ旧制度タル教授会ニテ議スルコト」になった[211]。この理由は，第1に「生徒主事ヲ中心トスル小委員会」では「生徒ノ減刑運動其ノ他，懲罰処分ニ限ラス」，「学校行政ニ関シ彼等ニ乗スヘキ機会ヲ與フルノ憂」あること，第2に調査・審議が煩雑なことが挙げられていた。第1に関しては，教授会の議論が生徒に漏れないように校長が注意を促していることからみて，教員と生徒との密接な関係があったことが窺われる。こうした関係が存在した場合，生徒の意見が反映されやすい5～7人で構成される「小委員会」よりも，すべての教員が集まる教授会のほうが，懲戒が適切に決定される。第2に関しては，懲戒対象にある生徒の情報を収集する場合，全教員が一堂に会した教授会のほうが情報収集のコストが抑えられるといえる。なお，この教授会以後には，試験における不正行為も1931年10月8日の懲戒の決定制度改正以前の方法に戻り，生徒課の懲戒案が議案として教授会に提出された。

第**5**節　厳罰の徹底——1922～29年

(1)　不 正 行 為

　表5-2において1923～28年の動向をみてみれば，事件7・9・10の不正行為には退学（「退校」）が下されているのに対して，事件3・4・8・12・13・14の懲戒は謹慎となっている。謹慎の場合も，停学期間は1週間から本学年間まで

にわたり，懲戒の重さが異なる。

　試験における不正行為に対する生徒の懲戒は，1924年の教授会において，「カンニングニ対シテ一ノ制定ヲ要スル旨，意見アリタルモ，情況，人物ヲ異ニスルヲ以テ，其ノ都度詮議スルヲ至当トスルコトニ決定」するとされたように[212]，個々の事件ごとに懲戒内容が教授会において判断された。以下では，個々の不正行為に対する「教授会」での懲戒の決定過程をみた上で，その特徴を考察したい[213]。

　事件4についてみてみれば，Tが懲戒対象とされた直接の事件は，第1学期の試験に際し，試験場に経済・法律科目を抜粋した「中間紙ヲ放棄」したことにあった。だが，懲戒を決定する際に「取調ノ際ニ於ケル態度」と簿記の宿題をある生徒から「貰ヒ提出シタ」こと，さらには審問時に「教官ヲ詐瞞シ」た行為，「宿寮ノ食需ヲ無断無料飲食」，「無断欠席」した行為などが懲戒理由として挙げられ，停学1週間を付加した謹慎が下された。ただし，不正行為とみなされた事件以後の2つの未受験科目については，「懲戒満了後ニ於テ追試験」をすることにし，「受験済科目ノ採点ハ担任教官ニ一任」された。

　他方で，「退校」が下された事件7のMは，第2学期の試験の際に「カンニングノ現行」を試験の監督者より「突止メ」られ，「規則第26条ニヨリ退校ヲ命」じられた。また，「第一学期試験ノ際モ嫌疑者」であったことが懲戒決定の判断材料となり，「カンニングヲ減スル本校ノ方針」によって「厳罰ニ処ス」ことが決まった。

　こうした不正行為に対する厳罰方針に対して，事件8では教授会での見解が分かれた。不正行為の投書に基づいて調査したところ，Sが「隣席生徒ノ答案ヲ漂竊シタルコトヲ自首」したため，生徒課は教授会に「謹慎ヲ命シ停学ヲ附加ス（停学期間満一ヶ年トス）」という提案をした。この提案に対して，「軽罰」と「厳罰」との2つに懲戒の見解が分かれた。「軽罰」としては，戒飭，1週間の停学，1カ月の停学の3つが提案され，「厳罰」としては，無期停学，本学年間の停学の2つが主張された。討議を通した結果，表5-2に示されているように，懲戒は「一ヶ年間ノ謹慎ヲ命シ停学を附加ス（停学一ヶ月間）」となった。だが，この処分が決定した5日後の10月20日の教授会において，「Sニ対シ特ニ復学ヲ許シ開校ノ式典ニ列セシメラレタシ」との提案が教務課長によってなされ，「全員許可ニ賛成」した。

第5章　生徒の管理　107

前述の事件 7 と同様に退学が下されている事件 9・10 に関してみてみたい。事件 9 の Y は試験に「豫メ教科書ノ一部ヲ写シ取リタル紙片」をみて答案を作成したこと，事件 10 の T は答案用紙を自宅に持ち帰り「商業実践講義ノ内ヨリ其ノ用紙ニ抜粋」したもので答案を作成したことで懲戒された。

　事件 13 の N は，事件 12 の N へ試験中に答案を「貸与セシ現場ヲ監督員ニ看破サレタル」ことで懲戒された。事件 12 の N は「実際ニ於テ学力不足ニシテ且ツ発動者」であったため，表 5-2 の通り「停学を付加した本学年間謹慎」となった。これに対して事件 13 の N の懲戒は，試験終了後に無期停学として不正行為をした科目も有効とするとした生徒課案が修正され，停学を付加した謹慎・不正行為をした科目を零点・他は追試験とされた。

　「答案ヲ提出セサル侭監督員ノ気付カサル様退場」した事件 14 の T については，従来の不正行為と同様に懲戒してよいのかという意見がだされたため，特別委員会が組織された。結局，この事件は不正行為と判断され，停学 1 カ月を付加した謹慎が下された。

　後述するように事件 20 の N は再入学が認められたため，事件 7・9・10 を引き起こした生徒が規則第 26 条で定められた「性行不良ニシテ改善ノ見込ナシト認メタル者」とみなされたことになる。これに対して，不正行為に対して決定された懲戒として頻度の高いものは，停学と付加された謹慎であった（事件 3・4・8・12・13・14・19・27・28・29）。ただし，謹慎においても個々の懲戒に対して停学期間の差によって懲戒の重さが異なっていた。

(2)　女 性 関 係

　和歌山高商において開校後初めての懲戒者は，事件 1・2 の女性と関係した者である。事件 1 の Y は口頭試問の際に「観ル処アリ，特ニ注意ヲ與ヘ性行ニ就テハ特別ニ将来ヲ誓約ノ上入学」させていたが，「一女学生ト相識リ関係シ，其ノ夜ノ和歌山公園内ニ於テ会合シ，其ノ後モ数回公園其ノ他ノ場所ニ於テ密会」したことが懲戒対象にされた。事件 2 の H は Y の「関係スル女学生ノ友人ト関係ヲ結」び Y と同様の行動をとったことが懲戒対象になった。懲戒は Y が退学，H が「無期停学を付加した謹慎」となった。

　他方，事件 5・6 についてみてみたい。事件 5 の O は文芸大会の帰路にある女学生と知り合いとなり，数日後に再開した女学生と名刺の交換をした。O は

事件 6 の I を加えて，休学中の和歌山高商生の「宿ニ同宿シ」名刺交換をした女学生とその友人 2 名を加えて「時折」「歌留多等ノ遊戯ヲナシ懇意ト」なった。また，寄宿寮においてしばしば紛失した物品が O の「行為ニ疑ヲ生」じたこと，さらに O が取調べの際に「脅迫的言語」を述べたこと，I が「市内ノ飲食店ニ出入シテ」前述した休学中の者に支払わせていたことも，懲戒理由として挙がっていた。両名の懲戒は，本人が退学を願いでた場合は次学年間を謹慎する「勧告的退学」に決定した。退学となった両名のうち，I は 1924 年 11 月に「母ニ対シ幾分同情」するなどの理由から，教授 1 名の「特別監視」の下で再入学とともに追試験が認められた。

　注目すべきは，こうした生徒の女性関係が和歌山県で発行される新聞において報道され，社会的問題として捉えられていたことである。新聞では，前述した教授会での内容に加えて，校内で落とした女学生の「艶書」が事件発覚へつながったことを報道している。とりわけ，『和歌山新聞』では，「学生の風紀紊乱しややもすれば学生の本分を忘れてその筋の目に余る行為をなす者ある」と述べ，この事件を問題視している。新聞報道では当事者の実名が公表され，社会的制裁を科す側面が大きかった[214]。

　事件 11 の女性関係についても同様で，「訓示ニ止ムルコト」との見解も教授会において提案されたが，退学という厳罰が科された。

第 6 節　厳罰と緩罰との合間——1930〜32 年

(1) 不 正 行 為

　1923〜28 年に生じた不正行為に対する懲戒の方針が，30 年の事件を通して大きく変更された。前掲表 5-2 の事件 16 の K は，「カンニングペーパー（を）持参」して答案を作成したが，「試験終了後退場ノ際落シタ」ところを試験監督者にみつかった。「諭旨退学」を懲罰案とした生徒課に対して，「反対意見」が出て，討議の末，校長と生徒課に一任することになった。結局，K は，「諭旨退学」に処されたものの，実際は「表面は依病退学」として処理された。だが，「退学後再入学出願」の可否が 1930 年 10 月の教授会において提案された。

　この教授会において提案したのは教授の西島であり，「本人改悛ノ情顕著ナルヲ認メ自身（西島）監督スヘキニ付入学ヲ許可セラレタキ」とした。教授会

第 5 章　生徒の管理　109

では「カンニング絶滅ヲ期スル方針ト矛盾セサルヤ」「自身ハ試験監督ヨリ手ヲ引キ度シ」「カンニング乃至其ノ他総テノ事ニ対シテ手緩ルクナツタト（生徒に）誤解」を与えるなどの意見がだされた。だが，入学不許可7人に対して許可が13人と上回り，挙手による多数決によって第2学期より入学を許可することに決まった。校長は生徒の訓育上の方針として「従来ト変化ナシ厳格ヲ旨ト」すること，「カンニングハ絶滅ヲ期スルコト」と述べたが，この会議の決定で重要なのは「今後懲戒ニヨル退学シタルモノノ再入学出願ニ対シテハ，之（Kの再入学）ヲ前例トシテ考慮スル」ことであった。

1931年4月24日の教授会において，カンニングによって退学が下されたNの「再入学」が提案された。「Kノ例モアレハ許スヨリ外ナシ」との見解が体勢を占め，Nの復学が決定した[215]。この会議において，「カンニングニ対スル厳罰主義ニ就テハ校長ノ方針ハ変化ナキヤ」との質問がでたが，校長は「方針ニ付テハ変化ナシ」と言明した。

(2) 同盟休校・思想事件

このように規則第26条で「性行不良ニシテ改善ノ見込ナシト認メタル者」に下された退学処分が再入学を認める形で「減罰化」された。しかし，こうした「減罰化」に対して，昭和恐慌を契機として激化した学生運動・マルクス主義運動に牽引され，生徒の事件は続いた。

1930年12月に起こった事件17・18では，「生徒ノ風紀緊張ヲ欠ク」ことが校長より指摘されている[216]。この両事件は，第1学年21人，第3学年7人が参加した創立記念祭の慰労会において，解散時に呼んだ自動車運転手と口論となり，Hが運転手を殴打したことを発端に生徒と運転手とが争闘したものである。運転手に傷害を負わせたHとともに懲戒の対象とされたのは，第3学年の組長Mであった。Mは「独断ニテ芸姑数名ヲ（慰労会に）招」き，「数名ト共ニ市井ヲ散歩中或ル料亭ノ二階ノ遊客ト呼応シ街路ニ於テ歌舞」したことが懲戒対象とされた。生徒課の懲戒案では事件の発端となったHが40日の停学に対して，Mは2カ月の停学であった。教授会においてMは「事件後悔悟ノ状顕著」であるためHと「同様ノ処分ニセラレ度」との意見がMの組主任から提案され，「第三学年ハ既ニ卒業期ニ近シ出来得ヘクンハ試験ハ他者ト同時ニ施行サセテヤリ度」などの意見がでた。結局，MはHと同様に停学40日を

110　第Ⅰ部　戦間期の学校と企業

付加された謹慎となり，他の生徒は訓戒に留められた。

　だが，1931年7月には生徒の同盟休校事件が勃発する。この事件23の発端は，事件17・18と同様に生徒の市民との口論事件から始まった事件21・22にあった[217]。1931年6月18日に第3学年の生徒3名が楽器店店員と口論となり，2週間の治療を要する負傷をこの店員に負わせたこの事件において，Hは「今回又々事件ヲ惹起シ学校ノ体面ヲ汚」し，「再三訓戒ヲ与ヘタルニ悔悟セス」という理由で「退学処分スヘキ筈ノ処青年ノ前途ヲ思ヒ」諭旨退学に処された。過去に何度も訓戒を与えられていたHもHと同様に諭旨退学が下されたが，この事件に関わったMについては訓戒のみで処分されなかった。

　この処分について，1931年6月23日に3年生が複数の代表者を通じて「処分ノ軽減及復学ノ要求」を校長にしたが認められず，6月24日に第3学年が授業をボイコットする同盟休校に至った。さらに，2年生が6月23日に「処分ノ軽減復学ヲ嘆願」したため，生徒主事が対応したが，24日に許可なく会合したため，生徒主事と組主任とが質問に応じたものの，2年生は寄宿寮に侵入し，25日に同盟休校に至った。3年生も6月24日に寄宿寮に入り2年生と合流し，「即時退出ヲ命ジタルモ，占領セリ」といい，立て籠もった。6月26日に処分された2名の復学を文書で要求し，27日に校長不信任案を提出した。

　この不信任の理由は，①自殺を図った生徒に対して「狂言自殺」と下したこと，②同盟休校事件に対して父兄の来校を強要し高圧的態度に出たこと，③今春の卒業生の謝恩会に個人的理由から欠席したこと，④「堀，木村，小林（古林）教授」の送別会開催に関して高圧的態度をとったこと，⑤不正行為で退学処分となった生徒の親が有力者であることから復学させたこと，⑥水島教授の病気が回復しているにもかかわらず復職させないことが挙げられていた[218]。さらに「校長はすべての事件に関し，自己の利益のため，自己の名誉獲得のみに専念し，教育者の本分たる，いはゆる慈恵的態度は毫もこれを認むることを得ず」とされていた。

　①に関しては前掲表5-2における事件21・22のどちらかの生徒である。④に関しては，「時勢にあわせて反動化」した岡本校長が片腕とした山本勝市教授とともに「学生の反発」をうけていた[219]。「進歩的」な教官を校長が追い出したと考えた生徒は，「堀，木村，古林教授」の送別会に際して校庭に火をたく「火送別会」を開いたことに基づく。⑤は先述した事件16に該当する。⑥

第5章　生徒の管理　111

の水島教授は1932年に休職満期による免官となる。ここで生徒が挙げている①〜⑥にどれほど信憑性があるかは分からない。だが少なくとも、校長に対する生徒の不信感が高まっていたことは明らかである。

　学校側は、1931年6月27日に生徒の父兄と卒業生を呼んで解散するよう説得した結果、「父兄ノ熱愛ハ遂ニ痛ク生徒ノ心ヲ動カシ」、28日の早朝に解散した。生徒より「本事件ニ関シ犠牲者ヲ出サザル」ように嘆願されたため、校長は「訓戒シ退学サシムル様ノコトハセザル旨声明」し、校歌を合唱し万歳三唱して、職員・生徒・父兄は「互ニ涙ヲ流シ堅ク手ヲ握リテ師弟ノ情、親子ノ愛極メテ温ク解散」した。しかし、校長は訓戒を声明したものの、「本校ノタメ、社会ノタメ」に生徒を懲戒することとし、規則27条によって16人の停学、252人の戒飭が7月9日に決定した[220]。

　この処分に対し、新たな事件が勃発する。1931年9月10日に「ストライキニ対スル批判」を学生数名が行ったが、17日には「和歌山高等商業RS全協支持同盟会」を結成し、「学生新聞」、「学生ニュース」、「無産新聞」などの発行と組織の拡大を計画した。この組織を計画した10名のうち7名は、「本校ノ生徒トシテ置クヘキモノニ非サレ共」「完全ナル共産党員ニアラス、今岐路ニ立ツテ居ル時、今之ヲ学校ヨリ放ツトキハ、将来如何ナル方向ニ進ムカ」と校長が述べ、寛大な処分を求めた結果、会合への出席回数が少ない1名が「改悛ノ情ニヨリ処分ヲ解除」される無期停学（年度末解除・追試験の受験を認める）、6名が1年間を予定する無期停学となった（10月14日に第2学期より解除が決定）。さらに、「共産党ノ行動理論」「マルキシズム」を研究するため「同盟会」の会合に参加した学生2名に無期停学（年度末解除・追試験の受験を認める）が下された[221]。

　「同盟会」を結成した生徒のうち逃亡していた3名は、「全協和歌山支部」の活動の一環としてビラ撒、組織拡大活動、学内ニュースの発行、「無産新聞」の購読など「可ナリノ実際運動」をしていた。このうち1名は「諭旨退学」、この活動で逮捕された1名は「退学」に処され、「現在ノ政体ハ不可、是非、共産主義政体ニ変ヘナケレハナラナイ」と取調べの際も主張した1名については、開校以来最も重い懲戒の「放校」となった。この放校が下された者は、前述した同盟休校事件を主導した者の1人であった。なお、この事件に関連して警察の取調べを受けた印南伝吉教授を岡本校長は退職させたとされる[222]。

112　　第I部　戦間期の学校と企業

この事件で1年の無期停学が決まった内田譲吉は，復学後の活動再開によって警察の取調べを受けたが起訴猶予となり，釈放された[223]。教授会では「本来ナレハ学校ヨリ除籍スヘキ者ナレ共本人ノ非常ナル悔ノ悟ト山崎教授カ本人ヲ指導監督スヘキ者ノ熱心ナル申出ニヨリ『在学中謹慎』ヲ命シ引続キ修学サセムルコト」となった[224]。

さらに，1932年1月に第2学年全員が体操の授業をボイコットする事件25が発生したものの，和歌山高商ではこの事件以降に生徒の同盟休校・思想事件は顕在化しなかった。

(3) 「マルキシズム」の取り扱い

ここで1931年5月に開催された「官立高等商業学校生徒主事協議会」での議論をみておきたい。この協議会は文部省学生部長の伊藤延吉を加えて各高商（三商大も含む）の生徒指導主事が出席した。

文部省の伊藤より「現在高等商業学校ノ学科目ニ於テ如何にニ『マルキシズム』ヲ取扱ヒツツアルカ」という諮問が出された[225]。伊藤によれば，「マルキシズム」は，大学，高等学校において，社会科学研究会などが研究を名乗って「秘密運動」を行ったため，「禁止」した。しかし，高商では，高等学校よりも「高く，健実」に教授されているため，学科担任に話を聞く前に，生徒指導主事に意見を聞きたいというものであった。

高商では，「経済原論」「社会政策」「経営経済学」などの学科目において，「マルキシズム」が講義されていた[226]。ただし，講義内容のすべてが「マルキシズム」の立場に基づくものではなく，部分的，もしくは学説として紹介される程度であるとされた。

伊藤学生部長は「マルクスヲ教ラレ乍ラナゼ実行運動ニデナイノカ」という質問から分かるように，マルクスの経済学と反体制的運動との強い関わりを前提にしていた。生徒主事の見解は，大阪商大（高商部）の「マルキシズムニ就テモ全然知ラシメナイヨリモ常識トシテ或ル程度ニシラシメル方ガヨクハナイカ」に代表されるように，「マルキシズム」を教授した上でその思想を批判することが重要であるとされた。また，仮に学校でそれを教授しなくとも，書物を通して生徒は「マルキシズム」を知ることになるとされた。

この問題の答申案では，「真摯ナル学生ハ漸次マルキシズムノ理解ヲ要求ス

ル傾向」にあり「之ヲ無視スルヲ得ズ」とされ，「此問題ヲ理解セシムルヤウ指導スルヲ可ナリ」とされた[227]。さらに，「各学校教官ノ中ニ，マルキシズムニ関シ確信ヲ以テ生徒ヲ指導シ得ル教授者ヲ求ムルコト」「本省及ビ各学校ハ此際特ニマルキシズム，ヲ正当ニ批判シ得ル教官ノ養成ニツトムルコト」「マルキシズム批判書ノ出版翻訳ヲ一層助長シテ指導ニ便スルコト」「マルキシズム批判ノタメニ校外ヨリ講師ヲ招聘シタル場合ニハ往々失敗ニ帰セルヲ以テ特ニ人選ヲ慎重ニスルコト」「マルキシズムニ関係アル各学科ノ参考書ヲ指示スル場合ニ一層細心ノ注意ヲナスコト」とされた。

「マルキシズム」に基づいた生徒の実践的活動を悪と捉えることは，高商に共通するところであった。例えば，長崎高商では，中学のときに「マルキシズム」を学んだ生徒が「ロシア社会主義」を「盲目的ニ信仰」していた[228]。特高からの連絡でこれを知った長崎高商では，「マルキシズムヲ理論的ニ教ヘテ，ソノ誤謬ヲ理解批判スル様仕向ケ」ていたが，行方不明となった。

このように文部当局は，「マルキシズム」と反体制運動との両義性を想定していた。しかし，高商は学説の批判を前提とした「マルキシズム」の教授を行おうとした。高商が問題とした「マルキシズム」は，生徒が研究会や読書会に参加するなどして，外部の活動家から影響を受けることであった。これを危惧する理由は，「思想問題ニ依テ処分サレタ者ハ何レノ社会ニモ其者ヲ受ケ入レル世界ガナイカラ」であった[229]。したがって，高商が悪と捉えていたのは「マルキシズム」の実践的活動であり，その教授ではなかった。

第7節　緩罰化──1933年以降

(1) 不正行為

1930〜32年の事件を通して，生徒の懲戒のあり方が根本的に変化する。これは，岡本一郎にかわって1932年4月に和歌山高商の校長に就任した花田大五郎の考えに基づいていた。前述した逮捕された内田の談では，花田は「前校長のすべてのやり方に反対だった」ため「放校処分」を免れたとし，「文部省の圧力に対して擁護する立場」をとっていたとされる[230]。本節では，花田校長は岡本校長の厳罰主義から緩罰主義へ転換したことをみてみる。

前掲表5-2が示す不正行為事件26では，前述した事件16に倣い「論旨退

学」となった生徒は，同年10月5日に再入学が認められた。こうした不正行為に対する懲戒は，1933年に起こった事件29で大きく変わる。花田校長は「従来ノ厳罰主義ニヨルノミガ全面的教育デモナイ」とし，この不正行為をしたMは戒飭となる。従来の不正行為において多くの懲戒となった謹慎には停学が付加されていた。停学は授業への出席を禁止されるが，戒飭はこれが認められる。

　とりわけ，事前予告された試験問題の解答を鉛筆6本に記載し試験場に持ち込んだ事件31については，懲戒を決める教授会において「退学ハ厳ニ過グルト考フ，退学ニ至ラサル位ノ程度ニテ適当ノ処分ヲナスコトニテ考慮ヲ望ム」と花田が述べている[231]。すでにみたように，1920年代において計画性のある不正行為は退学に処せられていた。生徒課は，第1学期の全部の科目を零点とし，本学年間戒飭とする懲戒案を提出した。この生徒課案に対して，さまざまな意見がでていたが，第1学期の試験を全部無効として学年間の停学を科すという重罰を求める処分案と生徒課案の投票となった。生徒課案とこの重罰案との違いは，戒飭と停学の違いにある。結局，19票中2票の指示によって重罰案は否決され，生徒課が提示した懲戒に決定した。

　投票を行う際に花田は，「緩罰ヨロシキヲ得，シカモ，カンニング絶滅ノ希望ニ副フ様致度」と述べていた。警察での取調べの結果に起訴猶予となった事件30にでもこうした「緩罰」は適応されており，「本来ナレハ学校ヨリ除籍スヘキ」であるが，「本人ノ非常ナル悔悟」によって在学したままで謹慎するよう懲戒された[232]。

　1934年に花田は，「生徒訓育ハ容易ナラサル業ナルヲ以テ，我子ト思ツテ育ツルヲ要スヘシ，厳罰主義モ時ニハヨイトモ思ヘトモ，夫ヨリモ（中略）懲戒セスシテ済ム様指導訓育」を教員に求めていることからみて[233]，「緩罰」主義は維持された。1935年には「学校ハ過去一ヶ年以上モ懲戒者ハ勿論ノコト訓戒シタル者モナキハ幸ナリ」という状態になった[234]。注目すべきは，前掲表5-2が示すように，1933年の事件31が発生してから38年まで懲戒者がいないことである。1936年に花田は「学生一般」の状態は「非常ニ良好」と判断しており，「少数ノ者ガ太平ニ馴レテ緊張ヲ欠」いているが，「大多数ノ学生ガ勉強スル気分」にあると考えている[235]。こうした学生の変化によって懲戒対象者がいなくなったのか，「緩罰」主義によって生徒を懲戒しなかったのか，こ

れらを論証する資料がないため，ここでは判断を下せない。

(2) 1941 年の状況

　1920 年代には厳罰が科せられたと思われる「統計学ノ再試験中ノートヲ机上二開」いた 38 年に起こった事件 32 には，再試験科目のみを零点として戒飭が下されたことからみて，この時期にも「緩罰」主義が貫かれていた。さらに，事件 34 では 7 名の生徒が追試験において不正行為を行ったが，戒飭となっている。

　こうした「緩罰」主義の結果，1941 年には「皆カンニングヲシテ居ルトノ風説ガアルガ，自分ハ頓着セズニ居タケレド，見テミルト皆ヤツテルネト云フ者ガ有ツタ。点ノ悪イノハ実力デアツテ，カンニングデナインダト云ツテカム者モアルト云フ，本年ノ卒業生モアル」という状態になっていた[236]。カンニングの事実を裏づける資料はないが，「生徒ヲ罰シナイノハイケナイ。賞罰ヲ明ラカニセナケレバ到底学校ハ治ラヌ。埒ヲ超ヘタ時ハ生徒モ罰シテ良イ。上二立ツ者ハ賞罰ヲ明ニスルコトガ最モ大切ナコトデアル」という同じ教授会での発言をみれば，1941 年には「生徒ヲ罰シナイ」ことが試験での不正行為を促す要因となっていたことが分かる。

第8節　結　語

　本章では，学校における生徒の「自由」に関してみてきた。「独創力」や「研究力」など向上させる教育を目指していた高商が生徒の「自由」を統制していたか否かを検討した。

　とりわけ，本章において注目した和歌山高商の懲戒からは，生徒の処分は厳罰から緩罰へ向かった。すなわち，和歌山高商では，1923〜29 年において岡本一郎校長の下で懲戒の厳罰が実施されていた。しかし，1933 年以降に花田大五郎校長の下で緩罰化が進められた。厳罰から緩罰への転換は校長の政策の違いにあった。花田が緩罰化を進めたのは，処分の軽減に端を発した学校騒擾が発生したからだと考えられる。しかし，教官からの強い統制からの自由は，生徒に「カンニング」を促すこともあった。

　ただし，懲戒が緩罰化されたとはいえ，当時の時代背景における「自由」の

116　　第 I 部　戦間期の学校と企業

制約が存在していた。例えば，女学生と「会合」する「自由」や，「マルキシズム」に基づいた活動の「自由」は生徒になかった。とりわけ，高商では「マルキシズム」の教授を禁止する方向にはなかったが，この理論に基づいた実践的活動は禁止された。

　なお，花田校長の緩罰主義は，国民精神総動員運動と齟齬をきたすこともあった。この点に関しては第8章で検討する。

第6章

文芸作品からみる生徒の特質

第1節　問題の所在

　戦前期日本の高等教育を受けたエリート層は，教養主義と呼ばれる独自の思想・行動様式をもっていたとされる。教養主義とは，「文化の享受による人格の完成」[237]，「読書を中心とする教養や人格完成に最高価値をおき，教養それ自身目的となる傾向をもつもの」とされる[238]。「教養」は，西欧からの個人主義的思想を背景として，「人格の陶冶」を図る意味において，儒教のような日本固有の「型」が存在する「修養」とは異なった。それゆえ，読書を通して個々人で異なる形の人間的成長が目指された。

　こうした教養主義論が定着したのは，むしろその批判からであった。唐木順三は，教養主義者が「普遍と個別，人類と個性，自然と人生を問題にしたが，国家，社会，政治を軽蔑し，或いはそれに無関心であった」とし，「自らの型をもたなかった」ゆえに「国家や政治に対しては傍観者であった」と批判した[239]。すなわち，教養主義者は，読書や思索によって人間的成長を目指すがゆえに，個人的志向が強まり社会との関わりを失っていったというのである。

　教養主義は，旧制高等学校と帝大の学生・生徒の特徴とされる[240]。しかし，教養主義はこうした一部のエリート層に特有の心性であったか否かは詳細に検討されていない。とりわけ，筒井清忠によって論じられている「エリート文化としての教養主義」という文脈で考えるならば[241]，専門学校の生徒が「エリ

ート文化」を自認していたか否かをも検討すべきであろう。また，多くの先行研究では，新渡戸稲造「修養」論や河合栄治郎「教養」論などに注目している。

　本章では，教養主義のみならず生徒の思想や行動の全体像を検討することを目的とする。ただし，生徒の思想や行動の体系的な歴史分析を行うことは難しい。これは生徒が何を考え，どう行動したかを明らかにする資料上の問題が背景にはある。本章では，和歌山高商の『校友会誌』に掲載された生徒の文学的作品を分析する。

　文学的作品を分析するのは，生徒の思想が把握できる体系的な資料が存在しないという消極的理由からではなく，こうした作品に垣間見られる生徒の思想や行動様式を抽出できるという積極的理由による。とりわけ，将来，著名な作家になることはなかった和歌山高商の生徒の作品は，文学として価値がないばかりか，文体や構成についても未熟といわざるをえない。だが，この稚拙さが生徒の思想や行動を直に表現しているといえる。入念に考え抜かれた高尚な文学的作品よりもこうした単純さ，直情さが生徒の思想や行動を代弁しているといえよう。

　1924 年に創刊された『校友会誌』は少なくとも 33 年まで発刊され，原則として年 2 回発行された。執筆者は和歌山高商に在学する教員と生徒からなり，読者もこれと同様であった。したがって，『校友会誌』は作者と読者が同一の小集団的刊行物という側面をもっていた。

　掲載内容は，「論説」「創作」「詩歌」を主とし，本章では「創作」を分析対象とする。

第**2**節　作品の概観

　1924 年の創刊号から 33 年までの『校友会誌』（創刊号のみ『学友会誌』という名称）に掲載された作品を類型すれば，①煩悶型，②社会問題型，③恋愛型の存在が際だっている。これら 3 つの作品の特徴は後の各節で詳しくみるが，それぞれの作品は次のように類型化される。①煩悶型作品は，著者，描かれる主人公の独白，主人公と登場人物との間の台詞のなかに対立する複数の観念や価値によって行動が制約されているものである。具体的には，煩悶型作

品は，ＡをしたいがＢの欠如のためにこれができず，新たなＣという価値を
生み出しＡを否定するけれども，Ａに満足しないために行動の方向が定まら
ないことを描いた心理小説である。

　社会問題型・恋愛型・煩悶型作品は相互に結びついているが，社会主義運動
や労働争議などに言及されているものが②社会問題型作品とし，男女の恋愛
を描いたものを③恋愛型作品と類型した。なお，男女関係を描いていたとし
ても，少女愛や夫婦を描いたものは恋愛型から除外した。

　『校友会誌』の創刊号から1933年までの96編の創作のうち，煩悶型20，社
会問題型11，恋愛型16，劇の台本8，その他41編となる。何を描くかは時世
に影響されつつも作者の趣向に基づくが，社会問題型作品のみは1927～31年
に集中する。これは後に詳しくみるように，経済不況と労働争議の増加が作品
の契機となるが，学校の介入によって1932年以降は社会問題を描く作品がな
くなる。他方で，1924～26年には全31作品のうち，18（煩悶型10，恋愛型8
編）であったのに対して，1932～33年には全18作品のうち，9（煩悶型2，恋
愛型7編）であった。1932年以降には，煩悶型が減る傾向にあった。恋愛型作
品は，1924～26年8編，1932～33年7編であるが，後述するように，作品の
タイプが変化する。

　煩悶・社会問題・恋愛型に分類されない作品に関しては，多様というほかな
い。望郷感・喪失感・夫婦愛・犯罪・文明批判・キリスト教的作品・歴史物語
などが多岐にわたって描かれている。さらに『校友会誌』の編集後記に「誤
字，脱字，及び文脈の不整頓なものが非常に多くあり」と記されているよう
に[242]，作品の内容の把握が困難なものもこのなかに含まれている。

　以下では煩悶型，社会問題型，恋愛型作品の特徴についてみることによっ
て，生徒の思想と行動の変遷を辿りたい。

第3節　煩悶型作品

(1) 煩悶型作品の概観

　煩悶型作品を定式化すれば，複数の理想や価値によって行動の方向性が定ま
らず葛藤している状態を表したものとなる。この状態を描くことは品性を高め
るための手段とされ，文学作品それ自体を創作することが目的ではないとされ

120　　第Ⅰ部　戦間期の学校と企業

る。作品としては，主人公なしは語り手の主張が強く，空間的・時間的な変化が描かれていないという特徴をもっている。

　明治末期には西洋思想や文学の影響によって，精神的な苦痛や苦悩の状態にある「煩悶青年」が現れる[243]。重要なことは，煩悶することによって青年に自我の認識や個人主義の浸透がなされたことである。

　周知のように，1903 年の一高生の藤村操の自殺によって全国的に「煩悶青年」が増えることになる。和歌山高商の『校友会誌』の創刊号には，「学生としての私の人生観」と題した藤村に言及した作品がある[244]。藤村の自殺の原因を「煩悶」と捉えているこの作品では，自殺が「早まつた行為」とされ，知識経験の貧弱な青年時代に過激な思想を抱いてはならないと述べられている。藤村の自殺から 20 年を経たこの時期には，彼の遺書の「厳頭之感」が冷静に捉えられるようになっていたといえよう。

　注目すべきは次のように「煩悶」することが肯定されていることである。

　「人生の事が了解の行かぬのは，当然過ぎる程当然だと思います，私共は大いに人生を疑ひ，更に進んでは之を否定し去らんとしても差支ありませんが，然し其の一面に於いて強烈なる意気を以て，智識を広め品性を高める事を忘れてはなりません」。

　思い通りにいかない人生を疑う，すなわち煩悶することは，「智識を広め品性を高める」ための手段とされている。「之（人生）を否定し去らんと」というのは，煩悶した後に自殺した藤村のことを示しているが，「差支ありません」という言葉には，他の行為に対する自身の不介入が垣間見られ，個人主義的な志向がある。同様の記述は生徒の「煩悶について」という作品において「人生を最も有意義に暮らさんが為に煩悶する」と述べられている[245]。

　煩悶を肯定的に捉える発想は主流になっていた。当時の学生に愛読された阿部次郎の『三太郎の日記』では，「現実と理想との矛盾は，おそらくは精神という精神の必ずのがるべかざる状態であろう。この矛盾は健全なる自尊と努力とに導くのみであって，何の悲観する必要もない」とされている[246]。

　さらに同書では，「現実と現実と，理想と理想とが相食んでいる」とされている。「現実 – 理想」「理想 – 理想」「現実 – 現実」という 2 つの相対立する観念や思惟によって行動の方向性が定まらない状態，すなわち葛藤状態にあることが，煩悶する状況に等しいといえる。

第 6 章　文芸作品からみる生徒の特質　121

重要なことは，「理想」を肯定的に捉え，「現実」を否定的に捉えるような価値観が事前にあったとしても，「理想」がいいのか「現実」がいいのかが定まらない状態にあること，この状態こそが煩悶である。煩悶とは，ある価値観の間に善悪を定められない葛藤状態を意味する。したがって，確固たる１つの理想や価値観が定まっている場合は，たとえそれを手にすることができずとも，煩悶しているとはいえない。

　ここでみる煩悶型の作品の多くは，青年を一人称の主人公としている。それゆえ，生徒の描く煩悶型の作品は，私小説的・自己表象的である[247]。ただし，和歌山高商の生徒の描く作品の主人公には，高商生のみならず，高校生，大学生も含まれている。高商生は，専門学校・高校・大学の枠組みを超えた青年という共通的価値観を認識していたといえよう。

　さらに，生徒の描いた煩悶型作品は，煩悶する状況を乗り越え人間的な成長を目指す教養小説としての特徴をもっていない。多くの作品は，主人公の煩悶が語られているにすぎず，理想や現実，複数の価値観を自問自答する心境小説に分類すべきである。『校友会誌』の限られた紙幅も一因に数えられるが，多くの作品はストーリー性に乏しく，主人公の定まらない心境を機軸として物語が展開する。

　以下では，煩悶を描いた作品を類型してみたい。

(2)　煩悶型作品の類型

①　学校の意味

　煩悶型作品には学校の意味を問うものがある。これを描いた典型的な作品は，太田長郎の「山中記」（1926年）である[248]。夏季休暇にK温泉へ訪れた高商3年の生徒に関して描かれたこの作品では，「高商？　高商ー！，（中略）何と立派なるサラリーマンの集えることよ」「一人前の月給取になつて了ふのだ」と思うと「馬鹿らしくて苦笑すら洩れなかつた」と主人公は語る。この作品はこうした主人公の独白からなり，高等学校に進学した者は「思ふ存分自己を見つめこれを大成すると語られる。しかも彼らはその後で大学へ入る。これでこそーほんとうの大人物が出来上がる」という。この作品では，高等学校・大学を通して主人公の理想とする「大人物」が形成され，高商は「実社会の恐威に心を小突きまはされる」存在として描かれている。

122　　第Ⅰ部　戦間期の学校と企業

すなわち，(A)自己をみつめて大成したい，(B)高等学校ではこれができるが，実社会の脅威を前にして高商ではこれができないため，(C)一人前の月給取になるほかない。(A)という理想に対して，現実は(B)であり，(C)を選択するしかないが，(C)に満足しないために行動が定まらず葛藤している。この作品は，学校において何をすべきかに煩悶しているといえよう。多くの煩悶型の作品には，ある観念や価値の1つに重きをおく理由が説明されておらず，この意味において文学的には問題が多い。

　こうした理想と現実が否定しあう構造は，出口秋義の「母の上京」(1926年)にもみられる[249]。この作品は，故郷の母が商大にいく主人公に会いに来る際の主人公の心境が語られている。「商大までやつておるんで，お前は家に金があるように思ってゐるかも知れんけど，家には何も金があつて学校へやつているのではない」と手紙などを通して母は常日頃から男にいう。事実，代用教員をする妹の稼ぎの一部が男の学費になっていた。主人公は，「世事に疎い疎遠なことばかり習つて世に出てからどれだけの実益があるのか」「学問の出来るキザな奴より口先のうまい男の方が商売に於ては成功している」という反面，「豊かな生活からは決して芸術は生まれてこない」ともいう。

　すなわち，(A)学問によって実益（金銭的富裕）を手にする，(B)学問ができる者よりも口先のうまい者が商売に成功する，(C)豊かな生活からは芸術は生まれてこないという理想と現実とが述べられている。(A)は(B)によって否定され，商売に成功すれば芸術が生まれてこないという意味において，(B)は(C)によって否定される。しかし，母の学資の工面を考えれば(A)という理想が優先される。すべての価値が否定しあうこの作品についても，「山中記」と同様に学校で何をすべきかに煩悶しているといえよう。

　彩一路の「陥さく」(1929年)において和歌山市を連想させる「W市」の「学校に入って先づ第一に感じた事は，多数の生徒が授業に対して興味と熱心をもたないと云ふことであつた」[250]。「彼等の目的は卒業証書と名づける一紙片を手にすることであつて，どうせ卒業には役に立たない余計な学問には殆んど執着をもたないものが多かった。学科はなるべく少ないほうがよい，授業時間も短いほどよい，教師の休講は歓迎する，試験さへなければ教科書も買はないと云つた調子で殆どカフェーと玉突とキネマに遊ぶ為に学校へ来たのではないかと思われる」と語られる。しかし，主人公は「豊富な学資と順調な境遇は

第6章　文芸作品からみる生徒の特質　**123**

やがて人々を堕落の世界へ導き，油断の境地へ連れ込むのだ，不遇といふよき刺激を持つ運命の厳粛さを感謝しなければならない」と強い決意で勉学に励むが，志望する企業に不採用となる。「内実は一人の大学出が有力な縁故関係から採用」であった。そして「学問は何を意味したか，無だ！」と語られる。

(A)学校は学問をすべきところである，(B)豊富な学資では学問はできず人を堕落させる，(C)社会的な評価は学問ではなく縁故で決まる，(D)学問的陶冶には何も意味を見出せないという価値観がこの作品からは読み取れる。(A)と(B)との理想は，(C)によって否定されるが，(D)を理想としているわけではない。「遊ぶ為に学校へ来」るという価値に対して，この作品も学校で何をするかに煩悶しているといえよう。

本項でみた作品からは，学校は，(A)学問的研鑽をする場所，(B)遊んで卒業証書をもらう場所，(C)人間的成長を目指す場所という価値を抽出できる。それに対して，実社会での成功が口先で決まったり，縁故で決まったりすることに煩悶がある。さらには，金銭的な裕福さと清貧を理想とする価値も見出せる。重要なことは上述したあらゆる価値に主人公は，甲乙付け難く煩悶している。したがって，上記の学校が遊ぶ場所という価値も1つの理想として存在するのであり，これを否定しているわけではない。

他方で，YN生の「或る生活」(1927年)の主人公は，理想とは異なる行動をしているが，そのことに対して煩悶せず，社会的にも成功する人物が描かれている[251]。この作品は煩悶型には類型できないが，これと対比する意味でみておきたい。

作者の従弟の瞋吉は飛行機乗りになろうと考えていたが，「お前は商売は嫌ひかい。中学を出たら高商へお行きよ」との母の進言に従う。瞋吉は，過去に芸妓をしていた母と，その存在を知らない父との間に生まれ，家庭的にも不遇であった。瞋吉は「大臣の名前すら知つてゐない。又知ろうとあせりもしない。マルキシズムを研究するのと手紙を書くのと何ちらが好きだかと聞けば，彼はどちらも宜いなと答へるだろう」と覚めた人物として描かれている。しかし，「中学校を尻で卒業して，上級学校へ見事にパス。不思議に落第もせずに今までやつて来」ており，「彼は来春社会と云う所に出て行かなければならない。而も唯黙つて空を見詰めては飛行機乗りになり度と考へながら」とまとめられている。

作品の構造は，(A)飛行機乗りになりたいという理想に対して，(B)母の勧めで高商にいくが，(B)によって挫折していない。したがって，この作品に煩悶が不在なのは，価値観の対立がないためである。また，「飛行機乗り」という理想が漠然として夢想的であるため，主人公の理想が明確に分からない。心境を述べた箇所も「どちらも宜いな」というように強い自己主張が存在しない。逆に考えれば，煩悶型の作品は，主人公の強い自己主張が前提となっている。

② 権威との関係

第2のタイプは，父を主とした権威への反抗と従属において煩悶する作品が挙げられる。

中田義弘の「鏡」（1926年）は，「そうだ俺を笑ふ奴，罵る奴，そんな奴には胸のすく様な復讐をしてやることだ」というように，暴力的な教師に対して，他の生徒を自らの暴力によって従えて反抗する内容である[252]。このことから中学校を退学させられ，父からの暴力をさらに受ける。この作品では暴力の連鎖が描かれているが，「復讐」することに対する葛藤はない。だが，鏡で自分の顔を主人公がみて自己のあり方の再認識が仄めかされているため，広くみれば，反抗と服従との葛藤を描いた作品に分類される。

他方で，松岡達雄の「彼」（1926年）は，陰鬱な作品である[253]。語り手の語る中学生の「彼」は「一家そろつて頭脳の優れた」家庭に生まれ，「小学校時代には殆ど主席」であり「小柄であつたが，私とは比較にならに程羨ましい身体の持主」であった。しかし，「彼」は税関の官吏をする父親との関係から言葉に表せないような奇行をするようになる。受験票も「此んなものは何だ！」といって引き裂く。

その後「彼」の父が死ぬ。その時の「彼」は「何時に無く沈んで」おり，今や「彼」の行方を知るものはいない。「彼」と父との軋轢については何も語られていないが，反抗しながらも依存せざるをえない父との関係についての葛藤が描かれている。生活面で父に依存する「彼」と，奇行をすることで父に反抗する「彼」が併存する。

③ 倫理的な煩悶

学校の意味，権威との関係における煩悶に対して，倫理やモラル，人間の価値観において煩悶する作品は少ないが，死と結びつくことによっていくつかの作品が存在する。

第6章 文芸作品からみる生徒の特質 125

和佐尚寛の「彼の死」(1926 年) は，作中の語り手が「彼の死」の原因を探る内容からなっている[254]。近所の子どもを海外へ遊びに連れて行った「彼」は，6 歳ほどの女子を事故死させた責任を自ら問い，「総ては無だ！　嘘だ！生命あるものは俺が殺してやるぞ，オオ家が燃えてゆく―」というように，精神錯乱に陥り自殺する。語り手は「彼」が自殺した原因を生や死という問題から省察し，「苦は実在であるという世界」において「吾々の最も意義あり，価値ある幸福な生を送る述は何であるか」という問を発する。すなわち，苦悩のなかで幸福とは何かを考えるという煩悶がある。

　この作品は「彼」の煩悶を語り手が描く形式である。彼の自殺に対して語り手は「其の血をみた瞬間私は尊い尊いものを摑み得たような気がした。私は斯くして生涯得難い友を失つた，併し失つたものよりも尚大きいものを私は摑み得たのであつた」という。語り手が摑んだ「尊いもの」とは，語り手が「彼の死」によって得た生死観であり，「彼の死」は語り手の理想の獲得を媒介する役割をもっている。

　木村元一の「怒濤」(1929 年) は，船の沈没に際して「私」と「鈴木」が 1 つの浮標に摑まり，「鈴木」が手を離して「私」が救われるという内容である[255]。この経験が「憎悪に満ちた悪魔となって私を苦しめ」，これを煩悶する心境が表現をかえて延々と綴られる。

(3)　「サラリーマン」としての煩悶

　生徒の多くは卒業後に就職し「サラリーマン」(以下，サラリーマン) となった。ここでは，創作作品の分析とは異なり，同窓会誌『柑蘆会会報』の編集部の依頼によって卒業生が投書し，同誌に掲載された「卒業生消息」(1927 年) という記事欄をみることで，卒業生が自己をどのように認識していたかを探っておきたい[256]。分析対象となるのは，1・2 回卒業生である。彼らは，1924〜27 年に在学したため，煩悶型の作品が多い時期と重なる。

　前述した「彼」を書いた松岡達雄は，1927 年 3 月の卒業後に日本生命に就職した。「卒業生消息」において「殊に生命保険と言ふと，餘り吾々学校卒業生に受けのよくない地味で，又直ぐ勧誘員と言つたような事も連想される商売ではあるが，私は入社後全然其の不安なる期待を裏切られて毎日愉快に暮してゐる」と記している。さらに松岡は「学校を出ると，妙に偉くなつた気がす

るのであるが，最も忌むべきものは放漫不遜の態度」と警句を発している。

　松岡の投書には現在の自らの状況を悪くは語っていない。これと同様に1927年の「卒業生消息」には企業に勤める者に加えて徴兵中の者などが投書しているが，卒業後に進路をもった者は自らの現状について悪く語っていなかった。他方で，松岡と同じ年に卒業した福田正勝は「金？　特権？　名誉？　恋？　どうせどれも出鱈目なんだ。出鱈目に出て来た以上出鱈目に死ぬだろう」と語っている。福田がこの投書をした当時は生家で暮らし，愛知県の専修学校に勤めたのは卒業から2年後のことであった。

　注目すべきは，生徒のサラリーマンとしての自己のあり方を考察した記述である。帝国製紙に入社した稲垣鉄男は，「大学や専門学校を卒業さへすると社会に立つ一大特権を得た」と考える者は「誇大夢想家」といい，「我々は学校で記帳や算盤よりも大事な頭を動かす述」を習い「お互ひに自分の仕事をももつとよく考へませう，忘れられて居るImprovementはいくらでも有る」という。日本銀行へ就職した大西清吾は「如何に世の中はうまく行かないものだと思ひましたがそうでなく却つて努力すべき好い機会だと思つて居ます」と語る。さらに長岡逸樹は不平を「有外無益」といい，「不平を起こすエネルギーを他の方面に向けるか又は元気ある不平家は不平を並べて効果ある方面に注意しては如何か」という。

　こうしたサラリーマンとしてのあり方を最もよく表したのは岸本卯只光が同窓会誌『柑蘆会会報』に寄稿した「生活種々相」（1934年）である[257]。岸本は1927年の卒業後にアメリカのカリフォルニア大学に入学し，36年には愛国生命保険で働いていた。1934年に岸本が書いた「生活種々相」ではアメリカでは「学校は就職するための学校ではなく人間を造るところになっている」と述べ，「学校は文明人のカルチャーを養生する所である」と述べている。サラリーマンについては，「毎日同じやうな仕事をして機械的に働いているだけ」であり「学校で考へた理想，目的，何一つとして期待通りに行くものではない」と指摘し，サラリーマンの目的を「月給の上がること」と述べている。しかし，岸本の主張は「サラリーマンの価値は俸給できまるものではない」「社会的に働く功績によつて決定」し「自己のなす仕事，将来社会的に貢献し得る可能性などによつて価値を決定すべきものである」という。第2回卒業生であった岸本は，「卒業生消息」に投書した稲垣などの卒業生と同様に自己の成長の

第6章　文芸作品からみる生徒の特質　127

あり方を考えていたといえよう。

この時期の生徒はサラリーマンとなった以後も自己のあり方を考察し，自らの人生を肯定しその成長を求めていた。煩悶型作品ではサラリーマンを否定的に描いている作品もあったが，卒業後に彼らはさらなる人間的成長を求めていた。そういう意味で煩悶型作品は，人間的成長をもたらす手がかりであったといえよう。

第4節　社会問題への関心

(1)　社会問題型作品

1927～31 年の『校友会誌』において社会問題に言及する作品が増える。1930 年の『校友会誌』には，表紙に「巻頭言」が記され，「我々は社会的矛盾に対する現実的解決を意識的に或は無意識的に無視してよいのだろうか（中略）その答えは，否！　である」と書かれている[258]。

社会問題に言及した作品は 1927 年の『校友会誌』から集中的に始まる。阪田勇の「十月の窓」（1927 年）では『資本論』を読む登場人物が現れ，「アルコール漬けの片足」「同盟罷業」などの社会問題が言及される[259]。中西清の「呪はれたつる一生」（1929 年）では同盟罷業における「スパイ血祭り」によって殺害された労働者が描かれている[260]。

居内波雄の「トランクと頭」（1930 年）は，汽車で知り合った他人との会話という形式をとっているが，創作というよりも，例えば，「国民的資源が一部の管理に横暴され」というように，ほとんどが経済問題に関する語りである[261]。こうした形式の創作はそれまで存在せず，生徒が社会問題に急速に興味を示し始めたことが分かろう。

社会問題型の作品は，社会主義運動への参加か否かの煩悶を描いた心境小説，女性を登場人物としたリアリズム的作品に類型される。次項ではその内容をみてみたい。

(2)　社会問題型作品の類型
①　社会主義運動への煩悶
本項に類型される作品は，社会改革を認めながらも，これに参加するか否か

128　　第 I 部　戦間期の学校と企業

の主人公の定まらない心境が語られる。この意味においてこれらに類型される作品は，煩悶型ともいえる。

的場衣寒「岐路に立ちて」（1927年）は，このタイプの典型的な作品である[262]。「卒業すれば少なくとも八九十円にはなるだろう」「変な社会主義の研究が流行して，学生の殆どすべての者が肝心の課業を放棄してまで，あんなつまらんものを盲信してゐるらしいが，お前はまさかそんな馬鹿ではあるまいが」という父からの手紙を受けた主人公は，「親爺などに何が解つてたまるものか。現存の社会を全然批判もせずに，唯正しいものだと思つてるのだ。自分自身地主といふものに搾取されてゐると云うことさへも知らずに一生懸命働いてゐるのだ」と語る。その反面で，「社会主義の研究をして居た日には，ろくにパンにもありつくことが出来なくなる（中略）。社会主義に携はらなくとも理論を理論として研究すれば，それでよいのだ。直接に社会運動に参加し得ずとも，我々は社会主義を研究することに依つて社会運動の一員たり得る」と述べ，「俺はこんな小さなことに焦慮すべきではなかつた。ただ突進すればよいのだ」ともいう。

こうした「二つの岐路に当惑する社会主義者」の心境は，先にみた煩悶型の小説に等しい。社会を改革しなければならないと思う反面で，運動への参加が自らの所得やキャリアを奪うことになるという葛藤，社会運動の研究と実践，さらには父との関係において煩悶している。

とりわけ，社会運動の研究か実践かという葛藤は，南秀枝「俺等の行進曲」（1929年）において「混沌の中にあつて自らを安んじ得る様な支柱を，形而上学的世界に求むる可きだろうか？」「現実的矛盾からの逃避に甘んじて居られるだろうか」と語られ[263]，寺岡俊郎の「退却」（1931年）では，「理論的にプロレタリアに変化した」「ブルジョア青年」を「インテリの大部分はこんなものだ。いかなきゃならない道へ，進む丈けの勇気がないんだ」と語られる[264]。

第3節でみた煩悶型の作品では，実社会でただ働く存在となろう自己のとるべき選択に煩悶していたものの，実社会で働くこと自体を否定していなかった。社会問題型に類型される作品では，実社会での労働を否定しない限り社会運動には参加できないと考えられていた。卒業後に働くということは，問題のある既存の社会を認めることになると捉えられたが，この新たな発想が1932年以降に瓦解することは後に述べる。

②　女性が登場する作品

社会問題型作品では，しばしば女性が登場する。それは，社会主義運動の進展とともにマルクスの経済学が注目されたからである。

龍田隆尋の「決算と根拠」（1929年）では，職工の隆吉は「1円80銭で売り込んでいる筋肉労働者」という労働力を商品として捉えるマルクスの発想がその背後にある[265]。もう1人の登場人物であるカフェの女給のお兼は，「自分の体を蓄積された高価な商品」とし，女性という性を商品化している。この物語では，男性を生活の手段と考える「唯物」的なお兼と封建的な修身の教科書のように正直に生きる隆吉という性格描写が与えられている。隆吉の働く工場課長に襲われるお兼を彼が助け，工場を解雇された隆吉はお兼から一緒に住むよう誘われるが，隆吉は「世話を受ける」根拠がないと思い立ち去る。「唯物」的なお兼は「本能的純情」を取り戻すが，修身の教科書のように生きる隆吉の心境には変化がない。時間とともに隆吉の性格描写が変わらないことにこの作品の特徴と限界がある。

寺岡俊郎の「転落」（1930年）は，女性を主人公とする珍しい作品であり，性の商品化がテーマとなっている[266]。S合名会社楽劇部にいる美子は「女の武器を，パンと交換」し三井系の重役を父にもつK大学出身の経済学士をパトロンとする。「軽蔑してる男に，頼らねば生きて行けない彼女自身に，不甲斐なさ」を感じていたが，ある日，女工のデモをみた美子は動揺する。争議を指導する別所という男から「今の世の中は，女が完全に独立してはゆけない様な仕組みになつてる」と美子は聞き，労働争議に関心をもつ。他方で，「女工なんか女の部にや，はいらないよ」「女だてらに，生意気な」というパトロンの経済学士を，美子は「手をつきのけて」「睨みつけ」る。経済学士は新婚の旅に行き，美子は別所と話していたために劇場を解雇され，「にやにや笑ってる青年のひざに抱かれ」「彼女の肉体は，ベッドの上の生ける屍に化して」いく。

この作品では，美子の争議への関心を「植付けられた，云はば他人もの」といわれ，女工たちの「彼女自身の意識の下に，彼女自身の決意の下」に「がっちりと腕を組ん」だものとの違いを強調している。したがって，真の思想をもたない美子は「転落」する。他の生徒の作品と比べれば，明確な主張をもつ作品といえよう。

結城潤の「ある散文的な創作」（1929年）は，社会改革と恋愛を重ね合わせ，

130　　第Ⅰ部　戦間期の学校と企業

その両者に挫折する，すなわち，「恋愛関係にしても失望の極に陥っている殉教者と，精神闘争の煩悶にもだへている敗北者」を描いている[267]。

第5節　男女関係型

(1)　恋愛型作品

　第4節でみた社会問題型の作品は，1932年以降にまったく姿をみせなくなる。これは和歌山高商における生徒の騒擾を経て，思想問題に関する学校の介入が増えたからであった。とりわけ，1930年に公刊された『校友会誌』第10号には詩歌を除けば，「感想」「随筆」「紀行文」「雑文」各1編に加えて1編の「創作」が掲載されているにすぎない。この5編において教員の作品が2編含まれるため，生徒の作品は3編となる。この号の編集後記によれば，投稿作品は「マルクス主義理論」「国粋的国家的」「エロチック」なものに分類されたが，「何かしら正直な事が云へぬ世の中，不合理な制度に曝されて幾多の作品を割愛」することになった。竹内（2006）によれば，「マルクス主義への弾圧の強度が増すことによって，エリート学生文化は教養主義の古層ともいえる人生論や人格主義に回帰した」とされるが，ここでみる事例は異なる様相を示す。

　第10号に創作として掲載されているのは，寺岡俊郎の「ある風景断章」（1930年）のみである[268]。この作品は，「その時代の構造で，作品の価値が規定される」という見解に対峙して「芸術的価値は永久」という主張をする青年作家が「あいつらは無教養の貧乏人だ。だが，あいつらの行列に，おれは，恐怖を感じた」といいながらも，労働争議などの社会問題から逃避する話である。

　2人の男女の恋愛を描いた16編の恋愛型作品は，①身体的な接触，②挫折する恋愛，③成就する恋愛と分けることができる。とりわけ①に関しては上述した「エロチック」に分類されるもので，ストーリー展開よりも男女の恋愛する場面が中心に描かれている。

(2)　身体的接触

　『校友会誌』における恋愛作品をみる場合には，第5章でみたように，戦前期の高商生が恋愛することは社会的に忌諱され，女子と2人で語り合うだけで

第6章　文芸作品からみる生徒の特質　131

教授会において懲罰対象となったことを忘れてはならない。生徒が文芸として恋愛を描く場合には，どの程度こうした社会的モラルが影響しているかをみておこう。

『校友会誌』に掲載された竹林静焔の「夜開く」（1926年）は恋愛関係を描いている[269]。この作品は，17歳の「少年」の従妹にあたる18歳の「少女」が「少年」を家へ誘う。少年と少女とは親戚関係であるので，叔母からも少年は歓迎される。少年と少女は帰路に「両手をしつかりと握りあつて，ぴつたりとよりそつて歩いていた」。

　「少女は腕をまわして少年の首を軽く抱いた（中略）しめつぽい花弁がふれたと思う様な香りが覆ひかぶさると，強く強く二箇の唇が噛合やうに接した。二箇の肉体がしつかと抱き合つて，もつれ合つて，冷い夜気の中にいつまでも，いつまでも，そうしていた…」。

この作品の結末となるこの描写は，『校友会誌』において最も身体的接触によって男女関係を描いた作品である。以後の作品では1編を除けばこうした身体的な接触が描写されていることはない。その意味において上記に引用した箇所は最も過激な男女関係の描写となる。『校友会誌』においてこうした過激な描写がないことから，編集上の制約が存在した恐れもあるが，この点については定かではない。

　他方で，男女の身体的接触は，たけ郎によってアイロニカルに描写されている。

たけ郎の「頭の疣」（1926年）は，女性が蝿を追い払う際に主人公の頭の疣に触れる話である[270]。女性は「私の指先はその瞬間に罪悪を犯しましたわ—勢込んだ指先は，（中略）髪の下に隠れてほんの小さく飛び出したものに触れました」と主人公に手紙を書く。「お医者さまへ行つて早く直して頂戴よ，直ぐ直るつて言いますもの，そして，思い出の多い，あの木立の下で一緒に又，チョコレートを食べましようよ」と手紙には男性への女性の好意が記されていた。この作品から垣間見られることは，密接な関係のない男女間において，身体的な接触が忌諱されていたことである。この社会的モラル観があったからこそ疣を指で触ることが男女関係を描く作品となりうるのである。たけ郎には「黒い手袋」（1926年）という作品もある[271]。この作品は，男性の手袋に触れた女性が中指に孔があいているのを気づく話である。ここにも指を触るという身

132　　第Ⅰ部　戦間期の学校と企業

体的接触が男女関係を描くテーマとなっている。

(3) 挫折する恋愛

　第3節でみた煩悶型の作品には，恋愛による煩悶が存在しなかった。ここでみる挫折する恋愛作品は，大きく捉えれば男女関係における煩悶であるが，心境小説という形式がとられていないという特徴をもつ。他方で，第4節において検討した作品には，社会問題との関連で恋愛が描かれているものもあった。ここでみる作品は，男女の恋愛そのものがテーマとなっているものを対象とする。

　別離，恋人の死などによる恋愛の挫折を描いた作品は，恋愛型に類型した15編中5作品存在する。とりわけ，1924～26年に4作品が恋愛の挫折を描いており，1932年以降の作品には後述するように男女の離別を描くものは1編にすぎない。

　創刊号に掲載されている登志路の「初夏」（1924年）では「あゝ流れてしまはねばならない，若さも恋も，何もかも」という恋人への惜別の思いが語られる[272]。同様に創刊号に掲載されたかずゆき生の「山陰の駅（一）・黒土の話（二）」（1924年）は，統一性に欠けた作品であるが，病死した恋人への喪失感が描かれている[273]。これら2作品には恋愛の挫折の理由が書かれていないが，河畔寺浩の「噴火口」（1933年）では，妹の友人，妹の友人の母の未亡人との恋に対してエゴイズムを感じた主人公が自殺するという，モラルや価値観に触れた恋愛の挫折が描かれている[274]。

　川口渓太郎の「一樹の蔭」（1926年）は，中学四年の主人公が落としたバスの定期券を拾ったことから女学生と懇意となるという作品である[275]。「恋と名付けるには，あまりにも大袈裟」な関係であり，音楽界の招待券をもらったり，お互いに挨拶を交わすような仲であったにもかかわらず，資産家の息子が両者の関係を大袈裟にいいふらしたため，主人公は停学させられる。町中にこの話が広がったため，主人公は東京の中学校へ入り，工業専門学校へ進学する。就職を控えた主人公は久しぶりに郷里へ帰り，資産家の息子と女学生が結婚したことを知る。

　この作品では女学生との関係を主人公は「遠い昔」のことといい，一連の経験で「ほんとうの人生を味」わうことになったという。「男女間に真の友人関

係」を求めていたが,「人はそれを恋と呼」ぶことに気づいた世間や社会に対する冷ややかな思いと男女関係の背後に聳え立つモラルが言及されている。

このように挫折する恋愛の描かれ方は多様であるが,高等専門学校の男性と看護婦の女性との恋愛を描いた青木敏夫の「試験管」(1933 年)では,「結婚出来ない。僕には生活がない」という金銭的問題から離別する[276]。この作品は,男女関係を軸として展開するが,「私には生活が無い! 真実の生活が!」「学校とは捌け口を持たない商品を生産する工場だ」などの恋愛を通して自己をみつめようとする男性の煩悶的要素も含んでいる。そして,最終的には「僕には為すべき事が沢山ある筈だ。学問に至る道に坦々たる大道はあり得ない」という結論得て,女性と別れる。前述したように,恋愛を手段とする煩悶型作品が『校友会誌』では稀有であったため,この作品の特殊性を窺い知れる。

(4) 成就する恋愛作品

物質的・精神的理由で挫折をキーワードとする恋愛型作品が存在する一方で,1931 年からは成就する恋愛を描く作品が増える。1931～33 年に『校友会誌』へ掲載された恋愛型作品 7 編のうち上述した「試験管」を除く 6 編が恋愛関係の成就を描いている。

『校友会誌』において初めて恋愛の成就を描いた作品は,竹内栄次の「写真」(1931 年)である[277]。この物語は,写真館に展示されていた男性と女性との写真が偶然のきっかけとなり,「この祝福されたる恋は僕達の羨望の的となる」ようなこの 2 人の恋愛関係が成立する。

「膝からすべり落ちた「改造」を拾つて不図僕の右側をみた時に,僕の眼は,僕より十人程前で,棚から荷物を卸さうとしてゐる一人の女性に惹き付けられて了つたのだ」。

上記の引用からは,社会主義運動を連想させる雑誌『改造』から女性への視線の変化が,社会問題への関与の否定が暗示されている。同時期に書かれた「試験管」は,金銭的に社会的自立を果たしていないことが女性との離別の要因の 1 つとなった。

他方で,森譲次の「白い表情」(1933 年)は,女学生の卒業に伴う帰郷に随伴した青年が女学生と汽車のなかで 2 人の行く末を話しあう作品である[278]。青年はすでにこの女学生に求婚したものの,「学校に通ひながら結婚しような

んて，そんな考えをどうして起こして呉れるのか」という母からの手紙によってそれは挫折し，女学生も母に青年に会うことを反対されていた。

青年はすでに女性へ「キット二人で凡ての障害にかてるんです」などと書かれた手紙を渡しているが，青年がこの手紙に言及しても女学生は話題をかえようとする。「二人で逃げようか」という青年の問いかけにも女学生の応答はない。一見すれば，女学生が青年との別れをすでに決意しているようにもみえるが，女学生は「あたし，あなたが卒業なさるまでは家にいますわ」と別れ際にいう。作品の冒頭には，「彼がこれまでもつてゐた冬子（女学生）に対する或る自身を強めたかつた」という一文にみられるように，恋愛の成就が当初より予言されている。女学生が青年の卒業を待つという単純な結末であるが，学生という身分が制約となった「試験管」とは対照的に，成就する恋愛が描かれたことは注目に値しよう。

挫折する恋愛を描いた作品は，男女関係の障壁が克服されていなかった。これに反して北村洋吉の「愛情」（1931 年）をみてみたい[279]。青年が家庭教師をする「こんな可憐な崇高い美があるか」と思う少女が結核になる。物語は病床の少女を青年が見舞い死の恐怖に苛まれる形で展開し，病気が伝染することを覚悟の上で，「かがみ込んで彼女の濡れた唇に強く強く彼の唇を合わせ」る。その後，物語は急展開し，少女は「日毎に健康さを増して行つた」。青年は「愛」の意味を考え耽溺に浸る。重要なことは，死によって挫折するはずの恋愛が，青年の思う「愛」によって乗り越えられたことであろう。

これら作品に対して，竹下哲夫「逆流」（1932 年），池田牧雄「出発点」（1932 年），名草洋三「エクボ」（1933 年）にはもはや恋愛の障壁となる要素は存在しないばかりか，死や不安などの作品に重みを感じさせる要素はない。とりわけ，池田牧雄の「出発点」は，「Ｗ高商」を卒業して「Ｋ大」に入った青年が書店である女性と知り合うことから始まる[280]。女性は青年が投手として活躍するＫ大の野球部を応援し，2 人は恋心を抱くようになる。青年は野球の試合で大活躍をした後，2 カ月間の野球留学のためアメリカへ旅立つところで作品は終わる。青年は女性に「あちらに着いたら早速お便りしますよ」といい，女性は「え，お待ちしていますわ」と答える。野球留学が男女関係の障壁にならないばかりか，主人公が投手として大活躍し，「お嬢様」と呼ばれる女性の家も裕福に描かれており，恋愛のみならず人生においても挫折なく物語は

進む。

　ただし，これら成就する恋愛を描いた作者たちは自らの作品を通俗的だと捉えていた。このことは恋愛型作品の著者のほとんどが仮名で作品を掲載していたこととも関係する[281]。「愛情」を書いた北村洋吉は，作品の末尾に「付記」を記し「私はもう続ける意思はない。通俗的な甘いもの，そして之は少女小説崩れの如き拙さを多分に持つ駄作である。諸君の冷笑は当然だと覚悟している」と書いている。作品にこうした「付記」が書かれることは稀であるが，自らの作品を「駄作」と述べることからみて，煩悶型作品のような強烈な自己主張が欠如した作品といえよう。

(5) 1930 年代前半における生徒の変質

　第 3 節の(3)でみたように，1920 年代前半の生徒はサラリーマンとなった以後にも人間的成長を求めていた。他方で，1930 年代前半の生徒は変質していった。

　これは生徒自身の言及によっても明らかになる。1936 年に「最近の学生は一般的に勉強しなくなつた」「おとなしくて馬鹿騒ぎしない」と生徒自らが述べ，「卒業と云ふ事が目の前にちらついてくると将来を真剣に考える様になり，結局無難な比較的収入の安定した職業に将来の消極的な望みを掛けるに至る」と述べている[282]。これを書いた生徒は「これら事情の背後に於て作用する経済事情の存在」を主張している。とりわけ，教養主義に類型される生徒の特徴は，西欧の個人主義を享受した自己主張の強い人物であり，書物によって人間的陶冶を目指す人物とされる[283]。1930 年代前半には，煩悶して人間的成長を求める生徒は不在になったといえよう。

　このことは，サラリーマンとしての自己のあり方に対する解釈も変えた。第 8 回（1933 年）卒業生の福田富市は，「自分の思ふ事が出来やうとの希望をつないで」日刊工業新聞社へ入社したが，「サラリーマンの殆ど全部が食ふためにどの様に苦労してゐるか」と述べ，「自分の大切な時間の殆ど全ぶを会社なり商店なりに捧げながら，一生生活におびやかされつつ只子供を何人か生みつけて人生にサヨナラする生活」を「つまらないと気付きはしても反抗する力の持たない諦めの生活」と述べている[284]。第 3 節の(3)でみた岸本卯只光が述べていた，薄給にもかかわらず社会的貢献を目指すサラリーマン像とは対照的で

136　　第 I 部　戦間期の学校と企業

ある。

第6節 結 語

　『校友会誌』の生徒の創作作品は，1920年代前半に煩悶型作品と挫折する恋愛型作品，1927〜31年に社会問題型作品，30年前半に成就する恋愛型作品が多くみられるという特徴があった。

　煩悶型作品は，書物によって人間的成長を目指す教養主義の枠組み包括される側面もあったが，人生における方向性や価値の選択に際した煩悶そのものが描写されることが多かった。したがって，「人格の陶冶」や人間形成に奮闘するよりも，それに迷い苦悩して挫折する側面のほうが強かったといえよう。河合栄治郎が述べるような，「問題を抱いて苦しみ悩み悶く」ことはあったとしても，自己の思想を形成するような境地には到達していなかった。先行きのみえない煩悶のみが存在する「人格の陶冶」の限界が，1930年代前半の刹那的な文化との合流をみたといえよう。

　この煩悶は，社会運動に従事するか否かの社会問題型作品にもみられた。しかし，社会問題型作品は1932年以降，当局の抑制によって掲載されなくなった。これには第5章でみた和歌山高商の学校騒擾が関係していると思われる。

　1930年代前半には，経済的好景気と相俟って，成就する恋愛型作品のような「低俗」とも述べられるような作品が増えた。この恋愛型作品は，煩悶型作品のような強烈な自己主張はみられず，昭和恐慌から回復した社会の繁栄から影響を受けている側面が大きい。

　重要なことは，高商の生徒が教養主義的文脈や社会主義運動などと歩調を合わせていたことである。さらには，1930年代前半の好景気期に創作作品が低俗化したように，生徒は社会変化の影響を大きく受けていた。したがって，唐木順三が言及したような「国家，社会，政治を軽蔑し，或いはそれに無関心であった」という特徴は高商生にはなかった。

　『校友会誌』の作品は創作であるため，歴史資料としての限界もあるが，少なくとも社会変化に即応する高商生のあり方を引き出すことはできるであろう。

第7章

高等商業学校の就職斡旋活動

第1節 問題の所在

　今までみてきた高商での教育の成果の1つが生徒の就職であることは，多くの論者が同意することであろう。本章では，第1章でみた「職業教育機関」としての役割を果たそうとした高商の生徒の就職動向のみならず，和歌山高商の事例を中心として，生徒に対する就職斡旋活動を検討したい。

　先行研究をみてみたい。菅山（2011）では，「戦間期，とくに1920年代後半は，『学卒』技術者の確保策として始まった学校とのリンケージがホワイトカラーの採用管理の中核に位置する『制度』へと進化をとげ，今日まで連綿と連なる新規学卒者の定期一括採用方式が確立する」とされている[285]。さらに，企業と学校とのリンケージは，英米とは対照的に「中卒・高卒の大衆労働者のそれにまであまねく広が」り，一部の企業を別とすれば「企業が主体的な戦略をもってその過程をリードした（中略）というよりは，むしろ，学校側の熱心な働きかけに受動的に対応した結果という側面が強かった」ことが指摘されている[286]。このような学校の就職斡旋は学校のイニシアティブによって進展し，企業は「学校の推薦をかなりの程度尊重していた」と結論づけられている。こうした企業と学校との継続的関係は，「学校や教育に対する社会の信頼や，ある種の『思い入れ』ともいえる独特の考え方」によって成り立っており，企業の人材選別費用を削減する取引コスト・アプローチのみからは説明できないこ

とが指摘されている[287]。

　菅山（2011）によるこの企業と学校とのリンケージの分析は，中等教育機関（鶴岡工業学校）の事例を通して明らかにされたものである。他方で，高等教育機関（大学）の就職について分析した大森（2000）によれば，「大学は，企業の提示する条件を満たす学生を1人に付き1社に限って推薦し続けることによって，企業との間に信頼関係を築き，その実績によって，就職機会を確保しようとした」と述べられている[288]。企業は大学ごとに異なる求人枠を設け，学校は1人に付き1社を企業に推薦することで，企業が人材の選別をする際の取引コストを縮小できる，すなわち，「大学に人材の選別の一部を委任することによって，最小のコストで最高能力の人材を選別・採用しようとした」のが，学校と大学との継続的取引関係が形成された要因であった。

　このように先行研究では，学校の推薦制度は有効に機能していたと評価されている。推薦制度の役割については労働市場における取引コストの削減が挙げられ，その形成には学校が主導した教育的な側面などが挙げられている。本章では，学校と企業との職業に関する関係について追究していきたい[289]。

　とりわけ参照すべきは，大学へ進学していないノンエリートとしての1980年代の高卒者を分析した苅谷（1991）である[290]。企業は学力レベルに応じて高校に求人枠を設定し，多くの場合，学校と企業との継続的取引関係（「制度的リンケージ」）が成立している。企業は職業選抜を高校に完全に委ね，高校は生徒の「自己選抜」と学業成績を主として生徒の就職先を配分する。こうした慣行は，ノンエリートをも競争に駆り立て大衆労働力を形成する仕組みとして機能しているとされる。1980年代の高校で展開されたこうした職業指導の源流をみる意味においても，本書で分析される高商の事例は重要となろう。

　本章の構成は，次の通りである。第2節において，高商の卒業生の労働需給に関して概観するとともに，就職相談部の設立過程をみる。第3節では，分析資料の特徴と就職過程を概観する。第4節では，企業による推薦依頼・面会・採用を，第5節では，学校による生徒の推薦を検討し，第6節では，企業の銓衡についてみる。第7節において，先行研究を踏まえた上で和歌山高商の事例から得られた知見を示す。

第 *2* 節　昭和恐慌による就職問題の発生と就職相談部の設立

(1)　和歌山高等商業学校の生徒の就職動向

表 7-1 には，生徒の卒業後の進路状況が示されている。『文部省年報』に示された各年度の数値は，前年度に卒業した生徒の次年度の 3 月末での進路状況を示しているため，卒業直後の進路状況を示していないことに留保しながら和歌山高商生徒の就職動向をみたい[291]。

最初の卒業者が出てから昭和恐慌までの 1926〜29 年（Ⅰ期），深刻な不況となった昭和好況期 1930〜31 年（Ⅱ期），高橋是清の財政・金融政策によって景気の回復がみられた 1932〜37 年（Ⅲ期），戦時統制が進む 1938〜43 年（Ⅳ期）に分ければ，全卒業生に対して就職した者の割合は，Ⅰ期（59.0%）からⅡ期（39.3%）にかけて急落し，Ⅲ期（66.1%）に回復し，Ⅳ期（61.8%）にわずかに減っている。

期間内の卒業生に対して自営に就いた者の割合は，Ⅰ期（9.2%）とⅡ期（9.5%）と目立った変化はないが，Ⅲ期（5.8%）に減り，Ⅳ期（0.8%）に急落する。Ⅲ期の減少は景気回復に伴う労働需要の増大，Ⅳ期の急落は戦時期の労働統制によるものだと思われる。他方で，兵役者の割合はⅠ期（5.5%）とⅡ期（3.8%）とで顕著な変化はないが，日本の軍事行動の進展とともにⅢ期（15.8%）とⅣ期（19.8%）に増大する。学生（大学進学者・研究生）となった者はⅠ期（7.8%），Ⅱ期（9.1%），Ⅲ期（10.0%）に大きな変化はみられないが，Ⅳ期（15.5%）に急増している。就職未決定者については，Ⅰ期（18.6%）からⅡ期（38.3%）に急増するものの，Ⅲ期（1.8%），Ⅳ期（1.8%）に急減するように，景気回復期の労働需要増大，戦時下での労働力の不足が数値に反映されている。

(2)　高等商業学校卒業者の就職動向

官立高商の卒業者数について概観すれば，神戸・長崎・山口・小樽・名古屋の 5 校のみが卒業生を輩出していた 1923 年には 830 人であったが，これらに福島・大分・彦根・和歌山・横浜・高松・高岡が加わった 27 年には 2000 人となり，その後の定員増を通して，40 年には 2300 人となった[292]。

140　　第Ⅰ部　戦間期の学校と企業

表 7-1　和歌山高等商業学校の卒業者の進路状況

(人)

年　度		卒業者の進路									
		就　職				自営	兵役	学生	就職等未定	病気療養	死亡	総計
		官公吏	学校教員	会社商店員	技術員							
I期	1926	7	10	71		10	7	11	10			126
	27	4	6	55		15	9	10	23			122
	28	7	7	78		14	8	12	33			159
	29	7	7	78		14	8	12	41			167
II期	30	5	4	60		3	10	9	49			140
	31	1	1	33		22		15	52			124
III期	32	11	10	68		20	15	10	2		2	138
	33	5	4	97		6	18	19			1	150
	34	8	1	98		5	12	6			1	146
	35	4	2	109		7	9	10	5			146
	36	4	1	84		8	31	13	3		1	145
	37	4	2	85		6	58	23				178
IV期	38	2		73		2	47	36				160
	39	2		73		2	47	56				180
	40			143		2		20	2			167
	41		1	39	58	1	74	15	12	1		201
	42		1	173	4		14	16	3		1	212

出所)　文部省『日本帝国文部省年報』各年。
注)　会社商店員には銀行員・新聞記者が含まれる。卒業者の進路は当該年度卒業者の1年後の動向を示す。入学卒業者の動向欄の卒業者数と卒業者の進路欄の合計（卒業者数）が一致しない年があるが原資料のままとした。空欄は0を示す。

　高商卒業生の産業別の就業状況をみるため，1930年頃の事務職の学歴別従業員の構成をみたい。表7-2に基づいて最終学歴別に就業者の割合の高い業種を順に挙げれば，高等教育機関の卒業者が信託・海運・土地・新聞社，中等教育機関の卒業者が専売・逓信・銀行・保険，初等教育機関の卒業者が鉄道局・陸海軍軍工廠・鉄道運輸・売買業である。高等教育を受けた者に関してみれば，大学卒業者が信託・新聞社・海運・土地，専門学校卒業者が海運・土地・信託，実業学校卒業者が，銀行・海運・倉庫の順に高い。また，海運・信託・土地・新聞社・特別工場・売買業の順に高商の卒業生の占める割合が高い。

　注目すべきは，初等教育を最終学歴とする者の割合が高い（低い）業種ほど高等教育を受けた者の割合が低い（高い）関係がみられることである。鉄道局

第7章　高等商業学校の就職斡旋活動　141

表 7-2　産業・業種における

産業・業種	大学	専門学校及び大学専門部	高等学校又は大学予科	高等教育合計	実業学校	中等学校	高等女学校
海　運	18.9	23.6	0.3	42.7	23.3	7.6	
信　託	33.6	19.6	0.0	53.1	18.5	4.4	2.8
土　地	18.9	21.6	0.0	40.5	8.0	22.0	
新聞社	20.9	15.1	1.6	37.6	7.4	26.4	
特別工場	15.0	13.1	1.0	29.0	14.2	17.0	
売買業	2.3	12.2	0.2	14.7	8.4	8.2	
保　険	15.1	16.4	0.9	32.3	15.5	23.9	
倉　庫	15.3	14.3	0.4	30.0	20.9	12.9	
銀　行	10.5	9.6	0.5	20.6	27.0	13.8	
化　学	7.6	11.6	0.1	19.3	15.7	11.0	
雑工業	4.5	8.8	0.2	13.5	19.5	16.8	
機械器具	8.2	11.8	0.2	20.2	18.3	16.5	
印　刷	9.4	12.3	0.3	21.9	12.0	13.1	
製鉄所	3.4	8.3	0.5	12.2	7.6	20.4	
飲食物	5.6	6.7	0.0	12.3	19.2	11.9	
鉱　業	4.8	7.2	0.1	12.1	10.6	11.8	
紡　織	4.3	6.9	0.1	11.3	12.5	19.4	
鉄道運輸	3.5	2.7	0.1	6.4	5.7	8.2	
百貨店	2.4	3.4	0.2	6.0	10.0	5.0	12.9
内閣印刷局　造幣局	4.6	10.6	0.0	15.2	10.0	19.0	
逓信局	1.7	6.4	0.7	8.8	18.0	23.3	
専売局	2.2	3.1	0.2	5.4	19.7	28.8	
陸海軍軍工廠	0.2	1.3	0.2	1.7	4.6	4.2	
鉄道局	0.3	0.7	0.0	1.0	3.0	4.5	

出所)　文部省実業学務局調査室『会社工場従業員学歴調査報告』1930 年，文部省実業学務局調査室
注)　尋常小学校卒業者には未就学者も含まれる。

や百貨店などは，初等教育レベルの教育を受けた者を底辺として高等教育機関の卒業者を上層にもつピラミッド構造が築かれていたといえよう。ただし，中等教育を最終学歴とする者の割合が高い（低い）業種ほど高等教育卒業者の割合が低い（高い）という関係は見出せず，業種によって多様である。

　このように高商卒業生は，さまざまな学歴の者と労働市場において競合関係

142　第 I 部　戦間期の学校と企業

学歴別従業員の構成

(%)

中等教育合計	実業補習学校	高等小学校	尋常小学校	初等教育合計	合計	合計（実数）（人）	高等商業学校（大学専門部を含む）
30.9	5.5	10.7	10.1	26.3	100	3,590	18.6
25.7	1.5	15.3	4.4	21.2	100	864	18.2
29.9	5.7	18.9	4.9	29.5	100	264	14.4
33.8	3.7	15.1	9.8	28.7	100	2,579	13.0
31.3	13.2	19.1	7.4	39.7	100	1,516	11.3
16.6	4.5	52.7	11.6	68.7	100	5,850	11.1
39.5	6.5	15.0	6.7	28.3	100	10,927	9.8
33.7	2.9	27.2	6.2	36.3	100	1,064	9.5
40.8	2.8	30.3	5.4	38.6	100	32,690	9.1
26.6	8.3	35.6	10.2	54.0	100	3,283	7.7
36.3	6.6	36.7	6.9	50.2	100	1,353	7.3
34.8	10.4	26.5	8.0	45.0	100	6,525	7.3
25.1	6.8	30.6	15.5	53.0	100	702	7.3
28.0	2.0	47.3	10.5	59.8	100	1,171	5.0
31.1	9.7	34.1	12.8	56.5	100	1,422	4.5
22.4	10.8	46.1	8.6	65.5	100	4,598	4.3
31.9	8.2	37.8	10.8	56.8	100	4,368	3.4
13.9	2.8	55.1	21.8	79.7	100	10,631	2.2
27.8	5.0	49.6	11.6	66.2	100	17,579	2.2
29.0	6.0	43.4	6.5	55.8	100	369	1.6
41.3	7.6	38.4	3.9	49.9	100	9,195	0.9
48.5	3.3	35.7	7.1	46.1	100	2,325	0.7
8.8	8.4	69.1	12.0	89.5	100	1,889	0.4
7.4	1.0	54.3	36.3	91.6	100	90,421	0.3

『官業従業員学歴調査報告』1930年。

にあったが，初任給によってさらに高商卒業者の企業における位置をみてみよう。1936年の事例によれば，初任給は帝大（商大含む）66.2円，早大・慶大60.7円，私大59.2円，専門学校53.7円，実業学校・中学34.3円であった[293]。

ただし，企業別にみれば，専門学校卒業生の初任給は異なっていた。例えば，三菱合資・三菱銀行の専門学校卒業生の初任給70円は，南満洲鉄道，日

本郵船，第一銀行などの帝大卒業生の初任給と等しかった。他方で，横浜正金銀行・東武鉄道の専門学校卒業生の初任給40円は，三井合名，三井銀行，安田保善社，野村銀行などの実業学校・中学卒業生の初任給と同一であった。

(3) 昭和恐慌と就職問題の発生

就職未決定者が増大した昭和恐慌期には，社会的にみて「知識人階級」の就職問題が顕在化した。和歌山高商の教授会において，これまで就職問題が討議されたことはなかったが，1930年5月31日の教授会において初めて教官から意見として提出された[294]。

これは，開催予定の実業専門学校長会議において，校長間で討議される「現下ノ産業状態ニ鑑ミ実業教育上留意スヘキ事項」という諮問事項について，校長が教官の意見を教授会で事前に聴取する際，「失業問題」に言及して「生徒ハ教育ヲウケナカラモ，就職失業問題ヲ少カラス懸念ス，而シテ，教育ヲ担任スルモノガ此問題ニ無関心ナルトキハ，或ハ，百白カラサル傾向トナリテ，顕ルルヤモ計難キニ付，此ノ点ニ十分注意ヲ要ス」というものであった。しかし，1930年6月9日に開催された校長会議の答申では，和歌山高商の提示した「失業問題」は織り込まれることはなかった[295]。

この後，和歌山高商の教授会において就職問題が討議されることはなかったが，その一方で1931年6月1日に開催された校長会議において「就職問題ニ関スル件」が決議された[296]。この決議は，「学校卒業生就職難ノ声頗ル高」いため，学校側としては「師弟ノ情誼」によって就職を斡旋しているが，その効果はなく，さらに「学生ヲシテ其ノ依頼心ヲ助長シ独立自営ノ精神ヲ損ハシムル恐レ」があり「教育ノ本義ニ鑑ミ甚ダ遺憾」であるため，学校，採用者，文部省が行うべき事項を提示するものであった。

具体的には，学校は，「学校経歴」よりも「実力ノ発揮」，自営，植民地・海外への就職，「研究発明」による「就職上便利ナル特別技能」「堅実ナル思想，円満ナル人格修養」を生徒に促すことが必要とされ，採用者は，官営工場では「現業練習」の機会を設け，実業諸会社では「適所ニ適材ヲ配置」し，生徒との「意思ノ疎通」を図るとともに，銓衡採用においては「遠近都鄙」によらずに「均等ナル機会」を設け，「情誼的取扱」に留意することが求められた。とりわけ，1930年に銀行19行が専門学校に通達した「卒業後銓衡」は撤廃する

144　第Ⅰ部　戦間期の学校と企業

ように求めていた。

さらに，この決議では，内務省社会局の斡旋事業の「機能発揮」，実業専門学校の修業年限4年への引き上げ，研究科の開設，海外への就職を開拓するための視察団の派遣，徴兵制の就職に「障害」となる事項の改正が求められていた。とりわけ，「学科ニ依リテハ卒業生ニ対シ国家試験ヲ行ヒ自奮自励ノ精神ヲ涵養シ学校ニ因ル特権ニ促ハレサル様導カレタキコト」と決議されていたのは興味深い。

(4) 就職相談部の設立

昭和恐慌による「就職戦線の異常」に対して和歌山高商では，就職斡旋事業を行う就職委員会が1932年に設けられた[297]。この委員会は，花田大五郎校長とともに教官の土岐正蔵・大畑文七が「各方面に出張して大いに斡旋奔走に力め」たといわれるように，企業などに生徒の採用を依頼する活動を教官が行うものであった。

1933年に就職委員会は就職相談部と改称された。土岐によれば，就職相談部は「校長さんの発案で出来て居り」「他の学校に，例を見ない制度」であったとされる[298]。

和歌山高商では就職委員会の設立以前に学校が組織的に生徒の就職に関与することはなく，校長の紹介，もしくは生徒が就職志望先と独自に交渉して採否が決まった。例えば，1930年卒業の岡田義雄は，近海郵船の支店長の伯父・川本吾一の斡旋により，上海製造絹糸専務と上海市参事会員である弁護士を保証人として，在日本大韓民国民団の調査部嘱託へ就職したように[299]，紹介者の有無が就職の鍵を握った。

学校としては，「就職前に3人か4人ずつ校長室に呼んで，色々注意をされたり生徒の心持ちを聞いたり」するなど，校長が生徒の就職に取り組んでいた[300]。ある生徒の述懐によれば，昭和恐慌期の就職難に際して岡本一郎校長は，「若い教育者には頭を下げさし度くはありません」と「一年の殆んど大半をその為の御奔走に心身を労せられる」といわれ，「例の所多分よかなかろうかと思ふのだが，まだ返事がない様だね」とこの生徒に話しかけるなど「生徒の就職についての不断の御心労」があったとされる[301]。だが，これは岡本校長を崇拝する生徒の発言であり，「在学中一度も校規に触れなかつたにも拘ら

ず小さい理由のために就職の世話を拒絶された（中略）今後は推薦出来る卒業
生のみを卒業させてほしい」というように，校長から就職斡旋を拒絶される者
も存在した[302]。このように就職相談部設立以前には，前述した「師弟ノ情誼」
によって，生徒の就職が決まっていたといえよう。

　1932年4月の花田の校長就任を契機として設立された就職相談部は，こう
した岡本校長が担っていた生徒の就職を組織的に行う目的があった。

第3節　分析資料の特徴と就職過程の概観

⑴　分析資料

　就職相談部の活動に関して，『推薦文書処理簿』を中心に分析する[303]。この
資料は，就職相談部が企業ごとに生徒の推薦・採否・事務連絡などをまとめた
ものであり，1934年9月から36年12月までのものが残されている。したが
って，1935年3月卒業の第10回卒業生，36年3月卒業の第11回卒業生の推
薦はこの資料によって明らかになるが，37年3月卒業の第12回卒業生に関し
ては，37年1月以降の資料が欠如しているため，36年9〜12月までの動向の
みが明らかとなる。

　問題は，現存する『推薦文書処理簿』がアルファベットの頭文字でA〜M
の企業名のものに限られ，N〜Zを頭文字とする企業の動向が分からないこと
である。このことから生じる問題は以下において逐次指摘するが，総計107企
業の生徒の推薦・面会・採用動向が判明つくため，これをサンプルとして就職
相談部の活動を分析したい。

⑵　生徒の就職までの過程

　本章の分析において詳しく検討する生徒の就職採用までの過程を図7-1によ
ってみれば，①企業は学校へ推薦依頼を行い（1），学校は生徒を推薦し（2），
推薦された生徒を企業は面会（3a）する。面会によって採否が決まることが多
かったものの，②面会を行わず学校の推薦のみ（3b）で採否が決まる場合が
あった。この他に③学校の推薦によらずに生徒が独自に企業と交渉し（4），
面会を受けて採否が決まることもあった。なお，刈谷（1991）で言及された形
態は（3b）となる。

146　　第Ⅰ部　戦間期の学校と企業

図7-1　和歌山高等商業学校における生徒の就職採用までの過程

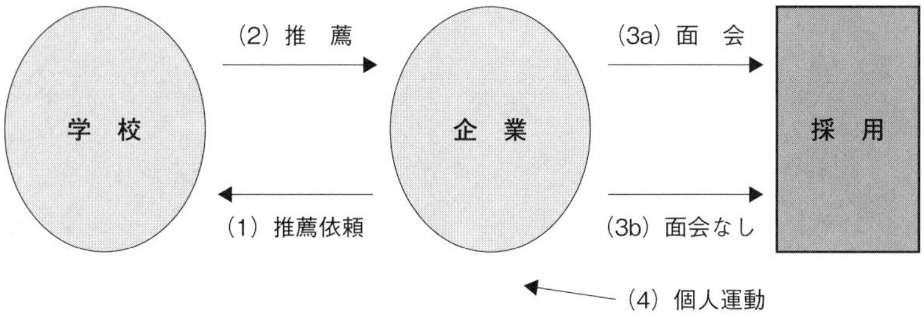

（2）推薦　　　　　　　　（3a）面会

学　校　　　　　　企　業　　　　　採　用

（1）推薦依頼　　　　　　（3b）面会なし

（4）個人運動

出所）　筆者作成。

第4節　企業の推薦依頼・面会・採用

(1)　推薦依頼企業の特徴

　就職相談部の活動は，企業からの推薦依頼を受けることから始まる。『推薦文書処理簿』から判明する第10回卒業生を対象とした推薦依頼日をサンプルとしてみれば，1934年8月20日の三井鉱山からの推薦依頼に始まり，9月9社，10月9社，11月13社，12月12社，35年1月3社，2月6社，3月4社であり，3月に関しては，卒業式が行われた3月11日以後の幹旋依頼は2社に留まっていた。

　『推薦文書処理簿』に掲載されている107企業の所在地をみれば，大阪市48社，東京市20社，神戸市12社の順に多く，内地の他には大連市3社，新京2社などが挙げられる反面，和歌山高商が所在する和歌山市は1社，近郊の堺市からも1社にすぎなかった[304]。

　資料からはA〜Mを頭文字とする企業に限られることを留保しながら，推薦依頼のあった企業についてみたい。株式会社としては，資本金8億円の南満洲鉄道を最大規模，資本金10万円の藤永勝商店を最低規模とし，推薦依頼企業は大企業から中小・零細企業に及んだ。

　大企業に関してみれば，財閥系企業では，三井系が三井物産・三井鉱山，三菱系が三菱銀行・三菱鉱業・三菱製紙・三菱商事・三菱重工が挙げられる。業種別にみれば，神戸海上火災保険などの保険会社5社，第一銀行などの銀行会社7社，阪神電気鉄道を含む鉄道会社3社，石原産業海運を含む海運会社5社

第7章　高等商業学校の就職幹旋活動　　147

が推薦依頼をしていた。貿易商社としては伊藤忠商事，三井物産，江商，岩井商店，丸紅，伊藤萬商店，三菱商事，兼松がみられ，製造業としては倉敷紡績などの紡績企業が3社，他には松下電器産業，明治精糖，川崎造船所などが斡旋依頼をしていた。

　中小・零細企業としては，資本金10万円の久徳信三商店（自動車品製造），15万円の岸橋商店（化学品製造販売），32万円の加藤忠商店（靴鞄雑貨販売），50万円の福田商店（金物商），原田組（鉄鋼・機械・工業用品），岩尾商店（綿糸綿布加工・綿布人絹輸出），100万円の原田商事（輸出入業），350万円の寿製作所（繊維工業用部品の製造）などが挙げられる。

(2) 面会と採用

　生徒の採用までの過程をみれば，就職相談部から推薦された何名かの生徒を企業は書類によって選考し，①面会（銓衡）する者に就職相談部を通して日程を伝え，面会（銓衡）によって採否を決める場合，②面会を行わずに採用する場合があった（図7-1参照）。

　企業は事前に就職相談部へ推薦人数を提示して推薦を受けた。推薦を受けた生徒を不採用とした場合，さらなる生徒の推薦を求めることもあった。就職相談部より1935年卒業生を1人推薦された企業数は12社，2人28社，3人22社，4人4社，5人6社，6人1社，7人4社であり，同様に，36年卒業者：1人11社，2人25社，3人10社，4人8社，5人5社，6人2社，7・8・9・10・11・18人各1社であった。こうしてみれば，就職相談部より企業が推薦を受ける人数は，1～3人であることが多かった。なお，『推薦文書処理簿』に記載されている企業から採用された生徒数は，1935年卒業生が45人，36年卒業生が44人であった。

　推薦依頼の際，ほとんどの企業は採用条件を付さなかったが，「英語上手なもの」（原田商事），「長野県出身者」（八十二銀行），「野球部員を推薦せよ」（伊藤萬商店），「優秀者を推薦せよ」（江商）のような条件を提示する企業もあった。

　上述した①の採用方法に関しては，1935年卒業生が推薦214人，面会者106人，36年卒業生が推薦223人，面会139人であり，両年の卒業生を合算した比率をみれば，企業は被推薦者の56.1%を面会し，面会者の36.3%を採用

表 7-3　和歌山高等商業学校における面会なしで採用された生徒

(人)

卒業年	企 業 名	所在地	推薦年月日	採用人数
1935 年 卒業生	南満洲鉄道	大連市	1934.10.15	2
	原田組大阪支店	大阪市	1935.1.08	1
	富士洋紙店	大阪市	1935.1.17	1
	寿製作所	大阪市	1935.2.9	1
	堂島ビルヂング	大阪市	1935.3.18	1
	柏原鋼商店	大阪市	1935.3.22	1
	丸　物	京都市	1935.3.22	1
	倉茂商店	大阪市	1935.3.28	3
1936 年 卒業生	福ろく商会大阪営業所	大阪市	1935.6.20	1
	大同電力	東京市	1935.11.20	1
	大日本人造肥料	東京市	1935.11.12	1
	呉羽紡績	大阪市	1935.11.07	1
	又　一	大阪市	1935.11.07	1
	三井物産大阪支店	大阪市	1935.10.12	1
	朝鮮郵船	京城府	1936.1.15	1
	藤永勝商店	大阪市	1936.1.3	1

出所)　和歌山高等商業学校『推薦文書処理簿』。

している。

　この採用方法を用いた企業の事例として丸紅をみたい。1935 年卒業生に関
しては，34 年 10 月 26 日に就職相談部より 6 人を推薦され，11 月 13 日に面会
して丸紅は 3 人を採用した。1936 年卒業生については，35 年 5 月 31 日に 4 人
の推薦を受けて 2 名に対して面会したものの（2 名は面会なし），すべて不採用
とし，就職相談部へ追加推薦を依頼して 10 月 26 日に 6 人の推薦を受け，全員
に対して面会を行い，3 人を採用した。加えて 12 月 16 日に 6 人の推薦を受け
た丸紅は全員に対して面会を行い，1 人を採用した。このように 4 回総数 22
人の推薦を丸紅は受けた。

　上述した②の採用方法に関しては，1935 年卒業生 11 人，36 年卒業生 8 人

第 7 章　高等商業学校の就職斡旋活動　　149

であり，この 19 人は両年の推薦者の総数 437 人の 4.3% にすぎないものの，両年の採用者 89 人の 20.3% を占めている。この方法において生徒を採用した企業は表 7-3 に示されている。このうち呉羽紡績のみが面会を通して採用した生徒が辞退した欠員を埋めるため，就職相談部が推薦した生徒を書類審査のみで採用していた。1935 年卒業生に関しては，3 月 11 日の卒業式後に 4 社が面会をせずに採用している。しかし，これら企業が就職相談部の紹介のみで採用を決定した理由は資料からは分からない。

　なお，就職相談部は，毎年の卒業予定者のみならずすでに学校を卒業した者の推薦を行っている。『推薦文書処理簿』からは第 2〜9 回までの卒業生 22 人の推薦がみられるものの，採用者は 2 名と少ない。

(3) 個 人 運 動

　上述した①と②の方法の他に，就職相談部の推薦を受けず，生徒自ら企業に直接交渉を行う「個人運動」という形態が存在した（前掲図 7-1）。『推薦文書処理簿』には，1935 年卒業生 5 人，36 年卒業生 9 人の「個人運動」がみられ，35・36 年に各 3 人，合計 6 人の生徒が採用されている。史料にみられる1935・36 年卒業生の採用者が 89 人であったことからみると，6.7% の者が「個人運動」によって採用されたことになる。

　『推薦文書処理簿』に「個人運動」が記載されているのは，生徒と独自に交渉した企業が就職相談部にその生徒の照会を行い，就職相談部がその生徒を企業に「推薦」という形で事後的に追認したからである。

　具体的な事例をみれば，伊藤忠商事が 1934 年 10 月 13 日に「11 月 10 日迄推薦セヨ」との依頼を受けた就職相談部は，11 月 1 日に 3 人を推薦した。だが，この 3 人とは別に 11 月 20 日に伊藤忠より「田村ノ照会」があったため，同日に「田村ノ成績送付」をするとともに「個人運動」として田村を「推薦」した。11 月 29 日に就職相談部が推薦した 3 人のうち 1 人の採用が決まったが，12 月 15 日に田村の採用も決定した。

　このような学校の推薦を受けずに生徒がある企業へ個人的に運動する形式の他に，学校へ就職依頼を行わない企業も存在したため，「個人運動」は続いた。例えば，王子製紙は「縁故採用が主で，入社試験なんぞといふことを行つたことを聞かない」といわれた[305]。

150　　第 I 部　戦間期の学校と企業

第**5**節　生徒の推薦

(1)　推薦者の範囲

　軍事景気の加熱と応召による労働需要の増加によって，1938年卒業生の就職状況は好転した。「例年よりずっと早く開始」されたといわれたように，1937年5月の小野田セメントに始まった推薦依頼は，夏季休暇中に採用が決定した生徒もみられ，12月末には100人の就職が決定した（卒業者は約150人）。

　就職相談部の土岐政蔵教授は，卒業式を記念した同窓会向けの『会報』において，1938年卒業生の就職先一覧を示し，次のように言及している[306]。

　　　「百六十名の消息を明にしたが，尚十九名については記していない。この内多くは前記の如く静養中であるか，受験準備中の人々であるが，中には個人的な関係で学校の仲介を待たずに己に就職の決定した人が若干ある見込みである」。

　この記述を引用したのは，就職相談部の推薦者の範囲を確認するためである。160人中19人のうちの何人かは「己に就職の決定」，すなわち，「個人運動」によって採用された者であり，裏を返せば，160人から19人を引いた者は「己に就職」していない者，つまりは，就職相談部の推薦によって採用が決定した者といえる。このように1938年の卒業生のほとんどは，就職相談部の推薦制度によって採用されたといえる。

　『推薦文書処理簿』が完全な形で残されていないため，同様のことが，1935（第10回）・36年（第11回）卒業生にも該当するかをみたい。表7-4には同史料から判明つく生徒の就職先とこの史料の散逸を補うために『学校一覧』などによって生徒の就職先をまとめたものである。『学校一覧』などの生徒の就職先などが記載された史料は，卒業生の転職等に応じて毎年更新されるが，ここで使用した就職先の資料に関しては，1935・36年7月時点の現状を示したものであり，各年の3月11日の卒業時点の動向を最もよく表している。

　さて，表7-4における『推薦文書処理簿』から判明しない生徒の就職先（表中のB群）の一覧では，アルファベットの頭文字のN～Yの企業名が多い。これは，すでに指摘したように，現存する『推薦文書処理簿』がA～Mの企業

表 7-4　和歌山高等商業

A群『推薦文書処理簿』から判明する生徒の就職先		
第 10 回	第 11 回	
十五銀行(2人)	十五銀行	a 浅野スレート
柏原鋼商店	五稜石綿紡織所	d 第一銀行船場支店
兼松商店(2人)	岩井商店(2人)	d 大日本ビール
紀陽銀行(2人)	兼松商店	d 大丸鉱油
京華社	紀陽銀行	d 電報通信社
倉茂商店(3人)	藤永勝商店	h 日高中学
寿製作所	藤永造船所	i 伊藤萬商店
第一銀行大阪支店	丸紅商店(3人)	k 小浦喜多次商店
堂島ビルヂング	丸物	n 中平石炭
藤永勝商店	三菱銀行	n 名古屋合同運送
富士洋紙店	阪神ゴム製造所	n 日本電力
丸物(2人)	原田組大阪支店	n 野村銀行道頓堀支店
三菱銀行	久徳幸一商店	n 中山太陽堂
阪神ゴム製造所	平田本店	n 長瀬商会
原田組大阪支店	旭硝子	n 日　商
愛久澤事務所(2人)	朝日乾電池	n 日東運輸川口支店
青木商店(3人)	伊藤忠商事(2人)	n 日本シャフト製工所
伊藤忠商事(2人)	岩井商事	n 日本銀行大阪支店
川合治市商店	嘉宝物産	n 日本鉱業
汽車製造	北沢商店	n 日本鋼管
北沢商店	倉敷紡績大阪出張所	n 日本車輌
共進舎石鹸	呉羽紡績	n 日和商会
共同火災保険	国際運輸(2人)	o 大谷商店
金貨莫大小	大同電力	o 大阪株式取引所
国際運輸	大同貿易	o 大阪市中央市場魚
大日本セルドイド	大日本人造肥料	o 大阪貯蓄銀行
福ろく商会大阪営業所(2人)	大日本セルドイド	o 大阪薄鐡板会社
豊年製油	銚子醬油	o 大倉商事大阪支店
三井鉱山(2人)	原田商事	s 三共商会
南満洲鉄道(2人)	阪神電気鉄道	s 三和銀行高麗橋支店
明治製糖東京事務所	又　一	s 塩野義商店
明治生命保険大阪支店	松下電器産業(3人)	s 住友銀行
	三井鉱山(2人)	
	三井物産大阪支店(2人)	
	三菱鉱業	

出所)　第 10 回は『柑蘆会会報』第 10 号。第 11 回は和歌山高等商業『学
注)　企業名は原則として資料のまま。表中のアルファベットは企業名の

名のものに限られることによる。B 群に掲げられた就職先が偶然 N〜Y に集中
したと考えるよりも，散逸した就職相談部の史料に推薦者として記載されてい
たと解釈するほうが妥当であろう。したがって，前述した 1938 年卒業生と同

152　　第 I 部　戦間期の学校と企業

学校の生徒の就職先

第10回	第11回	
s 駿河銀行	a 朝日金属工場	o 大分セメント由良工場
s 須田徳二郎商店	h 早川金属工業	o 大連火災保険
s 仙台鉄道局	h 藤本ビルブローカー名古屋支店	o 大連逓信局
t タイガー計算器	k 此花商業学校	s 神榮生糸
t 竹中商店	k 小松製紙	s 三共商会(2人)
t 鶴見曹達	m 宮田自轉車製作所	s 三和銀行阿倍野支店
t 東洋紡績宮川工場	n 中山太陽堂(3人)	s 塩野義商店
t 東洋棉花	n 日 商	s 松竹キネマ大阪支店
t トミヤ河井商店	n 日本染料製造	s 松竹本社
t 多木製肥所	n 日本電気工業	s 住友生命保険
t 竹村商店	n 野村證券	s 三共商会
t 巽商事	n 西村福冶商店	s 杉山商店
t 帝國海上火災保険(2人)	n 南海鉄道	t タイガー計算器
t 東亜汽船	n 日本プライウード会社	t 津田電線
t 東京動産火災保険大阪支店	n 日本製鋼所室蘭工場	t 帝國人造肥料
w 若田商店	n 日本鉄線鋼策	t 東京鉄道局荻原駅
y 山本貿易	n 日本棉花(2人)	t 東京動産火災保険
y 吉見紡績	n 布引商業	t 竹村商店
y 山本顧彌太商店	o 大阪印刷インキ	t 朝鮮商業銀行
y 八木商店	o 大阪市八木商店(3人)	t 東京火災保険
自営(4人)	o 大阪鉄道局大阪駅	t 東京海上火災保険
	岡山県西大寺青年学校	t 東京電器名古屋出張所
	o オリエンタル・メタル製造所	t 東洋レーヨン
	o オリエンタルペイント(2人)	t 富田商店
	o 大阪海上火災保険	u 浦賀船渠
	o 大阪魚	u 上原商会
	o 大阪共榮舎	w 和田庄商店
	o 大阪市役所港湾部	y 山田染料
	o 大阪貯蓄銀行	y 山九運輸
	o 大阪鉄道局(4人)	自営(5人)
	o 大同洋紙店東京支店	

校一覧』第14号。
頭文字。

様に、1935・36年卒業生の就職は、就職相談部の推薦を通して決まっていたと考えられよう。

それでは表7-4のB群のA〜Mを企業名とする就職先は、どのように考え

ればよいだろうか。この就職先を詳しくみれば，推薦依頼のあった企業4社
（第一銀行，伊藤萬商店，朝日金属工場，藤本ビルブローカー）と，そうではない
企業10社に分けられる。今までの分析結果を踏まえれば，後者に関しては
「個人運動」によって採用された可能性があろう。前者に関しては，推薦依頼
をしていた企業が生徒の「個人運動」を受けて，就職相談部にその生徒の照会
を行わずに採用を決定したと推測できる。

(2) 校内選抜

　就職相談部が新規卒業者を企業へ推薦することは昭和恐慌後に制度化された
が，生徒の推薦のあり方を本項で検討してみたい。ただし，就職相談部の生徒
の推薦について詳しく分かる史料は存在しないため，さまざまな周辺的史料か
らこの動向を検討する。

　1923年頃の東京商大では「12月中に学生課へ就職希望先を申し込み，2月
頃までに卒業生を1人1人呼び込んで，学生課の主事が成績表と本人希望先と
を照り合わせて批評の上に面会に行く就職会社を振当てる」ことになってい
た[307]。

　確かに，和歌山高商では，「就職の方は方々から申込が来て居る様でしたが
これと云つて行き度い所もなく，其の中に丸永商店が大きいし一生安楽にくら
せると云うので（中略）丸永商店へ志願した」，推薦申込み先のリストを閲覧
して，具体的な企業を希望する場合，「私はあまり無邪気すぎて何もかも（相
談部の）土岐先生におまかせしました」という生徒の発言にみられるよう
に[308]，生徒が就職先を就職相談部に一任する場合もあった。

　こうした推薦のあり方も存在したことは事実であるが，東京商大で行われて
いたような「面会に行く就職会社を振当てる」必要があったといえよう。とり
わけ，企業が定めた推薦依頼枠を超えた場合には，校内選抜をする必要が生じ
る。推薦依頼企業数は全生徒の就職を満たすことができたものの，依頼時期の
偏りや，有名企業，大企業などに推薦希望が集まることなどで，就職相談部は
推薦する生徒の選抜を行う必要があった。したがって，本章第6節でみるよう
に，学校が決めた生徒評価と企業の採用との離齬が問題になったのである。

　推薦は，1人につき1社に限る制度（以下，1人1社主義と簡略化する）が設
けられていた。これは，推薦→面会→採用という一連の流れを1タームと考え

154　　第Ⅰ部　戦間期の学校と企業

れば，1タームにつき生徒を1社のみ推薦し，不採用となった場合には新たな企業を推薦する制度である。『推薦文書処理簿』にみられるすべての推薦者に対して，1人1社主義の原則が適用された者の比率をみれば，1935年卒業生が113人中105人（92.9%），36年卒業生が142人中125人（88.0%）であった。

ただし，表7-5に示されたように，1人1社主義が厳密に適応されていなかったことも確認できる。これらの生徒の就職過程を詳細にみれば，多くの生徒が推薦された企業の面会を待たずに新たな企業を推薦されている。この理由は定かではないが，推薦日から面会日までの期間が1カ月に及ぶ場合もあることに起因している可能性はある。

就職相談部が作成した校内選抜のあり方が分かる史料は存在しないが，転職を求める卒業生を採用する企業が学校へ送付した「生徒ノ照会」の文書と学校からの回答は残されている。同年代に作成された生徒の照会文書であるため，和歌山高商の選抜基準のあり方を示す史料となろう。例えば，1934年4月に三井鉱山へ「紹介状」として校長名で送付された文書には，「○○○○ノ素行並ニ質性ハ，拙者熟知致居リ極メテ誠実ノ者ニ付，貴会社ニ推薦候モ拙者ノ名誉ヲ毀損候様ノ義ハ，決シテ無之ト確信シ茲ニ紹介致候也」と記されていた[309]。ここでは「素行」「質性」が問われているが，「素行」「思想傾向」「性格」などの具体的な項目によって生徒の照会を行う企業もあった。

和歌山高商が企業へ回答する照会項目には一定の評価基準が存在し，「性質」：①温厚篤実・②剛健朴直，「志操」：①堅実・②普通，「素行」：①方正・②普通，「体格」：①強健・②壮健・③普通，「特徴」：①勤勉にして向上心あり・②特記しないとされ，②よりも①のほうが評価は高く，「備考」については「入学ニ際シ無試験」「皆勤」，校友会活動，部活動について記載した[310]。なお，照会文書とともに企業へ送付された成績表に関しては，成績順位が記されないことになっていた。

この基準は生徒の照会に際して遵守されていた。例えば，1934年6月に大阪市電気局から4人の生徒の照会を求められた際に，「素行」を3人に「方正」，1人に「普通」と評価し，「性質」を4人に「温厚」としたものの，「素行」を「普通」と評価した者には「温厚（粗放ノ傾キアリ）」とし，さらに「体格」項目ではこの生徒が3年次に身体測定を行っていないことも明記されていた[311]。

このように照会文書における生徒の評価は，身体測定のある「体格」を除け

第7章　高等商業学校の就職斡旋活動　155

表 7-5　和歌山高等商業学校における面会・採否前に推薦された生徒

卒業年	氏名	推薦日	面会	採否決定日	類型	結果	企業名	資本金	推薦依頼日
1934	A	12.11	12.26	1.11	面会前	採	藤永勝商店	10	
		12.22	なし	1.16		不	大日本紡績	5,200	
	B	1.08	2.02	3.04	面会前	採	金貨莫大小	50	12.03
		1.12	11.11			不	国際通運	1,550	
	C	1.14	なし	2.04	採否前	不	愛知時計電機	1,000	1.08
		12.18	1.29			不	国際運輸	500	12.03
	D	12.19	1.20	2.05	面会前	不	大鉄百貨店	500	12.06
		1.03	なし	3.01		不	阪神ゴム製造所	20	
	E	11.27	2.22		面会前	不	電気化学工業	2,800	11.19
		12.04	なし			不	豊年製油	1,000	12.01
		12.21	2.19	2.22		採	十五銀行	2,000	12.10
	F	12.13	1.14	1.18	面会前	不	愛久澤事務所		12.01
		12.14	なし			不	神戸海上火災保険	1,500	
	G	11.07	11.24	12.21	面会前	不	川崎造船所	8,000	10.31
		11.22	1.03			不	満洲中央銀行		11.12
	H	10.04	10.25		面会前	不	丸紅商店	500	9.15
		10.15	なし			不	南満洲鉄道	80,000	9.17
1935	I	9.21	10.31		面会前	採	旭硝子	2,000	9.06
		9.27	なし			不	南満洲鉄道	80,000	
		10.08	10.23			不	川崎造船所	8,000	9.27
	J	9.21	10.31		面会前	採	旭硝子	2,000	9.06
		10.12	11.07			不	阪神電気鉄道		9.27
	K	10.07	11.05		面会前	不	三菱鉱業	10,000	
		10.19	なし			不	又 一	300	
	L	12.04	2.17		面会前	不	共同火災保険	1,000	
		1.11	1.27～28			不	門司鉄道		12.28
	M	11.02	なし	11.29	面会前	不	国産工業（戸畑鋳物）		
		11.20	なし	12.09		採	大同電力		11.11
	N	9.27	11.26		面会前	不	南満洲鉄道	80,000	
		10.08	10.23	11.11		不	川崎造船所	8,000	9.27
	O	12.16	1.18		面会前	不	丸尾商店	500	
		1.13	なし			不	岩尾商店	50	1.07
	P	10.12	11.07		面会前	不	阪神電気鉄道		9.27
		10.24	11.21			不	明治製糖東京事務所	4,800	10.11
	Q	10.14	11.05		面会前	不	伊藤忠商事	1,000	9.27
		11.04	12.04			採	三井鉱山	10,000	10.10
	R	11.15	12.03	12.19	面会前	不	大 丸		
		11.21	12.09			不	国際運輸	500	11.11
	S	11.20	なし	2.01	採否前	不	阪神ゴム製造所	20	11.13
		1.24	なし			不	満州電信電話		1.15
	T	10.08	10.23	11.11	面会前	不	川崎造船所	8,000	9.27
		10.19	なし		採否前	不	又 一	300	
		10.24	11.21			不	明治製糖東京事務所	4,800	10.11
	U	9.27	11.26		面会前	不	南満洲鉄道	80,000	
		10.14	10.19			不	満洲電業		
	V	11.22	12.01	12.05	採否前	不	栗原紡織	200	11.18
		12.04	なし			不	共同火災保険	1,000	
	W	9.27	11.26		面会前	不	南満洲鉄道	80,000	
		10.14	11.18			不	満洲中央銀行		9.30
		10.28	11.04			不	満洲国政府		
	X	11.12	不明	12.20		採	岩田商事		11.05
		11.30	なし			不	合同電気		
	Y	1.13	1.25		面会前	採	岩尾商店	50	1.07
		1.15	なし			不	嘉宝物産	50	

出所）　和歌山高等商業学校『推薦文書処理簿』。

注）　類型欄の「面会前」は面会前に推薦されたこと，「採否前」は採否前に推薦されたことを示す。氏名は略称。

156　第 I 部　戦間期の学校と企業

表7-6　1924年度の特待生の判定

氏名	評点	性　　質	素行	そ　の　他	出身学校
A	88	温厚ニシテ精力旺盛	良好	欠席4日	中学
B	87	温厚ナルモ活気ニ欠キ稍情味ニ淡シ	普通	皆勤	中学
C	83	温厚ニシテ謹直	良好	欠席4日	中学
D	83	温順ナルモ稍表裏アルカ如シ	普通	欠席4日・世間化シアリ	中学
E	81	温順ナルモ活気ニ乏シ	普通	欠課1・萬事煮エキヘヌ点アリ	中学
F	80	頗良ニシテ精味アリ	良好	欠席5日・勉学ノ為軽度神経衰弱トナル	中学
G	80	温厚ニシテ謹直	良好	欠席2日	中学
H	85	温順ナルモ覇気乏シ	良好	欠席1日	商業
I	82	温順ナルモ覇気乏シ	良好	欠席4日	商業
J	82	温厚ニシテ稍女性的ノ点アリ	良好	欠席6日	商業
K	81	温順ニシテ素直ナリ	良好	欠席2日	商業
L	81	温順ナルモ快活ナラス	普通	欠席1日	商業
M	80	温厚ニシテ細心	良好	欠席1日	商業

出所）　和歌山高等商業学校『教官会議録（大正12年度以降）』62頁。
注）　氏名は略称。

ば，言葉によって2つのランクで表されていた。とりわけ，「志操」と「素行」とに評価づけられた「普通」については，言葉の意味のみ捉えれば問題のある生徒とは読み取られない。だが，評価基準が2区分のみであったことを考えれば，「堅実」「方正」でない者を「普通」と表現していたといえよう。ここでの「普通」という評価づけは，何らかの問題の存在を表すシグナルであったと考えられる。

　企業への照会文書とは別に，和歌山高商の生徒の評価に関する興味深い資料がある。和歌山高商が創立して間もない1923年の教授会において，学資金が供与される特待生の選考を行ったときのものである。この制度は1924年度のみで廃止されたが，特待生の選考では教授会において「学科ヲ主トシ人物モ勿論考査」と「先ツ学科ヲ主トスル」とに見解が分かれ，「学科（学年評点）八十五点以上ニシテ人格上ニ非難ナキモノ」と決まった。最終的には成績が選定基準となったものの，表7-6が示すように，ここで注目しておきたいのは，学校が生徒の「性質」「素行」，出席状況によって「人格上ニ非難ナキ」生徒の基準にしていることである。生徒の評価は3組に分けられた担任によるものと思われるが，こうした学校が生徒を評価する価値体系と照会文書にみられる企業が求めた価値体系に親和性があることは興味深い。

第7章　高等商業学校の就職斡旋活動　　157

表 7-7　和歌山高等商業学校の

氏名	摘　要	
	組長・理事	委員・部員
1	1 年副組長	水泳部委員
2		語学部 M，射撃部選手
4		寮委員，満州派遣，謡曲会，佛青，短歌
3		射撃部，佛青
5		寮委員，YMCA 委員
6		文芸部委員
7	消費組合理事	
8		
10	1 年副組長，2・3 年組長	音楽
9	消費組合理事	
11		
12		談話部委員
13	剣道部首将	
14		
15		弓道部
16		国際協会委員，東亜研委員，佛青委員
17		卓球部選手
18		
19		陸上部 M
20		謡曲会，国際協会員
21		弓道選手
22	1 年組長，2・3 年副組長	軟庭 M，音楽部委員
23		東亜研委員
24	1 年副組長	弓道部 2 段，国際協会委員，東亜研委員，天文研究会
25	射撃部首将	音楽部，謡曲会，仏青会，満州派遣
26		山岳部委員
27		仏青委員，語学部
28		
30		短歌会，音楽部
29		
31		
32		
33		
34	Ⅲ組長	柔道部 M，談話部
35		国際協会委員，山岳部，佛青
39		音楽部
36		
37		寮委員，談話部，佛教，短歌会，天文会
38	馬術首将，消費組合理事	
40		
41	1・2・3 年組長，軟庭首将，消費組合理事	音楽部，談話部
42		談話部
43		軟庭選手，美術部，音楽部

出所）　和歌山高等商業学校庶務課『第一五回卒業式一件書類』1940 年 3 月。

注）　○はありを示す。M はマネージャーを示す。摘要欄については原則として資料のまま。佛青は点。

1940 年卒業生の優秀者と就職先

御親閔式	欠席	成績	成績の順位	総得点	総得点の順位	就職先
	2	85.3	2	9,756	1	三井鉱山
	3	84.5	3	9,687	2	大学志望
	3	84.5	3	9,567	3	日本窒素肥料
○	1	85.8	1	9,571	4	伊藤忠商事
		84.0	5	9,566	5	東京芝浦電気
	139	83.8	6	9,448	6	大学志望
		83.5	8	9,377	7	兼松商店
		82.3	12	9,368	8	大学志望
○	17	83.3	10	9,352	9	大学志望
	90	82.0	14	9,352	10	満州住友金属工業
	2	83.8	6	9,337	11	三菱銀行
	7	83.5	8	9,332	12	大学志望
○	2	81.3	21	9,331	13	住友生命保険
	39	82.0	14	9,325	14	呉羽紡績
	2	81.7	20	9,317	15	日本製鉄
	4	81.8	17	9,310	16	東洋綿花
	3	82.8	11	9,303	17	大学志望
	3	81.8	17	9,267	18	三井鉱山
	8	81.3	21	9,262	19	住友鉱業
	17	81.3	21	9,254	20	大日本セルドイロ
	36	81.3	21	9,242	21	大学志望
	53	80.5	30	9,241	22	日本窒素肥料
	39	81.3	21	9,238	23	住友銀行
	11	80.3	35	9,208	24	大学志望
○	8	80.5	30	9,204	25	日立製作所
○	31	82.3	12	9,197	26	三菱銀行
	27	80.8	27	9,196	27	神戸海上火災保険
		80.3	35	9,183	28	日本銀行
	8	80.3	35	9,162	28	第一銀行
	37	80.8	27	9,171	29	大学志望
	38	79.5	40	9,135	30	阪神電気鉄道
	8	81.8	17	9,131	31	大学志望
	132	80.5	30	9,130	33	横浜正金銀行
○	17	80.5	30	9,115	34	大学志望
	3	80.5	30	9,109	35	野村證券
	10	81.0	26	9,067	36	大学志望
		82.0	14	9,091	37	自営業
	6	80.8	27	9,087	38	日本窒素肥料
	61	77.7	43	9,081	39	伊藤忠商事
		80.0	39	9,015	40	大日本麦酒
○	40	79.5	40	8,936	41	大学志望
	9	80.3	35	8,918	42	大学志望
	85	79.5	40	8,914	43	東京海上火災保険

は佛教青年会の略。企業名は資料の通り。欠席の単位は日。成績の単位

1940年3月の卒業式の際に選定された優秀者の事例も，学校の選抜のあり方を理解する上で重要な情報となる。卒業時に表彰された生徒は，皆勤者，運動大会等で優れた成績を残した「体育功労者」とともに，学業において優秀な成績を修めた「学術優秀者」であった。表7-7が示すように，「学術優秀者」の選定に関しては，成績とともに欠席状況と部活動が判断基準とされている。「学術優秀者」の判断材料に成績以外の要素が加味されていたことには注目しておこう。

　具体的には，成績の得点から欠席の得点が差し引かれ，部活動の得点が加えられて表中にみられる「総得点」が算出されていることは分かるが，この計算方法を把握することは困難である。ただし，表7-7の生徒の「総得点」の違いに着目すれば，最も成績の良い生徒3が「総得点」第4位であり，これに続く成績の生徒1が「総得点」第1位であるのは，生徒1が副組長をしていたことに基づくと考えられる。だが，同じ成績でかつ欠席日数の等しい生徒2と生徒4の「総得点」に違いがあるのは，生徒2の部活動が高く評価されたと考えるほかない。さらに，同じ成績でありかつ組長・委員等を何もしていない生徒14と36との差が20位以上開いている。この表からは多くの同様の事例が発見できる。例えば，欠席日数の多い生徒6が上位に位置していたり，成績は良くないが馬術部首将などを務めた生徒38が高い総得点を得ていたりする。

　ここで重要なことは学校の生徒の評価が，成績に基づきながらも，部活動の活動状況，欠席状況などが優秀者を判断する上で加味されたことである。加えて，生徒14と36との間にみられる顕著な「総得点」の差に表れているように，成績，部活動を超えた生徒の評価がなされていたといえよう。後述するように，学校は成績や席次ではなく，企業に「人物本位」の採用を求めていた。こうした「人物」の評価が，この優秀者の選定に垣間みられるといえよう。

　他方で，成績不振者の推薦に関してみておきたい。表7-8によれば，1935・36年の卒業判定において未修得科目があった生徒13人のうち5人が卒業時点で就職が決まっていた。『推薦文書処理簿』がA～Mの企業名のみ判明つくことに留保して表7-8をみれば，7人の成績不振者が就職相談部によって推薦されている。第一・二学年に未修了がある者も推薦されていることからみて，成績不振者が推薦から除外されていなかったといえる。具体例をみると，生徒Aは1934年11月に戸畑鋳物に推薦されて面会の上で不採用となったが，2月

160　　第Ⅰ部　戦間期の学校と企業

表7-8　和歌山高等商業学校における卒業時に未修了のある生徒

卒業年	対処	氏名	未修了科目	未修了科目の履修年	未修了科目の得点	全科目平均点	卒業時点での就職	就職相談部による推薦
1935年卒業生	再試	A	ドイツ	第一学年	45	74	○	○
		B	作文書法	第三学年	33	69		○
		C	東洋事情		44	73		
1936年卒業生	卒業式後再試	D	国　漢	第一学年	30	65	○	
		E	訳　読		47	63		
		F	修　身		38	66		○
		D	商　数	第二学年	45	66	○	
		G	商業地理		40	63		
		E	国　漢		47	66		
		E	訳　読		43	66		○
		H	商　法		43	64		
	卒業式前再試	I	英　作	第三学年	47	64		
		J	会　話		48	71	○	
		K	会　話		48	64		
		L	会　話		48	69		○
		E	会　話		43	63		
		E	経　営		32	63		
		M	景気変動		0	64	○	

出所）　和歌山高等商業学校『推薦文書処理簿』。

注）　○はありを意味する。就職相談部による推薦は『推薦文書処理簿』に判明つくものに限る。氏名は略称。

に推薦された寿製作所に採用され，生徒Bは11月に推薦された阪神ゴム製造所に採用された[312]。このように，成績不振者が就職相談部の推薦対象者となっていたことを確認しておきたい[313]。

　今までみてきたように，企業の求人枠を超える希望などの推薦先を割り当てる必要があった場合，校内選抜が行われる。校内選抜の評価基準は，成績のみならず生徒の「素行」，欠席状況，部活動での成果などの成績以外の側面も考慮された。

(3)　小樽高商の場合

　同じ官立高商である小樽高商には，生徒の就職に関する「生徒銓衡表」「人物銓衡表」「人物考定表」が残されている[314]。これら史料には，各年次の生徒の就職志望に加えて生徒の「性格」「学業成績」などが記載されている。「応接

者」を記載する箇所があるため，生徒に面談した上で「応接者」の判断で生徒の「性格」などが記載されたと考えられる。

1917年の「生徒銓衡表」には，①族籍・氏名，②兵役・年齢，③家庭，④学業成績，⑤特技学科，⑥筆跡・文材，⑦短所，⑧健康・運動，⑨動作・容姿・言語，⑩性格，⑪卒業後希望を掲載する項目があった。

「生徒銓衡表」は1930年から「人物銓衡表」となった。「人物銓衡表」の項目は，①氏名，②族籍・住所，③生年月日，④出身学校，⑤兵役，⑥入学前の職業，⑦家庭，⑧家の職業，⑨体格体質，⑩算盤・筆跡・文才，⑪英語能力，⑫第二外国語，⑬特長学科，⑭短所，⑮趣味宗教，⑯習癖，⑰運動，⑱容姿・動作言語，⑲勤情，⑳性格，㉑希望の職業，㉒希望地方となった。「生徒銓衡表」との違いは，学業成績欄が消えたこと，⑪，⑫の語学能力の欄，⑮の趣味宗教，⑯の習癖，⑲の勤情が新設されたことを特徴とする。

「生徒銓衡表」は1938年から「人物考定表」となり，生徒に対する調査項目も拡充された。すなわち，「人物考定表」の項目は，①氏名，②本籍，③家長住所，④生年月日，⑤居所，⑥入学年月日，⑦出身学校，⑧家業，⑨家庭，⑩家庭批評，⑪性格，⑫素行，⑬思想，⑭勤情，⑮役員，⑯宗教，⑰趣味，⑱運動，⑲長所，⑳短所，㉑飲酒・喫煙，㉒健康，㉓体格，㉔態度，㉕言語，㉖動作，㉗兵役，㉘特殊技能，㉙優れたる学科，㉚研究題材，㉛学業成績，㉜人物特徴となった。

「生徒銓衡表」と「人物銓衡表」では面談者が自由に記載していたが，「人物考定表」の性格，素行，思想，勤情，健康，体格，態度，言語，動作，人物特徴は，次にみるように，あらかじめ記載された項目を面談者が選択する形式にかわった。

性格：重厚　着実　正直　怜悧　剛毅　大膽　温良　温順　純朴　明朗　快活　内気
　　　真摯　真面目
素行：方正　優良　佳良　不良
思想：正順　穏健　堅実　不純
勤情：精勤　勤勉　精励　普通
健康：頑健　強健　壮健　普通　虚弱
体格：偉大　長身　肥満　中肉　中背　倭小　繊細
態度：厳正　荘重　堂々　卑屈

162　第Ⅰ部　戦間期の学校と企業

言語：明晰　多弁　流暢　早口　不明晰　吃音
動作：沈着　機敏　活発　緩慢　鈍重
人物特徴：感微性　熱情的　進取的　努力家　調和性　統御力　責任感　正美感
　　　　　忍耐力　研究心　決断力　実行力　気概アリ　几帳面　社交的
　　　　　世話好き　信頼スルニ足ル人物

小樽高商の事例から明らかになることは，生徒の銓衡が学業成績のみならず多面的要素で判断されたことは，就職において高商が「人物本位」を企業に求めていたことと一致する[315]。

第**6**節　企業の銓衡

(1)　就職先の特徴

就職相談部より推薦を受けた多くの生徒は，企業の面接によって採否が決まっていた。以下では，企業の銓衡の動向をみたい。

表7-9には，1935年時点での1926〜34年の和歌山高商の卒業生のうち，4人以上が雇用されている企業（団体・機関）が掲載されている[316]。10人以上の卒業生を雇用している企業は，満洲国（実業部など）・大阪市役所・三和銀行・日本生命保険・大阪市電気局である。総計574企業のうち卒業生6名以上雇用する会社11社（1.9%），5人を雇用する企業は9社（1.6%），4人19社（3.3%），3人25社（4.4%），2人56社（9.8%），1人454社（79.1%）であり，和歌山高商の卒業生の就職先は特定の企業に集中する傾向になく広範囲に及んでいた。したがって，「先輩が，差支へのない限り，採否について便宜を計って呉れる」「旧卒業生は新卒業生の為に直接，間接に厚意を寄せ」ることなどが指摘されていたが[317]，こうした卒業生の役割は限定的であったといえよう。

就職相談部が設立される以前，すなわち，学校の就職への介入がなかった1926〜31年において，卒業生を毎年にわたり継続的に雇用している企業は存在しない。就職相談部の設立以後の1932〜34年においても表7-9に示されている大阪逓信局のみが各年の卒業生を採用しているにすぎない。1932〜34年において，卒業生が雇用される187社のうち，和歌山高商出身者が1人のみの企業は153社（81.8%）に及んだ。このことは，就職相談部が設立された以後も和歌山高商と企業とが就職において長期継続的な関係を築いていなかったこ

第7章　高等商業学校の就職斡旋活動　163

表 7-9 和歌山高等商業学校における生徒の就職状況

(人)

就職先名	1927~34年の卒業生の就職先	1926	27	28	29	30	31	32	33	34	1934・35年卒業生の採用先
1 満洲国	17			2	5	3	1	4		2	
2 大阪市役所	16	7			1	3	2		3		1
3 三和銀行	14	7	2	1	2			1	1		
4 日本生命保険	12		2	2	5	2			1		
5 大阪市電気局	10	1		1		3	2		2	1	
6 愛國生命	7	3	3		1						
7 松坂屋	7	1	1	1	2		1	1			
8 大阪逓信局	6		1			2		1		1	1
9 大阪鉄道局	6		1	1	2	2					1
10 三井物産	6		1	1	1				2		1
11 南満洲鉄道	6	1	1			1	1		1		1
12 青木商店	5						1		1	3	1
13 大倉商事	5	1	1	1			1	1			1
14 大阪毎日新聞社	5	1			1		2		1		
15 川崎第百銀行	5	2	2	1							
16 共同火災保険	5	2			1	1					1
17 堺化学工業	5				2	1	2				
18 日本海上保険	5			2	1				2		
19 不動貯金銀行	5			2	1		1	1			
20 和歌山市役所	5			1	2		1	1			
21 石原産業	4		1	1			1				
22 伊藤忠商事	4				1	1		1			
23 大阪瓦斯	4	1	2						1		
24 大阪商船	4		1		1				1		
25 神戸海上火災保険	4				2				1		1
26 神戸税関	4							3	1		
27 國際運輸	4		1		1				2		
28 住友銀行	4	2	1								1
29 第一銀行	4				1		1		1	1	1
30 髙島屋	4			1		1					2
31 東洋棉花	4					1	1				2
32 南海晒粉	4		1					2			1
33 日本銀行	4	1	1	1					1		
34 日本動産火災保険	4				2		1				1
35 野村銀行	4	2				1		1			1
36 富士洋紙店	4		1				2				1
37 扶桑海上火災保険	4		1		1				1		1
38 明治生命保険	4		2		2						1
39 門司鉄道局	4	1	2			1					

出所) 和歌山高等商業学校『学校一覧』1935年。和歌山高等商業学校『推薦文書処理簿』。
注) 総計は574企業。

とを物語っていよう。

表7-9における1934・35年卒業者の採用先に目を転じれば，卒業生が4人以上雇用されている企業に採用された者は12人にすぎない。したがって，多数の卒業生が働く企業ほど卒業予定者の就職する機会が大きいとはいえない。このことから卒業生による「便宜」は限定的であり，就職において企業と学校とが密接な関係があるとはいえないだろう。

このように就職相談部設立以後の和歌山高商には，菅山（2011）で指摘された学校と企業とのリンケージは存在していなかった。このことから以下でみる企業の銓衡が重要な意味をもってくる。

(2)　銓　　衡

すでに言及したように，就職相談部の推薦した生徒の一部が銓衡（面会）を受けずに採用されたにすぎず，多くの生徒は企業の銓衡を受けて採否が決まった。このことは土岐教授が「推薦されたものは必ずしも採用されるとは限らず，学校側も推薦される学生達も左程易々とは行くものではない」と述べていることからも裏づけられる[318]。

はじめに企業側の採用に関する見解をみたい。1932年に実業之日本編纂部が主催した「就職問題座談会」において，第一生命，大日本製糖，安田保善社，帝国生命，三越，三菱合資の人事担当者が採否を決定する要因として「成績」「人物」「体格」「家庭関係」「紹介者」を挙げている[319]。

成績が「相当重大に考慮」された三菱合資では，成績表によって面会する者を選定し，面会では「人物本位」で採否を決めた。この座談会において，採否の重要な要因として成績を否定する企業はなかったものの，健康状態を意味する「体格」に関しては面会の時点から変化するので意味がないという見解があった。ただし，「家庭関係」による採否の判断に関しては，銀行ではこれを重視するという見解があり，具体的には，安田保善社が金銭的問題から「ムタクチャな，手段を選ばぬ方法で苦学をしたやうな人」を避けると述べていた。他方で，「紹介者」に関しては，帝国生命は採否の重要な要因として挙げたが，他の企業はこれを採否の決定要因とはしなかった。

つぎに学校側の銓衡についての見解をみたい。面会における採否は，「八割まで，成績のよい者がよいが，健康で，頑張りが利けば，成績は悪くとも，採

つて貰へる」「成績を第一とはしないが，健康も同程度，一見して，人物も同じ様だ，と矢張り，標準がないから，成績で決める」「成績のいい者は，大体に於いて，間違ひはない」「他に，めやすがないから，『優』が半分以上で，席次が三分の一位と，指定して来るものもある」と和歌山高商の花田校長と土岐教授とが言及するように，成績によって決まるという認識があった[320]。

　しかし，企業が成績を採用の基準とする方針を学校は問題視していた。1934年に公表された専門学校の校長の就職に関する見解が示されている表7-10によれば，「情誼」や「縁故」，さらには「成績」や「席次」ではなく，「人物本位」の採用を企業に求めている学校が多いことが分かる。

　さらに，銓衡を受ける生徒からみれば，採否は偶然や運によって決まる側面があると考えられていた。例えば，和歌山高商の生徒がいうように，「小包をあけよ」という面接試験において，丁寧に開けた生徒が不採用となり，「ぶつりぶつりと切り捨て」て開けた生徒が採用となったり，面接において，理路整然と質問に答える生徒が不採用となり，有名テニス選手との試合に勝つと豪語した生徒が採用されたりした[321]。この内容の真偽は定かではないが，少なくとも生徒にとって成績の良いことと採否は無関係であると認識されていた。

　このように企業が成績を評価しながらも「家庭関係」を含めた多種多様な要素で銓衡する方針に対して，学校は「人物本位」の採用を求めていた。また，企業側の不明瞭な基準は，生徒からみれば，偶然や運による採用決定という印象を植えつけていた。

　成績と就職との関係を明らかにするため，1940年卒業生の事例をみておきたい。いま一度，前掲表7-7によって成績順位・総得点順位と就職先との関係をみれば，成績第1位伊藤忠商事，第2位三井鉱山，第3位日本窒素肥料となっている。成績を80点で区切れば，それ以上の者の就職先とそれ以下の者の就職先には重複する企業があった[322]。例えば，成績80点以上において伊藤忠商事1人，三井鉱山2人，日本窒素肥料3人であったが，80点以下においても伊藤忠商事1人，三井鉱山3人，日本窒素肥料1人が存在した。日中戦争による労働供給の逼迫によって，この時期の卒業生が大企業に就職する機会が増えたものの，少なくとも成績の良い順に特定の企業へ就職することはなかったといえる。さらに，1938年卒業式において総代を務めた生徒の就職先は日立製作所であり[323]，40年卒業生の成績第1位の者が就職した伊藤忠商事とは異

表 7-10　高等教育機関の学校長の就職に関する見解

学　校　名	学校長の見解
長崎高等商業	実業界の人も進んで学校を訪問し人物採用上の打ち合わせをされたし。
名古屋高等商業	実業界の人物選択方針が往々学業成績のみを偏重する嫌あるを惜しむ。
東京高等商船学校	不満なし
彦根高等商業	情実を排し人物本位，能力本位にて採用せられたし。席次等に過当の重点を置かぬようにせられたし。
東京高等蚕糸学校	学業成績特に席次に重きを置くは適任者を得る適法にあらず。
鳥取高等農業	情実に流れず適材適所の方針を励行せられんことを望む。
桐生高等工業	学校長の推薦に重きを置き採用試験を廃することを望む
熊本高等工業	技術者採用詮衡にあたり，性能検査の外に，主旨の那邊にあるかを首肯し難き程度の学科試験を課せられる向きあり，此点考慮を煩はしたし。
鹿児港等農林	余りに学業成績殊に席次に拘泥する事。
金澤高等工業	採択には極めて情誼を排し，人物特に人格を主とし学業成績を次とされたし。
京都高等工芸	学校の種別により差別的待遇甚しき憾あり。
長岡高等工業	各校より書類を徴し，いつ迄も詮衡されざるか，詮衡後いつ迄も採否不決定の為，種々の混風遺憾を感ずる場合多し。
徳島高等工業	単に成績のみに依らず適材適所の方針に依り採用されたきこと。
横浜高等商業	縁故情誼を排し，学業成績に偏せず，人格，健康を参照し，特に学校の内申を信用されたし。学校側に於ては内申を慎重にすることは勿論である。
千葉高等園芸	人物とその才能とに重きを置かず，卒業時の席次に重きを置きすぎる習慣を改めたし。
小樽高等商業	人物，学業，健康に於て優秀，而かも就職を急ぐ人が時に職を得ず，反て萬事に於て比較的劣勢なるものにして権勢ある家庭の人が良好の地位を得る点は自然にして無理もなきことながら，思想上面白からざる反響なきかを憂ふ。
三重高等農林	待遇は人物才能の如何に依り高下を付すべきものなるに，学歴のみに依り初任給に等差を設くるは不合理のことと思う。

出所）『産業と教育』第 1 巻第 4 号，1934 年。

第 7 章　高等商業学校の就職斡旋活動　167

なっていた。成績と就職先との強いつながりはなかったことになろう。

　重要なことは、表 7-10 の横浜高商の主張にみられるように、縁故を排し学業成績に偏らず、人格、健康を参照した「内申」を企業が信頼し、採用するように求めていることである。すでに言及したように、和歌山高商では、学業成績に加えて部活動などが加味されて生徒の評価がなされた（前掲表 7-7）。学校が「人物本位」の採用を企業に求めていたのは、こうした生徒の評価基準に基づいた要求であったといえよう。

第7節　結　語

　就職相談部設立以前の和歌山高商では、校長が生徒の就職に関わることがあったものの、制度的に就職斡旋活動がなされていなかった。昭和恐慌期の高等教育を受けた者の就職難を契機として、1932 年に就職相談部（設立当初は就職相談委員会と呼ばれる）が設立された。

　その後は、和歌山高商の新卒者を雇用したい企業は、就職相談部に依頼をして推薦を受けた。学校から推薦された生徒の多くが企業の銓衡を通して採否が決まり、学校からの推薦のみで企業から採用された事例は少なかった。したがって、戦間期の高商は、刈谷（1991）で言及された企業が職業選抜を学校に委ねる形態ではなかったといえよう。

　定員枠が設けられていた推薦には、採否が決定するまで新たな推薦を行わない1人1社主義の原則が守られた。現存する史料からは和歌山高商における推薦者を決定する校内選抜のあり方が分からなかったが、さまざまな史料を利用することで、成績のみならず生徒の「素行」、欠席、部活動での成果などの成績以外の側面も考慮されたことがわかった。他方、小樽高商の史料からは、生徒の銓衡が学業成績のみならず多面的な要素が考慮されたことが明らかとなった。

　しかし、重要なことは、採否を決定するのは企業であったことである。また、和歌山高商では人材に関わる企業と学校との長期的な取引関係はなかった。この点に関しては、菅山（2011）で結論づけられた「学校の推薦をかなりの程度尊重していた」ケースとは異なる。学校や生徒からみれば、企業の銓衡による採否は不透明な部分があったため、「人物本位」を求める学校との離齬

168　　第Ⅰ部　戦間期の学校と企業

をきたした。この意味において，就職相談部の活動は，学校の求める姿で機能していなかった。

　和歌山高商の就職斡旋活動は，大森（2000）で言及されたように，企業が生徒を選別する費用を学校が負担するという取引コストの削減にその意味を見出すことができる。学校が企業の費用を負担した理由は，生徒の就職機会の拡大を求めていたからであろう。しかし，昭和恐慌期の就職問題を発端としたものの，就職相談部の活動は，日本経済が好景気を迎えた労働需要の増大期に始まった。就職相談部の活動は，学校から職業への人材の効率的な移動を促す側面からのみでは理解できない。

　就職相談部の理事長の土岐教授は就職相談部の設立理由を「学生は若い，それに父兄にも，この方面に詳しい人もあれば，そうでない方もある。で，学校は，そう云ふ学生の為に，出来るだけ，誤りのない指導をしてやらうとの考へ」があると述べている[324]。だが，和歌山高商では，第5章でみたように，1931年には第2学年の生徒の同盟休校事件，生徒が共産党に関与して検挙される事件が発生し，32年には第2学年の生徒全員が体操の授業に出席せず教練査閲が延期になる事件が起こり，学校経営は困難を極めていた。これに鑑みれば，学校の意に反すれば推薦しないという学校の生徒管理が就職相談部設立・運営の背後にあった。学校が生徒の評価基準に「人物」を加えていたこともこうした内部統治の論理が存在したからであるとも考えられる。

第 II 部

戦時期の学校と国家

| 第8章 |

国民精神総動員運動と生徒の規律
―― 1937～40 年 ――

第1節　問題の所在

　本章の課題は，日中戦争期の国民精神総動員運動（以下，精動運動と略す）
を中心とした国民教化運動の展開に関して，和歌山高商の事例に基づいて検討
することである。具体的には，生徒の生活・行動・服装などに制約が加えられ
る規律化の実態を探る。

　第5章でみたように，和歌山高商では，1933年以降に試験における不正行
為などの学校規則に違反する行為に対する処罰が緩められた。こうした緩罰化
が進むなか1937年に勃発した日中戦争は，学校における精動運動の展開を余
儀なくした。

　精動運動についての先行研究を瞥見すれば，寺崎・戦時下教育研究会編
(1987)，荻野 (2007) の文部省の公文書，審議会文書などを利用した政策サイ
ドからの研究，小野 (1999) の集団勤労作業の組織化・普及に関する研究など
がある。

　だが，文部省をはじめとした中央機関が決定した政策を個々の学校がどのよ
うに受け止め，どのように実施したかについては，十分に検討されていない。
1938年6月までの高等教育機関における精動運動の実施動向がまとめられた
『高等諸学校ニ於ケル国民精神総動員運動実施状況』によれば，諸学校におけ
る精動運動の実施状況が異なる。したがって，個々の学校における精動運動の

実施・展開過程を詳しく検討する必要がある。

　ところで，精動運動との関わりで重要なのは「修養」である。これは第6章でみた「教養」が旧制高校を主としたエリート層の求める特徴とすれば，「修養」はエリート層のみならず多くの社会階層に浸透していた精神的基盤であった。「修養」は明治30〜40年代に立身出世を目指す人々の間に浸透したとされる[325]。「修養」と「教養」の由来や両者の差異などについては多くの研究があるが[326]，「修養」には鍛錬などの「身体」を伴う人間形成がみられるのに対して，「教養」にはそれが不在であるという違いがある[327]。重要なことは，清水(1987)で論じられている「修養」と「錬成」とのつながりである。すなわち，平時に自生的に展開した「宗教的修行方式」の「修養」が戦時に国家権力に取り込まれて「道場型」の「錬成」となったという主張である。

　こうした研究動向を受けた本章の第1の課題は，高商において「修養」的生活がみられた寮と精動運動との関係を探ること，第2の課題は，精動運動の和歌山高商における実施過程を追うこと，である。本章の構成は，以下の通りである。第2節において寮における規律の動向を検討し，第3〜6節では各年度の精動運動の動向を追い，第7節で総括する。

第2節　寮における生徒の規律

(1)　「野村イズム」

　1923年に設立された和歌山高商の寄宿寮である励行寮の規律は，野村越三の生徒指導によってその基盤が整えられた。励行寮は生徒の自治によって運営されたが，1925年に野村が42歳で急死した後も，2年間の指導にすぎなかった彼の築いた寮の規律は，「野村イズム」として和歌山高商の寄宿寮に受け継がれていった。

　大分県佐伯郡佐伯町の斉藤家に生まれた野村は，幼年時代に野村家の養子となり，東京の独逸協会専門学校に入学したものの，在学中の病気で学業を断念した[328]。その経験から野村は，修養と精動運動とを重視するようになり，伊藤証信の無我苑，西田天香の一燈園で学び，姉の住む宮崎県延岡町において中学校の嘱託，青年団の顧問などを務めて青年の指導に従事していた[329]。延岡町では不良青年を感化することで有名な存在となっていた。こうした活動で名

表 8-1　励行寮の入寮・退寮者数

(人・%)

年度	前年度在寮生繰越 (A)	入寮 (B)	合計 (A+B)	退寮 (C)	在寮 (D)	卒業寮生 (E)	入学者 (F)	在寮率 D/(A+B)	入寮率 B/F
1923		102	102	80	22		165	21.6	61.8
24	22	95	117	98	28		169	23.9	56.2
25	28	80	108	73	35		144	32.4	55.6
26	35	80	115	91	24	6	177	20.9	45.2
27	24	38	62	30	32	8	165	51.6	23.0
28	32	47	79	47	32	13	154	40.5	30.5
29	32	42	74	30	44	7	143	59.5	29.4
30	44	58	102	77	25	17	157	24.5	36.9
31	25	45	70	38	32	13	159	45.7	28.3
32	32	50	82	60	22	3	157	26.8	31.8
33	22	41	63	21	30	3	162	47.6	25.3
34	30	65	95	40	36	4	156	37.9	41.7
35	36	61	97	45	29	11	178	29.9	34.3
36	29	57	86	29	25	2	168	29.1	33.9
37	25	62	87	28	17	5	178	19.5	34.8
38	17	63	80	43	21	6	172	26.3	36.6
39	21	102	123	87	17	2	160	13.8	63.8
40	17	106	123	77	31	6	215	25.2	49.3

出所）　酒井道夫編『励行寮二十年史』和歌山高等商業学校寄宿寮，1942 年，265 頁，269〜272 頁。
　　　入学者は和歌山高等商業学校『学校一覧』各年。

声を得た野村は，京都帝大の学生監によって招聘されたものの，それを辞退していた。野村の和歌山高商への採用は，この京都帝大からの招聘を友人から知った校長の岡本一郎が，舎監としてその職を野村に求めて実現したことにあった。

　ここで表 8-1 に示されている励行寮の寮生の動向をみておきたい。第 1 に，1923・39 年度のように入学者に占める入寮生の割合が 60% を超える年度もあるが，1923〜40 年平均でおよそ 40% である。第 2 に，年度末在寮生を年度初めの在寮生で割った在寮率は，40%，50% 台の年度があるものの，表中の全期間を平均すれば約 30% であり，とりわけ，在学期間である 3 年間を寮で過ごしたことを意味する表 8-1 の「卒業寮生」の数はきわめて少ない。したがっ

174　　第Ⅱ部　戦時期の学校と国家

て，以下で示す励行寮の規律は，和歌山高商の全生徒が実施していたわけでは
なかった。

　さて，禁酒，禁煙，丸坊主主義，自彊術（1916年に中井房五郎によって考案さ
れた体操法[330]）を特徴とする「規矩生活」と呼ばれた励行寮の規律は，野村が
生徒と密接に関わることで定着させたものであった。野村が『寮内新聞』によ
って寮のあり方に関する自らの見解を生徒に公表したものによれば，運動の推
奨を最も重視していた[331]。例えば，「性欲」については「運動に依つて之を転
換し昇華するにあります」と述べ，恋愛については「瞬間的に発動する一種の
情熱であるから，その成立も極めてお安い」といい，「高き人類愛に活きる事
盛に活発な運動をなし学生の本務に向つて緊張生活」をするように求めてい
る。また，「人間が希望の生活を迎へ，向上の生活を辿る時，そこに必ず緊張
した規律的な生活が起つて来る」と述べ，「わが自彊術は優秀な体育法である
と同時にそれは一の精神修養」であり，「集団意識を喚起し，気分を纏める」
点において野村は自彊術を重視していた。これに加えて，雨中マラソン，ふき
掃除，正座，冷水摩擦，禁煙，衣類の清潔などを挙げて，寮生活の規律化を求
めていた。

　こうした寮での厳格な規律が「野村イズム」として生徒に受容され，野村の
死後もこれが維持されたのは，生徒における野村の人柄への尊敬の情にあっ
た。和歌山高商の創設当初の入学生は原則として入寮が求められた。開寮当初
は酒を飲んで帰室する者や「ストーム」という寮生の風習などが頻繁にあった
が，野村は「つとめて寮生と接触」し，開寮から1年間は「規矩生活」を生徒
に求めることはなかった。後にすべての寮生が参加することになる自彊術につ
いても，野村と生徒との浴場での会話を契機として，1923年6月から早朝に
生徒有志によって始められたものであった。文学，音楽，政治などに造詣の深
い野村は，生徒との会話を重視し，「簡素な生活」についてなどの生徒の問に
寮務室で答えるのを常とし，野村の死後に「先生はほんとうに若人の友であっ
た。若人をはぐくみ育てるために，全てを投げ出されて居られた」という生徒
もあった[332]。日曜日は寮生と寮外ですき焼きをし，「病人等出ると殆んど我子
の病めるが如く徹夜で看護」するなど，生徒と寝食をともにした野村は「寮
父」と呼ばれるにふさわしい存在であった[333]。さらに，野村は，寮生への合
図にさまざまな玩具を用い，自作の「数え歌」を披露するなどのユーモアも持

ち合わせていた。

　1923 年 6 月に始まった自彊術に次いで励行寮では，「亀の子タワシ」の使用と水浴が始められた[334]。これは，堅固なタワシで皮膚を擦り「抹消神経を刺激」して「身体が丁度気持ちの好い暖かさ」となったときに冷水風呂に入るというものであった。自彊術の後には約 30 分間の座禅が組まれ，夜更かしの弊がある寮外生に対して，寮生は門限・点呼・消灯時間を規定され，とりわけ午後 10 時に就寝して午前 5 時にラッパの音で起床することとなった。「形整ふことに依り手心整う，心整へば形自ら整ふ」ということから，寮の内外で袴着，入浴の際に衣類をたたむ，スリッパを揃える，自室の掃除が行われ，「四這生活をするのも健康を保持増進する為に必要」という観点から廊下などのふき掃除が始められた。さらには，健康に弊害があるという点から禁酒・禁煙が実施され，「超然主義が一番堅実な態度である」ということから，長髪から「丸坊主」へと変わった。この他には，日曜日は山や川，海辺に赴く「ワンドルング」（ハイキング）を行った。

　開寮 1 年目のこうした寮の規律に寮生への強制は伴わなかったが，開寮 2 年目，すなわち 1924 年 5 月から自彊術がすべての寮生に義務化され，先で示したすべての規律が寮生によって行われることになった。1925 年 4 月の野村の死後も自彊術をはじめとした開寮 1 年目に実施された規律は，和歌山高商の教授（哲学・ドイツ語）で寮務課長を兼ねていた橋寺太郎の下で継続されることになる。野村とともに開寮 1 年目から寝食をともにしたこともある橋寺は，京都帝大卒業したのちに西田幾多郎の下で学び，座禅を励行寮に普及させた人物であった。

　1924 年に寮生が申し合わせた次にみる「不文律寮内風紀」は，橋寺を中心に実行された[335]。すなわち，①禁煙，②散髪（丸坊主），③襟巻廃止，④酒掃（とくに 1 週 2 回ずつ，生徒自ら廊下を拭ふ）・4 月中 1 週間の清潔整頓週間を設けること，⑤外出時は必ず制服制帽を身に着けることが寮生には求められた。1926 年に「日直制度」が設けられた折の時間に関する規律をみれば，5 時半に起床して 5 時 40 分に自彊術を始め，15 時半から運動を行い，19 時から私語を禁止する静粛時間が始まり，21 時半に点検し 20 時消灯することとなっていた。日直はこの時間をラッパ，ベルなどで知らせる役目を担った。また，1924 年には，「隊伍整然行軍」した「磯の浦行軍」，第三高等学校との弁論大会，「全

国的無酒デー」の宣伝のための「提灯行列」などの寮内行事がなされた[336]。

(2) 1929年以降の寄宿寮の規律

開寮1，2年目に形作られた「野村イズム」は，1929年から改革がなされる。「規矩生活に対する数度の批判会」が行われた1929年には，夏期起床6時半・消灯23時，冬季起床6時半・消灯23時半，自彊術を自由にする，室内と風呂・便所に行く際に袴の付着用を認める，共同生活に弊害を及ばさない限りで娯楽を許可する，午後3時半の運動を自由にすることになった。1931年には娯楽室が設けられ投球盤，将棋，碁，トランプが認められた。1933年には，水曜と土曜の消灯時間を廃止し，木曜・日曜・祝祭休日の自彊術を休止することになった。さらに，寮の行事に関しては，「団体的生活は，一見厳粛に過ぎるかの感があるので，これにうるほひを与へる意味に於て，又団体的修養訓練の一端として，種々の行事をなし，且各自任意の催物を適宜行ふことと」なった。このように前述した1926年の寮生が行っていた規律と比べれば，29年以降の規律は軟化していたといえよう。

だが，こうした規律の改正に反して，「冬になると問題になるのは自彊術」であり，道場に赴く際にシャツの着用が認められるなど，修正された「野村イズム」に不満をもつ寮生も存在した。1938年には，「寮生の道即ち励行寮精神を自ら得て以て自己を磨かんとする真摯なる心の持主のみによつて寮生活は行われた」といわれ，一時は在寮生が30人になったように，「野村イズム」に賛同する生徒によってのみ励行寮は運営されるようになった。この頃の寮生たちは，「修道院の坊さん」にたとえられることがあった[337]。また，1939年の『寮内新聞』に執筆した生徒は，禁酒・禁煙，自彊術，大掃除などの寮の規律に「自ら鞭を甘受する覚悟でなくてはならぬ。心から喜んで鞭をうけとる勇気がなくてはならない」といい，「我々の意志は身体と同様鍛錬すれば或程度強くなる」述べている[338]。

野村が励行寮に築いた規律は，1930年代前半には一部の生徒のみによって信奉されることとなり，こうした背景の下で国民精神総動員運動は始まった。

第8章　国民精神総動員運動と生徒の規律　177

第*3*節　1937年度

(1)　国民精神総動員運動の始動

1937年8月24日に閣議決定した精動に関しては，文部省より和歌山高商へ9月10日付で通達されている[339]。この文書には，「日本精神ノ発揚ニヨル挙国一致ノ体現，並ニ非常時財政経済ニ対スル挙国的協力」が目的とされ，「本旨ハアクマデモ実践」にあることが記載されている。具体的には，閣議決定した内容が記載されている『国民精神総動員実施要綱』に添付された『国民精神総動員実践事項』に準拠して運動を実施することが学校に求められた[340]。

『国民精神総動員実践事項』をみれば，日本精神の発揚を主目標とし，(1)社会風潮の一新，(2)銃後の後援の強化持続，(3)非常時経済政策への協力，(4)資源の愛護が運動目標として掲げられている[341]。(1)～(4)の運動目標には，細目標が挙げられ，個々の細目標には実践細目が提示されていた。これは（括弧内は実践細目），(1)の細目標が①堅忍持久の精神の涵養（不動の精神の鍛錬，必勝の信念の堅持，対敵心構への訓練），②困苦欠乏に堪える心身の鍛錬（勤倹力行，生活の刷新，享楽の節制），③小我を捨てて大我に就く精神の体現，④各人の職分恪循，(2)が①出動将兵への感謝および銃後後援の普及徹底（派遣軍人家族慰問，家業幇助，殉国者慰霊，家族慰問，家族幇助，銃後後援献金献品），②隣保相扶の発揚，③勤労奉仕（奉仕事業の促進，共同労作に依る生産力の維持）であった。(3)は，①勤労報国，②労資協力，③利益壟断の抑制と暴利抑制，④国債応募勧奨，⑤冗費節約貯蓄奨励，⑥国際収支の改善（国産品使用，輸入品使用制限，国産代用品の使用）であった。細目標のない(4)の資源愛護については，実践細目（消費の抑制，代用品の使用，廃品の蒐集提供，発明創造，資源の蓄積，国防資源の献納）のみであった。

さらに，1937年10月6日付の文部省実業学務局長名で送付された【史料一】の内容を留意の上，「適切ナル計画ヲ樹立」することが求められた[342]。

【史料一】

一，高等教育機関ニアリテハ，将来国家社会ノ指導的人物ヲ育成スルノ重大使命ニ鑑ミ，克ク本運動趣旨ニ徹シ，挙校一致之ヲ実践ニ於テ具現スベク適

178　第Ⅱ部　戦時期の学校と国家

切ナル方策ヲ講ズルコト

二，今次事変ノ意義ト帝国ノ態度トヲ開明シ，東亜ニ於ケル帝国ノ重大使命ヲ
確認セシメ，以テ時局ニ対処スベキ確乎タル決意ヲ固メシムルコト

三，本運動ノ実施ニ当リテハ，平常ノ授業其ノ他ノ施設ヲ通ジテ其ノ趣旨ノ徹
底ヲ図ルト共ニ，学校内諸団体ニ対シテモ適切ナル指導監督ヲナシ，之ガ
積極的活動ヲ促スコト

四，学生生徒ノ心身ヲ鍛錬シ，団体的生活ノ訓練ヲナスハ，非常時局ニ処スル
ニ極メテ緊要ナルヲ以テ，其ノ具体的方途ヲ樹立実行スルコト

五，高等教育機関ノ施設ガ，一般国民ニ対シ指導的影響ノ甚ダ大ナルモノアル
ニ稽ヘ，適切ナル社会教育的施設ヲナスト共ニ，進ンデ他ノ実施機関ト連
絡連携シ，本運動ノ全般的貫徹ニ力ムルコト

六，派遣及応酬軍人其ノ家族及遺族ニシテ，学校ニ関係アル者ニ対シテハ，之
ガ慰問幇助慰霊ニ関シ，満遺漏ナキヲ期スルト共ニ，学校外ノ後援ノ強化
持続ニ力ムルコト

七，今次事変ニ際シ，国民思想ノ統一ヲ図ルハ極メテ緊要ナルニ鑑ミ，矯激ナ
ル思想運動ノ潜入ヲ厳ニ戒メ，特ニ学生生徒ノ思想行動ニ関シテハ之ガ指
導監督ヲ懈ラザルコト

八，高等教育機関ハ，其ノ種別ニ応ジ資源ノ開発ト蓄積トニ関スル学術的研究
ノ重要ナル使命ヲ負フベキモノナルヲ以テ，非常時局ニ当リテハ特ニ此等
研究ノ拡張及統合ヲ図リ，各種奨学機関トノ連絡ヲ強化スル等適切ナル方
法ヲ講ジ，益々研究ノ促進ト完成トニ力ムルコト

九，実業専門学校及之ニ類スル学校ニアリテハ特ニ左ノ点ニ留意スルコト

（イ）　非常時国家経済ニ関スル認識ヲ深メ，産業報国ノ念ヲ一層鞏固ナラシ
ムルコト

（ロ）　実習工場，農場等ノ活用ニヨリ非常時生産ヘノ協力ニ関シ，可能ナル
計画ヲ樹立シ，外部ヨリ注文アル機会等ヲ利用シテ之ガ訓練ヲ行フコト

（ハ）　学校ノ種別ニ従ヒ，地方ノ実情ニ応シ，公共団体応酬家族等ニ対シ，
労働力ノ不足補充又ハ生産力維持及増加ニ関スル労作ニ協力スルコト

⑵　和歌山高商における国民精神総動員運動の実施

和歌山高商では，1937 年 9 月 10 日の『国民精神総動員実施要綱』の通牒に

際して，職員と生徒を講堂に集めてその主旨と指導方針が説明された。この運動の実施については，9月24日に開催された「打合会」において，生徒指導主事案として，①「奉仕デー」，②「時局講演会」，③和歌山高商開校一五周年記念式に精動運動の理念を実現する行事を折り込むことが提出され，10月6日の教授会において，④「粗食デー」が提案された[343]。このうち①と③については実現せず，とりわけ，①「奉仕デー」については，この会議では「具体案まだ成らず」という結論に至った。実現したのは，②「時局講演会」と④「粗食デー」であり，②については，和歌山高商教官の輪番制の「特別講義」が行われた。④については，「冗費節約及貯蓄奨励」として毎週月曜日を「粗食日」と定め，職員・生徒が昼食を10銭以内とし，「戦場ノ苦労ヲ偲」び節約した金銭を積立てた。なお，この積立金218円を12月に「実業学生号飛行機」の献納の資金として寄付した[344]。

　1937年10月26日の教授会では，【史料一】の内容の実施が検討され，「学生に時局を認識せしむること」と「心身鍛錬」とが活動の主軸とされることになった。

　時局の認識・普及に関しては，「授業ヲ通シテ国民精神総動員ノ趣旨徹底ヲ計ル」こと，「校内各団体ニ対スル適切ナル指導監督」をすることが決定した[345]。具体的には，「特別講義」に加えて，「生徒ノ時局ニ対スル認識ヲ徹底セシメンガ」ため，識者を招聘した講演会が開催された。

　1937年10月28日の教授会では，「運動をやるものと読書をするものと偏れるを感ず。運動デーと読書デーを設けて全学生をそうさせ」てはどうかという意見がでたが，同時に「身体ノ弱キ者ニハソノ原因ヲ調べ予防ヲ講ジ，健康増進ノ方法ヲ講ゼラレタシ」との見解も出ていた[346]。「読書デー」は，「心身鍛錬」を生徒に実施させるという趣旨のもとで実現することはなかったが，同様に「心身鍛錬」の具体的活動内容についても定まっていなかった。

　ところで，寮に関しては，「元々質実剛健なる精神涵養の目的をなして居る関係上，時局には対処するような殊更新しい行動をとって」いないと10月28日の教授会で報告していた。注目すべきは，『国民精神総動員実施要綱』に対する和歌山高商での実施項目の1つであった「粗食デー」が，【史料二】に示されている「粗食日」として寮で実施されていた規律と同一であった点である[347]。

【史料二】
一，禁酒，禁煙，丸坊主主義を厳守して居ります
一，朝は六時起床，裸体の儘道場にて自彊術を行う
一，部屋，廊下及便所等々は自分等で掃除す
一，月曜日を粗食日に当て，沢庵或は梅干のみにて三食を摂る
一，寒中マラソンを勉めて頻繁に挙行し，体位向上及び忍耐力，克己心の養成
　　に当てる

　「粗食日」に加えて，「禁酒」「禁煙」「丸坊主」「掃除」という寮生活におい
て生徒に義務化されていた項目も，後述するように，精動運動の進展とともに
和歌山高商で実施された。和歌山高商における精動運動は，寮の規律を学校に
取り込みながら進展していく。

(3) 運動週間

　精動運動では，国民レベルでの運動週間が実施された。1937年10月13〜19
日の精動強化週間は，「事変ノ意義ト国民ノ覚悟」を図ることを目的とし，具
体的には「生活刷新ノ一般的項目ノ決定通知」「『週報』特輯号ノ発行」「ポス
ター・ビラノ作成配布」「各種講演会等ノ講師斡旋」から成り立っていた[348]。
さらにラジオを通して，音楽-国歌-遥拝-講話-ラジオ体操からなる「国民朝礼
ノ時間」が午前8時から20分間設けられた。和歌山高商がこの運動週間にお
いて文部省より求められたのは，「適宜最モ有効ナル施設ヲ全面的ニ強力ニ実
施」することであった。直接的な活動としては，和歌山高商では10月17日に
皇運の隆昌と将兵の武運長久を祈願するため職員と生徒一同が日前宮をはじめ
とした和歌山県下の神社を参拝したことが挙げられる[349]。なお，12月13日に
おいても「南京陥落ニツキ神国ノ加護ヲ感謝スベク」神社への参拝をしてい
る。
　次いで1937年11月10日〜11月16日には，国民精神作興週間が設けられ
た。この運動週間の目的は，「国体ノ本義ヲ明ニシ日本精神ノ体現ヲ期スルコ
ト」であり，「質実剛健」「生活反省」「勤労報国」「勤倹貯蓄」が実践事項とさ
れた。具体的には，精動中央連盟において，週報の発行，パンフレットの作
成，講演会開催，講演会講師派遣を行った。和歌山高商では，この期間に講演

第8章　国民精神総動員運動と生徒の規律　181

会を開催していた。

1938 年 2 月 11 日から 1 週間にわたって，精動第 2 回強調運動週間が始まったが，和歌山高商では，「試験前ノ事ニテ別段ノ行事ヲナサズ」ということになった[350]。

第**4**節　1938年度

(1)　国民精神総動員運動の実施

日中戦争の深化に際して「一般国民ノ認識ヲ深メ」「八紘一宇ノ大理想ノ下ニ帝国初期ノ目的達成ニ邁進セシムル」ことを目的とし，『昭和一三年度ニ於ケル国民精神総動員実施ノ基本方針』が出された[351]。重点がおかれた実践事項としては，①国民貯蓄・国債応募の徹底，②消費節約の励行・回収代用品の使用励行，③原始産業資源の培養と開発，④戦死者遺族・出征軍人家族などの後援，⑤科学振興・科学の実際的応用，⑥労資協調，⑦自治奉公，⑧国民体力の向上・心身一体の鍛錬，⑨集団的勤労奉仕が掲げられた。この内容は，実践事項が限定されているものの，1937 年に閣議決定した『国民精神総動員実践事項』を踏襲するものであった。

和歌山高商では，前年度に具体的方針が定まらなかった「奉仕デー」に関して，「集団勤労作業実施ノ件」として 1937 年 6 月 30 日の教授会で議論された[352]。6 月 30 日にこれらが議論されたのは，1938 年 6 月 9 日に文部次官通牒の『集団的勤労作業運動ノ実施ニ関スル件』，6 月 24 日に「登山，長距離行軍」「集団的勤労作業ノ奨励」「武道水泳ノ奨励」などの実施が求められた『国民心身鍛錬運動要綱』が決定されたからだと思われる[353]。「砂丸招魂社」の建設を生徒に手伝わせることもこの教授会で提案されたが，実現したのは，今まで校内の掃除をしていなかった生徒が週 1 回，教室の大掃除を行うことであった[354]。8 月 30 日の教授会においても，他学校の集団勤労奉仕の実施内容について報告されたものの，和歌山高商では掃除をすること以上の勤労奉仕が具体化しないまま夏期休暇に入った。したがって，8 月 1〜20 日を運動期間とした国民心身鍛錬運動は，夏期休暇のため和歌山高商では実施されなかった。これは 10 月に入ってようやく実施され，「橿原神宮建国奉仕隊」として 3 日間に学年ごとに整地作業を行った[355]。

182　　第Ⅱ部　戦時期の学校と国家

(2)　運動週間

　1938 年 7 月 22 日に通達された『国民教化運動ニ関スル宣伝実施基本計画変更ニ関スル件』では，運動週間の問題点を認めた上で運動の集約化を図った[356]。すなわち，「相次グ週間運動ニ忙殺セラレ，之ガ本来ノ趣旨ノ徹底ヲ欠キ，徒ニ労力及資源ノ濫費ニ終ル場合少カラズ」とされ，物資節約，貯蓄奨励，生活刷新，生産増進を含む経済戦に関する運動週間を実施するとともに，前述した国民心身鍛錬運動の他に，銃後後援強化運動と国民精神作興運動とを実施することとされた。

　1938 年 11 月 7 日から 1 週間実施された国民精神作興週間では，「国民精神作興ニ関スル詔書」と事変 1 周年を際して「国家興隆ノ本ハ国民精神ノ剛健ニ在リ」という内容の勅語を校長が朗読する「奉読式」を行うこと，講演会などを開催すること，「支那事変乃至大陸経営」に関する展覧会と「長期建設ニ関スル研究会」などを開くことが学校に求められた[357]。和歌山高商では 11 月 7 日に校長の訓示を職員・生徒に行い，10 日に「奉読式」を行っていた[358]。この運動週間に展覧会・研究会は開かれなかったが，12 月 2 日に東亜研究会を組織している。

　1938 年 7 月 21 日と 12 月 15 日から 1 週間実施された経済戦強調週間では，生活の刷新，物資の節約，貯蓄の励行が求められた。12 月 15 日に始まるこの運動週間は，年末・新年に際して忘年会・新年会などの行事を控えること，衣類の新調を見合わすことなどが実践案として挙げられていた。和歌山高商で重視されたのは貯蓄の励行であり，教職員の貯蓄については，精動貯蓄報国強調週間に際して，1938 年 6 月に和歌山高商で貯蓄組合が設けられていた。1938 年 4 月 19 日に閣議で申し合わせされた『国民貯蓄奨励ニ関スル件』によれば，貯蓄は，巨額な国債の消化を図り，生産力拡充資金の供給を円滑にするため，「資本ノ蓄積ヲ図ルノ要アリ」とされ，国民所得が消費の増加に向かうのを食い止め，物資の不足と物価の高騰を抑える目的があった[359]。

　なお，1938 年 12 月に「国民精神総動員防火デー運動」が開催された。

(3)　銃後後援

　1938 年度には，出征軍人とその家族を慰問・支援する銃後後援が和歌山高商では積極的に実施された。10 月 5 日から 1 週間にわたって行われた銃後後

援強化週間では,「戦歿軍人ノ偉功ヲ偲ブト共ニ,傷痍軍人及出征軍人等ニ対スル感謝ノ念ヲ昂揚セシメ」るため,「慰霊並祈願」を含めた実施要項が挙げられていた[360]。和歌山高商では,この期間に生徒主事,校長などと生徒の代表者3名で3回の傷病将士の慰問を行った[361]。この他に5月に3学年が海軍記念日に参加し,7月に英霊追悼・出征将兵の武運長久祈願を行い,10月に武漢攻略に際して遥拝・黙禱式を開催し,武漢の陥落に際して神社に参拝した。

第*5*節　1939年度

(1) 国民精神総動員運動

1939年4月24日付で和歌山高商に通達された39年度の『国民精神総動員新展開ノ基本方針ニ関スル件』では,綱領として「東亜新秩序の建設」「国家総力の充実発揮」「奉公の誠」が謳われ,実施要項として①「皇国臣民として精神的団結を一層強固」にする,②「経済国策への積極的協力に努め」「物資の活用,消費の節約,貯蓄の実行,勤労の増進,体力の向上」に重点をおく,③「銃後後援の実を挙ぐる」ことが求められた。また,留意点には家庭生活における婦人の奮起協力,日常生活における「実践と修練」などが挙げられていた。

②に関しては,1939年4月17日に『昭和一四年度国民貯蓄奨励ニ関スル件』が文部省より通達されていた[362]。この通達は,国債消化と「日満支生産力拡充」のため国民に貯蓄奨励を促すものであった。和歌山高商ではすでに愛国貯金組合が設けられており,校長の給料より毎月30円,教授の給料より約5円をはじめとして,職員の貯蓄が行われていた。

(2) 『青少年学徒ニ賜ハリタル勅語ノ聖旨奉體方』

1939年6月21日付で文部省より和歌山高商に通達された『青少年学徒ニ賜ハリタル勅語ノ件』では,「校紀,教育指針並ニ,学徒各自ノ修養及日常生活ノ実情ニツキ深キ省察ヲ加ヘ」「聖旨ニ副ヒ奉ルベキ,実践的具体案ヲ樹テ速ニソノ実効ヲ挙グル」ことが求められた[363]。回答期限が6月末までとされたため,和歌山高商では6月23日に教授会を開催して,この件について校長より報告された。

184　第Ⅱ部　戦時期の学校と国家

和歌山高商では，1939 年 5 月 22 日に天皇名で通達された『青少年学徒ニ賜ハリタル勅語』について，「勅語奉読式」を開催し，修身の授業で生徒に勅語の複写をさせ，さらに自宅において毛筆で筆写させるとともに，生活の反省・改善点を記した文書を提出させていた[364]。文部省に回答した今後の「実践的具体案」としては，①入学式にこの勅語を朗読すること，②5 月 22 日の「勅語御下賜ノ日」に「奉読式」を開催すること，③授業・教練・武道・校友会の活動に勅語の精神で臨み，かつ「勅語御下賜ノ日」の前後に自己反省文を生徒に提出させること，④生徒は週番制で組の粛清・衛生・清掃の監督を自主的にすることが挙げられていた。

⑶『学校ニ於ケル夏期及冬季心身鍛錬ニ関スル件』

　文部省の前述した勅語の件には，学校における生徒の心身鍛錬の実施を求める『学校ニ於ケル夏期及冬季心身鍛錬ニ関スル件』が同時に通達されていた。この通達が示された【史料三】は，心身鍛錬の具体的方針について記されたものであり，今まで和歌山高商で模索されていた集団的勤労作業などが実施に移される契機となった。

【史料三】

学校ニ於ケル夏期及冬季心身鍛錬ニ関スル件

学校ニ於ケル夏期及冬季休業ノ実績ニ徴スルニ，往々予期ニ反シテ，学生生徒児童ノ心身弛緩ノ風ヲ馴致シタルコト少カラザルハ，遺憾トスルトコロナルノミナラズ，刻下大事変ニ直面シ，戦線将士ヲ初メ国民挙ゲテ昼夜ヲ分タズ奉公ノ赤誠ヲ致シツツアルノ秋将来国運ノ負荷ニ任ズベキ学生生徒児童ガ，独リ業ヲ休ミ暑寒ヲ避クルガ如キハ修養ノ真義ニ悖リ且ハ国民精神ニ副ハザルモノト存ゼラルルニ付，爾今「業ヲ休ム」ノ観念ヲ棄テ，「心身鍛錬」ノ本義ニ則リ左記要綱ニ準ジ夫々適切ナル実施事項ヲ定メ全期間ヲ通ジ，相率エテ啓導薫化ニ力ヲ致シ，実効ヲ挙グルニ努メラレ度此段依命通牒ス

追テ教職員ハ，従来通リ此ノ期間ニ於テ各自ノ研究修養ニ努ムベキコトハ勿論ノ次第ナルモ，時ヲ定メテ交互ニ学生生徒児童ノ鍛錬ニ当タレ度

　心身鍛錬要綱

一，学校ニ於ケル夏期及冬季休業期間ヲ心身鍛錬ニ充ツルコト

二，心身鍛錬ハ雄渾ノ気魄ト強健ノ體軀トヲ錬成スルヲ目標トスルコト

三，心身鍛錬ノ実施事項ハ夫々学校及地方ノ実情ニ適応スルコト

四，心身鍛錬ハ学校ノ直接指導ノ下ニ行フコト

　　　但シ特別ノ事情アル者ニ限リノ各号ニ依ル特殊扱ヒヲ認ムルコト

　　（イ）　学生，生徒及児童各自ノ自修計画ニシテ学校ニ於ケル鍛錬ニ代ヘ
　　　　　得ベキモノ認メタル場合ニハ特ニ期間ヲ限リ其ノ実行ノ許可ヲ得
　　　　　ルコト，但シ自修ノ内容ニ付テハ事前ニ於テ詳細ナル計画案ヲ，
　　　　　事後ニ於テ日記並ニ詳細ナル報告書ヲ提出セシムル等十分ナル検
　　　　　討指導ヲ加フルコト

　　（ロ）　虚弱者ニシテ一般鍛錬ニ参加不可能ト認メタル者ニ対シテハ，適
　　　　　当ナル養護施設ヲ講ジ適度ノ鍛錬ヲ行フコト

五，実施注意スベキ事項

　　（イ）　実施計画ハ毎学年当初ニ於テ之ヲ定メ又ハ継続事業トシテ計画ス
　　　　　ルコト

　　（ロ）　実施事業ハ其ノ終了ノ都度之ガ成績ヲ検討スルコト

　　（ハ）　座学的ノ実習，実験ヲ行ヒ又ハ特別講習ノ類ヲ行フ際ハ武道其ノ
　　　　　他ニヨル鍛錬ヲ多分ニ加味スルコト

　　（ニ）　上級ノ学生生徒ヲシテ鍛錬ノ指導ヲ補助セシムルヲ得ルコト

　　　実施事項ノ例示

一，集団勤労作業（生産力拡充ニ対スル協力，応召者家族ニ対スル勤労奉仕等）

二，軍事教練

三，武道其ノ他ノ行的修練

四，運動（体操，水泳，スキー，スケート等）

五，見学鍛錬旅行（聖跡ノ巡拝，内外地見学，山野跋渉，農工場ノ見学，徒歩旅行
　　等）

　この通達に際して 1939 年 6 月 23 日の教授会において心身鍛錬の具体的方策
が校長から報告された[365]。すなわち，これは，名草山山頂の道路新設と伊勢
神宮などの神社での樹木の伐採を夏期休業の終わりに 5 日間行うこと，毎年の

夏期休業の初めに高専球技大会に参加しない者には，2泊3日の「山野跋渉旅行」を義務づけることであった。また，8月1日からの1週間を鍛錬週間とし，生徒が個別に青年団などの鍛錬会に参加するか，各人で鍛錬を実施して日記などを組主任に提出することとされた。

(4) 『公私生活ヲ刷新シ戦時態勢化スル基本方策』

1939年8月1日付で文部省より和歌山高商に通達された『公私生活ヲ刷新シ戦時態勢化スル基本方策』（精動委員会決定）では，「個人主義的，自由主義的生活態度の弊風を粛清して益々国民的，奉公的生活態度を強化すべき」とされた。具体的には，早期励行，報恩感謝，大和協力，勤労奉仕，時間厳守，節約貯蓄，心身鍛錬が『国民生活要綱』に定められ，「第一期刷新項目」として「一定の階層の禁酒」「一定の場所の禁酒」「服装の簡易化」として教員へはフロックコート・モーニングコートを儀礼にのみ着用すること，「男子学生生徒の長髪の廃止」が指示されていた[366]。

さらに，この通達と同じ日付で文部省より送付された『勤労ノ増進体力ノ向上ニ関スル基本方策』（精動委員会決定）では，「勤労増進の方策」として男子青年に国民的義務として一定期間の「共同自営の勤労奉仕生活を体験」させること，学生・生徒・児童の集団的勤労作業を拡充強化することが示されていた。「体力向上の方策」としては，禁酒，禁煙，消化器疾患者の根絶，結核撲滅を主とした保健衛生の向上とともに，「鍛錬に関する方策」として「精神の鍛錬を第一義」とする武道の振興，武道教師・体育指導者の養成が指示された。

この2つの通達を受け，1939年8月31日の教授会では，「校風刷新」として，禁酒，禁煙，髪型を丸坊主にすることが校長から報告された[367]。禁煙できない生徒は，登録した者のみが一定の場所で喫煙することとされた。また，「オーバー，ワイシャツ，赤靴」を身につけること，「和服ノ着流シ」の禁止，ストーブの使用の廃止が検討事項として挙げられていた。

この日の教授会では，校長が「精神的方面ニ於テ，今少シ生徒ヲ指導サレタシ，各教官ニハ，一層緊張セル充実セル授業ヲセラレタシ」と述べ，「生徒ノ機嫌取リヲ止メ，我慢ヲ押ヘ，且学科ニ興味ヲ持タセル様サレタイ。遅刻ノ問題ハ本校デハ許サヌトアリマスガ，相当遅刻ガアリ，之モ決メタ様ニ取扱ハレ

第8章　国民精神総動員運動と生徒の規律　187

タシ。カンニングハ今回ノ勅語ニモアル様，学生トシテ恥ヂテ，セヌ様ニシタ
シ，モ少シ引締メタシ」と述べた。なお，遅刻についての「決メタ様」とは，
生徒は1929年度から教官の入室後に教室に入ることができなくなったことを
意味する。また，「生徒日常ノ行儀ハ，教練，修身ノ時間ノミニ行フノデナク，
常ニ行フ様，各位モ精神的ニ協力」することを教官に求めた。さらに，運動部
に入っていない学生には「遠足部，園芸部」を設け「何カヲナサシメタシ」こ
と，9月からないしは第二学期よりラジオ体操を行うことが校長より報告され
た。

　1939年8月29日付で和歌山高商では職員宛に興亜奉公日に関する通達を行
っている。和歌山高商では，毎月1日を興亜奉公日とし，国旗掲揚，君が代斉
唱，宮城遙拝，勅語奉読，校長訓辞，出征軍人への感謝，戦没将兵への慰霊を
午前7時40分から行うこととした[368]。さらに，興亜奉公日の当日は，食堂に
おいて10銭の弁当を食べること，禁酒，禁煙，5銭以上の貯金，徒歩での移
動，出征者への慰問を実施した。なお，1937年から実施されている毎週月曜
日の粗食日は従来通り行うこととした。

(5) 運 動 週 間

　1939年10月3日から1週間にわたって銃後後援強化週間が実施された。こ
の運動週間は1938年に実施されたものが踏襲されたが，39年11月3日の明
治節奉祝では午前9時からが「国民奉祝ノ時間」とされ全国一斉に皇居への遙
拝が行われた。さらに，11月10日には，国民精神作興に関する詔書渙発記念
日のため第1時限を休講として講堂において詔書奉読がなされた。

　1939年の12月中に行われた経済戦強調運動では，物価の引き下げに対する
諸政策に理解・協力，歳末における贈答，戦時食料充実運動，百億貯蓄達成の
4点が挙げられていた。和歌山高商に送付された和歌山県精動事務局の『経済
戦強調運動実施要項』によれば，手持ちの金製品を政府へ献納ないしは売却，
廃品を回収し資源を愛護する（燃料の節約，廃品・屑物の払い下げ，不要品の活
用），戦時食料充実運動（米の尊重・白米食の廃止，七分搗の常用・七分搗米と麦
類等との混食），公私生活刷新運動（歳末贈答，年賀状の廃止・忘年会の廃止，衣
服その他の新調を控える），百億貯蓄達成運動（年末賞与の国債及債権購入，収入
増加分の貯金，貯蓄組合の増加）が掲げられていた[369]。さらに，1940年2月に

188　　第Ⅱ部　戦時期の学校と国家

は，和歌山県精動事務局の通達に基づき，飯米一割以上節約・代用食・七分搗米励行，学校・寄宿舎における米麦の混食からなる米尊重運動が実施された[370]。

第6節　1940年度の国民精神総動員運動

　1937年9月に和歌山高商へ通達された文書を契機として進んだ精動運動は，40年10月大政翼賛会に引き継がれて終了する。1939年12月7日に決定した『昭和一五年度に於ける国民精神総動員運動実施方針』では，①東亜新秩序の建設，②奉公精神・非国民的行為の一掃，③経済統制に対する公私生活の刷新，④国論の統一，⑤銃後後援，⑥精動運動の実践網の整備，⑦実績不十分な都市における運動の徹底が謳われていた。

　とりわけ，1940年7月11日の「事変三周年記念日」に際した和歌山県からの通達による「時局ヲ無視スル如キ行為ノ絶滅ニ関スル件」では，遊興者の根絶，興亜奉公日を無視する行為，闇取引，時局を無視する服装，パーマネントをかけている者および装身具を所持する者の絶無を憲兵隊とともに取り締まることになった。

　和歌山高商における教授会での校長の報告をみてみたい。1940年4月6日には，入学定員数の増加に伴い「教練，武道，修身ノ授業ニ際シ，引締メラレタシ」ことを校長が述べていた[371]。6月12日には，校長会議での決定に基づき「今夏夏各学校ヨリ，二年生五名程度宛ヲ出サセ精神訓練所ニ入所」させること，思想指導の強化，日本学生協会に対する注意，「放課後生徒ヲ放任セズ自発的責任感ヲ持タシメル」こと，興亜学生報国隊として「北支，中支，東支及満洲」に派遣すること，読書指導をすることが校長より報告された。なお，「今夏ノ集団勤労奉仕作業ニシテハ未ダ決定シテイナイ」こと，「本省ヨリ学校林ヲ設ケ，空知ヲ拓クヤウニトノ申越」があったもののいまだ実現していないことがこの会議で校長より指摘された。

　1940年7月10日には，校長は「教育方針は事変以来急角度に変わっている」と述べ，「西洋文明の追随主義を脱し，文部当局も興亜の教育に相当力を入れている」ため，「本校生徒を国民的に錬成して国民的，国家的産業戦士を養成することとしたい」と述べて，さらに「集団的精神を持たしめたく，各位の学

科を通じて，科目は別なるも此の目標に進めて頂きたい」と述べていた[372]。

だが，1940年10月15日の教授会において，官立高商校長会議での「非常時局下」の「各学校ノ様子」を聞いた感想について校長は，「結論トシテハ外見ハ良イガ内容ハ如何ガワシイト云フコトデアル様ダ」と述べている。例えば，山口高商の場合，「生徒中約二割ハ善良ナル生徒デ，四％から五％不良生徒ガアリ，残リ七十％余リハ人ガヤルカラ自分モヤラウト云フ様ナ者デアル」という状態であることを校長は報告していた[373]。

この会議において「修練組織」設置の件として報国団の設立が校長より説明された[374]。この新設された報国団の下で，国民教化運動が新たな展開を遂げることになる。この点に関しては次章で検討する。

第7節　結　語

(1)　和歌山高等商業学校における国民精神総動員運動の展開

第5章で検討したように，精動運動が実施される以前の和歌山高商では，生徒の授業への出席，服装，喫煙などにおいて規律の乱れを教官は感じていた。ただし，生徒の長髪に制限を加えるか否かについては，教授会で長時間の議論がなされたように，規律化に関する教官間の意見は分かれていた。他方，寮においては「野村イズム」を標榜した一部の生徒が厳格に規律化した生活をおくっていた。

こうしたなかで始まった精動運動では多岐にわたる実践が学校に求められた。『国民精神総動員実践事項』をみても4つの運動目標，13の細目標，23の実践目標が提示されていたが，文部省は学校に具体的な実施内容を明示しなかった。そもそも精動運動の『精動実施要領』を作成していた国民精神総動員委員会も「具体案になつてゐない」という批判を認め，「具体的な細目は挙げて中央連盟とか或は各地方の企業に委ね」るとしていた[375]。

和歌山高商が精動運動下に実施したものは，①式典，②神社参拝，③慰霊・慰問，④集団作業，⑤講演会，⑥禁酒・禁煙，⑦短髪，⑧粗食デー，⑨掃除であった。①〜⑦に関しては実施要項等に記載ないしは直接指示されたものであったが，⑧〜⑨に関しては和歌山高商独自の実施内容であった。とりわけ，⑧〜⑨は精動運動実施以前に和歌山高商の寮で実施されていた内容

190　第Ⅱ部　戦時期の学校と国家

であった。さらに⑥〜⑨が和歌山高商の寮で実施されていたことに鑑みれば，精動運動は寮の規律が学校全体に及ぶ過程であったといえよう。

　精動運動の初期に和歌山高商が実施したのは「時局講演会」と「粗食デー」であった。とりわけ，「粗食デー」は寮における実践項目の１つであった。1938年6月の『集団的勤労作業運動ノ実施ニ関スル件』によって求められた集団的勤労作業運動に関しても，和歌山高商で最初に実施されたのは，寮で行われていた掃除であった。抽象的な理念と多岐にわたる実践項目を文部省へ指示された和歌山高商では，すでに寮で実施されていた「修養」的生活を学校へ取り込むことで対応していたといえよう。

　「公私生活刷新」として通達された文書に明示されていた⑥禁酒・禁煙，⑦短髪に関しても，寮で実践されていたものであった。とりわけ，この通達文書において「男子学生生徒の長髪の廃止」が指示されていたが，和歌山高商では「丸坊主」と決定した。寮で実施されていた「丸坊主」が「公私生活刷新」に影響を与えたものと思われる。

　このように精動運動は，一部の生徒が行っていた寮の規律が学校全体に及ぶ過程であった。精動運動は政府による生徒の思想・行動の統制という側面とともに，教官によって問題視されていた生徒の規律の乱れを正す側面もあったといえよう。こうしてみれば，文部省の政策意図よりも教官の指導方針が国民精神総動員期には優先されていたと考えられる。

(2)　他校との比較

　本章では，文部省の通達文書に対する高商の実施を詳細に検討するため，和歌山高商の事例に特化した。最後に，他の高等教育機関の動向に関してみておきたい。

　1938年の直轄学校学生生徒主事会議では，「時局ニ対処スベキ学生生徒指導ノ具体的方策」という諮問に対する各学校の答申があった[376]。これをまとめれば①学生が主体的に神社参拝をしている，②学生が自粛実行をしている，③日本文化講義によって愛国心に理論的に正しい根拠を与える，④毎週土曜日に特別講義を行う，⑤寮生活を中心に訓育する，⑥集団勤労作業を行う，⑦夏季休暇に体育・徳育を行う，⑧「東亜経済事情」「海外事情」「世界経済問題」などの学科目を新設する，⑨「国民精神総動員実践事項」を徹底する，

⑩勤労の喜びを味わい勤労奉仕をする，⑪教場を生徒自らが掃除をして意思の鍛錬を行うことなどであった。①と②に関して学生の主体性に言及しているのは，学生の時局に対する無気力・無関心が社会より指摘されていたためであった。また，⑨に関しては「国民精神総動員実践事項」が「オ座ナリニナツタモノガ多カツタガ，形ヲ変ヘ実践シ日常生活ノ中ニ織込マネバナラヌ」と指摘されていた。

　このように時局に対する「具体的方策」について学校間で差異があった。和歌山高商の場合は⑤の寮生活を中心に訓育する方策に近い。ただし，⑤は寮の増築を求めていたことからみて寮生活自体によって訓育を目指していた。したがって，和歌山高商が実施した寮の規律を学校に浸透させることとは意味合いが異なる。このように，精動運動の実施過程は学校によって差異があったことが示唆されよう。

第9章

大政翼賛会と学校行事の形式化
―― 1941〜43 年 ――

第 1 節　問題の所在

(1)　課　　題

　本章では，国民精神総動員運動（精動運動）の発展的解消を目指した大政翼賛会下の 1941〜43 年における高商の動向に関して検討したい。この期間において，高商は，精動運動を上回る頻度で「学校行事」（以下，学校行事とする）を実施する必要が生じた。本章では，戦意高揚などの国民教化を目的とした学校行事に加えて，勤労作業，防空訓練なども含めて学校行事として捉え，これらの実態を検討したい。

　具体的には，文部省より送付されてきた文書によって高商は学校行事を行った。これら文書は精動運動期と同様に理想的でかつ具体性を欠くものが多かった。こうした文部省の通達に対して，第 8 章と同様に和歌山高商の事例によって，高商の学校行事の実施過程を検討したい。すなわち，文部省の通達文書にみられる政策意図，学校行事という政策手段をみた上で，政策効果を評価したい。

　ところで，1947 年 6 月に文部省は「儀式に際して学校が主催し指導して行われた宮城遥拝，天皇陛下万歳は今後やめる」とし「儀式を行うに際して，学校によつては形式的，画一的に行われていた向きもあるが今後はこれを改め」るよう通達していた[377]。ここにみられる学校行事の「形式的」「画一的」がこ

表 9-1　和歌山高等商業学校の各年度における学校行事

学校行事類型		行　事　名	1938	39	40	41	42	43	年度内複数日実施	福島高商との比較(1942年1～12月)
式典	拝賀・奉祝	新年拝賀式	○	○	○	○	○	○		?
		紀元節奉祝式	○	○	○	○	○	○		?
		靖国神社大祭	○	○	○	○	○	○		○
		天長節拝賀式	○	○	○	○	○	○		○
		靖国神社臨時大祭	○	○	○	○	○	○		○
		明治節拝賀式	○	○	○	○	○	○		○
		紀元二千六百年奉祝式					○			
		大東亜戦争戦捷第二次祝賀行事					○			
		シンガポール陥落戦捷第一次祝賀行事					○			
		武漢陥落祝賀式	○							○
	奉読式	教育勅語奉読式	○				○	○		
		国民精神作興に関する詔書奉読式		○						
		青少年に賜はりたる勅語捧読式			○	○	○			○
		皇后陛下より賜る結核予防捧読式			○					
		軍人援護に関する勅語奉読式		○						
		秩父宮二千六百年に関する詔書奉読ラジオ放送拝聴			○					
		宣戦詔書奉読式・三社巡拝					○			
		詔書渙発(英米に対する宣戦布告)					○			
		興亜奉公日			○	○	○		○	
		大詔奉読式					○	○	○	
	記念日	開校記念日	○	○	○	○	○			
		海軍記念日祝賀式	○	○	○	○	○			
		支那事変勃発記念	○	○	○	○	○			
		教育勅語渙発五十周年記念日			○					○
		満洲事変十周年記念式				○				
		大東亜戦争第一周年記念日					○			
		防空記念日						○		
	参拝	和歌山県護国寺社例大祭参拝	○			○				
		近江神宮天智天皇奉祀遥拝式			○					
		京都平安神宮遥拝			○					
		故西園寺公望国葬遥拝式			○					
		故白川宮永久王殿下葬儀遥拝式			○					
		橿原神宮参拝			○					
	その他	報国団結成式			○					
		慰霊祭					○			
		米英宣戦布告戦勝祈願					○			
式典以外	集団作業	集団作業	○	○	○	○	○	○	○	
		橿原神宮建国奉仕隊参加	○							
		学生勤労報国隊			○	○				
	鍛錬	夏季休暇心身鍛錬行事			○		○		○	
		行軍検定					○	○		○
		報国団鍛錬式開始日					○			○
		剛健旅行						○		○
		体力練成40キロ強歩実施						○	○	
		耐寒鍛錬行事						○		○
		単独歩行競争						○		
	粗食会	粗食会	○	○	○	○	○	○	○	
	防空訓練	防空(防護)演習(訓練)	○	○	○	○	○	○	○	

出所)　和歌山高等商業学校『学校日誌』各年（1942年を除く）。和歌山高商報国団文芸班『南風』第1～5号，1941年7月～43年7月。

注)　○は実施，空欄は不開催。入学式，卒業式，体育大会，軍事演習，講演会，日本文化講義は除く。休業日の行事は除く。行事名は史料の通り。1942年1～12月を比較対象としているため，43年1・2月開催のものは？とした。

第Ⅱ部　戦時期の学校と国家

こでのキーワードとなる。

(2) 学校行事の概観

表9-1には精動運動期を含めた1938～43年の和歌山高商における学校行事が示されている。なお，この表には学校において式典などが実施された行事が掲載されており，休業日は掲載されていない。重要なことは，後述する新年拝賀式などを除けば，1927年度の学校行事は「御大葬」「創立記念日」「体育デー」「運動大会」などにすぎなかったため[378]，戦時統制とともに学校行事が増えたことである。学校行事を一瞥しておけば，太平洋戦争が勃発した1941年度の学校行事が最も多く，大政翼賛会期に鍛錬行事が増えている。なお，国民精神総動員期に始まった「粗食会」は1941年度からはみられない。

文部省からの通達文書は同一のものがすべての高商に送付されたと考えられる。例えば，1942年（1～12月）の和歌山高商と福島高商との学校行事を比べれば，表9-1が示すように，和歌山高商の15式典のうち11式典が福島高商と一致している[379]。ここから類推できることは，文部省の通牒に従ってどの高商も同一の式典を開いていることである。こうした高商間の同質性は予測されるが，本章では式典を含む学校行事の内容や開催の経緯に迫ることで大政翼賛会下の学校経営に関して評価したい。

本章の構成は，次の通りである。第2節で報国団と報国隊の設立について概観した後，以降の節で学校行事について検討する。すなわち，拝賀・奉祝式典（第3節），大詔奉戴日（第4節），記念式典（第5節），参拝・その他式典（第6節），運動（第8節），防空訓練・航空訓練（第9節），勤労作業（第10節）となる。なお，第7節では小樽高商の事例をみる。第11節では政策意図，政策手段，政策効果という枠組みから大政翼賛会下の学校の活動を評価する。

第*2*節　報国団・報国隊の結成

(1) 報国団の結成

1940年10月1日に文部大臣は高等専門諸学校の校長を招集し，「学校ヲシテ眞ニ教学修練ノ道場タラシムル」などからなる訓示をした。これに基づいて高商に存在した校友会が報国団に改組されていった。和歌山高商では，10月

15日に校長が教授会で報国団の結成を報告し，1940年11月30日に和歌山高等商業学校報国団（以下，報国団と略す）の結成式が挙行された。

　結成式の時点では報国団の「規則」がいまだ確定されておらず，これは12月4日まで理事会で討議された[380]。理事会は花田大五郎校長を団長，島本英雄教授を総務部長とし，教授9人の理事から構成された。この理事会では「生徒を班に配属せしめる方策が一問題」とされ，名古屋高商，彦根高商の例にならい，「全生徒を必ず何れかの班に所属せしめ」「鍛錬部又は国防部の何れかに属せしめる」こととなった。この方針に対して，茗荷教授より「弱体者の進むべき道を開いてやること」という意見が出たが，卓球，軟式庭球に所属させるという道があるとの見解でまとまった。さらに島本教授は全生徒が活動するには「設備が問題」と発言したが，校長は既存の「設備」で「やれることを考える」と述べた。

　問題は，報国団の結成が文部大臣の訓示を契機としたため，具体的に何をするのか定まっていない状態であった。「文部省の方針は職員の方より積極的に指導するやうにといふやうである」が，「理事会に於て指導する様」にすると校長は述べた。結局，「一週間に何日か日数をきめて全部の生徒を何かやらせる方法は如何」という茗荷教授の案に賛同が得られた。さらに，制裁を含めた生徒の督励が議論となり，「人物と学科とを考慮して採点」「出席点をとる」ことなどが提案され，これに加えて報国団の活動と講義時間数との兼ね合い，外国人教師の報国団の活動，生徒の行儀，喫煙の問題などが残された課題となった。

　こうして成立した報国団は総務部，鍛錬部，国防部，文化部，生活部からなり，総務部が企画・指導・経理を担当し，鍛錬部には勤労奉仕・剛健旅行・剣道・柔道・弓道・陸上競技・水泳・野球・硬式庭球・蹴球・卓球・籠球・排球・相撲の各班，国防部には射撃・銃剣・騎道・自動車・警防の各班，文化部には修養・談話・語学・文芸・音楽・美術・東亜研究・佛教研究・クリスト研究・天文研究・短歌・俳句・謡曲・学生文庫，生活部には興風・購買・補導の各班がおかれた。

　これらの各班の多くは，既設の校友会の部が継承された。報国団の班として新設されたものは，勤労奉仕・剛健旅行・排球・相撲・銃剣・警防・修養・俳句・学生文庫・興風・補導であり，逆に報国団結成時に廃止された校友会の部

は新聞・映画であった。

報国団の運営資金は，生徒が入会金5円に加えて1年間12円と授業料納付とともに毎期4円を納め，職員は月給の200分の1を負担するとされた。

報国団の各班の活動は，それまでの校友会活動に戦時体制を支える役割が必要とされた。ただし，練習と他校との試合を主とした鍛錬部の野球班や剣道班などの活動は，校友会期の延長線上にあった。文化部に所属する班についても，例えば，語学班が「今迄の趣味の語学部から，英語を学び之を習得することによつて国家有用の質たらしめん」といわれたが，英語弁論大会などの活動が主であったことは，校友会期と同様であった[381]。

キリスト教への信仰のある生徒からなったクリスト研究班に関しては，「薄暗き部屋で独り秘かに捧げる少女の祈りが陸海軍の勝利に劣らず祖国への大いなる事業」と述べていたように，戦時転換が必要となった[382]。美術班では「写真報国」を掲げて「慰問撮影」を行っていた。

修養班は戦時体制を最も色濃く反映していた。「吾々は，吾々の行動を通して初めて物の真理に到達する事ができる」とし「単なる哲学的思弁は吾々を向上せしめえない」とする[383]。具体的には毎週火曜の例会の前後に勅語奉読・御製謹書・静座などで「各自の心を清め練り」「神皇正統記の輪読」を行った。また，毎朝授業前に「奉案庫前の清掃」を行い，「便所掃除」も実施した。

最後に鍛錬部の体育大会についてみておきたい。1941年7月11日付で「体育大会，講習会及其ノ他ノ会合ハ当分ノ間之ヲ延期シ再開ニ付指示ナキトキハ之ヲ中止スヘキコト」と通達された[384]。生徒の団体旅行も興亜学生勤労報国隊を除いて中止となった。1942年4月4日付の文書では，前年に中止された学徒体育大会の実施が通達された[385]。1943年7月24日付の通達では，夏季体育訓練大会の中止が決定した[386]。ただし，「対抗試合ノ如キハ勤労動員及特技訓練ノ実施ニ支障ナキ限リ努メテ之ヲ活用実施セシムルコト」とされた。

(2) 報国隊の結成

1941年8月8日の文部大臣訓令によれば，「学徒ノ修練亦之ニ即応スル積極果敢ノ態勢無カルベカラズ，即チ茲ニ学校報国隊ノ内ニ指揮系統ノ確立セル全校編隊ノ組織ヲ樹テ隊ノ総力ヲ結収シテ，適時出動要請ニ服シ其ノ実効ヲ収ムル体制ヲ完カラシム」こととされ，学校教練，食糧増産作業などの実施は

「非常時下教育ノ要請」とされた[387]。この訓令を背景として「学校報国隊本部及地方部規定」が通達された。これは「時局ニ鑑ミ学校報国団ノ組織ヲ強化シ之ガ統括連繋ヲ図ル為文部省ニ学校報国隊本部ヲ置ク」とされた[388]。

1941年8月8日付の文書では，和歌山高商に報国隊の結成と活動に関する通達がなされた[389]。「有事即応ノ措置ヲ速ニ講ズルタメ，指揮系統ノ確立セル隊組織ヲ編成シ統制規律アル体制ヲ整備シ，修練組織ヲ強化スルト共ニ，国家的要請ニ基ヅク各種ノ要務ニ服シ有効且敏速ナル活動ヲ為サシメントスル」ことが報国隊結成の趣旨とされた。

こうして和歌山高等商業学校報国隊（以下，報国隊と略す）が設立された。職員を含めたすべての報国団会員より構成された報国隊は，本部・本体・特技隊・特別警備隊によって編成され，大隊‐3個中隊‐4個小隊‐4個分隊を基盤とする軍隊的な組織であった[390]。

第3節　拝賀・奉祝式典

(1)　戦時統制期以前の拝賀・奉祝式典

小野（2014）によれば，1937年4月に文部省は4大節を実施していない高等教育機関にそれらの儀式挙行の徹底を通牒した[391]。前掲表9-1に示されているように，戦時期に学校における拝賀・祝賀行事のなかには1938年度から定期化しているものがある。ただし，この表に示されている定期化されていた新年拝賀式・紀元節奉祝式・靖国神社臨時大祭・天長節拝賀式・明治節拝賀式は戦時統制期以前からすでに実施されていた。しかし，これら5つの行事は戦時統制期と性質が異なっていた。

毎年度の1月1日に開催された新年拝賀式は，1925年度の場合，「午前九時ヨリ拝賀式ヲ挙行ス，後食堂ニ於テ簡素ナル祝盃ヲ挙ケ天皇皇后両陛下，皇太子殿下全妃度下ノ萬歳ヲ三唱シテ敬会ス」というものであった[392]。また，同年度の天長節は「天長節祝賀式ヲ講堂ニ於テ挙行シ式後食堂ニ於テ祝杯ヲ挙ゲ，前十時ヨリ賀川豊彦氏ノ講演アリ」というものであった[393]。さらに，4月の靖国神社臨時大祭は休業日とされていた[394]。

精動運動が開始される直前の1937年4月に和歌山高商で実施された「天長節拝賀式」に関して「出席生徒極めて多くして階上に溢れ盛観を呈したり」と

あるように[395]，生徒の参加は任意であった。

　このように戦時統制期以前のこれら拝賀・祝賀行事は，祝宴が盛り込まれたり休業日となっていたりしていて，生徒の参加が任意であったが，以下でみるように，戦時統制とともに生徒の戦時教化を目的とする行事へと変わる。

(2)　戦時統制期の拝賀・奉祝式典

　戦時統制下では拝賀・奉祝式典が国民戦時教化を促すものに変わった。1941年2月1日には「紀元節国民奉祝実施ノ件」が通達された。これは「国威ノ昂揚」と「国民ノ覚悟ヲ固ムル」趣旨の下に奉祝するものであり，紀元節の2月11日の午前9時に「国民奉祝ノ時間」を設ける式典であった[396]。1942年度には「大東亜戦争ヲ完遂シ，皇威ヲ八紘ニ宣揚シテ治ク皇邦ニ及ホシ，以テ世界永遠ノ平和ヲ確立センコトヲ期ス」という趣旨が通達され，式典の実施に関しては「必勝祈願」を行うことが求められた[397]。1943年度の紀元節では「皇謨翼賛ノ臣道ニ徹シ愈々必勝ノ信念ヲ堅持」する「必勝祈願」を行うことが求められた[398]。

　紀元節と同様に，1942年4月20日付の文書では天長節に学校は「国民奉祝ノ時間」にラジオ放送するよう求められた[399]。1943年4月21日付の天長節国民奉祝行事の実施要項においても，必勝祈願をする行事の開催が求められた[400]。

　他方で，4月に加えて10月に実施された靖国神社臨時大祭では，戦時期以前と同様に，生徒の参集が必要とされなかった。1942年4月21日付の文書では「靖国神社臨時大祭」の日は休業のため，「適当ナル方法」で「英霊ニ対シ敬虔ナル感謝哀惜ノ意」を表するように通牒された[401]。10月9日付の文書において通達された靖国神社臨時大祭の件では，和歌山高商は「各自在所ニ於テ靖国神社ヲ遥拝シ護国ノ英霊ニ対シ敬虔ナル感謝哀惜ノ意義ヲ表」すことが求められた[402]。同様に，1943年4月14日には「靖国神社臨時大祭」のため休業とするが，「適当ナル方法」で英霊に対する感謝哀惜の意を表すように通達された[403]。10月13日付の文書においても例年通り「各自在所ニ於テ靖国神社ヲ遥拝」することが掲示によって通達された[404]。

　1942年11月3日の明治節の「拝賀式」では8時55分に講堂へ集合した後，敬礼・国旗掲揚・君が代斉唱・最敬礼・勅語奉読などからなる式典が実施され

第9章　大政翼賛会と学校行事の形式化　199

た[405]。1943 年 10 月 3 日付の文書では「国民奉祝ノ時間」を設ける明治節の実施が通達された[406]。

この他には 1942 年 7 月 27 日付の文書において「明治天皇式年祭」の臨時休業の通達がなされ，教職員のみが明治神宮もしくは桃山御陵への遥拝が求められた[407]。また，和歌山高商では，1941 年 11 月 10 日の午前 11 時に全教職員・生徒が「宮城ニ向ツテ最敬礼ヲナシ紀元二千六百年ノ紀元節に賜リタル勅語ヲ奉読」することを主とした行事を開いた[408]。

第4節　大詔奉戴日

(1)　興亜奉公日

大政翼賛運動下において，第 8 章でみた興亜奉公日は 1942 年 1 月を最後に大詔奉戴日に「発展的解消」された[409]。毎月 1 日と定められた興亜奉公日に関して，1941 年度における和歌山高商への現存する通達文書をみてみたい。

1941 年 6 月 26 日付で送付された興亜奉公日の実施要項では，「生活合理化」「生活の集団化」などによって「新しき生活設計を自主的に」樹立することが謳われていた[410]。

7 月 1 日の興亜奉公日には隣保常会を開き，「国民各自の責任として実践に入る」ことが求められた。具体的には，①日常生活の新工夫，②生活合理化の設計を国家目的に合致させる，③冠婚葬祭などの慣習の改廃，④生活の集団化・共同化，⑤生活余暇の活用と協同計画，⑥食糧の増産，⑦母性および乳児の擁護などが挙げられた。1941 年 9 月 1 日の興亜奉公日には，「挙国的生活単純化の運動」が求められた。具体的には，①生活全面にわたる単純化，②戦時食糧の拡充，③家庭資材の戦時的活用が実践事項として挙げられた[411]。10 月 1 日の興亜奉公日には，「戦争物資動員の日」と定めて金属などの供出が求められた[412]。

和歌山高商では，1941 年度の 5・7・9・11 月に興亜奉公日が実施された[413]。9 月を除いた 5・7・11 月は，午前 7 時 40 分から朝礼を行っていた。夏季休暇中の 9 月の興亜奉公日については，職員のみで朝礼を行った。通達文書の内容は校長より訓話されたと思われるが，興亜奉公日の日に学校において実践的活動を行っていなかったことをまずは確認しておきたい。

200　第Ⅱ部　戦時期の学校と国家

(2) 興亜奉公日の大詔奉戴日への継承

1942年1月2日付の文書で大詔奉戴日の通達があった[414]。これは「宣戦ノ大詔」が発表された日は「挙国戦争完遂ノ源泉タラシムル日」とし毎月8日と定められ，大東亜戦争中に毎月実施するものとされた。実施方針としては「大東亜戦争完遂ノ為必勝ノ国民士気昂揚ニ重点ヲ置キ健全明朗ナル積極面ヲ発揮スルコト」とされた。学校においては「詔書奉読式」を挙行することが定められ，寺院・教会においては「必勝祈願」の行事開催が定められた。また，「国旗掲揚」と「地域奉公」とが求められた。なお，8日が休日である場合の式典の実施は求められなかった。

文部次官名で和歌山高商に通達されたこの文書には，「詔書奉読式」の具体的な式次第が記述されていなかった。和歌山高商では1月8日に運動場に集合して，①「国旗掲揚」，②「宮城遥拝」，③「詔書奉読」，④「出征軍人ニ対スル感謝」，⑤「将士慰霊ノ黙禱」，⑥「校長訓話」からなる式典を開催した[415]。

1939年から毎月1日に実施されてきた興亜奉公日は，①国旗掲揚，②宮城遥拝，③青少年学徒ニ賜リタル勅語奉読，④出征軍人への感謝，⑤戦没将兵への慰霊，⑥校長訓辞，⑦君が代斉唱からなっていた。興亜奉公日と「詔書奉読式」との違いは，奉読内容（勅語と詔書）と君が代斉唱の有無であった。「詔書奉読式」という式の名称から詔書が奉読されたことは容易に理解できるが，君が代斉唱が「詔書奉読式」において割愛された理由は定かではない[416]。

この2つを除けば，興亜奉公日と「詔書奉読式」との式内容は同一であった。これは大詔奉戴日が興亜奉公日に代わるものであったため，和歌山高商では興亜奉公日の式典内容を大詔奉戴日の式次第に継承させていたと考えられる。資料的制約から「校長訓話」の内容は分からないが，上述した大詔奉戴日の通達内容に則して講話されたものと思われる。

重要なことは，興亜奉公日と大詔奉戴日の「詔書奉読式」で実施されていた式内容，すなわち①国旗掲揚，②宮城遥拝，③勅語奉読／詔書奉読，④出征軍人への感謝，⑤戦没将兵への慰霊，⑥校長訓辞，⑦君が代斉唱は，和歌山高商の式典の基礎をなすものであった。以下では，この①〜⑦が興亜奉公日に由来していることから，興亜奉公日型の式典とする。

表9-2には，以下で説明する式典の内容が掲載されている。掲載されている行事の多くは，興亜奉公日型の①〜⑦を含んでいる。和歌山高商の式典は，

表 9-2　和歌山高等商業学校における式内容

類型	式内容	シンガポール陥落戦捷第一次祝賀行事	大東亜戦争戦捷第二次祝賀行事	軍人援護ニ関スル勅語渙発記念日	支那事変記念行事	満洲事変十周年記念式
興亜奉公日	①国旗掲揚					○
	②宮城遥拝	○	○	○	○	○
	③勅語奉読／詔書奉読	○		○	○	
	④出征軍人への感謝					○
	⑤戦没将兵への慰霊	○	○	○		○
	⑥校長訓辞	○	○	○	○	○
	⑦君が代斉唱	○				
その他	天皇陛下万歳	○	○			
	神社参拝	○	○			
	行　軍				○	
	校長に敬礼			○		○
式典の目的		堅忍持久	聖戦完遂・英霊へ感謝・武運長久	軍人への感謝	聖戦の完遂	皇道の真義

出所）　筆者作成。

①～⑦の式内容を基礎として，これに適宜必要とされた内容を組み合わせて実施されていた。

　表9-2に示されている「校長訓辞」を除く式内容は，すべて同一のものであった。目的の異なる式典に対して，同一の式内容を実施することが本章の冒頭で言及した行事の「形式化」「画一化」につながったといえよう。

(3)　シンガポール陥落・大東亜戦争祝賀行事

　1942年1月16日付で通達された「戦捷祝賀行事ニ関スル件」があった[417]。とりわけ，祝賀行事では「当面ノ戦況ニ一喜一憂スルガ如キ風潮ヲ醸成セサルコトニ着蒽シ堅忍持久ノ精神ヲ涵養シ且節約増産ノ実践ヲ強調徹底スル如ク指導」するよう求められていた。

　1942年2月2日付の文書では，シンガポール陥落に関する祝賀行事の開催が要求された[418]。この祝賀行事は，シンガポールの陥落に際する入城式の日

202　　第Ⅱ部　戦時期の学校と国家

と同時に行うとされた。実施要項では，神社参拝，慰問，体育大会，講演会，行進などの式内容案が提示されていた。

和歌山高商では2月9日に，国民儀礼・大詔奉読・国歌斉唱・校長祝辞・総理大臣談話（ラジオ演説）傾聴・万歳三唱・神社参拝からなる式次第を作成した。しかし，電圧の問題から屋外でのラジオの聴取が困難であったため，①宮城遥拝，②国歌斉唱，③詔書奉読，④英霊への感謝，⑤校長祝辞，⑥天皇陛下万歳三唱からなる式典を挙行した。⑥を除けば，この式内容は「詔書奉読式」で実施していた内容に等しい。すなわち，興亜奉公日型であったといえよう。式典後に行った神社参拝は通達文書に従ったものと思われる。

3月12日には「大東亜戦争戦捷第二次祝賀行事」が実施された[419]。午前10時に運動場に集合した後，宮城遥拝に始まり「聖戦完遂ノ祈願及戦没将兵ノ英霊ニ対スル感謝並ニ皇軍武運長久祈念」「祝辞」「天皇陛下萬歳三唱」が実施され，その後，神社参拝が行われた。この式典も興亜奉公日型の3つの式内容と重なる。

第5節　記念式典

(1)　支那事変に関するもの

1941年7月2日には「支那事変四周年記念行事」では「勅語」の朗読と講話を含む記念行事の開催が求められた。この記念行事の目的は，「国民ノ思想的分裂，精神的動揺」を意図する外国の謀略を妨げて「聖戦ノ完遂」を図ることにあった[420]。「日常生活ニ於ケル実践ト修練トヲ第一義トシ単ナル一時的思附的行事ニ終ラザルヤウ努ムルコト」が求められ，とりわけ，学校には「実践ニ主眼」をおくことが要求された。

和歌山高商の1941年度の「支那事変四周年記念行事」の式内容は不明だが，42年度のものは分かる。1942年7月7日の「支那事変記念行事」は，宮城遥拝・詔書奉読・黙禱・校長訓示からなる式典が実施された[421]。この内容は興亜奉公日型といえる。式典後には約5里の「行軍」が実施された。これは「実践ニ主眼」をおくよう求められたためだと思われる。

なお，1943年6月23日の通達文書では，支那事変を大東亜戦争の一部とするため，7月7日の支那事変記念日を特定の記念日としないとされた[422]。

(2) 満洲に関するもの

1941年2月26日付の文書では，「満洲国建国記念日」の3月1日に生徒への訓話をするよう通牒があった[423]。1941年9月9日付の文書によって「満洲事変十周年記念行事実施ニ関スル件」が通達された[424]。これは9月15日の「満洲国承認記念日」から9月18日の「満洲事変勃発記念日」までを実施期間とし，「本記念週間中ニ模擬戦，行軍，体育競技，満洲前線将兵並ニ拓士，青少年義勇軍ノ慰問，遺家族遺問，勤労奉仕，神社参拝，戦没勇士ノ墓地清掃，記念講演等ヲ適宜実施」することが学校に求められた。

和歌山高商において9月18日に開催された「満洲事変十周年記念式」は，午前7時40分に報国隊ごとに運動場に集合し，①校長に敬礼，②国旗掲揚，③君が代斉唱，④宮城に向かって敬礼，⑤出征軍人に感謝・戦没者に黙禱，⑥校長訓話という流れであった[425]。和歌山高商のこの記念行事も興亜奉公日型であったといえよう（表9-2）。ただし，予定されていた神社参拝は雨天のため中止された[426]。

記念行事の後，報国隊の結成式が開催されたため，報国隊ごとの集合であったが，和歌山高商では通達文書にあった行軍や体育競技などを実施していなかった。

1942年2月20日付の文書では，「満洲建国十周年慶祝行事」に関する通達があった[427]。これは「大東亜共栄圏建設ノ道義的精神ヲ成シ得ル限リ具体的ニ内外ニ徹底セシムルコトヲ主眼」とするとされ，「対外宣伝」に重点をおくものとされた[428]。具体的には3月1日の前後5日間に訓話・講話，国旗掲揚が学校に求められ，「行軍，體育競技，神社参拝，展覧会等其ノ他地方ノ実情ニ即シ適当ノ行事ヲ実施スルコト」とされた。しかし，3月1日が入学試験日であったため，和歌山高商ではこの慶祝行事を実施していなかった。

1942年9月9日付の文書では，「満洲国承認十周年記念日」に関する行事の通達があった[429]。これは「皇国及中華民国ト共ニ大東亜共栄圏確立ノ中核トシテ聖戦遂行ニ協力シツツアル事実ヲ認識セシメ，以テ内戦時国民ノ士気昂揚ニ質シ外国内諸民族並諸列強ニ対シ皇道ノ真義ヲ感得セシムル」ことを目的としていた。具体的には9月14日からの5日間に方針の趣旨に従って，講話・講演などをすることが学校に求められ，9月18日に靖国神社に代表者を派遣して参拝することも求められた。和歌山高商では「満洲国承認十周年記念日」

に関しても実施していなかった。

(3) 軍人援護ニ関スル勅語渙発記念日

1942 年 8 月 24 日付の文書では,「軍人援護強化運動実施大綱」について通達された[430]。これは「銃後国民ノ感激ト感謝ノ念ヲ傷病軍人, 軍人ノ遺族, 家族等ノ援護ニ具現セシメ, 以テ軍人援護ニ関スル勅語ノ趣旨ニ応ヘ奉ラントス」とされた。10 月 3 日からの 6 日間が運動強化期間とされ, 訓話・講演などの実施と具体的実践項目の決定が学校に求められた。

和歌山高商では 10 月 3 日を「軍人援護ニ関スル勅語渙発記念日」とし, 校長への敬礼, 宮代遥拝,「軍人援護ニ関スル勅語奉読」,「大東亜戦争必勝祈願」を実施した。興亜奉公日と異なるのは「必勝祈願」である。1942 年 1 月の大詔奉戴日の通達においては,「必勝祈願」は教会・神社が実施するものとされた。ただし,「必勝祈願」は 1942 年 2 月 1 日の紀元節ですでに実施していた式内容であった。「軍人援護」という趣旨から和歌山高商では,「必勝祈願」を実施したものと思われる。

(4) 学制頒布七十年記念式挙行方ノ件

1942 年 10 月 10 日付の文書は,「学制頒布七十年記念式挙行方ノ件」であった[431]。和歌山高商では 10 月 30 日の 2 時限終了後に講堂で勅語奉読の式典を開き, 終了後に通常の授業とした。

(5) 大東亜戦争第一周年記念日

12 月 5 日からの 7 日間は「大東亜戦争第一周年記念日」とされ,「徒ラナル安易感ヲ抱クガ如キコト無カラシメ今次戦争ノ規模形態ニ対応シ終局ノ勝利ヲ得」ることが目的とされた[432]。学校では,「大詔奉戴式」の挙行,「黙禱祈念」「講話・講演」の施行が求められた。また, 学校の実情に応じて,「全校鍛錬行事」「学徒報国運動」「勤労奉仕作業」「防空訓練」「軍人援護強化運動」を行うことが求められた。

和歌山高商では「大詔渙発当初ノ感激ヲ新ニスルト共ニ愈々尽忠報国ノ精神ヲ昂メ新東亜ノ建設ニ邁進スベキ覚悟ヲ神明ニ誓フノ趣旨」の下, 12 月 8 日に「詔書奉読式」を挙行し, 名草山に登り遥拝, 神社参拝を行った[433]。

第6節　参拝，その他式典

(1) 参　　拝

　今までみてきた拝賀・奉祝式典，記念式典では，実施要項に神社参拝の記述があった場合，和歌山高商では参拝を式典に付随させて実施していた。また，「大東亜戦争第一周年記念日」のように独自に神社参拝を行うこともあった。

　1942年5月4日の「和歌山県護国寺社例大祭参拝」に関しては，第2時間目終了後に第3学年が参拝することとなり，授業・事務に差し支えない教職員の参加が求められた[434]。

　1942年10月6日付の文書では，神嘗祭の日に職員などが神宮参拝を行うことが求められた[435]。1943年10月11日付には，神嘗祭の日に「各在所於テ」遥拝をするように求められた[436]。

　1943年12月4日付で「聖旨奉戴一億総神拝」に関する通達があった[437]。これは12月12日に神宮遥拝をすることであった。和歌山高商では「当日各人ハ其ノ在所ニ於テ神宮遥拝シ大東亜戦争ノ完勝」を祈るように掲示された。

(2) その他式典

　1941年9月24日付の送付文書では，「銃後奉公強化運動実施ニ関スル件」が通達された[438]。これは10月3〜7日を銃後奉公強化期間として軍人援護を行うものであった。和歌山高商では10月3日に軍人援護に関する勅語奉読式を行い，運動期間中に戦没軍人の慰霊祭を行うことが求められた。

　1943年5月27日付の文書では6月5日の「故山本元帥国葬」では，「遥拝式」を挙行し，山本の勲功を講話するとともに「学徒ノ烈々タル戦争意識ノ昂揚」するよう求められた[439]。

　1943年10月15日付の通達は，「出陣学徒壮行会開催ニ関スル件」であった[440]。明治神宮外苑で開催されたこの壮行会の大臣訓示をラジオより聞くことが学校に求められた。

206　第Ⅱ部　戦時期の学校と国家

第7節　小樽高商の場合

　本節では，今までみてきた式典について，1942年度に実施された小樽高商の16回の式典を検討してみたい[441]。具体的には大詔奉戴日（7回），靖国神社臨時大祭（1回），天長節拝賀式，行幸記念式，教育ニ関スル勅語奉読式，明治節，大東亜戦争1周年記念行事，天皇伊勢神宮参拝による遥拝式，新年の拝賀式，紀元節拝賀式である[442]。小樽高商の場合，これら式典の内容は，A．大詔奉戴式，B．拝賀式，C．靖国神社臨時大祭の3つに分けられる。A〜Cの内容は次の通りである。

　　A：①礼，②君が代合唱，③宮城遥拝，④黙禱，⑤詔書奉読，⑥校長訓話，
　　　　⑦礼
　　B：①礼，②君が代合唱，③開扉，④御真影奉拝，⑤勅語奉読，⑥閉扉，
　　　　⑦校長訓話，⑧礼
　　C：①礼，②靖国神社遥拝，③護国の英霊に対し黙禱，④校長訓話，⑤礼

　大東亜戦争一周年記念行事は，①礼，②宮城遥拝，③詔書奉読，④校長訓話，⑤黙禱，⑥礼であったため，君が代合唱を除けばAの大詔奉戴式と一致する。他方，教育ニ関スル勅語奉読式は，①礼，②君が代合唱，③宮城遥拝，④勅語奉読，⑤校長訓話，⑥礼であったため，黙禱と詔書と勅語の違いを除けばAに等しい。このように，和歌山高商と同様に小樽高商においても興亜奉公日の延長線上にある大詔奉戴日の式内容に準じた式典を行っていた。なお，Aは和歌山高商の興亜奉公日型の式内容と共通性が高い。したがって，これら式典の高商間の共通性が窺える。

　ところで，小樽高商では，天長節，新年，紀元節の拝賀式は少なくとも1926年から実施されていた[443]。1926年の新年の拝賀式は，①礼，②開扉，③御影拝礼，④君が代合唱，⑤勅語奉読，⑥閉扉，⑦賀正言上，⑧礼であった。紀元節は，①礼，②君が代合唱，③勅語奉読，④礼であった。したがって，上述の1942年度の拝賀式の式内容Bは，戦時期以前より実施されていたものの延長線上にあったといえよう。

第9章　大政翼賛会と学校行事の形式化　　207

第8節　運　動

(1)　防諜強化運動

1942年6月30日付の「戦時国民防諜強化運動実施ニ関スル件」では7月13日からの1週間にわたる運動の詳細が示されていた[444]。とりわけ，「単ナル啓発宣伝ニ終ルコトナク具体的実践ニ依リ其ノ実効ヲキセラルル」ことが求められ，学科によって「知得シタル機密」を漏洩しないよう生徒への注意喚起を求められた。また，各学校に「重要機密書類」の保管等を監査する「監査担任者」をおくことが義務づけられた。和歌山高商では7月10日に課長・主任・報国団分長に防諜の喚起を促し，13日に和歌山地方裁判所の検事を招いて防諜に関する講演を開いた。

(2)　滞貨一掃協力運動

1942年11月28日付の文書では「滞貨一掃協力運動」について通達された[445]。これは12月5日から3日間に「軍需生産ニ要スル原材料，食糧，燃料其他生活必需物資等ノ滞貨中特ニ重要ナル」ものの滞留貨物を輸送する運動であった。勤労報国運動の一環として和歌山高商にも参加が求められたが，実際，どのような活動を行ったのかは不明である。

(3)　軍 人 援 護

1943年4月14日付の「軍人援護精神昂揚運動実施ニ関スル件」では，4月23～29日までの運動期間の慰問を主とする具体的計画をたてることが必要とされた[446]。

1943年9月6日付の文書では，軍人援護強化運動に関する通達があった[447]。これは「戦意ノ昂揚」「戦力ノ増強」「救護ノ強化」を主眼事項とし，10月3日から8日間実施されるものであった。和歌山高商では10月3日に「軍人援護ニ関スル勅語奉読」を行う式典を開催した。とりわけ，「実施大綱」には「学徒並ニ青少年層ニ対シテハ，決戦精神ヲ徹底シ，戦力増強ニ協力セシムルト共ニ，純真ナル感激ヲ表弔，遺問，激励等ニ披瀝セシムルヤウ万途ヲ講ズルコト」とあったが，和歌山高商では「本校及個人関係ノ出征軍人並ニ同遺家族

208　第Ⅱ部　戦時期の学校と国家

ニ対シテ遺問シ，又ハ遺問文ヲ送ル等銃後国民ノ赤誠ヲ前線ニ通スルヤウ，各自ニ力ヲ為スコト」という内容を掲示によって生徒へ通達するのみであった。

第9節　防空訓練・航空訓練

(1)　防 空 訓 練

精動運動期においても防空訓練は実施されていたが，報国隊の設立とともに防空体制の確立が目指された。1941 年 10 月 11 日付の文書では，「学校防空緊急策ニ関スル件」が通達された。これによれば「学業研究ニ専念セシメ有事ニ際シテハ積極果敢学校防護ニ身ヲ挺シ更ニ進ンテ国防上緊要ノ業務ニ協力貢献セシムル」こととされた[448]。10 月 20 日付の文書において報国隊の防空補助に関する詳細が通達された[449]。学校報国隊員は，防空補助員として空襲警報・警戒発令時に警察・消防署長・市町村長と事前に協議した防空業務に携わるものとされた。防空業務とは防空警報の伝達，防空監視，交通整理，防毒，救護，応急工作，配給，伝令・連絡，消防，燈火管制の指導などを行っていた。

和歌山高商ではこの通達より前の 1941 年 10 月 9 日に「防空ニ関スル講話」と「焼夷弾，防空待避壕」などの実演を実施していた[450]。10 月 12〜17 日において防空演習に警防補助隊として和歌山警察部に直属し，警防団と協力して警備した。この警備は午前 8 時〜午後 6 時 30 分の「昼間」，午後 6 時 30 分〜翌朝午前 8 時の「夜間」に分けられ，生徒は 9 日間でクラスごとに「昼間」と「夜間」を各 1 回割り当てられた[451]。

1941 年 12 月 5 日付の文書では，報国隊の航空補助員の「運用」に関する通達がなされた[452]。この通達には，多数の防空補助員を動員すること，生徒は家庭・隣組における「消化力ノ強化」に協力することなどが記されていた。とりわけ，学校において「必要トスル教育訓練」を行うこととされた。

1942 年 2 月 24 日に和歌山高商では「防空演習」を実施した[453]。これは出欠調査後に敬礼，国民儀礼，国民訓示，手押ポンプ基本操作演習，水道栓ホース使用説明，計画概要説明，分担編成演習，統括講話，敬礼，解散からなるものであった。分担編成演習は，防火班，搬出班，警備部，連絡班，予備隊などに分かれて実施された。予備隊は爆弾投下の消化訓練に従事した。

1942 年 4 月 18 日の和歌山市への初空襲から空襲警報発令時には学校の警備

を行い，和歌山県と市の「出動援助ノ要求」に備えて待機していた[454]。だが，7月までは県と市の出動援助の要請がなく「隊形ヲ以テ待機セシモ其ノ命ナカリシタメ出動ニ至ラズ」という状態であった。加えて，5月に配属将校より「防空監視員配備助力」の「内意」があったものの，「実際ノ要求ナカリシ」という結果に終わった。

1942年6月10日付の文書では，「空襲ニ対スル認識」を深め「具体的知識ヲ與ヘ訓練ヲ更ニ強化徹底」すること，「焼夷弾ニ対シ積極的防火精神ヲ昂揚」すること，「退避，伏臥訓練ヲ徹底」すること，防空の指揮命令・連絡系統を考究することなどが通達された[455]。

1942年11月14日付の文書では，防空教育訓練が「相当重要ナル点ニ渉リ依然トシテ不備欠陥アル」とされた[456]。とりわけ，防空教育訓練を指導指揮する者に対する指導力の向上が求められた。1942年度は「恒久的防空態勢ヲ確立」するための訓練を行うことが求められ，43年3月末までに防空訓練を実施するよう通達された。

1942年12月9日から3日間実施された「大東亜戦争第一周年記念防空強化運動」では，「空襲ニ際テ断ジテ各自ノ持場ヲ死守スルノ自信ト実力トヲ涵養スル為，夫々其ノ防護計画ノ検討整備及防空設備資材ノ整備充実ヲ為サシメ，更ニ有効適切ナル防空訓練ヲ施行」する「自衛防空ノ強化充実」を目的とする運動であった[457]。この『実施要項』では，第1日目に防護計画の検討と防空設備資材の整備，第2日目に模範隣保班の見学，第3日目に防空訓練をするように求められていた。ただし，防空強化運動の計画・実施は地方長官が決定するものとされ，学校の自衛防空組織の参加が義務づけられた。

1943年2月23日には防空訓練の実施要項が通達され，報国隊の訓練参加は3月中に府県単位で開かれる総合訓練の第1日目の参加のみと伝達された[458]。

注目すべきは，防空を教育的観点から位置づけた1943年5月17日付の「防空教育訓練」に関する通達である[459]。この通達では，「防空精神ノ涵養強化」に努めるとともに，教育と訓練とを形式的に区分せず両者を「必ス一貫連絡アラシメ相互ニ其ノ長所ヲ発揮シ欠陥ヲ補正スル」ように求められた。さらに「抽象的理論ノ教育ヲ廃シ努メテ具体的ニ必ス実地教育ヲ併セ施行」し「任務及智能ノ程度等ニ応スル」ことも求められた。教育訓練は，府県の実情を考慮しつつ，1943年度全体期間を通して行われるとされ，報国隊の防空補助員の

みならずすべての生徒が防火，消防，救護などの基本訓練の実施が要求され
た。

　1943 年 6 月 30 日付で，夏季に授業を行わない期間に報国隊の防空訓練を実
施する旨の通知があった[460]。これは「空襲必至」が予測されたため，報国隊
長などの幹部訓練を実施した後，警察・消防などと連携して，消防，防火，救
護，防毒などの基礎訓練を行うものであった。和歌山高商では 7 月 7 日と 10
日に防空訓練を実施した[461]。

(2) 航空訓練

　1943 年 12 月 6 日付の文書では，「学徒航空訓練施設ノ拡充強化」が通達さ
れた。これは滑空訓練施設の拡充強化を推進する目的があった[462]。和歌山高
商において滑空訓練は，滑空班員のみならず全校生徒に対して，放課後，体操
授業時間などに航空機操縦の基礎訓練と航空知識の養成を実施していた。とり
わけ，滑空班員は火・木・土・日曜日・休日に訓練を運動場で行い，和歌山六
十谷滑空場において初級操縦技術を終えた者に中級技術訓練を実施していた。

　なお，学徒の航空意識を高めるために 1940 年に「航空日」が設定された。
「航空日」では，「戦時下国民ノ航空ニ対スル関心ヲ昂揚スルト共ニ航空知識ノ
普及徹底ヲ図ル」ことが求められた[463]。1942 年 9 月 19 日に学校は「航空ニ関
スル講話」を実施することが必要となったが，理由は定かではないが，和歌山
高商はこれを実施していなかった。1943 年 7 月 29 日付の文書では，第 4 回
「航空日」の通達がなされた[464]。これは航空殉職者の慰霊・講演会の開催など
を主とした行事を 9 月 20 日に実施することが求められた。ただし，これは大
日本飛行協会が主体となって実施されたため，生徒がそこに参加した。

第 *10* 節　勤 労 作 業

(1) 報国隊の勤労作業

　高商は報国隊の結成によって，報国隊と報国団との 2 つの組織による勤労作
業を実施することになった。全生徒が参加している報国隊の勤労作業は学校全
体の行事となった。1941 年度の勤労作業は，5・7・11 月の 3 日に 1 年生が実
施し，9 月に 3 日間全学年が実施した[465]。1942 年度は不明だが，43 年度は 8

月に2日の勤労作業を実施していた[466]。

　全生徒が参加する勤労作業に加えて，報国団鍛錬部に設置された勤労奉仕班の活動があった。勤労奉仕班は，1940年12月22日に忠霊塔基礎工事のための土砂運搬を行い，41年3月6日に大池作業場の雑木の伐採と炭焼きを行った[467]。1942年度の7月までには数回の農作業の手伝いをした[468]。ただし，「農家を守ることは此は銃後の我々に課せられた任務で」あり「此の様な事は本班だけのものでは」なく，「学校全体のするべきものであろう」と勤労奉仕班が述べるように，報国団の活動を通した勤労作業は学校全体に及んではいなかった。すなわち，勤労奉仕班の援農作業は，1942年5〜11月までに8日間にすぎず，勤労奉仕が日常的に実施されていたわけではなかった[469]。

　報国隊は民間工場での勤労作業などの生産力拡充計画に対する協力が求められていた。しかし，1941〜42年6月までの報国隊の勤労奉仕活動をみれば，生産力拡充計画に対する協力は，「報国隊トシテ要求アリ次第生産ニ協力スベキ準備ヲナシ居ルモ未ダドノ方面ヨリモ申込ナキタメ出動シタルコトナシ」という状況であり，さらに「地方産業ノ指導並ニ中等実業学校指導誘掖」対する報国隊を含めた学校の活動はなかった[470]。

　生産力拡充計画に対する報国隊としての活動は皆無であったが，報国団の勤労奉仕班が農村での農作業を手助けしていたように，和歌山高商は報国団と報国隊との二重の活動を求められていた。それゆえ校長は，後に文部省へ「報国団ハ之ヲ改組シテ学徒ノ自芽的ノ補助練成機関トスルカ，或ハ之ヲ廃止スベシ」と自らの見解を述べていた[471]。

(2) 学徒戦時動員体制確立要綱

　1943年7月6日の「学徒戦時動員体制確立要綱実施ニ関スル件」によれば，「国土防衛ニ全面的ニ協力」し「挺身国家緊要ノ業務ニ従事」するため生徒に「心身ノ練成」を課し，「勤労動員ノ強化」が求められた[472]。注目すべきは，勤労動員が「飽ク迄教育練成内容ノ一環トシテ実施」されるものとされ，「単ナル労力提供」ではないことが強調されていた。

　この「学徒戦時動員体制確立要綱」では「都道府県勤労報告隊本部トノ連携ヲ密」にすることが求められていたため，和歌山高商は和歌山県に「動員ノ準備アリ，適当ノ労働ヲ振リ当テラレタキ旨」を申し出ていたところ，1943年7

212　　第Ⅱ部　戦時期の学校と国家

月18～23日に市内5カ所に約50個の防空待避壕を掘削する作業を県より割り振られ，毎日約120人の生徒が作業に従事した[473]。和歌山県に出動の旨をさらに伝えていたが，8月中旬まではその要請がなく，和歌山県に所在する住友金属工業からも「何等勤労協力ノ依頼ナカリシ」こととなり，校内の山林を開墾して畑とする作業，校内の待避壕の掘削，校庭の掃除をし，「結局本校ノミノ勤労作業」となった。そのため，校長は，勤労作業が「協力依頼者ノ依頼ニヨル作業」という性格をもつため，「修練並ニ作業ニ就テハ土地ニヨリ状況ヲ異ニスルヲ以テ学校毎ニ計画ヲ立テシメ，報告ヲ徹シ，報告ニヨリ個別指導セラレンコトヲ希望ス」と文部省へ意見を陳述していた。

さらに，1943年8月の文部省への報告において，校長は「勤労モ作業モ練成ノ一面ニシテ講義モ研究指導モ亦練成ノ一面タラザルベカラズ」「作業ト授業トハ相俟ツテ車ノ両輪ノ如クナラザルベカラズ」と述べ，「（教官）一人ニシテ作業ノ指導ト適切ナル授業トヲ兼ネテ行フコトハ殆ンド不可能ナリ」「作業及修練ニ就テハ之ガ指導者ヲ増員強化」するよう求めていた[474]。

第11節　結　語

大政翼賛会下の高商では，国民教化の手段として学校行事の実施が求められた。学校行事は，式典，各種運動，防空訓練，勤労作業を主とした。本節では，政策意図，政策手段，政策効果の3点から大政翼賛会期の学校の活動を評価してみたい。

学校行事を行う政策意図は，「堅久持久ノ精神」「聖戦ノ完遂」「大東亜共栄圏建設ノ道義的精神」などの醸成，傷病軍人・軍人遺族などへの「感激ト感謝」「必勝祈願」などの戦意高揚であった。

政策意図を実現するために学校は政策手段を講じた。その1つに式典は位置づけられた。しかし，文部省の通達文書に掲載された政策意図にかかわらず，式典は，①国旗掲揚，②宮城遥拝，③勅語奉読，④軍人感謝，⑤慰霊，⑥校長訓辞，⑦君が代斉唱からなる興亜奉公日の式内容を基礎とし，それに適宜必要とされる内容が追加されて実施されていた。また，「実践」が必要とされた場合は，神社参拝を実施する傾向にあった。すなわち，「堅久持久ノ精神」の涵養，「聖戦ノ完遂」などの異なる政策意図が同一の政策手段によって実施

されていたことになる。こうして第二次世界大戦後に問題とされたように，学校行事の「形式化」「画一化」が進むことになった。

さらに勤労作業は，民間企業などの学校外との連携が弱く，学内の作業に限定された。大政翼賛会下の高商は，急激な変革に実態が追いついていなかったといえよう。したがって，式典の「形式化」「画一化」は次々に要求される行事への学校の対応ともみなすこともできる。

政策意図に対してその政策手段が「形式化」「画一化」したが，このことが必ずしも政策効果を無効化したとはいえない。広田（1997）によれば，戦時期の「イデオロギー教化」は人々の「内面的な規範性」に達せずとも「形式が『隠れた機能』として既存秩序の不断の再確認と実質的な服従の調達とは可能」にするとしている[475]。ここでの「形式」とは軍人勅諭や勅語の暗唱を指すが，本章でみた同一の式内容が反復される学校行事の「形式化」に準ずる。つまり，戦時教化を目的とする政策意図を実現させるための政策手段がたとえ「形式化」したとしても，「形式化」そのものが戦時体制を支えたことを意味する。

例えば，和歌山高商のある生徒は，報国団の機関誌に執筆した「経済と技術」という「論文」において，「大東亜戦争下我が国は肇国の理想実現のために戦っている。勝つための戦である。大東亜共栄圏建設のために我等は総べてを捧げている。かかる時に当り，我が国体を自覚し萬世一系の天皇を戴き，悠久幾千年の我が国を知り臣民の本文に邁進すべきである」と述べていた[476]。この生徒の発言が戦時意識を内面の規範としているか否かにかかわらず，このように発言することこそが戦時体制への服従を意味することになろう。

しかし，学校での「イデオロギー教化」は，教官と生徒との間に「服従」を呼び起こすことはなかった。1941 年 9 月 16 日の教授会において長崎教授は，「現在ノ学校，誠ニ面白カラザル状態ニアル（中略）職員一致団結シテカカレバ此ノ非常時ニ於テ生徒ニマケルモノデナイ」と述べていた[477]。長崎教授のいう「誠ニ面白カラザル状態」とは 7 月に「教授排斥運動」が起こったことを示す。この「教授排斥運動」の内容は不明であるが，生徒の騒擾に至る可能性もあったと思われる。また，9 月の「合同体操ノ時三年ノ生徒ガ走ルノヲ止メ」たこと，「試験ノ答案ニ漫談ヲカイテモ優ヲモラウ」と生徒が考えていることなどが言及された。

そもそもこれらの長崎の発言は，後述する修業年限の短縮が決定した際，生

徒が校長に試験をやめるように訴えたことに始まった。これは「三年生ヨリ，第一学期試験ヲ止メ，其ノ機関授業ヲ行ヒ，十二月ニ於テ一回試験セラレタシ」との校長への願出を意味する。加川教授は「一旦決定セルコトニ付実行シテハ如何，然ラザレバ，後々ニ悪イ習慣ヲ残スコトトナル」といい，「下小使ヨリ，上教官ニ至ル迄，皆気ヲクサラシテオル，カカル時，何故校長ハ断固タル処置ヲ取ラナイデアルカ」と述べて校長の指導力を批判した。橋寺教授は「（生徒へ）先生ノ決メラレル事ガ如何様ナコトデアツテモ服従スルノダ，モシソレガ反対ノ事デアツテモ」と語調を強めた。和歌山高商の教授会において校長に対する批判が発生したのは，この会議が初めてであった。教官の校長に対する不満は，「モット強ク，グット出タレナイモノカ」という発言から分かるように，生徒の要求を安易に受け入れようとすることにあった。この会議において最も発言し，教官からの賛同を受けたのは加川教授であった。加川の主張は，①「生徒ニ対シテ権威ヲ持タナバナラヌ」こと，②「教育ノ目的ハ人間ヲ作ル」こと，③「賞罰ヲ明ラカニ」することであった。②に関しては「学校ノ目的ハ良イ学生ヲ社会ニ送ル以外ニナイ」と校長も同意した。

　こうした結果，戦時国民教化は学校経営に深刻な影響を与えた。このことは，和歌山高商の花田校長が，1943年8月に文部省へ「（教官は）行事ニ引張リ出サルルガ故ニ研究ノ時間乏シク，良キ講義ヲ為シ難キ嘆アリ」「生徒ハ落チ着キテ勉強出来ザル憾アリ，又動モスレバ勉学ニ軽ンゼントスル傾向アリ」「学力ノ低下免カレ難ク，大東亜指導者階級ノ素質低下ヲ来サンコトハ憂慮ニ勝ヘザル所」と述べていたことから明らかである[478]。戦時国民教化は学校に大きな負担を与えていた。

第10章

戦時体制下における
学科課程の再編と「錬成」の限界

第1節　問題の所在

　第8章と第9章で検討した国民精神総動員運動と大政翼賛会下の活動とは，高商において十分に進展していなかった。本章ではこの理由を検討する。重要なことは，勤労作業や報国団の活動は教育の一環と捉えられていたことである。すわなち，知育・徳育・体育を統合した「錬成」という新しい教育理念が語られるようになった。しかし，高商の知育重視が精動運動や翼賛運動を制約する側面があったことをみる。

　寺崎ほか編（1987）によれば，早稲田・日本・慶應義塾・東京商大の座談会記録から『「学ぶ」行為そのことが錬成であり，その行為に練達した者だけが，錬成を経た人材である』と結論づけている[479]。本章においては，寺崎ほか編（1987）では検討されていなかった高等商業学校事例を検討するとともに，「錬成」と学校に課された戦時教化活動の関連性を探りたい。

　第1章でみた高商の待望した修業年限延長は，戦時体制の進展とともに修業年限の短縮に帰結した。本章では，第2節において修業年限の短縮に関して検討し，第3節において実業教育振興中央会が1941年に発表した「高等商業学校標準教授要綱」の特徴について検討する。第4節では，和歌山高商を中心とした学科課程の改正を検討する。第5節では「錬成」の限界についてみる。第6節の結語では，本分析から得られた知見を示す。

216

第 *2* 節　修業年限の短縮

　1942 年に高商は学科課程の改正を行う。これは修業年限の短縮がその背景にあった。和歌山高商の事例に基づいて修業年限の短縮についてみてみたい。

　1941 年 9 月 5 日に「国家ノ人的資源ニ対スル最高度活用ノ要望ニ応ズル」ため「昭和十六年度卒業者ハ其ノ修学年限ヲ三ヶ月短縮シ昭和十六年十二月に卒業セシムルコト」に「内定」した旨を記した文書が文部省より送付されてきた[480]。文部当局者によれば，修業年限の短縮は「青年を一日も早く実務，或いは研究につかせて国家の御用にたてるため」とされ，「個人の好学心を満足させるためとか，又はその人間一個の立身出世の手段として與へられるものではなく，国家有用の皇国民を作り上げて国家の用に供するといふことを使命」とするとされた[481]。

　和歌山高商の花田大五郎校長は 1941 年 9 月 8 日の教授会においてこの文書の内容を報告し，さらに「一，二年生徒ノ卒業期モ順次繰上ゲ，二ヶ年デ卒業セシムルコトニスルトノ風説モアリ」と述べた[482]。土岐政蔵教授は「教育ノ根本ガ崩レルニ付，校長会議デモ開キ態度ヲ決スルノ要アリ」と述べ，文部省による文書通達のみの決定を批判したが，この見解は教員間で議論にはならなかった。教授会での論点は，繰上卒業に際して第一学期の試験を行うか否か（試験をしない場合は授業を行う）に絞られ，試験を実施するということに決定した。

　1941 年 10 月 8 日には，内定した繰上卒業に対する留意事項を記した文書が和歌山高商へ送付され，授業時間数（42 時間以内）を増やして繰上卒業による授業の減少分を補うこと，教授方法の改善を行うことなどが通達された[483]。

　修業年限の短縮が通達される以前に文部省は，各高商に学科課程の改正を指示していた。1942 年中にすべての高商が学科課程を改正することになったが，この際，次にみる「高等商業学校標準教授要綱」の導入が図られた。

第 10 章　戦時体制下における学科課程の再編と「錬成」の限界　　217

表 10-1　高等商業学校標準教授要綱

(1)　必修学科目　　　　　　　　　　　　　　　　　　　　　　　　　（時間）

		第一学年		第二学年		第三学年	
		科目名	時間	科目名	時間	科目名	時間
普通学科目		修　身	1	修　身	1	修　身	1
		体　操	1	体　操	1	体　操	1
		教　練	2	教　練	2	教　練	2
		国　史	1				
		国語及漢文	(商) 2				
		哲学又は物理化学	(商) 1				
		第一外国語	6	第一外国語	5	第一外国語	5
		第二外国語	3	第二外国語	2	第二外国語	2
専門学科目	法律学	法学通論・憲法	2	民　法	3	商　法	3
	経済学	経済原論	3	経済政策	3	経済政策	2
		経済史	2	財政学	2	統計学	1
		経済地理	2	金融論	2	日本産業論	1
						東亜経済論	2
	商業学	商業概論	2	経営経済学	2	保険論	2
		商業数学	2	交通論	2	会計学	2
		簿　記	(中) 3	簿　記	2		
			(商) 1				
		珠算・商業文	(中) 1	商品学	2		
				工業概論	1		
	演　習	演　習		演　習	1	演　習	2
			31		31		31

(2)　分科科目

商業分科	貿易分科	経営分科
配給論	国際金融	工業経営論
会計監査	保険各論	組合論
金融各論	世界経済論	会計監査
保険各論	植民論	社会政策
景気論	国際法	景気論
商業実践	貿易実践	工業各論
その他	その他	その他

出所）　実業教育振興中央会『高等商業学校標準教授要綱』1941 年。

注）　3 学年には商業・貿易・経営からなる分科科目（各 5 科目）を毎週 1 時間ずつ受講する。
　　なお，「随意科目」として「タイプライティング」「速記」などがおかれていた。

第**3**節　高等商業学校標準教授要綱と学科課程

(1)　高等商業学校標準教授要綱

　1941 年に実業教育振興中央会によって組織された高等商業学校教授要綱調査委員会が「高等商業学校標準教授要綱」（以下，「標準要綱」と略す）を発表した[484]。1942 年中にすべての高商が「標準要綱」に記載された学科課程に改変したため，全高商が同一の学科課程をもつこととなった[485]。

　「標準要綱」によれば，高等商業教育の目的と特質を明確にし「現在ノ多岐

218　　第Ⅱ部　戦時期の学校と国家

ナル学科目ノ名称及内容ノ不統一ナルヲ改善」することにあるとされた。ただし，「現行ノ三年制ヲ基準トシテ編成シテルモノナルヲ以テ，学科目編成並ニ教授時間数配当等ニ於テ著シク不十分ナルヲ免レズ」とされた。

商業教育の「指導精神」を要約すれば，①国体の本義と興亜の使命に基づき皇運を扶翼する信念を涵養すること，②配給機能の国家的機能を自覚すること，③産業の合理化と経営能率の増進の重要性を確認すること，④貿易の重大任務を認識すること，⑤良心を練成して海外雄飛の精神を発揚することであった。

「標準要綱」は表 10-1 に示されている。「標準要綱」の記載内容に従ってこの特徴をみれば，①学科目の整理統合，②学科目の名称統一，③国史・日本産業論・東亜経済論の必修化，④授業時間数の削減，⑤商業・貿易・経営の分科制の採用，⑥選択科目制の廃止，⑦演習の必修化，⑧タイプライティング・速記などの随意学科目の設置，⑨特別講義の実施，⑩教練の実施，⑪外国語科目の改変，⑫中学校・商業学校卒業者間の教授学科目の差の設置である。

また，教授内容は，商業精神の体認，国家との関係，東亜共栄圏の確立と日本の指導的地位を留意するとともに「努メテ現実的ナラシムル」こととされた。

(2) 「標準要綱」と「4 年制学科課程案」との比較

第 2 章でみた「4 年制学科課程案」（「4 年制案」と略す）と「標準要綱」との必修学科目を比較してみたい[486]。「4 年制案」が「標準要綱」を作成する上でどの程度影響を与えたかは不明であるが，「4 年制案」は修業年限延長を求めた高商の学科課程の理想が反映されているため，戦時統制に対応して策定された「標準要綱」とこれとを比較することは，平時から戦時への教育体制の変化をみることができる。

「4 年制案」は必修学科目 85 時間（研究指導を含む）・選択学科目 32 時間の総授業時間 117 時間（1 学年当たり 29.3 時間）であったのに対して，「標準要綱」は必修学科目 88 時間・分科学科目 5 時間の総授業時間 93 時間（1 学年当たり 31 時間）であった。必修学科目は「4 年制案」85 時間，「標準要綱」88 時間の 3 時間の差となる。このうち，表 10-1 において「普通学科目」と表記されて

第 10 章　戦時体制下における学科課程の再編と「錬成」の限界　　219

表 10-2 「標準教授要綱」と「4年制案」との授業時間数の比較
（必修学科目）
(時間)

増　加			削　減		
学科目名	中　学	商　業	学科目名	中　学	商　業
体操・教練	1	1	修　身	1	1
国史（○）	1	1	国　漢	1	0
第二外国語	1	1	哲学又は物理化学	1	3
商業概論	1	2	第一外国語（英語）	4	4
簿　記	1	3	商業数学・数学	0	1
演　習	1	1	商　法	2	2
経済政策（○）	5	5	商業政策（×）	1	1
交通論	1	1	世界近世史（×）	0	1
日本産業論（○）	1	1	文化史（×）	1	1
東亜経済論（○）	2	2	市場論（×）	1	1
保険総論	1	1	海外経済事情（×）	1	1
会計学	1	1	外国為替論（×）	1	1
	17	20		14	17

＊　中学・商業，3時間の増加

出所）「彦根高等商業学校長 矢野貫城から神戸商業大学学長田崎愼治宛の送付状と四
　　学年制高等商業学校学科課程案（未定稿）」，識別番号 201250100130005，神戸大学
　　文書館所蔵。

注）「標準授業要項」各学科目授業時間−「4年制案」各学科目時間数を計算。（○）
　　は新設，（×）は廃止を意味する。授業時間数は年度当たり毎週授業時間数。

いる「予科目」・語学・体操科目の割合をみれば，中学 38.7％・商業 41.9％で
あり，「4年制案」と大きな変化はない（「4年制案」では中学 36.8％・商業 41.9
％）。

　詳細な必修学科目の増減をみるため，表 10-2 をみてみたい。すでに言及し
たように「標準要綱」による新設学科目は「国史」「経済政策」「日本産業論」
「東亜経済論」であった。「4年制案」の必修学科目であった「商業政策」「世
界近世史」「文化史」「市場論」「海外経済事情」「外国為替論」の計 6 学科目は
「標準要綱」では廃止されている。ただし，「商業政策」は「経済政策」，「市場
論」は「配給論」，「海外経済事情」は「東亜経済論」，「外国為替論」は「国際
金融」として代替・残存していると考えられる。「世界近世史」「文化史」は
「国史」に置き換えられたといえる。

220　　第Ⅱ部　戦時期の学校と国家

他方で授業時間の増減をみれば，「第一外国語（英語）」4時間の削減と「経済政策」5時間（「商業政策」1時間の廃止）の増加が大きな変化となる。商業学校卒業者の「哲学又は物理化学」を3時間削減して「4年制案」で0時間とされた「簿記」に充当している。

　こうした授業時間数の増減はあったが，注目すべきは，「4年制案」の必修27学科目（「修身」「体育及教練」「国漢」「哲学概論」「英語」「選択外語」「法学通論及憲法」「経済原論」「商業史」「商業地理」「商業概論」「商業数学」「簿記」「商業作文」「研究指導」「民法」「商業政策」「財政学」「金融論」「経営経済学」「交通論」「商品及商品理化」「工学」「商法」「統計学」「保険総論」「会計学」）に関係するものが「標準要綱」の必修の30学科目に残されていたことである。「4年制案」の選択科目である「会計監査」「景気論」「商業実践」「国際公法」「植民政策」「国際公法」「貿易実務」「社会政策」は「標準要綱」の分科科目に残存するものの，「4年制案」の選択科目52科目中40科目ほどが「標準要綱」の作成とともに廃止されたといえる。増地庸治郎が述べているように，「標準要綱は選択科目制の廃止を根本方針」とするものであったが[487]，「標準要綱」の授業学科目は，「4年制案」の必修学科目を母体としていたことにあった。したがって，「標準要綱」の作成過程は不明であるが，「4年制案」を作成した高商の意見が「標準要綱」の決定に大きく反映されていたといえる。

(3)　学科目内容の比較

　「名称及内容ノ不統一」の是正を作成理由の1つとした「標準要綱」では，学科目ごとに授業内容が提示された。これは表10-3に示されている。

　ところで，和歌山高商の花田校長は「高商の学科課程は選択科目等に於て多少の特色を発揮し得ないではないが，必修科目はおよそ定まつて」いるため「学科の上での特色発揮は困難」と述べていた[488]。しかし，これは学科目の名称レベルの話であって，同一の学科目であったとしても高商間での教授内容の差異はあった。この差異を検討するために，長崎高商と山口高商との『教授要目』を比較したい。

　表10-4によって長崎高商の「商業通論」とそれに相当する山口高商の「商業学概論」を比較すれば，両者の授業時間が異なるが山口高商の「第一章」と「第五章」を除けば長崎高商の教授内容と関連性が高い。他方，表10-5によっ

表 10-3　高等商業学校標準教授要綱における教授事項

	第一学年	第二学年	第三学年
修　身	1 自然的・歴史的国民的存在としての人, 2 皇国民としての修練, 3 学行修練の精神, 4 家の生活, 5 国家生活, 6 皇国の使命と商業道	1 生活と道徳, 2 道徳思想としての倫理学, 3 倫理思想の史的発展（西洋・東洋倫理思想の発展と其の批判）, 4 日本倫理思想の発展, 5 我国国民道徳の淵源としての団体, 6 皇国の道の本質と其の具現, 7 経済道徳と職業の倫理性	1 生活と哲学, 2 哲学思想の史的発展（西洋・支那・印度哲学思想の発展と其の批判）, 3 日本哲学思想の発展, 4 学問・分科・歴史の哲学的意義, 5 皇国の道と世界観
法学通論	1 法の概念, 2 法と国家, 3 法の諸形式, 4 日本法制史概説		
憲　法	1 緒論（帝国憲法制定の由来, 帝国憲法の特質）, 2 統治権の主体, 3 統治権の客体, 統治権の組織, 統治権の作用		
民　法		1 総則, 2 物権, 3 債権, 4 親族及相続	
商　法			1 総則, 2 会社, 3 商行為, 4 有限会社法, 5 手形法及小切手法
経済原論	1 総論（経済の基礎概念, 経済学の発達, 国民経済の基礎的条件, 国家と経済）, 2 経済の基本過程（生産, 価格及貨幣, 所得及分配, 消費）, 3 経済の発展過程（経済発展の条件, 景気変動）		
経済政策		1 基本問題（経済政策の意義及目的, 農業・工業・商業・植民・社会等各政策の大要素及び其の関係）, 2 経済政策の史的展開（自由主義以前, 自由主義, 統制主義）, 3 日本経済政策の特質, 4 戦時経済政策	
商業政策		1 商業政策の意義, 2 国内商業政策（国民経済における商業の地位, 日本商業の諸問題）, 3 対外商業政策（国民経済における貿易の重要性, 対外商業政策の史的変遷, 国際貿易の理論的根拠, 関税, 貿易統制）, 4 日本貿易政策の問題（経済自給と広域経済, 貿易の現状及将来）	
工業政策		1 工業の発展段階, 2 工業政策の基本問題（工業資源政策, 工業労働政策, 工業生産政策）, 3 日本工業政策の特殊問題（日本工業生産の特殊性, 日本工業政策）, 4 日本工業と商業特に貿易との関係	
経済史	1 序論（経済史の研究対象, 経済の発展段階）, 2 古代（氏族制度, 土地制度）, 3 中世（封建制度, 都市勃興と商工業）, 4 近世（近世国家の成立と貨幣経済の発展, 商業資本の活動, 重商主義, 産業革命と工業組織の変革, 株式会社と独占, 国家主義と経済統制）, 日本経済史の特質		

222　第Ⅱ部　戦時期の学校と国家

経済地理	1 総論（経済地理学の意義及研究法，地理的環境と国民経済生活），2 原始商業地理（農業，牧畜，林業，水産），3 工業地理（鉱業，工業），4 商業地理（市場，外国貿易），5 交通地理（陸上交通，水上交通，航空，通信），6 東亜共栄圏と経済地理		
財政学		1 総論（財政の意義，国家と財政），2 財政と国民経済，3 経費，4 収入（租税，官業収入，その他），5 公債，6 予算及会計，7 日本財政の概要	
金融論		1 総論，2 貨幣（貨幣の本質，貨幣価値，貨幣制度及政策），3 金融機構（金融市場，金融機関，金利），4 金融統制，5 国際金融	
統計学			1 総論（統計学の発達，統計学の基本概念，統計調査論，統計解析論，統計的法則），2 各論（人口統計，経済統計）
日本産業論			1 総論（日本産業論の意義及目的，世界経済における日本国民経済），2 日本産業の発展と構成（日本経済の発展，日本経済の基本構成，日本経済の特質），3 日本商業の将来（戦時経済の特殊問題，日本経済の動向）
東亜経済論			1 総論（東亜経済論の意義及目的，東亜経済と東亜共栄圏），2 東亜経済事情（東亜の資源及産業，東亜交通事情，東亜貿易事情），3 東亜経済事情各論（満州国及関東州，中華民国，南洋，その他），4 東亜経済政策（世界経済における東亜経済，東亜共栄圏の建設）
商業概論	1 総論（商業の意義，国家と商業），2 配給組織（穀物，生鮮食料品，原料品，製造品，その他），3 商業経済の種類（集荷商，中間商，分散卸商，小売商），4 仕入・販売及広告，5 取引所，6 倉庫，7 外国貿易，8 市場分析，9 配給統制		
経営経済学		1 総論（国営経済の意義，国家と経営経済），2 企業形態（会社及組織，共同組合，公企業及公私共同企業，複合形態，3 経営労務（組織，管理，賃金），4 経営財務（財産及資本の構成，資本の調達及運用，財務整理），5 経営計画（経営計画，経営比較）	
交通論		1 総論（交通の意義，国家と交通），2 交通機関，3 交通賃率，4 海運（造船，海運業務，船荷証券，傭船契約），5 鉄道，6 空運，7 自動車運送，8 小運送，9 交通統制	

保険論			1 総論（保険の意義，保険の種類，国家と保険），2 海上保険（目的，危険，塡補，共同海損，委付），3 火災保険，4 生命保険，5 社会保険，6 保険政策
簿記（中学）	1 財産及資本，2 複式簿記の原理，3 勘定科目，4 帳簿組織，5 決算	1 原価（原価の意義，原価要素），2 原価計算，3 標準原価，4 工業簿記	
簿記（商業）	1 簿記原理，2 勘定体系，3 帳簿組織		
会 計			1 総論，2 貸借対照表の形式及内容，3 財産評価，4 減価償却，5 損益計算書の形式及内容，6 財務諸表の分析
商業数学	1 高等数学（順列及組合，二項定理，指数級数及対数級数，確率，微分及積分），2 商業数学（利息算，割引算，年金算，年賦償還，原価計算，保険数学，その他）		
工業概論		1 総論（工業の発達，国家と工業），2 工業材料及原料，3 器具及機械（概説，動力機械，作業機械），4 主要工業（概説，繊維工業，化学工業，電気工業，金属及機器工業，その他）	
商品学		1 繊維，2 食料品，3 衣料繊維，4 燃料及動力，5 木材，6 金属，7 無機化学製品，8 有機化学製品	

出所）　高砂恒三郎『全体主義的商業教育の構想』1943 年，日本出版配給，530〜545 頁。

て，両者の「商工経営」（「経営経済学」）を比較すれば，山口高商の「第三章」「第四章」「第六章」「第八章」「第十一章」が長崎高商で教授されていない。

「修身」に関しては，長崎高商では「西洋哲学史」（古代から近世哲学まで）・「社会思想」「日本古代文化史」を教授していたのに対して，山口高商では「中国思想」（儒家・道家・法家）・「西洋道徳思想」（古代倫理学から近代の功利主義まで）を教えていた。この３つの事例からのみでは，高商間の授業内容の差異を言及する説得力に欠けるものの，商業学や経営経済学のように基準となる出版物がある教授内容には大きな隔たりはなかったと考えられる。

(4) 標準教授要綱批判

教授内容の統一化が「標準要綱」で定められたが，その授業内容が「４年制案」を母体としていたことは，それまでの高商の学科課程との違いはなかった。このことが「標準要綱」に対する批判として現れた。

224　　第Ⅱ部　戦時期の学校と国家

表 10-4 商業通論の比較

長崎高等商業学校（1934年） 「商業通論」（中学出身者毎週3時間）		山口高等商業学校（1934年） 「商業学概論」（毎週2時間）	
第一編　総　論		第一章　業ノ本質	
第一章　商業ノ発達	①	第一節　交換則商業説	
第二章　商業ノ意義	②	第二節　売買営業説	
第三章　商業ノ種類	③	第三節　配給組織體説	
第四章　市場組織	④	第四節　取引企業説	
第五章　商　品	⑤	第二章　商業ノ沿革	
第六章　小売商店	⑥	第一節　商業ノ発生	
第七章　商業ノ経営及ビ施設（個人商 　　　　人，組合，会社，補助商人， 　　　　商業ノ計理，商号，営業所， 　　　　商業使用人，手形及ビ小切手 　　　　等商業術語ノ簡単ナル説明）	⑦	第二節　段階別商業 第三節　職能別商業	①
		第三章　商業ノ種類	
		第一節　取引ノ容體	
第二編　売　買		第二節　商品取引業（小売業，卸売業， 　　　　貿易業）	
第一章　概　説	⑧	第三節　資本取引業（銀行業，信託業， 　　　　庶民金融業，有価証券業）	③
第二章　商品売買の条件	⑨		
第三章　商品売買ノ方法	⑩	第四節　労務取引業（運送業，倉庫 　　　　業，保険業，代理業）	
第四章　商品売買ノ手続（商品ノ仕入， 　　　　商品の販売，商品ノ広告）	⑪		
第五章　商品売買ノ履行	⑫	第四章　商業ノ経営	
第六章　外国貿易	⑬	第一節　商人（商業使用人）	
		第二節　商業組織（企業形態）	⑦
第三編　商業各部門ニ関スル基礎的知識		第三節　財務及算務	
第一章　取引所	⑭	第四節　商業ノ依存関係	
第二章　運　送	⑮	第五章　商業ノ将来（商業排除ノ傾向）	
第三章　倉　庫	⑯	第六章　商ノ意義ト商学ノ任務	②
第四章　保　険	⑰		
第五章　金　融	⑱		

出所）　長崎高等商業学校『教授要目』1934年。山口高等商業学校『教授要目』1934年。
注）　丸囲みの数字は，両者に関連性が高いことを示す。

表 10-5　商工経営の比較

長崎高等商業（1934 年）商工経営（毎週 2 時間）		山口高等商業（1934 年）経営経済学（第 1 学期 1 時間，第 2 学期 2 時間）	
第一編　経営経済学		第一編　総　論	
第一章 経営経済学の本質	①	第一章 経営経済学の成立	②
第二章 経営経済学の発達	②	第二章 経営経済学の対象	③
第三章 経営経済学の指導的目標	③	第三章 経営経済学の方法	
第四章 経営経済学の体系		第四章 経営と企業	
第一節 経営経済学における企業及び経営	④	第五章 経営経済学の体系	④
第二節 内部組織論と外部機能論		第二編　経営経済の静態	
第三節 交通論		第六章 経営経済の形態	
第二編　経営労務論		第七章 経営経済の構成要素	
第一章 科学的管理法		第一節 資　本	⑤
第二章 時間研究		第二節 労　働	⑥
第三章 動作研究		第三編　経営経済の動態	
第四章 機能的職長		第八章 経営経済の基本職能	
第五章 企画部		第九章 経営財務	⑥
第六章 工程の総括	⑤	第十章 生産及び作業管理	⑤
第七章 分類及び記号		第十一章 販売及び商務管理	
第八章 工具室		第四編　経営経済の計算	
第九章 労働者の選択と訓練		第十二章 経営計算制度	
第十章 賃金制度		第十三章 収益と費用	⑥
第十一章 工場診断		第十四章 利潤分析	⑦
第三編　経営財務論		第十五章 経営比較	
第一章 財産と資本		第十六章 予算統制	
第二章 財務と静的研究			
第一節 財産の構成			
第二節 資本の構成	⑥		
第三章 財務の動的研究			
第一節 費用と操業度			
第二節 景気及び貨幣価値変動と財務との関係			
第四編　経営計理の概念	⑦		

出所）　長崎高等商業学校『教授要目』1934 年。山口高等商業学校『教授要目』1934 年。
注）　丸囲みの数字は，両者に関連性が高いことを示す。

北野熊喜男によれば，「海外通商の要求」，すなわち貿易を促すために設立された高商は大規模工業の発展とともに役割を変える必要があり，「商業教育はいわば経済的経営的教育に転身すべき」という[489]。したがって，高等商業学校から「経済経営専門学校」に名称変更すべきであるが，戦時下において「公的全体的立場」が必要な時期に「個的」な「経営」という言葉は問題であるため，「経済専門学校」がふさわしいと述べる。いずれにせよ「皇国経済人の公的自覚の練成」と「経営実践者練成」が必要だと主張する。

　「標準要綱」93時間に対して，北野案は従来の多くの高商の授業時間数通り102時間であった。北野は「高等商業教育担当者間のほぼ共通な意見は，これ（高商）を四年制に延長するを要する」ことであり，北野自身も「四年制の高等教育こそ，最高の実業教育」といい，「標準要綱」の総授業時間数の少なさを問題としている。戦時という特殊な環境下においても修業年限の延長に言及するほど，それは高商にとって重要な要求であったことが再度確認できよう。

　「標準要綱」と比較した北野案の特色は，①「国史」「古典」「論理及心理」「哲学」「倫理学」からなる8時間の「皇民科」の設置，②「法律科」「経済科」「経営科」の3つを主とし「標準要綱」にみられる「商業学」を廃止したこと，③「経営科」の大部分を4時間の分科制としたことが挙げられる。とりわけ，「法律科」10時間必修，「経済科」24時間必修に対して，「経営科」は中学卒業者12時間（「珠算」「簿記」「会計概論」「経営概論」）・商業卒業者4時間（「会計概論」「経営概論」）の必修科目に加えた4時間の分科科目（「経営実務分科」「商事分科」「貿易分科」「東亜分科」）の選択であった。このように北野案は抜本的な学科課程の修正を求めるものであった。

　ところで，第3章において，高商は「講義詰込主義」の弊害や「人格の陶冶」などの教育の質の変化を目的とした修業年限延長を目指していたことをみた。北野は「近来高商生の自発的研究的態度は概して低調」であり，しかも「楽々と業を卒へうる」状態のため「自発的学究意識の向上」が必要であるという。「わずかな講義と年二回だけの試験の外は，学問的に生徒はあまりに放任せられすぎて」おり，「研究問題と実習問題」「口頭試問」などを増やすことを主張する。さらに「いまや何よりも厳格な学問的練成と実習的訓練とがいわば二十四時間にわたって配慮されなければならない」が，これが「注入主義や強圧主義に陥らず，あくまで自発的研究態度涵養の方向にむけられなければな

らない」という。このように戦時統制下においても「自発的研究態度涵養」は
高商教育の目指すべき方向であったといえる。

第4節　和歌山高商における「標準要綱」の導入

(1)　1940年の学科課程の改正

「標準要綱」は1942年中にすべての高商に導入された。本節では和歌山高商
のその導入課程を検討するが，まずはその前史となる1940年の学科課程の改
正をみておきたい。

修業年限の延長がもはや不可能となった1940年の学科目の改正は，戦時体
制への移行に対応するものであった。「時局ニ鑑ミ東亜新事態ニ適応」するこ
とを趣旨とした1940年の学科課程の改正は，橋寺太郎教授より時期尚早とい
う見解があったが，花田校長は「改正ヲ断行シタキ決意」を表明した[490]。

こうした趣旨の下で実施された1940年学科課程の改正の特徴は，表10-6に
よれば，「日本思想史」「東洋思想」「特別講義」の合計6時間を新設（「日本思
想史」のみ選択から必修科目となる），「東亜経済論」（旧東洋経済事情）・「日本産
業論」を1時間増やしたことである。この8時間の授業時間の増加のため3時
間の総授業時間数を増やした（第3章表3-2参照）。

表10-6によれば，商業学校卒業者の「自然科学」「地理及歴史」（合計4時
間）を削減し，「国語漢文」「近世史」「地理」（合計4時間）を新設してバラン
スを保っている。したがって，「国語漢文」は商業学校卒業者のみの履修とな
り，中学校卒業者を対象とする「国語漢文」は廃止されている。「社会政策」
は必修科目から選択科目とされた。

「必修普通学科目」と「必修専門学科目」は，1938年と比べてそれぞれ1.5
時間増加し，両者の総授業時間に対する割合は1938年改正時と大差はなかっ
た（第3章表3-1参照）。

戦時体制に対応して「市場論」が「配給論」，「東洋経済事情」が「東亜経済
論」に改称された。また，「経営学」が「経営経済学」となったり，「商業及工
業政策」が「経済政策」，「商業史」が「経済史」となったりした（第3章表3-
2参照）。選択科目の授業時間数は6時間から変更がなく，授業科目も「工場経
営論」「海上保険論」「火災保険論」が新設されて「社会法」「産業組合」「親族

228　　第Ⅱ部　戦時期の学校と国家

表 10-6　和歌山高等商業学校における学科課程改正
の授業時間数の増減（1940 年）

(時間)

増　加		削　減	
選択外国語（〇）	1.0	英　語	1.0
体　操	0.5	国語漢文（×）	2.5
日本思想史（〇）	1.0	自然科学（商）	2.0
東洋思想（〇）	2.0	地理及歴史（商）（×）	2.0
工　学	0.5	工業簿記及原価計算	0.5
近世史（商）（〇）	1.0	交通学	0.5
国語漢文（商）（〇）	2.0	保険論	0.5
地理（商）（〇）	1.0	経済総論	1.0
東亜経済論（〇）	1.0	財政学	0.5
経済政策（〇）	2.0	商業及工業政策（×）	2.0
日本産業論	1.0	商業地理（×）	2.5
経済史（〇）	0.5	社会政策（×）	1.0
法学通論	0.5		
経済地理（〇）	1.5		
特別講義（〇）	3.0		
商業実践	0.5		
商業卒	19.0		16.0
中学卒	15.0		12.0

※19.0－16.0⇒総授業時間数の 3 時間増加（商業学校卒業者）
　15.0－12.0⇒総授業時間数の 3 時間増加（中学校卒業者）

出所）　和歌山高等商業学校『和歌山高等商業学校一覧』各年。
注）　表 3-2 に対応。（〇）は新設，（×）は廃止を意味する。
　　（商）は商業学校卒業者のみ履修することを示す（中学卒は
　　履修しない）。授業時間数は年度当たり毎週授業時間数。

及相続法」が廃止されるという程度の改変であった[491]。

(2)　1942 年の学科課程の改正

　1940 年の学科課程の改正は「特別講義」などの学科目の新設にあったが，
42 年の学科課程の改正では抜本的な修正が迫られた。

　和歌山高商では 1941 年 6 月に「実業教育刷新改善」として「個人的自由主
義ノ廃止」「礼法ノ実践」とともに「学科課程ノ改正」が校長より報告され
た[492]。文部省によって「学校ノ特色ハ随意科ニ於テノミナス」ことが指示さ

第 10 章　戦時体制下における学科課程の再編と「錬成」の限界　　229

れていたため，この学科課程の改正は前述した実業教育振興中央会の「標準要綱」の導入が念頭におかれていた。

さらに，「商品学ハ時局ニ適応セズ，自然科学的研究ノミニ付不可，改善シタシ」こと，随意科目に「珠算」が必要なため「数学ヲ割キ之ヲ入レ」ること，「統制法ヲ必修」とすることなどが校長より報告された。授業時間の削減については「時局ニ適応シテ授業方法ヲ改善セバ（教科書ヲ用フル等）学力ノ低下ヲコサズト」いう文部省の判断があり，「教官ハ授業ノ有無ニ不拘出勤サセ又他校トノ兼官ハ相当整理スルコトトシ補講ヲ行ヘル様セヨ」とされた。野外演習に関しては，「7日間トナレバ」「学科ノ方へ」は「クヒ込マム」と判断された。

1941年7月の教授会において「標準要綱」の説明が校長からあり，「（『標準要綱』）は時間数減少ノ為無理アリ」と考えられるが，「一応研究ノ上夏休後各担任毎ニ意見ヲ聞キ案ヲ作」るということになった[493]。この時点では後述する修業年限の短縮は教官に周知されていなかったが，1941年9月の教授会でこれが報告され，「標準要綱」に全面的に依拠して学科課程は改正された。「特殊学科目」を除けば，「標準要綱」と和歌山高商における1942年の学科課程との違いは，「東洋思想」「自然科学」「数学」が和歌山高商の必修学科目に存在する程度であった。

1940年の学科課程と42年の学科課程を比較してみたい。1942年の学科課程の特徴としては，第1に総授業時間数が93時間となる12時間の大幅な削減がみられたこと，第2に「演習」が必修化されたこと，第3に選択科目が廃止されたこと，第4に3分科からなる特殊学科目が設置されたこと，第5に「国史」「教練」の必修化が挙げられる。

1940年と比べて，普通科目は中学校卒業者で7.5時間，商業学校卒業者で10時間削減された（第3章表3-1参照）。このうち「体育」5時間の削減が「教練」6時間の新設に充当されたものと思われる。設置が不可とされた「商品学」に関しては1時間の削減のみであった（第3章表3-2参照）。

「選択科目」6時間の削減に対して，「特殊学科目」5時間が設置された。これは前掲表10-1に掲載されている商業・貿易・経営の3つの分科に対応した。しかし，和歌山高商では第一分科（「経済統制法」「配給論」「保険各論」「商品各論」「商業実践」），第二分科（「経済統制法」「工場経営論」「景気論」「社会政策」

230　第Ⅱ部　戦時期の学校と国家

「商業実践」），第三分科（「経済統制法」「支那社会論」「東亜経済史」「東亜地政学」「商業実践」）であり，「標準要綱」に示されている学科目との違いがあった。これら3つの分科から1つを選択することになるため，分科制度は「選択科目」の延長線上にあったといえる。

(3) 各高商の1942年の学科課程の改正

　ここで和歌山高商を除く高商の1942年の学科課程の改正についてみておきたい[494]。多くの高商は，和歌山高商と同様に「標準要綱」に依拠した学科課程の改正を行った。「標準要綱」に記載されていた「哲学又ハ物理化学」は，「数学」を設置する高商が多かった。ただし，第1に高商間には中学・商業学校卒業者間の「簿記」「数学」などの授業時間数の差異があった。第2に必修学科目に関して，高岡高商に「経済法」が設置され，小樽高商に「商業数学」が存在しなかった。第3に彦根高商は「標準要綱」を採用していなかった。こうした差異を除けば，彦根高商以外の高商は「標準要綱」に準拠した学科課程の改正を行っていた。

　しかし，「標準要綱」に設置されていた3分科5時間の「特殊学科目」については，高商間に設置科目の違いがあった。大分高商は「標準要綱」と同様の「特殊学科目」を設置していたが，高岡高商は5分科，小樽高商は2分科，山口高商は分科制を設置していなかった。山口高商については分科制の代わりに校長の定める学科目を履修することになっていたため，生徒の学科目の選択の余地はなかった。これらを除いた高商では「標準要綱」の通りの3分科制が採用されていた。

　すでに言及したように「統制法ヲ必修」とすることが文部省から指摘されていたため，「特殊学科目」にこれを加える高商が多かった。また，福島高商が「農業政策」「応用理化学」を設置するなど，「標準要綱」には明記されていない学科目をおく高商もあった。このように「特殊学科目」の設置によって各高商の特色を示す余地は残っていた。しかし，これは総授業時間に対して5時間分にすぎず，ほとんどの高商が「標準要綱」を採用したことからみて，高商間の学科課程の差はほとんどなくなったといえよう。

　彦根高商は他校とは異なり「標準要綱」を導入していなかった。彦根高商の1942年の学科目の特徴は，総授業時間数が「標準要綱」より1時間短い30時

間であること，「特殊学科目」を含む選択科目を設置していないことにあった。しかし，中学卒業生の必修科目（「簿記」「商業数学」「珠算」）と商業学校卒業生の必修科目（「世界最近世史」「数学」「自然科学」）の授業時間数，「配給論」の必修化に「標準要綱」との違いがあったものの，彦根高商の学科目の多くは「標準要綱」と一致していた。

第5節　「錬成」の限界

(1)　「錬成」

　戦時下の高等教育では「錬成」「修練」「鍛錬」などが重視された。このうち「錬成」は，1941年の国民学校令において国民学校は「皇国ノ道則リテ初等教育ヲ施シ国民ノ基礎的錬成ヲ為ス」とされたように，戦時下日本における教育目的を集約する語として位置づけられた[495]。高等学校では1943年の規定改正で「授業」が「教授及修練」にかわり，「教室，寮舎，運動場等ニ分裂シヤスキ学校生活ヲ総合一貫」することが謳われた。高商では，1943年1月の専門学校令の改正によって「専門学校ハ皇国ノ道ニ則リテ高等ノ学術技芸ニ関スル教育ヲ施シ，国家有用ノ人物ヲ錬成スルヲ目的トスル」とされた。加えてこの改正では，「教授及修練」という文言が加えられた高等学校とは異なり，「教授訓練」が専門学校には付け加えられた。

　高商において「錬成」の実施が法制化されたのは1943年であったが，これ以前から「錬成」や「修練」という概念で従来の教育が語られるようになった。「錬成」や「修練」に明確な定義はなかったが，従来の学科目を教授する知識教育に，実践教育と道徳教育を加えて，これらの連携を図るものと考えられる。すなわち，「欧米の個人主義，自由主義に禍せられ，形式に流れ，抽象に陥り，所謂知識偏重，形式的教育，画一的教育の弊を醸すに至り，知育，徳育，體育が夫々分離して，皇国の道に帰一せる具体的な皇国教育は忘却され」「知識と実践，精神と身體とを一にした皇国民の錬成」が必要となると言及されていた[496]。第8章と第9章でみた勤労作業や報国団の活動は，実践教育の一環であったと考えられる。

　知育・徳育・体育を統合した教育が必要とされた1つの理由は，陸軍少佐鈴木庫三が述べるような戦時特有の理由があった。鈴木は「主知主義的な高い教

232　第Ⅱ部　戦時期の学校と国家

育を施せば施す程，戦場に臨んで十分の戦力を発揮出来なくなる」とし，「高い教育を受けたものは初めは成績よいがやがて尋常小学卒業や高等小学卒業の者に追ひ越され」「それは過去の教育が知育に於て成功して居るが，訓育と體育に於て失敗して居る」からだと述べる。そして戦場は「一度意を決すれば理屈無しの実行」であるため「主知主義的教育」の弊害が生じると言及した[497]。

(2) 知識教育の重視

　しかし，以下でみるように，和歌山高商では，こうした知育・徳育・体育を統合した錬成教育に関してほとんど議論されることはなく，従来の知識教育を重視していた。

　1939年の教授会において花田校長は，「学校トシテ勅語ノ御趣旨ヲ奉戴シテ何ヲ行ナフカト云ヘバ案外ツマラヌコトトナル」と発言した[498]。「案外ツマラヌコト」とは花田がその直後に発言した「生徒ノ機嫌取リヲ止メ，我儘ヲ押ヘ，且学科ニ興味ヲ持タセル様サレタイ」「生徒日常ノ行儀ハ教練，修身ノ時間ノミニ行フノデナク，常ニ行ク様，各位モ精神的ニ協力シテ守リ立テラレタシ」ということであった。重要なことは，「学科ヲ通ジテ精神的方面ニ於テ今少シ生徒ヲ指導サレタシ，各教官ニ一層緊張セル充実セル授業ヲセラレタシ」と花田が述べたように，生徒の規律強化を授業中に教授するよう求めていた点である。さらに，花田は「良書ノ紹介ヲ行ヒ学生ニ読書ノ風ヲツケタイ」「論文ヲ毎年募集シタシ，之ニ付知識ヲ豊カニスル様，興味ヲモタセテ智育ヲ徹底セレメル様致シタシ」と述べたように，従来の知識教育を強化することを促していた。このように「精神方面」の指導を知識教育に盛り込むことを花田は求めていた。

　同様に花田は，「教育方針は事変以来急角度に変わってゐる。西洋文化の追随主義を廃し，文部当局も興亜の教育に相当力を入れてゐる」「本校生徒を国民的に錬成して国民的国家的産業戦士を養成することとしたい。又集団的精神をも持たしめたく各位の学科を通じて科目は別なるも此の目標に進めて頂き度い」と述べた[499]。このように「産業戦士」を養成するための「錬成」を「学科」を通じて行うよう求めていた。このことは1941年6月の教授会において「報国団活動ノ為勉強出来ヌトノ事」と花田が述べていたように[500]，報国団の実践的活動と授業を通しての「勉強」は異質なものと考えていたことが分か

る。

　こうした従来の知識教育の重視が，すでにみたように，大政翼賛会下の活動が「生徒ハ落チ着キテ勉強出来ザル憾アリ，又動モスレバ勉学ニ軽ンゼントスル傾向アリ」との花田の発言に至ったといえる[501]。

(3) 教官の報国団活動

　花田は，教官が「行事ニ引張リ出サルルガ故ニ研究ノ時間乏シク」と考えていた。大学・高等専門学校の教職員に対しては，1941年12月8日文部省訓令第31号によって「征戦ノ意義ヲ體任シ学徒ノ薫化啓導」に努力するに加えて，「学問文化ノ創満建設ニ邁進シ苟モ低迷」しないこと，「国民精神ノ昂揚，思想ノ善導，風教ノ刷新ハ教学ニ在ル者ノ奮起努力ニ俟ツ感極メテ大ナルヲ以テ，皇国ノ歴史的使命ニ鑑ミ一層慎怠篤行克ク先覚タルノ責務ヲ全ウスベキ」ことが通達された[502]。

　ただし，教官の大政翼賛会下の活動には温度差があった。表10-7は賞与支給額の算定の際に作成された教官の報国団の活動評価である。この表において，詳細が不明な「その他」を除けば，一斉鍛錬出席率，ラジオ体操，夏の水泳の3つの活動のうち，一斉鍛錬出席率に関しては教官の出席が全26回中平均13回であり，平均を超える参加をしたのは生活部長の茗荷（17回），国防部長の関（24回）を除けば，橋寺（22回），井上（23回），松井（24回）など21人中10人となり，教官間で参加に温度差があったといえる。ラジオ体操に関しては，出席回数の多い「◎」が6人に対して，「○」が5人，「×」が10人であり，全6回に対して平均3.6回の夏の水泳に関する出席も北川，山﨑，島の出席回数（各6回）が多いのに対して多くの教官が3回であり，これらに鑑みても報国団の活動に対する教官の参加態度には温度差があったといえる。

(4) 小樽高商の場合

　1943年5月に文部省専門教育局は，「専門学校教育刷新充実ニ関スル件照会」を通達した[503]。この通達はすべての高商に送付されたと思われるが，小樽高商の回答が現存する。小樽高商の「修練」に関する回答をみてみたい。

　小樽高商は「修練は学科の教授，学徒の自発的研究調査及びその発表，心身の練磨，勤労乃至食糧増産等による勤労精神の涵養，及び生活訓練を総合連

表10-7　和歌山高等商業学校教授の報国団に関する活動評価（1943年）

(円)

氏　名	評　価						評価と実際の賞与額との増減	報国団に関る役職
	一斉鍛錬出席率（全26回）	ラジオ体操	その他	夏ノ水泳（全6回）	評価額	実際の賞与額		
古賀経夫	12	×	4	3	30	30		機甲班長
岩城忠一	2	×	2	1	30	30		文化部長・文化班長
加川航三郎	2	×	2	3	20	20		談話班長・天文研究班長
橋寺太郎	22	×	3	3	25	25		蹴球班長
土岐政蔵	3	×	1	3	20	20		購買班長・学生文庫班長
茗荷幸也	17	◎	2	3	50	30	－	生活部長・剣道班長
長崎精男	報国団総務部長					150		報国団総務部長
山﨑謹一郎	11	×	2	3	20	20		厚生・音楽・クリスト教班長
関　忠治	24	◎	5	4	60	80	＋	国防部長・鍛錬部長
金持一郎	5	◎	3	2	20	20		柔道班長
北川宗蔵	10	◎	3	6	50	70	＋	総務部理事
三木正雄	9	○	4	3	20	20		海洋班長
吉田隆章	15	◎	4	3	40	40		
三上利三郎	9	×	1	3	20	20		
山﨑正雄	17	◎	3	6	40	40		
大石義雄	15	×	2	3	30	30		
島　恭彦	13	○	3	3	30	30		
北野熊喜男	9	×	3	4	30	30		
井上宗次	23	○	3	3	35	35		
稲葉　譲	11	×	1	3	30	30		
松井武敏	24	○	4	3	40	40		
清田研三	19	○	2	8	40	40		

出所）　和歌山高等商業学校庶務課『賞与ニ関スル書類』。

繋」する必要性を述べている。重要なことは「錬成」や「修練」の主眼であっ
た「総合連繋」を小樽高商が認識していたことである。小樽高商は具体的に下
記の(1)～(8)を挙げていた。

(1)　教授指導に当たつては学科を通じて皇国民に修練を與ふる

(2)　学問は自学自習の風尚を高揚するにあらざれば創意工夫の能力の発達を
望み難し

(3)　報国団の運用を能率化せしめ倶学倶進，親愛の中に心身の錬成をなさし
むる

(4)　報国隊を率ゐて戦力の増強に質する各種鍛錬，勤労並に食料増産作業等
を日常に活発化する

(5)　全寮制度を速に具現し友和親愛，住古の塾的教育を実施

(6)　特別講義，研究会，座談会その他により知的修練を補充する

(7) 禊，座禅，神社参拝，皇軍慰問，忍苦鍛錬，簡素生活その他の行的修練
をなす

(8) 集団又は個別に工場鉱山その他に於て休暇を利用して勤労又は実習をな
さしむる

(1)は和歌山高商と同様に学科，すなわち従来の授業を通して「修練」する
ことを述べている。(2)に関しては，第Ⅰ部でみたように，高商が1920年代か
ら追求してきたことであり，(6)についても1920年代から実施されていた。(1)，
(2)，(6)以外に関しては戦時に実施されたものである。小樽高商は「総合連繋」
の重要性を述べていたが，(1)～(8)の「連繋」をどのように実施するかは明言
していなかった。

第6節　結　語

第8章と第9章でみたように精動運動と大政翼賛会下の活動は，高商におい
て活発に進んだとはいえなかった。本章ではこの理由を高商の知識教育の重視
に求めたい。ここでいう知識教育とは，高商において従来からなされてきた授
業を通じての学科目の教授を指す。戦時下において勤労作業などの実践教育が
導入されたが，高商ではこの動きには消極的であった。「錬成」や「修練」な
どで包括される教育体系の抜本的な変化の動きは小さく，報国隊の組織や勤労
作業などを文部省からの通達に基づいて断片的に取り入れていた。

他方，戦時期の大きな変化は高商の学科課程と教授内容の画一化であった。
各高商の学科課程は「高等商業学校標準教授要綱」に準拠して改正された。総
授業時間の縮小を伴う改正は，修業年限の短縮に対応するためであった。重要
なことは，この「標準要綱」の必修学科目が高商の意思を反映していたことで
ある。すなわち，修業年限を延長するために作成された「4年制案」の必修学
科目が「標準要綱」の母体となっていた。しかし，選択科目は，「標準要綱」
の「特殊学科目」において，各高商の差異を残しながら存在したにすぎなかっ
た。

戦時体制の進展に伴う修業年限の短縮によって，選択科目を犠牲にして必修
科目を存続させていたといえよう。この1942年の学科課程の改正によって，
生徒の自由選択の余地はきわめて低くなった。

236　第Ⅱ部　戦時期の学校と国家

第**11**章

高等商業学校の転換

第**1**節　問題の所在

　戦争の進展とともに学生・生徒は労働力・兵力としての役割を期待された。これと相俟って学校の再編が必要とされた。官立高等商業学校は，経済専門学校・工業経営専門学校・工業専門学校に1944年に転換した。本章では，官立高商の転換過程に関して検討したい。先行研究では天野（2016），豊田（2008）などによって戦時下の高等教育のあり方が検討されているものの，高商の動向に関しては詳しく検討されていない。

　高商の生徒をより早期に就業させる方策としては，1940年12月の進学の制限，41年10月の修業年限の短縮が挙げられる。他方で，1943年10月の徴兵猶予の廃止は，学徒動員によって兵力としての役割を期待された。さらに，理工系の学校を拡充する目的で12月には官立高商の転換が決定した。

　ただし，1937年に始まる教育審議会では，学校の拡充整備などを含めた学制全般の再検討が討議されたが，高商は第1章でみた通り修業年限の延長を求めていた。本章では，第2節でこの教育審議会の内容を検討した上で，第3節で修業年限の延長を検討，第4節で徴兵猶予の廃止を検討し，第5節で高商の転換過程を検討，第6節で転換後の学校の学科課程をみる。第7節では勤労動員に関して検討するとともに，和歌山高商を事例に生徒の終戦までの動向をみる。第8節では，本章で得られた知見を提示する。

第2節　教育審議会での専門学校改革

(1)　教育審議会総会

1937年12月に設置された教育審議会は，「我ガ国教育ノ内容及制度ノ刷新振興ニ関シ実施スベキ方策」を内閣総理大臣より諮問された。この審議会では，大学・専門学校のみならず青年学校から教育財政までの答申がなされた。

1938年の第5回教育審議会で配布された「教育刷新ニ関スル若干ノ考察」では，「教育改革ノ要項」として，①日本固有文化の宣揚，②知育偏重から人格の陶冶の重視，③体育向上，④教育の実際化，⑤社会教育の拡大強化，⑥各種の学校の上級学校への準備教育の排除，⑦社会学専攻の学生数の減少と自然科学専攻の学生の増加，⑧学校教育の画一化の緩和と実社会への適合，⑨私立学校の営利主義の打破，⑩教員の素質改善と採否改善，⑪教育の機会均等が提案されていた[504]。

総会に出席した委員からは上記の①～⑪に対して大きな異論はなかった。とりわけ，横浜高商の田尻常雄の⑪の意見をみれば，「小・中・大ノ三ツノ段階ニシテ其ノ上ニ真ニ学術ノ蘊奥ヲ究メル所ノ大学院」を設けるように主張し，大学は「多クハ職業教育デアリマス，専門学校ト選ブ所ハ何ラナイ」とし，「（修行年限ガ）三年以上ノモノハ総テ大学トスル」と述べていた[505]。第1章でみたように，1930年代前半には高商独自の機能を残した上で修業年限の4年化を求めていたが，田尻の主張はこれとは異なり，高商を3年制の「大学」とすることであった。

注目すべきは，田尻が「日本ニ於テハ法律，経済ト云フヤウナ，所謂文科系等ノ学生ガ多スギル」と述べ，⑦を認めていることである。

(2)　文科系と理科系

田尻のいう文理の不均衡を検証するため，ここで文科系と理科系の教育を受けた者の動向をみておきたい。実業専門学校に関しては，高等工業と高等商業とのバランスは均衡していた。すなわち，1935年度の高等工業卒業者2370人に対して，高等商業卒業者2149人であり，これに加えて高等農業1285人，高等商船278人であった[506]。

しかし，東京帝大と京都帝大を合算した 1935 年度の卒業生の構成をみれば，文科系（法文系）2309 人，理科系（理工）682 人であり，これに加えて農業系 299 人，医・薬学系 300 人であった。この卒業生数からみれば，教育審議会が問題視していた文理のアンバランスは論証できよう。他方で，1935 年度の私立大学の卒業生は文科系 5522 人，理科系 940 人であり，文科系卒業者数が圧倒的に多い。1935 年度の私立専門学校の卒業者に目を転ずれば，東京物理学校のみが理工系として挙げられる程度であり，医学・薬学専門学校 4230 人，女子専門学校 2800 人を除いた 9510 人が文科系であった。

このように実業専門学校に関しては，商工のバランスはとれていたが，帝大・私立大学・私立専門学校までをみれば，文科系の卒業者が多くを占めていたといえる。

(3) 「専門学校ニ関スル要項」

1940 年に「専門学校ニ関スル要項」が教育審議会から答申された[507]。この要点をみれば，①専門学校の教育は「皇国ノ道ヲ體シ」た学術技芸と国家思想の涵養・人格の陶冶とされたこと，すなわち，従来の専門学校令に「皇国ノ道ヲ體シ」が加えられた。②修業年限は従来通り 3 年以上とするが，現在 3 年制の専門学校は必要に応じて 4 年に延長可能とされたこと，③「産業ノ専門化」に伴い専門学校の創設・拡充整備を図ることであった。

とりわけ，教育審議会で検討された学制を「大 – 中 – 小」と簡素化する改革は，大学・専門学校が存続することで実現しなかった。他方，教育審議会では文科系の学校の縮小と理科系の学校の拡大が検討されたが，上記③にみられるように，「産業ノ専門化」と記載されており，文理の区別は明記されなかった。他方，高商に関連する事項としては，「東亜及世界並ニ国防ニ関スル認識」を深めること，「海外発展」に伴う「拓殖及貿易ニ従事スル者」の教育を拡充整備することが明記されていた。

同時に提出された「大学ニ関スル要項」をみておきたい。①「国家ニ須要ナル学術ノ理論及応用ヲ教授シ並ニ其ノ蘊奥ヲ攻究シ常ニ皇国ノ道ニ基キテ国家思想ノ涵養，人格ノ陶冶ニ力ムル」というように，従来の大学令に「皇国ノ道ニ基キ」という文言が加えられたことは専門学校と同様であった。②修業年限と入学資格は現行の通りとされ，③学部・学科・講座等の拡充整備を図り，

とくに工学部・理学部，日本文化・東洋文化の学科・講座を拡充整備するとされた。

(4) 特別委員会整理委員会での大学・専門学校の統合論

　教育審議会の内閣への答申は，その下部委員会の役割を果たす特別委員会が答申案を作成し，その答申案を教育審議会で諮る方法がとられた。特別委員会にはさらに整理委員会が設置され，答申案の作成を行った。

　大学・専門学校に関して検討された1940年の整理委員会の構成は，特別委員長：田所美治，整理委員長：林博太郎，整理委員：後藤文夫，西田博太郎，穂積重遠，小泉信三，田尻常雄，下村寿一，田中穂積，森岡常蔵，上原種美，安藤正純であった。

　高等教育に関する整理委員会では，大学と専門学校のあり方が協議された。具体的には第5回総会で提示された「教育ノ機会平等」に関連する事項が協議された。すでにみたように，横浜高商の田尻は「(修行年限が) 三年以上ノモノハ総テ大学トスル」と第5回総会で発言していたが，この大学・専門学校との統合論は田尻のみならず他の委員も同様の見解であった。しかし，この1940年4月の整理委員会では統合論を答申に盛り込まないことが決まった。

　そもそも大学と専門学校とを統合する案は第1章でみたように1930年代に現れた。現行の制度では，大学は中学4年から入学資格があり，高校3年，大学3年の10年，これに対して，専門学校は中学5年，専門学校3年の8年となり，中学から数えれば大学・専門学校との間に2年間の修学の差があった。

　1940年4月の整理委員会では，大学と専門学校卒業者との「待遇格差」が討議された[508]。専門学校からは西田博太郎（桐生高等工業），田尻常雄（横浜高等商業），上原種美（三重高等農林）が発言したが，大学と専門学校卒業者の「待遇格差」は存在しないことが3者より陳述された。具体的には，西田は，高等工業卒者が大工業では「補助的技術者」となり「第一位」ではないが，中小工業では「第一位」であり，大学では教授されない「織物，紡績，染色」では「第一位」となると述べた。また，「大学ヲ出タ者ハ事実将来伸ビテ行ク力ヲ持ツテ居リ」「実業専門学校ノヤリ方デハ工業ノ方ハ伸ビガ足リ」ないことを指摘し，「(高等工業卒者が) 伸ビルト云フコトガハッキリ私カラモ言ヒ兼ネル」と言及した。したがって，「待遇格差」とみられる現象は，大学・専門学

240　第Ⅱ部　戦時期の学校と国家

校卒との「実力」の差を反映していると考えていた。両者の実力が同じ場合，「三井，三菱」は「同ジニ待遇」すると述べていたが，他方で陸海軍は「（高等工業卒業者は）万年技手」と述べて大学卒との「待遇格差」があることを指摘していた。同様に，上原は農業専門学校と大学農学部との「実社会」との差は少ないと述べていた。

横浜高商の田尻は，大学と高等商業との３年間の差はあるが，「世間デ買ツテ居ル程ノ差ガアルカナイカト云フコトハ私ハ疑問デハナイカト思」うと述べ，「最初ハ大学ト専門学校トノ差別待遇ハアリマスケレドモ，終ヒニハ全然ナイト言ツタ方ガ間違ヒナイ」と述べていた。ただし，「官庁方面ハ非常ニ資格ガ要リマスノデ差別待遇ヲ受ケテ」いるものの，「幸ニ一般経済，商業界ノ方ハサウ云フ差別ガ殆ドナイ」と述べていた。

議論は大学と専門学校との教授内容の違いに進んだ。後藤文夫は，大学は高等学校の基礎の上にあるため「専門学校ヨリモ深」く，「理解ガ大学（卒業者）ノ方ガ能ク行ク」と述べた。しかし，上原は農業分野では大学も専門学校も教える内容は変わらないと述べ，専門学校生は語学能力が不十分であることに言及した。

この上原の見解に対して，後藤は「基礎的素養ガ違つて居ル，基本学科ガ違ツテ居ルト云ふ一事ヲ除ケバ大体同ジヤウノ教育ヲ受ケテ居ル」と議論をまとめた。さらに，「多数ノ専門学校ヲ直グニ大学化スルト云フ譯ニモ恐ラク行キ兼ネマセウ，ソレノ存在セシメタ事情ハ今日モ尚ホ存シテ居ルノデアリマス」「専門学校ノ相当ナ数ハ将来大学ニスルト云フ事ヲ計画ノ下ニ今後設備ノ充実ナリ何ナリヲ致シテ参ツタナラバドウカト私ハ思フ」「御提出ノ案ニアル専門学校ノ年限ヲ四年ニスルト云フヤウナ問題モ，今後五年或ハ十年，十数年ノ間サウ云フ一年ニ延バシタト云フヤウナ形デ今ノ儘デ進ムト云フ風ニ決メルコトハドウカト思フノデアリマス」と述べた。

後藤のこの発言の後，休憩に入り午後１時より再開されたが，速記をしない３時間の懇談会後に閉会となった。この懇談会において，教育審議会答申における大学と専門学校の統合論は不採択とされたといえる。

なお，答申案の作成の際，大学には「国家有為ノ指導的人材」という文言があったが，専門学校にはそれがなかった[509]。田尻は，「大学ト余リ差別ヲスルト云フコトガ，結局昇格問題ナドガ起ルヤウナコトニナル」「専門学校ハ専門

第11章　高等商業学校の転換　241

学校トシテノ途ヲ開ト云フコトニナラナケレバ，余リ区別スルカラ昇格運動」
が起こると述べ，「指導的人材」という文言を専門学校の答申案にも加えるこ
とを主張した。この主張は認められ，専門学校の答申案の5-(2)に明記された。

第3節　修業年限の延長

(1)　特別委員会整理委員会での修業年限4年化案

　こうして大学と専門学校との統合化論は退いたが，田尻は事前に整理委員会
に専門学校の修業年限の4年化案を提出していた。したがって，第5回総会が
開催された後に統合化論は下火となっていたと思われる。

　1940年6月の整理委員会において，答申案を作成する際に修業年限を「現
制通リ」と記載するか否かが議論となった[510]。これは田尻の「実際ニ於テ
吾々ハ四年ト云フコトヲ主張シテ居ルノニ対シテ，現制通リトスルト今ノ三年
デ宣イトイフコトニナッテ」「現制通リトスルト云フコトハ例示シナクテモ宣
イ」という発言が発端となった。

　この点に関しては，1939年6月に「官立高等商業学校校長会幹事」として
田尻，岡本一郎（山口高商校長），矢野貫城（彦根高商校長）が「商業ノ高等専
門学校制度ニ関スル意見書」を公表していたことに基づく[511]。この内容は
「教科内容ヲ十分消化シ之ヲ実地ニ応用シ独創ノオヲ発揮スルコトヲ得シムル
為，所謂注入主義ノ教育ヲ廃シ，社会各般ニ亙ル施設ノ発達，（中略），自発研
究ノ便宜ト相俟テ生徒各自ノ活動ヲ促スベキ」とし，①修業期間の4年化，
②商大と高商との入学資格の同一化，③大学院の設置，④教員数の増加を求
めた。この内容は，第1章でみた高商の修業年限の延長要求の基本方針と一致
する。

　この「現制通り」の不記載は田尻のみが主張し，三重高等農林の上原は「此
ノ委員会デハ現在ノ通リデ宣イト云フコトニナッタ」ため，「現制通リデ通ス
ト云フコトヲ謳」うことを主張した。また，桐生高等工業の西田は「現制通リ
ト云フコトハ要ラナイ」と述べたが，その理由などを発言することはなかっ
た。

　田尻は「現制通リト云フコトハ，成ベク変ヘナイト云フコトニナ」ると述べ
たが，現行の専門学校令に記載された修業年限の3年以上を認めるため「決シ

テ年限延長ヲ弱メルコトニハナラヌ」となり「特ニ実業専門学校ニ於テハ（修業年限）四年ト云フコトヲ」すでに主張しているため，「決シテ実業専門学校ヲ弱メルコトニハナラ」ないという意見もでた。結局，「希望条項」として「現在修業年限三年ノ実業専門学校及其ノ他ノ専門学校中学術文化ノ進歩並ニ産業界ノ実際ニ照応シ必要アルモノハ其ノ修業年限ヲ四年ニ延長サレランコトヲ望ム」ことが明記されることになった。このように教育審議会では，高商の求める修業年限延長は将来の課題として先延ばしにした。

さらに，田尻は「但シ中学校四年修了者ニシテ人物，学力，体位，特ニ優秀ナル者ニ当該校長ガ許可シタル場合ハ専門学校ニ入学スルヲ得ルモノトスル」という一文を加えることを主張した。

田尻は修業年限の4年化と関連して，高等学校入学者と同様に専門学校の中学4年からの入学資格を求めた。「（中学4年から専門学校への入学は）殆ドナイカモ知レナイ」が，「少クトモ（大学と専門学校との）差別待遇ハイケナイ」と田尻は主張した。田尻のこの主張は，専門学校の修業年限4年化を前提として，入学資格を中学5年から4年修了とすることで就学年限の短縮を図る意味があると主張した。しかし，田所美治は「私立学校デ両方持ッテ居ルモノハ（中学4年修了者を）入レテシマフ」「四年修了デ皆入レテシマフカラ程度ガ下ガッテ来ル」とういう理由で反対した。また，高等学校では中学4年修了で高校において普通学を学び，専門学校では中学5年卒業で専門学校において専門を学ぶため就学上の適正を指摘した。

(2) 特別委員会整理委員会での「貿易専門学校」の創設案

田尻は「今ノ高等商業学校ハ非常ニ範囲ガ廣クテ，法律，経済，財政，語学何デモ彼ンデモヤッテ居ルノデス，此ノ貿易ト云フモノハ語学ヲ非常ニ重クヤ」るため，高商の対象範囲を狭く捉えて「貿易ヲ中心トシタ専門学校」の設立を答申案に明記することを主張した[512]。「今ノ商業教育ハ何デモ彼ンデモヤルト云フコトデ，ソコニ特長ト云フカ，何ニデモ間ニ合ウト云フ『スペシャリティ』モアルケレドモ，又ドウモ深イ所ガナイト云フ非難ガ随分アル」とし，日満支ブロックを中心とした対外貿易が国策となっているため貿易専門学校の新設を求めた。しかし，「卒然トシテノ御提案」であり，「貿易業者トシテ今日ノ商業学校ノ学科目ニヤラナクテモ宜イト云フモノハ一寸アラウハ思ヘ」な

第11章　高等商業学校の転換　　243

いとなり，「賛否ハ表シ兼ネル」となった。

(3) 1940年8月の修業年限延長

　教育審議会の答申における「必要アルモノハ其ノ修業年限ヲ四年ニ延長」という点を受けて，1940年7月の校長会議では，修業年限の4年化を文部省に要求することが決まった[513]。

　1940年8月には横浜高商の田尻常雄，山口高商の岡本一郎，和歌山高商の花田大五郎の「官立高等商業学校長会幹事」の3人の校長が文部省に出向いて次の「官立高等商業学校ノ修業年限四ヶ年ニ延長サラレタシ」という「建議」を文部大臣に提出した[514]。

　　「高等商業学校ハ従来中等学校卒業者ヲ収容シテ之ニ三ヶ年ノ法，経，商ニ関スル専門教育ヲ施シ，卒業生ヲ国家ノ中堅，国民ノ上層経済活動ノ指導者トシテ社会ニ供出シ来リシガ，国運ノ向上，社会ノ進捗ニ伴ヒ，授クベキ知識ハ益々多キヲ加ヘ，一方體位向上，人格錬成ノ必要ト相俟チ三ヶ年ノ教育ニテハ如何ニモ不十分ニシテ，之ヲ四ヶ年ニ延長スベキニ至ラズシテ今日ニ及ビ，国家ノ為ニ常ニ深ク遺憾トセリ。然ルニ今ヤ上ヲ図リ，之ガ指導的地位ニ立ツ者ハ更ニ識見ト能力トヲ長養シテ欧米諸国民ノ指導的階級ヨリモ一層優秀ナラシメザル可カラザルニ至リ，教育審議会ニ於テモ克クコノ大勢ヲ察シ必要ニ応ジテ実業専門学校其他ノ修業年限ヲ四ヶ年以上ニ延長シ得ベキ方針ヲ樹立シタリ。而シテシノ年限延長ノ必要ナルハ実ニ我ガ実業専門学校ヨリ急ナルハナシ，況ンヤ国際情勢ノ急変ト之ニ対応スベキ我国ノ現状トハ益々経済力涵養ノ急務ト興亜ノ基礎タルベキ人材錬成ノ緊要ヲ一層痛感セシムルヲヤ。是レ小官等職ヲ官立高等商業学校長ニ奉ジ常ニ教育報国ヲ念トスル者一同ノ重ネテ之ヲ建議スル所以ナリ」。

　この「建議」の重要点は，「国運ノ向上，社会ノ進捗ニ伴ヒ，授クベキ知識ハ益々多キ」ため修業年限の4年化を要求していることにある。戦時期以前の高商の修業年限延長要求は，第2章でみたように，独創力の啓発などの教育の質を変えることにあった。したがって，この「建議」にみられる延長要求は，「法，経，商」の「知識」を教授する時間を確保するためにある。このことは

244　　第Ⅱ部　戦時期の学校と国家

田尻が教育審議会において日満支ブロックの形成による貿易従事者の教育を求めたことと共通している。すなわち、戦時に必要な「技術・技能」を養成するために修業年限延長を求める戦略に転換したといえよう。

しかし、1941 年 10 月の修業年限の短縮を契機にその延長要求は頓挫することとなる。

第 **4** 節　進学の制限と徴兵猶予の廃止

(1)　就 職 動 向

戦争とともに国内の労働力不足が顕在化した。1937～44 年の和歌山高商の卒業生の進路の変化をみてみたい。

1937～43 年の入学者数をみれば、37 年 178 人、38 年 172 人、39 年 160 人、40 年 215 人、41 年 217 人、42 人 221 人、43 年 225 人であり[515]、39～40 年にかけての入学数増加は文部省に定められた定員の増加によるものである。他方で、卒業者をみれば、1937 年 178 人、38 年 160 人、39 年 160 人、40 年 166 人、41 年 142 人、42 人 201 人、43 年 201 人である。1940～41 年にかけての卒業者の減少は、1939 年の入学者の減少に起因すると思われる。

1940 年度卒業者（41 年 3 月卒業、41 年 5 月 15 日現在）の進路状況をみれば、卒業者 166 人に対して、上級学校入学 20 人、自営 1 人、その他 5 人を除いた 140 人が就職を希望していた[516]。この 140 人の就職希望者に対して「需要申込数」が 892 人に上り、就職率は 100％ であった。「需要申込数」の内訳は、内地が官公署 28 人、教員 3 人、会社 699 人、銀行 59 人を含めた 789 人、満洲が官公署 1 人、会社 84 人、銀行 8 人を含めた 93 人、北南中支が 6 人、その他 4 人であった。この需要に対して生徒が就職した地域は、内地 130 人、満洲 8 人、北南中支 2 人であり、内地が大きな比重を占めていた。

1941 年度卒業者（繰上卒業による 1941 年 12 月卒業、42 年 5 月現在）142 人の動向をみれば、上級学校進学 15 人、就職希望 127 人に対して、「需要申込員数」は 851 人であり、その内訳は内地 778 人（118 人）、満洲 61 人（8 人）、北南中支 12 人（1 人）であった（括弧内は実際の就職人数）[517]。

このように内地企業を主とした需要申込数の激増によって、生徒に対する労働需要は大きく増えていた。表 11-1 に示される 3 つの年から卒業時の就職先

表 11-1　和歌山高等商業学校卒業生の進路（1937・40・44 年）

(人)

1937 年		1940 年		1944 年（9 月）	
企業名（進路）	人数	企業名（進路）	人数	企業名（進路）	人数
大学進学	11	大学志望	39	公用不在	71
自　営	9	日立製作所	6	松下電器産業	7
休養中	3	日本窒素肥料	5	大学進学	7
茶屋商店	3	三井鉱山	5	川崎重工業	4
松下電熱	3	大阪鉄工	4	住友金属工業	4
丸　紅	3	丸　紅	4	日立製作所	4
岸橋商店	2	東洋綿花	3	日立造船	4
神戸海上火災保険	2	推薦詮衡中	3	三井化学	4
三共商会	2	理研関係会社	3	住友通信工業	3
中山太陽堂	2	青木商店	2	大阪商船	3
日新電機	2	伊藤忠商事	2	川西航空機	3
日本電力	2	大阪瓦斯	2	久保田鉄工	3
日本綿花	2	兼　松	2	昭和電工	3
日瑞貿易	2	昌和洋行	2	東洋紡績	3
日立製作所	2	新興人絹	2	中島飛行機	3
三井鉱山	2	住友生命保険	2	三井鉱山	3
三井物産	2	大日本麦酒	2	三菱商事	3
三菱銀行	2	東京芝浦電気	2	愛知時計電機	2
八木商店	2	日本製鉄	2	住友アルミニウム	2
横浜正金銀行	2	日本綿花	2	住友化学工業	2
		阪神電気鉄道	2	住友銀行	2
		本渓湖煤鉄	2	大日本紡績	2
		松下電器産業	2	武田化成	2
		満洲軽金属	2	東京芝浦電気	2
		満洲炭鉱	2	日本光学工業	2
		三菱銀行	2	日本窒素肥料	2
		横浜正金銀行	2	病気休養	2
				福助足袋	2
				丸善石油	2
				三井造船	2
				三井物産	2
				三菱軽合金工業	2
				三菱重工業	2
				三菱石油	2
				三菱電機	2
総　　計	146	総　　計	166	総　　計	214

出所）　和歌山高等商業学校「柑蘆会会報」第 16 号，1937 年 7 月。和歌山高等商業学校「第 15 回卒業生名簿」1940 年 3 月。
　　　和歌山経済専門学校「和歌山経済専門学校第 20 回卒業生」1944 年 9 月 20 日。
注）　表中の企業は 2 名以上就職したものに限る。

をみれば，1937 年に 9 人存在した自営者が，40 年，44 年には皆無となっている。同表から 1937〜44 年における就職先の変化の特徴を明確に指摘することは難しいが，37 年と 40 年とを比較すれば，上位就職先であった茶屋商店や岸橋商店などの中小商店への就職数が減少する反面，三井鉱山・日立製作所などの大企業への就職数が増加している。他方で，1940 年と 44 年とを比べれば，44 年に重工業への就職が上位を占めている。

　財閥系企業への就職動向をみれば，1937 年に住友 2 人，三井 5 人，三菱 4 人，40 年に住友 6 人，三井 6 人，三菱 2 人，44 年に住友 20 人，三井 12 人，三菱 14 人であり，44 年に住友・三井・三菱系企業への就職が大きく増えた。

(2)　進学の制限

　卒業後の大学への進学者数は，1937 年の 11 人から 40 年の 39 人へと増加傾向にあるものの，44 年には 7 人に減少している（表 11-1）。進学者が減少した理由は，文部省によって進学の制限が実施されたからである。

　1939 年 11 月に「実業学校及実業専門学校卒業者ノ上級学校進学ニ関スル件」（発実 94 号）が文部省実業学務局長から通達された[518]。これによれば「上級学校進学ヲ希望スル者漸増ノ傾向ニアル」が「実業学校ノ使命ハ卒業後直ニ実業ニ従事スル者ノ養成ニ在」るとされた。しかしこの通牒が出されたにもかかわらず「多数ノ入学者ヲ出シ」たため，1940 年 12 月の「実業学校及実業専門学校卒業者ノ上級学校進学ニ関スル件」（発実 104 号）において，①「已ムヲ得ザル事情ノ為」上級学校を受験する生徒・卒業生には推薦書を添付すること，②大学に推薦できる者は学科別に当該年の卒業者の 1 割以下とすること，③推薦書はその年の卒業者のみとすることになった[519]。ただし，③については，卒業生で大学受験の準備中の者に限って過渡的処置として推薦書を交付できるとされた。

　1941 年 10 月 16 日に文部省実業学務局からだされた「実業学校卒業者及実業専門学校等卒業者ノ上級学校進学ニ関スル件」（発専 194 号）では，①「大学学部」に入学を志望する者は学校長の推薦書を必要とする（前年度以前の卒業者は交付を要せず），②推薦書の交付は，卒業者に対する「大学学部」志願者数の割合（1937 年以降 5 年間の平均）が上限となった[520]。さらに，大学は大学予科修了者，高等学校高等科卒業者を優先し，定員に余裕のある場合に限り専門

学校・実業専門学校卒業者を入学させることとなった[521]。この一連の進学制限は，前述した引用の通り「卒業後直ニ実業ニ従事スル者ノ養成」と実業学校を捉えて戦時下の労働力不足に対処するものであったといえよう。

また，同文書では推薦書交付者は陸軍省令による「在学徴集延期期間延長届」の提出を可能とする予定のため，推薦の詮衡は慎重厳密に行うよう指示されていた。このように大学進学の推薦書の交付は徴集とも関係していた。

「実業専門学校及実業学校卒業者ノ上級学校進学ニ関スル件」（発実73号）では，推薦者の制限数を超える場合は文部省の承認を必要とすると通達されていた[522]。1942年の206人の卒業予定者のうち大学進学希望者は48人であったが，論文（2題），英語（和訳・作文），簿記（3題・帝大志願者は免除）からなる特別試験の成績に第1学年と第2学年との学業成績を加えて平均した結果，21人の推薦定員中20人は容易に決定したが，残り1枠が同点で5人となった[523]。和歌山高商から実業学務局長への依頼は，「同点者五名アリ，人物健康等モ併セ考慮スルモ左程ノ径庭ナキヲ以テ併セテ推薦スルコトヲ御承諾認相成」というものであり，「発実七三号記ノ二，特ニ已ムヲ得サル事情ニ依リ右ノ割合ヲ超過シテ推薦スルヲ要スト認メラルル場合ニ該当スル者トシテ御承認ヲモトムベカリシ」とされた。結局，和歌山高商が求めた5人中3人が文部省から承認された[524]。

(3) 徴集猶予の廃止

生徒にとって重要なことは，徴集との関わりであった。高等商業学校に在学中の場合，徴集延期が認められていたものの，1943年10月2日付の「在学徴集延期ノ停止ニ関スル件」（発文93号）によって，生徒の徴兵猶予が撤廃された[525]。この発令に基づいて10月23日〜11月5日まで臨時徴兵検査が実施されたが，第3学年生は43年9月に卒業式を終えていたため，この徴兵検査の対象となったのは，44・45年卒業見込みの生徒であった。とりわけ，理工系の学生生徒は「在学徴集延期」の対象とはならなかったため，「法文系系統ノ学科ガ理工系系統ノ学科ニ比シ軽視セラレタル所以ニ非ザル」とされた[526]。

後述するように，1944年に和歌山高商は和歌山経済専門学校（和歌山工業専門学校も同時に開設）に代わるが，44年の214人の卒業生のうち71人が「公用不在」と記されていた[527]。この「公用不在」とは，徴用を示すものであると

表 11-2　第 3 回卒業生戦没慰霊祭における戦没者（1943 年）

氏名	卒業年	卒業後の就職先	入営年	死亡因	死亡時の階級	備　考
AK	1930	九州帝大（進学）⇒田辺商業	1941	戦死	陸軍少尉	
SR	1935	浅野セメント	1938	戦死	陸軍大尉	
OM	1937	杉山商店	1939	戦死	陸軍軍曹	
AT	1938	帝国人造絹糸	1938	戦死	陸軍中尉	幹部候補生
KK	1938	野村銀行	1941	戦死	陸軍伍長	
HT	1938	満州炭鉱	1939	戦死	陸軍中尉	
KT	1939	武田長兵衛商店	1939	戦死	陸軍中尉	
UH	1939	大阪日商	1939	戦死	陸軍中尉	幹部候補生
TE	1939	小野田セメント	1940	戦死	陸軍中尉	幹部候補生
WH	1941	三井物産	1942	戦死	陸軍上等兵	
AR	1936	中山太陽堂⇒江商	1942	遭難	陸軍軍属	
TY	1935	東商大（進学）⇒外務省	1942	病死	海軍主計大尉	海軍主計志願
KH	1937	八木商店		病死	陸軍中尉	
OM	1938	大阪貯蓄銀行	1939	病死	陸軍上等兵	幹部候補生
OM	1938	日産自動車	1939	病死	陸軍衛生一等兵	
OT	1938	丸石商店	1938	病死	陸軍軍曹	
ST	1939	名古屋税関	1940	病死	陸軍主計中尉	経理部幹部候補生
YH	1939	松下電器	1940	病死	陸軍主計曹長	幹部候補生
TD	1939	伊藤忠商事	1939	病死	陸軍主計中尉	経理部幹部候補生
RK	1940	青木商店（自営）	1940	病死	陸軍見習士官	幹部候補生
MH	1941	京都国際航空工業	1942	病死	陸軍幹部候補生	
AB	1941	大阪瓦斯	1942	病死	陸軍上等兵	
MK	1941	住友電気工業	1942	病死	陸軍一等兵	幹部候補生

出所）　和歌山高等商業学校庶務課『第三回卒業生戦没慰霊祭』1943 年 5 月 8 日。
注）　KH の入営年は不明であるが，史料には「支那事変応酬」とある。氏名はイニシャル。

思われる。

　ところで，和歌山高商の卒業生はどのような軍務をしていたのだろうか。
1943 年 5 月の卒業生戦没慰霊祭における戦没者の一覧である表 11-2 を事例と
して検討してみたい。ここに挙げられた 23 人のうち，海軍主計を志願した 1
人を除けば，多くが民間企業に就職時に召集によって入営している。23 人中
11 人の死亡時の階級は少尉以上の士官クラスであり，死亡時に一等兵や上等
兵の者も幹部候補生として入営している。死亡要因は，戦闘によるものを戦
死，病気によるものを病死と分類しているが，23 人中 12 人が病死となってい
る。病院に勤める衛生兵，主計の者の死亡要因のすべてが病死であることから

第 11 章　高等商業学校の転換　　249

みて，軍務は現場の戦闘員と補給などの後援的任務を行うものに分かれていたことがわかる。

第5節 高等商業学校の転換

(1) 高等商業学校の転換までの過程

　1944年度より官立高等商業学校は3つの学校（経済・工業・工業経営）に転換した。高商の転換の背後には，国内の商業を統廃合する政策的な動きも関わっていたと思われる。

　1941年7月に田尻常雄は，戦時物価統制によって闇取引をしていた商人に対する非難，戦時配給機構による商人の転廃業などから「商人無用論」が生じているが，「商業教育の何たるかを理解しない人の言葉」であると述べていた。田尻によれば，商業教育の目的は配給，商業経営，貿易の知識を教授するものであり，生産と消費を取り結ぶ商業の役割が重視されるべきだと主張していた。すなわち，「生産の理論方面を担当する技術者」と「実理，経済方面と担任する事務担任者」との協力によって経済は成り立っており，「その第一線に活躍すべき者は高等商業学校卒業生に外ならない」とした。さらに，「現在の3年生では時代の要請に応えることができない」ため，「修業年限の4年化」を主張した[528]。この修業年限の4年化は教育審議会の整理委員会で田尻が主張していたことである。しかし，現実的には田尻の主張する修業年限の延長が実現しないばかりか，修業年限の短縮，高商の転換という過程を経る。

　1943年5月に文部省専門教育局は「専門学校教育刷新充実ニ関スル件照会」という文書を高商に送付した[529]。これは，①学校教育の目標，②学科目の増設・廃止・統合，③授業時数・休業日，④修練，⑤研究科，別科，実科，聴講生，⑥設備に関する意見を校長に聞いたものであった。小樽高商の校長は，学校の目的を「国家の要請に基き生産配給公益その他これらに関聯する一切の経済的活動を合理化し，之を円滑に推移運航せしめ，且つ農工商の各分野に於ける経営並に経済行政に必要なる人物の錬成及び知識技能の習得を高等商業教育の目標とする」と述べていた。この内容は，前述した田尻の主張に近く，高商の目的を明確に示している。戦時期の高商は，「経済的活動」の「合理化」という「技術的・技能的」な能力の養成を目指していたが，従来からの「自発

250　第Ⅱ部　戦時期の学校と国家

的研究調査」の重要性にも言及していた。

1943 年 7 月 8 日に教育の時局即応を目的とした教育刷新協議会が開催された[530]。7 月 14 日から 3 日間開催された「第 4 回中央協力会」では，教育を時局即応化する協議がなされた[531]。とりわけ，多田満長は「直接時局に関係なき専門学校及大学は凡てこれを廃止する」と主張していた。

大日本文教報国会は 1943 年 9 月に「教育決戦体制確立」に関する委員会を設置した[532]。9 月 22 日には，東条英機のラジオ演説によって文科系学生の徴兵猶予停止と専門学校の整理統合が発表された。9 月 25 日の『教育週報』では「文部当局談」として理工系を除く学生の徴収猶予は廃止，理工医農系統の学校の拡充と法・経・文などの大学は教員養成を除いて停止することなどが報道された[533]。この報道では「専門学校等の理工系系統への切替へも相当に行はれることになる」と報道された。10 月 12 日には「教育ニ関スル戦時非常措置方策」が閣議決定された。この「非常措置」では「理科系大学及専門学校ハ之ヲ整備拡充スルト共ニ文科系大学及専門学校ノ理科系ヘノ転換ヲ図ル」とされた[534]。

こうした理工系重点政策は，「法文科系統の学校を整理して理工科系統の学校を拡充することは科学戦の現状より見て極めて緊要の措置である」と国民学校校長が『教育週報』において意見を述べていたように，反論が表面化することはなかった[535]。ただし，理工系学校への転換は，実習設備と理工系教員の不足が問題となったため，文部省では協議会を設置した[536]。

1943 年 11 月に大日本文教報国会は「決戦教育体制確立案」をまとめた[537]。高等教育に関しては，①高等学校を廃止して専門学校とする，②専門学校の教育内容，収容人員は国内態勢強化の国策に即応していっそう計画的に策定する，③大学を開放して実力ある者に研究の道を開くことが提案された。

1943 年 12 月 24 日に文部省は「教育ニ関スル戦時非常措置方策ニ基ク学校整備要領」を発表し，「高等商業学校ノ転換及刷新整備」として「高等商業学校ニ付テハ一部ハ之ヲ工業専門学校ニ転換シ其ノ他ハ生産技術ヲモ修得セル工業経営者ヲ養成スベキ工業経営専門学校（仮称）又ハ従来ノ高等商業教育ノ内容ヲ刷新シタル経済専門学校（仮称）トス」とされた。

1943 年 12 月この「学校整備要項」に基づいて高商の転換が決定した。ただし，高岡高商の校長は，「現下の決戦の事態に即応し，高等商業学校と云ふも

第 11 章　高等商業学校の転換　251

のが，その学科課程を変更して経済専門学校となるであろうと云ふ事は私の赴
任（1943 年 4 月 1 日）の直後に於て知られた」といっており[538]，4 月には転換
の情報を知りえていたことに言及している。9 月の時点で，小樽高商校長が
「高等経済学校」への名称変更を話題にしており，遅くとも高商の転換が計画
されていたものと思われる[539]。なお，和歌山高商校長の花田は，9 月の会議に
おいて「退職」を示唆していた[540]。花田の退職理由は不明だが，9 月の「教育
決戦体制確立」の委員会によって，高商転換が確定した可能性がある。

(2) 高等商業学校の転換

　高商の再編は，①経済専門学校への転換（山口，小樽，福島，大分，高松），
②工業経営専門学校への転換（長崎，名古屋，横浜），③工業専門学校への転換
（彦根，和歌山，高岡）に分類される。②に関しては東京商大附属工業経営専門
学校の設立も加えられる。なお，②と③の高商は，高商生徒が卒業するまで
経済専門学校を併設（経専生の募集はなし）したが，高商生として入学した生
徒が卒業する前に終戦を迎えたため，経済専門学校として戦後に再出発するこ
とになる（工業経営専門学校・工業専門学校は戦後に廃止）。

　彦根高商の工業経営専門学校のへの転換をみれば，「教育ニ関スル戦時非常
措置ニ依リ明年度（1944 年度）ヨリ貴校（彦根高商）ヲ工業専門学校ニ転換，
高等商業学校ハ現在生徒ノ卒業ニ至ル迄存続スルコトニ閣議決定セラレ」と通
達された[541]。彦根高商の転換の具体的な日程は，1944 年 1 月 25 日に閣議決定，
1 月 29 日校長会議，2 月 1 日新聞記事掲載となり，2 月 14 日に設立準備員会
が開催された。

　工業専門学校に転換した 3 校に関しては，彦根高商が彦根工業学校，和歌山
高商が西濱工業学校，高岡高商が高岡工芸学校の実習施設を国に移管すること
になった。3 校の転換に必要とされた経常費 25 万 3117 円（俸給 3 万 8520 円，
賞与 1 万 8942 円，校費 19 万 5655 円），臨時費 59 万 5520 円（事務費 1 万 5520 円，
建物費 10 万円，設備費 48 万円）は政府支出となった[542]。彦根高商の経費を表
11-3 によってみれば，高商の廃止に伴う 17 万 1961 円の余剰に対して工業専
門学校創設費 30 万 173 円が発生し，12 万 8212 円が必要とされている。転換
に際して助教授 4 人，助手 3 人の増員によって 35 人から 42 人へと増やされた
教職員の俸給費 6340 円（4.9%）はごくわずかであるため，必要経費のほとん

252　　第 II 部　戦時期の学校と国家

表 11-3　彦根高等商業学校の転換に関わる経費

項　目		工業専門学校創設費		高等商業学校の経費		A－B（円）
		人数（人）	費用（円）A	人数（人）	費用（円）B	
俸給	学校長	1	4,300	1	4,300	0
	教　授	20	55,200	10	27,600	27,600
	教　授			10	24,000	－ 24,000
	生徒主事	1	2,760	1	2,760	0
	助教授	10	10,800	6	6,480	4,320
	生徒主事補	1	1,080	1	1,080	0
	助　手	3	2,880			2,880
	書　記	6	5,760	6	5,760	0
	講師給		2,600		16,882	－ 14,282
	賞　与		17,076		7,254	9,822
	俸給計		102,456		96,116	6,340
校館費			197,717		75,845	121,872
総　計			300,173		171,961	128,212

出所）『定員増加関係書類』（1938 年 12 月〜1948 年 2 月）滋賀大学所蔵。

どは「校館費」とされた設備費などであった。

　他方で，経済専門学校に転換した高商では，教官と生徒数の削減がなされた。1943 年における高商としての入学者数と経済専門学校に転換した 44 年のそれとを比較すれば，山口高商が 367 人から 208 人（本科 295 人から 184 人）へ，小樽高商が 262 人から 208 人へ減少していた[543]。教官数に関しては，1944 年 2 月に大分高商が教授定員を 21 人から 20 人へ削減されており，経済専門学校に転換した 3 月には教授 19 人と定められた[544]。

　このように経済専門学校への転換と比べれば，工業専門学校への転換は，高商にとって人的・物的両面で有利に働いたように思われる。しかし，転換によって教官としての役割を失うものもいた。表 11-4 が示すように，彦根工業専門学校の教官 24 人中 8 人が彦根高商から転任している。転任した教官の担当学科目は，英語などの「共通学科」である。生徒主事・主事補も彦根高商から工業専門学校へ転任している。工業専門学校から経済専門学校へ転任していない教官は，高商から転換した経済専門学校の生徒が卒業する 1945 年までに再配置（転任・兼任）されることになっていた。しかし，生徒卒業前に終戦を迎

表 11-4 彦根工業専門学校の教官構成（1944 年）

学 科	氏 名	職 位	学 位	備考 1	備考 2
共通学科	和山範二	教授兼生徒主事	文学士	道義及独逸語	○
	和田俊二	講 師	文学士	人 文	○
	鈴木美臣	教 授	理学士	数学・物理	
	中村亮三	教 授	工学士	物 理	
	清水義道	講 師	工学士	物理・化学	○
	佐藤吉彦	講 師 彦根工業学校長		化 学	
	高橋源次	講 師 彦根経専教授		英 語	○
	片山暢一	講 師 彦根経専教授		英 語	○
	亘理俊雄	講 師 彦根経専教授		英 語	○
	宮川善八	講 師 彦根経専教授	陸軍中尉	體練及教練	
機械科	中村亮三	教 授	工学士	科 長	
	狩野 武	助教授			
	町田民一	講 師 彦根工業学校教諭	工学士		
化学工業科	大橋幸雄	教 授	工学士	科 長	
	里内眞一	教 授			
	清水義雄	講 師	工学士		
建築科	藤原義一	教 授	工学士	科 長	
	伊藤恵造	講 師	工学士		
	島戸 繁	授業嘱託 彦根高等女学校教諭			
実験および実習補助	笹木文作	彦根工業学校職員			
	堀 勇三	彦根工業学校職員			
	川島 茂	彦根工業学校職員			
生徒主事	芳谷有道				○
生徒主事補	長谷川六二郎				○

出所）『定員増加関係書類』（1938 年 12 月〜48 年 2 月）滋賀大学所蔵。
注） 備考 2 の○は，1943 年に彦根高等商業学校に所属していた者を示す。

えたため，これが実施されることはなかった。

第**6**節 転換後の学科課程

⑴ 経済専門学校の学科課程

　高商の経済専門学校への転換とともに，1944 年 4 月にその学科課程を含む規定が定められた[545]。それまでの高商の規定は文部省令として高商ごとに定

254　第Ⅱ部　戦時期の学校と国家

められていたが，経済専門学校への転換とともにすべての高商の規定が同一のものとなった。

表 11-5 には経済専門学校の学科課程（以下，「経専学科課程」と略す）が示されている。注意しなければならないのは，高商の学科課程が週当たり授業時間によって定められていたのに対して，「経専学科課程」では年度当たりとなったことである。したがって，以下の議論では，経済専門学校の授業を年度当たり 35 週と仮定する[546]。確かに，「教授」に加えて「修練」が授業に組み込まれた経済専門学校では，公式には授業休止日が祝祭日・開校記念

表 11-5　経済専門学校の学科課程

(時間)

	第一学年	第二学年	第三学年	総計
道　義	2	1	1	4
国　語	2	2		4
理　数	4			4
教　練	5.6	3.2	3.2	12
体　操	2	2	2	6
商業経済	3			3
経済史	2			2
経済地理	2			2
経済学		2	2	4
経済統制		2	2	4
東亜経済			3	3
財　政		1		1
統　計		1		1
経営総論		2		2
工場経営			3	3
簿記及会計	3	2	2	7
原価計算			2	2
工業概論		2	2	4
実務実習	2	2	1	5
法　律	3	3	2	8
法律第 2 部				
外国語	6	6	6	18
演　習		2	2	4
増　課		2	2	4
合　計	36.6	35.2	35.2	107

出所）　近代日本教育制度史編纂会編『近代日本教育制度史料』第 5 巻，286〜287 頁。

注）　年度当たり毎週授業時間数（総計値を除く）。授業は年度当たり 35 週として計算。

日のみとなり[547]，勤労作業などが増え，年度当たりの授業週を特定し難いが，「標準要綱」との差異をみるため年度 35 週と仮定する分析を行う。

表 11-6 はこの仮定に基づいて「経専学科課程」と「標準要綱」とを比較したものである（「標準要綱」については第 10 章第 3 節に記載）。「経専学科課程」の特徴は，第 1 に総授業時間の 14 時間の増加である。すなわち，「標準要綱」

表11-6　経済専門学校学科課程の「標準要項」に対する授業時間数の増減

(時間)

削　減			増　加		
学科目名	商業	中学	学科目名	商業	中学
第二外国語（×）	7	7	道　義	1	1
金融論（×）	2	2	演　習	1	1
交通論（×）	2	2	経済学	1	1
商品学（×）	2	2	東亜経済	1	1
保険論（×）	2	2	商業経済	1	1
国史（×）	1	1	国　語	2	4
哲学又は物理化学（×）	1		外国語	2	2
経済統制	1	1	理　数	2	2
財　政	1	1	簿記及会計	2	
日本産業論（×）	1	1	原価計算（○）	2	2
珠算・商業文（×）		1	体　操	3	3
			工業概論	3	3
			工場経営（○）	3	3
			教　練	6	6
			増　課	4	4
	20	20		34	34

⇒14時間の増加

出所）　筆者作成。

注）　標準要項の「商業数学」は経専学科課程の「理数」，「経済政策」は「経済統制」，「経営経済学」は「経営総論」，「経済原論」は「経済学」，「商業概論」は「商業経済」への改変と見なした。括弧内の×は廃止，○は新設を示す。授業時間数は年度当たり毎週授業時間数。

の総授業時間数93時間に対して「経専学科課程」は107時間であり，この水準は平時における高商の平均102時間を5時間上回った。第2に分科制が廃止されたため，生徒の学科目の選択の余地が完全になくなった。第3に「標準要綱」では高商独自の授業科目を設定することは不可能であったが，表11-6にみられる4時間の「増課」によって，「経済及経営」「法律」「数学」に相当する学科目を各校が独自に設定する余地が残っていた。他方で，従来の学科課程の特徴であった中学・商業学校卒業者の差異は各校の裁量に任された。

　第4に学科目群構成に大きな変化があった。普通学科目が中学36時間・商業39時間から44時間（41.1%）[548]，経済学科目が20時間から17時間（15.9

256　　第Ⅱ部　戦時期の学校と国家

表11-7　経済専門学校の教授要目

道　義	1聖訓の奉体，2専門学校生活，3国体の本義，4皇国の士道，5皇国の道と世界文化，6学問の本義，7道義の権威，8皇国の職業道
国　語	1購読，2作文
理　数	[第一類] 1経済事象の表示，2技術と数理，3統計の数理，4経済の数理。[第2類] 1測定と精密度，2器機の感度，3機械の効率，4資源の抽出，5資源の性状
商業経済	1皇国経済，皇国経済の流通機構，3配給，4交易，5交通，6保管，7金融，8金融統制，9保険
経済史	1経済史研究の目標，2英国経済の発展と其の世界制覇，3独逸経済の発展と欧州広域国の発達，4米国経済の発展と其の世界制覇政策，5皇国産業経済の発展と大東亜共栄圏の建議，世界経済史の転機と世界新秩序の建立
経済地理	1経済地理学の意義，2日本経済地理，3大東亜及アジヤ経済地理，4欧阿米経済地理，5国家と勢力圏及共栄圏
経済学	1総論（経済秩序，国家秩序と経済秩序），2経済の基本過程（消費，生産，流通，分配），3経済の発展過程（経済発展の基礎条件，日本経済の発展条件），4経済計画（経済変動，統制経済）
経済統制	1総論，2経済統制における基本問題，3生産統制，4配給統制，5消費統制，6労務統制，7金融統制，8運輸統制，9貿易統制，10価格統制，11経済統制機構
東亜経済	1大東亜経済強権の構造，2日本産業経済の指導性，3大東亜共栄圏諸国家地域の産業経済，4大東亜共栄圏と世界経済
財　政	1財政総論，2財政制度，3日本財政
統　計	1総論，2統計方法，3統計各論
経営総論	1総説，2企業，3経営要素，4経営財務，5経営費用及収益，6経営計画，7統制経済下における経営経済
工場経営	1総論，2工場，3工場組織，4勤労管理，5資材管理，6作業管理，
簿記及会計	[簿記] 1簿記原理，2勘定組織，3帳簿組織，4簿記体系と帳簿組織の編成，5工業簿記と原価計算，6財務簿記と経営簿記，7工業会計の帳簿組織，8勘定図解，9工業会計の帳簿組織，10工場会計決算。[会計] 1総説，2財務諸表，3標準原価と予算統制，4経営比較，5資産評価，6企業評価，7貨幣価値変動と評価問題，8減価償却，9積立金，10監査総説，11財務監査，12原価監査，13能率監査
原価計算	1原価計算総論，2総合原価計算，3個別原価計算
工業概論	1総論，2動力・動力機械，3工作機械・計器等の性能及用途，4其の他の作業機械，5主要工業及其資材，6工場設備，7工業技術
法　律	1団体，2日本制制の発展，3明治維新と憲法制定及憲法の特質，4天皇，5皇族，6臣民，7統治組織，8統治作用，9国法の体制，10大東亜戦争下に於ける法体制と其特質，11対外関係の法
法律第2部	[総論] 1私法序説，2私権，[財産] 1財産法序説，2物権，3債権，4無体財産権，5財産取引，6債務担保，7各種の契約，8団体関係，9有価証券，10財産に対する統制。[企業] 1企業法序説，2企業の主体，3企業の設備，4企業の形態，5企業の活動，6各種の企業，7企業の統制。[身分] 1家及家族制度の法律的特質，2身分関係及身分行為の特質，3親族関係，4家族関係，5親子関係，6夫婦関係，7家督相続，8遺産相続，9遺言，10遠留分，11身分法の改正と我が淳風美俗

出所）　『経済専門学校教授要項』発行所，発行年不明。

第11章　高等商業学校の転換　257

表 11-8　工業経営専門学校の学科課程

(時間)

学科目名	第一学年	第二学年	第三学年	総　計
道　　義	1	1	1	3
国　　語	2	2		4
教　　練	3.2	3.2	3.2	9.6
体　　錬	2	2	2	6
経　　済	2	5	2	9
工業経営	2			2
勤労管理		2	2	4
資材管理			2	2
作業管理		2	2	4
簿記及会計	3	2		5
原価計算			3	3
監　　査			2	2
工業資材	2	2	2	6
工業技術	4	6	6	16
設計製図	0	2	2	4
教　　学	3			3
物理及化学	6			6
法　　律		2	2	4
外国語	3	2	2	7
実験実習	7	7	7	21
合　計	40.2	40.2	40.2	120.6

出所)　近代日本教育制度史料編纂会『近代日本教育制度史
料』第 5 巻，1958 年，289～290 頁。

注)　年度当たり毎週授業時間数（総計値を除く）。授業は
年度当たり 35 週として計算。

%)[549]，商業学科目が中学 21 時間・商業 18 時間から 17 時間（15.9%）となっ
た[550]。法律学科目は 8 時間（7.5%）のまま変化しなかった。つまり，北野案で
提言された「経済専門学校」への改組は，名称こそ北野の指摘する通りとなっ
たが，経済学科目と商業学科目の割合が等しいことに鑑みれば，高商の商業色
は失われていなかったと考えられよう。

　学科目レベルでみれば，表 11-6 に示されているように，「標準要綱」の「第
一外国語」と「第二外国語」が統合されて「外国語」となり，「修身」は「道
義」と名称変更されている。平時の各高商に必ず設置された「金融論」「交通

258　　第Ⅱ部　戦時期の学校と国家

表 11-9　和歌山工業専門学校の学科課程

機械科 (時間)

	第一学年	第二学年	第三学年
道　義	35	35	35
人　文	70	70	
独逸語	70	70	70
英　語	35		
教　練	112	112	112
体　錬	70	70	70
教　学	140	70	70
物　理	140	140	35
化　学	105		
材料工学	35	70	35
工業材料	70	35	
精密測定		70	70
電　気			70
機械図	35	70	35
水力機械		70	
機械設計	70	70	
機械工作	70	105	140
航空機			70
自動車			35
機械試験			35
工業経営			105
設計製図	210	210	210
実験実習	210	210	280
	1,477	1,477	1,477

電気科 (時間)

	第一学年	第二学年	第三学年
道　義	35	35	35
人　文	70	70	
独逸語	70	70	70
英　語	35		
教　練	112	112	112
体　錬	70	70	70
教　学	140	70	35
物　理	175	70	
化　学	105		
電気磁気	175	105	70
電気計測	35	35	
機械製作	105	70	
原動機	70	70	
電気事業及法規			35
電気通信			105
電気応用		105	210
発送配電		70	105
電気機器	35	105	105
工業経営			105
設計製図	105	175	175
実験実習	140	245	245
	1,477	1,477	1,477

出所）　文部省専門教育局「和歌山工業専門学校規則制定許可」1944 年，請求番号：昭 47 文部
　　　00073100（国立公文書館デジタルアーカイブ）。
注）　授業時間数は原資料のまま。

論」「商品学」「保険論」が廃止され，1940 年代に新設された「国史」が廃止
されている。他方で「4 年制案」の選択学科目に存在した「原価計算」（「原価
会計」）と「工場経営」（「工場管理」）が新設されている。とりわけ，「教練」の
6 時間の増加が際立っている[551]。

　ただし，表 11-7 に示されているように，廃止された「金融論」「交通論」
「保険論」は「商業経済」の授業内容に含まれている。これら学科目は「商業

経済」3時間内のなかに圧縮された形で教授されていた。こうしてみれば平時における高商の学科目の特徴の1つであった「商品学」は完全に廃止されたことになる。前章の表10-3と見比べながら，いま少し「経専学科課程」の授業内容をみれば，「道義」の内容がさらに皇国化していること，「経済統制」の新設や「経済学」の内容に「経済計画」がみられるように，統制経済に関する教授内容が盛り込まれたこと，「理数」の教授内容と3時間増えた「工業概論」の内容にみられるように工学的内容が増えたことが挙げられる。

(2) 工業経営専門学校と工業専門学校の学科課程

表11-8によって，工業経営専門学校の学科課程の特徴をみよう。経専の総授業時間107時間に対して，工業経営専門学校は120.6時間である。経専と比べた総時間数の多さは，21時間（17.4%）を必要とした「実験実習」の設置にあったといえる。工業経営専門学校の学科課程の特徴は，工場管理と会計科目に設置されていることは経専に等しいが，総授業時数に占める「経済」学科目の比重が小さく（経専18.7%，工業経営専7.4%），「工業資材」などの工業系の学科目を設置していることにあった。

工業専門学校に関しては，彦根では機械・化学工業・建築科，和歌山では電気・機械科，高岡では電気・機械・化学工業科が設置された。これら3校うち和歌山工業専門学校の学科課程を表11-9でみれば，高商・経専の系譜からまったく断絶した工業専門学校への完全なる転換であったことが分かる。

第**7**節　勤労動員の強化

(1) 勤労動員の強化

高商から転換された学校の学科課程は定まったものの，勤労動員の強化によって授業は制限された。1943年9月の「教育ニ関スル戦時非常措置方策」では，「教育実践ノ一環トシテ学徒ノ戦時勤労動員ヲ高度ニ強化シ，在学期間中一年ニ付概ネ三分ノ一相当期間ニ於テ之ヲ実施ス」とされた。1944年1月の「緊急学徒勤労動員方策要綱」では，「勤労即教育ノ本旨」に基づいて学校単位で工場での4月間継続した勤労動員計画の樹立が求められた。2月の「決戦非常措置要綱」では，中等学校程度以上の学生生徒は「常時之ヲ勤労其ノ他非常

任務ニ出動セシメ得ル組織的態勢」におくとされ,「理科系ノモノハ其ノ専門ニ応ジ概ネ之ヲ軍関係工場病院等ノ職場ニ配置シテ勤労ニ従事セシム」とされた。3月の「決戦非常措置要綱ニ基ク学徒動員実施要綱」では,「工学及理学関係ノ学生生徒ノ勤労動員ニ関シテハ第三学年及第二学年ニ重点ヲ置クモ必要ニ応シ低学年ノ学生生徒モ之ヲ動員」するとされた。1945年3月の「決戦教育措置要綱」では,「全学徒ヲ食糧増産,軍需生産,防空防衛,重要研究其ノ他直接決戦ニ緊要ナル業務ニ総動員」するとされ,国民学校初等科を除いた学校の45年度の授業は原則として停止するとされた。

(2) 和歌山工業専門学校の勤労動員と終戦

和歌山工業専門学校(以下,和歌山工専)には,生徒の記した『日誌Ⅰ 電気科第一学年甲組』(1944年6月14日～9月16日)と『日誌 電気科第一学年乙組No.1』(45年7月11日)とが残されている。これらを手掛かりに勤労動員のみならず終戦に際した生徒の発言をみてみたい。

まず1944年度の学校の状況を俯瞰しておきたい。1944年度の和歌山工専では第1学年の生徒のみが在学していた。生徒は実験設備がある西濱の和歌山工業学校と高松の旧高商の学舎を徒歩移動して授業を受けていた。和歌山商業学校の生徒も旧高商の学舎を使用する(7月)とともに,高松の学舎が駐屯地となっていた。1945年7月には連日の空襲によって授業は中止されていた。

さて,前述した「緊急学徒勤労動員方策要綱」による「勤労即教育ノ本旨」は,生徒に徹底されていたとは言い難かった。1944年8月の機械科の短期勤労動員命令(2週間の東亜燃料への勤労)に際して,電気科の生徒は「勉強に熱中するのが正しいのか勤労に熱中するのが正しいのかはっきりしない様な気がする」「勤労の為に勉学を撲滅しても良のならば学校の存在が無意味で一層あっさり閉鎖するのか堅意に必要な亦適当な小数のもののみを残して研究でもさせた方が良い様に思はれるし,又こんな中途半ぱの勉学が一体なん役に立つのか疑問である」と述べていた[552]。また,「太平洋戦局が益々重要になった今日,我々もいつ出勤するかわからぬ。勉強してゐても何となく落着かない。然し我々の専門の知識は極めて薄弱である。そこで比較的重要でない道義,人文等の一部の時間を緊急に必要な学課に振向けて頂けば結構である」と述べていた[553]。このように勤労動員と「勉強」とが明確に区分されていた。

こうした生徒の「勉強」を重視する態度は，「今日は空襲の為，三時間しか授業が出来なかった事は非常に残念な事だった。しかし，之も非常時下の為だ。短い時間を使用して学問に精出すのが未来日本を追ふ技術者たる重任なのだ」と述べられていたように[554]，技術者として自らの役割を位置づけていたからだと思われる。

ただし，終戦が近づくにつれて，「日夜醜翼を頭上に見る時，何がこれ程迄したかと考へさせられる。米の物量を誤算した事などが條件にあげられるが先づ第一番に日本の精神力の凝集が遅れた事だ」[555]，「同年輩の者が多く特攻隊として奮闘して居る事を忘れてはならない。我々はこれ等の将兵の心を心として御奉公の赤誠を捧げなければならない」[556]，ソ連参戦に際して「我々学徒は此の重大時局に全力を振じ光輝ある国体を護持せむが為に敵撃滅にまい進せねばならぬ」[557]，「本土決戦が開始されば吾々学徒隊員は一意専心報国出来る様日々訓練に精進」[558]などの記述が増えてきた。

8月15日の正午の玉音放送後は，こうした言説は皆無となり，「日本は科学知識が外国より一層おくれている為にこの様になつてしまった」[559]，「時局が急転に直下シ，我が日本ハ科学ニ敗レ，ソノ原因ヲ観ルニ科学思想ノ水準低ク」[560]などの日本の科学の欠如に言及するものがあった。

興味深いのは和歌山県へのアメリカ軍の進駐の際，「進駐軍モ呆レル公徳心」が必要だと説いていたことである。すなわち，「街頭清掃運動ガ熱心ニ行ハレテキルガ，トコロガソノ戦果ハ残念ナガラアマリ芳シクナイ。汚レタルニマカセタ戦争中ノ悪習慣ガ容易ニ人々ノ頭カラ離」れて「汚穢ニ埋レタ都会ヲ見タ時如何思フダロウ，必ず彼等ノ頭ニタチマチ起ルノハ日本民族ニ対スル劣等人種トシテノ軽蔑」されると述べていた[561]。また，「道徳心ノ高イ彼等ニ対シ今日迄悪化サレタ日本人ノ道徳ヲ此ノ際シツカリト改メ将来ヘノ進歩ニ邁進ショウ」と述べていた[562]。

第*8*節　結　語

1944年の官立高等商業学校の転換は，44年12月に決定した。ただし，1943年10月の「教育ニ関スル戦時非常措置方策」には，文科系専門学校の「理科系ヘノ転換」が織り込まれており，高商の転換が予期された。

1943 年 9 月には小樽高商校長がその情報を把握していたように，転換の非公式な情報が存在した。ただし，「専門学校ニ関スル要項」が答申された 1940 年の教育審議会の委員会では，高商の転換が討議された形跡はなかった。第 5 回教育審議会総会において横浜高商の田尻常雄が学校の理系拡充に賛同していることからみても，1940 年の時点では高商の転換は，想定されていなかった。

文科系生徒を対象とした 1943 年 10 月の徴兵猶予の廃止は，文部省は否定するものの，理工系学校重視の政策転換がみられた。しかし，1945 年には和歌山工専の事例でみたように，勤労動員や空襲によって理系教育は進展しなかった。

注目すべきは，戦時下の理工系教育の重視の下で高等商業学校が「技術的・技能的」な教育を重視しはじめたことである。すでにみてきたように，戦間期の高商は，「技術的・技能的」教育から「独創力」などを促すアカデミズムへの転換を図ろうとした。だが，戦時下の経済統制によって，配給，貿易，統制法などの知識が必要になった。戦時下の「即戦力」ともいうべき理工的人材の必要性に直面して，高商の存在価値を見出すため，こうした「技術・技能」の養成を主張しはじめたといえよう。

第 11 章　高等商業学校の転換　　263

終 章

高等商業学校と企業・国家

第 1 節　高等商業学校と企業

(1)　企業の教育要求

　トロウ (1976) によれば，「大学の『自治』と『社会的責任』，大学における教授・学習の自由と，大学を設置し維持している社会に貢献する責任との間の，微妙で繊細な均衡をいかにして見つけ出す」かが重要だといわれる[563]。この大学の「自治」と「社会的責任」との「均衡」という視点は，戦前期日本の専門学校をみる上でも重要となる。本章では，実業専門学校として産業界へ人材を供給する役割をもった高等商業学校の責任と学校の自由・主体性との距離をみるため，企業の教育要求について検討したい。

　1935 年に実業教育振興委員会によって調査された企業の教育要求は，企業ごとに多様であったが，①独創的研究，②人格の陶冶，③教育の実際化が共通していた。

　高商生の就職の多い銀行について，東京銀行集会所の主張をみれば，①については「注入教育ヲ廃シカメテ自主自立ノ風習ヲ養ヒ独創的研究工夫ヲナス様指導」するよう求めていた[564]。その理由は「学生ヲシテ自発的ニ疑問ヲ起シ，自ラ思考シ研究シ，解決困難ナル問題ニ関シテノミ教師ノ教ニ待ツ様導クコト，然ラザレバ研究心，創造力等ヲ失ヒ，一度学窓ヲ出ヅレバ進歩ヲ失ヒ十分職業ニ尽瘁スルコト能ハズ」ということであった。

265

②については「體力，人格ノ養成」を求めていた。「職分ヲ重ズル」ため「根気，熱心，忠実等ノ性格」が重要となり「責任ノ観念」と自己の利益のみに陥らない「共存共栄ノ観念」を求めた。

　③については，「実業教育ハ読書暗記ヲ偏重シ，製造工業ノ実際，商取引ノ実際ヲ軽視セル」とし，「実社会ニ於ケル活事実ヲ教材トシ出来得ル限リ実際ノ事情ヲ学生ニ見聞セシメ，事実問題ノ容易ナラザルヲ覚ラシメ以テ実用ニ適スル人物ヲ養成スルコト」を求めた。なお，東京銀行集会所は，「授業時間ハ現在多キに過グル」ため「実際ノコトニ当リ研究シ判断スル能力ヲ養成シ得ル学科」を求めていた。

　信託協会も同様に「多種多様ノ注入ニ傾キ必要項目ノ実習的訓練ト自ラ問題ヲ捉ヘテ自発的ニ研鑽ヲ為スノ興味ヲ養成スルコトガ不十分」とし，「科目ヲ適当ニ廃減シテ主要科目ヲ充実セシメ，研究ノ風習ト応用ノ力トヲ養成スルコトニ一段ノ工夫ガ望マシイ」としていたことに加え，「知識ノ実際的」「人格ノ養成」を求めていた。

　日本貿易協会は，「精神涵養」「創造的ノ才幹」に加えて「実務上必要ナル実務ノ訓練」を挙げていた。日本貿易協会はこの「実務上必要ナル実務ノ訓練」について明記していなかったが，住友信託は「算盤・簿記・商算」を挙げていた。他方，三菱商事は「労働ヲ厭ハザル精神」「創造的才能」「人格陶冶」「包容力」とともに日本の重要市場の外国語教育を求めていた。

　とりわけ，独創性，創造性は，1926 年の昭和天皇の践祚後朝見における「模擬ヲ戒メ創造ヲ勗メ」という勅語に影響を受けたとも考えられる[565]。しかし，この勅語の以前にすでに高商は独創性を重視していたため，独創性は企業の仕事内容と関連づけてみる必要がある。例えば，高橋（2013）によれば，戦前期の三井物産では取引基盤構築や個別取引契約などに存在する不確実性への対応能力を高めていく技能形成が必要とされた。この利益機会を受け身ではなく主体的に選別する能力の養成を高橋（2013）では OJT に求めている。ただし，その資質・能力のある者を雇用するとき，高商の目指す教育と三井物産に必要な人材は一致していた。学校が目指した独創性や創造性を伸ばす教育は，「注入教育」を廃して，自身で考えることを推奨するものであった。したがって，独創性，創造性を伸ばす教育と不確実性への対応力とは親和性があったといえよう。

猪木（2002）によれば，一般的に「ホワイトカラー」の技能の1つとして，「総合的判断能力」が必要とされる。これは，①専門領域の理論と実際の要点をすばやく理解する力，②事実を構成する推理力，③不確かな人間行動を予測する力，④不確実な情報の下で推量した結果が良識と直感に合うかをすばやく判断できる力とされる。「ホワイトカラー」として入職した高商卒業者には，簿記・法律・外国語を「注入」する「技術的・技能的」な能力よりも，アカデミズムを通して独創性，創造性を身につけることが産業・企業からも求められていたといえよう。

(2)　修業年限の延長と教育方針の転換

　このように1935年において，企業は①独創的研究，②人格の陶冶，③教育の実際化を実業教育に要求していた。①については職業に尽くすため，「自発的ニ疑問ヲ起シ，自ラ思考シ研究」することを重視していた。

　ところで，実業教育振興委員会の答申の6年前，1929年の日本経済連盟会の『大学及専門学校卒業者　就職問題ニ関スル調査資料』では，匿名の生命保険会社が「機械的ニシテ其ノ修得セル学科ヲ活用シ，或ハ利用スル等所謂活用術ヲ心得居ルモノ数フルニ足ラズ，為ニ実際執務ニ際シ往々不便ヲ感ズルコト少カラズ」，ある呉服店が「専門学校トシテハ余リ課目ガ多スギテ居ルニ，十分頭ニ入レナイデ走ツテ通ツタト云フ程度」であり，「学問デモ，モット生キタ学問ヲ徹底シタヤリ方デ授ケテ」ほしいと述べていた。したがって，上述の①〜③の必要性を明言していた企業はなかった[566]。

　つまり，①独創的研究と③教育の実際化は，1930年の校長会議での「独創的啓発」の諮問が発端となったといえる。高商は，②人格の陶冶とともに①を強調して，1933年の「高等商業学校の修業年数を四ヶ年に延長すべき理由項目書」を作成し，企業は②を含む①と③を35年の実業教育振興委員会の答申としていたと考えられる。

　いずれにせよ，①独創的研究と②人格の陶冶は，高商が求めた修業年限の延長の目的と合致していた。したがって，少なくともこの2点では，高商と企業の教育目標は一致していた。

　そもそも官立高商の修業年限の4年化を求める運動は，神戸高商のみが大学への「昇格」を認められた1923年に始まった（第1章）。1925年の校長会議で

は修業年限の4年化を求めて高商間の意思疎通がなされた。しかし，1925年の時点では修業年限を延長する明確な理由がなかった。1933年の「高等商業学校の修業年数を四ヶ年に延長すべき理由項目書」では，「詰込主義」を是正し，独創力や人格の陶冶を重視した教育に転換するため，修業年限の延長が主張された。

これとほぼ同時に作成された「四ヶ年制ノ具体的学科課程」では，1930年の「独創力啓発」の諮問された校長会議の答申を織り込んだ，総授業時間数の減少，選択科目数の増加がみられた（第2章）。すなわち，修業年限3年間で102時間（週当たり授業時間数）であったものを4年間で117時間とし（1年当たり34時間→28.5時間），授業時間数の減少を図っていた。なお，自由選択制（すべての学科目を選択科目とする制度）は，和歌山高商がこれを求めて文部省から認可されなかったが，研究力や独創力を発揮させる1つの手段とされた。

高商の教育方針の転換の論理は，修業年限の1年増加→年当たり授業時間数の減少→独創力・研究力の養成という，実業教育の創成期に重視された「技術的・技能的」な教育から「研究」を主体としたアカデミズムに転換を図るものであった。そして，この教育目標は企業の求めるところと一致していた。

教育の実際化を除けば，企業の求める①独創的研究，②人格の陶冶は，高商の教育目的でもあり，両者の「均衡」が図られようとしていた。1935年の企業の教育要求の1つである教育の実際化については，高商は企業人を招いた講演会等を行う程度であり，修業年限の延長理由にこれを織り込まなかった（第2章）。③教育の実際化については，具体的に企業が何を求めていたのかが重要となる。大日本紡績連合会は「古典多岐，理論的方面の教育ニ走リ過グル」と言及し，「ミル，リカード等ノ理論ヨリモ現在ノ経済機構ト其ノ運用ニ付テ簡明ナル知識」を求めていた[567]。また，共同印刷は「計画，経営，活用ノ才」ある「実際生活ヲ基調トシ経済ニ立脚シテ産業ノ開発ニ務ルベキ実業教育」を求めていた[568]。したがって，教育の実際化は，外国語や会計などの特定の「技術的・技能的」な能力の養成を意味していない。

ただし，高商の教授内容は，理論に偏ったものばかりではなかった。これは小樽高商が夏季休暇に生徒の北海道の実地調査を実施，その成果を「調査報告」としていたことからも分かる（第4章）。さらに，小樽高商では，渡邊龍聖校長の下で「商業実践」が他校よりも重視された。

しかし，小樽高商を除けばこうした活動を積極的に実施しておらず，教育の実際化という面では高商間の合意に至っていなかったと思われる。ただし，神戸高等工業校長の古宇田實が「ある方面からは直ぐに役立つ者を出せ」「他の方面からは直ぐに役立たないでも宜しいから，基礎を確かりせよ」といわれると述べていたように，教育の実際化については業界・企業において見解が分かれていた[569]。このことは第一生命保険の創立者であり，当時の日本経済連盟会常務理事の矢野恒太が「基礎の科学をしつかり頭に詰込んだ人間を拵えて貰ひたい」と述べていることから，教育の実際化のみを業界が求めていなかったことが分かる。

1930 年代前半には修業年限の 4 年化が実現されようとしていたが，日中戦争の勃発とともにこれが反故となった（第 1 章）。ただし，高商が独創力や研究力を重視する教育に転換しようとしたのは，企業からの要請のみならず，研究体制を構築するという高商独自の動きがその背後にあった（第 4 章）。渡邊龍聖校長の下で名古屋高商が「実社会」と「理論」との隔たりを埋めようとした研究・調査活動は，福田徳三の「学理と実際」との両立という主張と共通していた。少なくとも高商の教官は，1920 年代から学会やその機関誌を通して「調査」のみならず「研究」する体制を構築していた。高商の教官が研究業績を積み上げて大学への転任を目指す，教官のキャリア・アップもその背後にあったと思われる。しかし，この高商のアカデミズム化は「研究」を行い学生指導する大学理想に影響を受けていたともいえる。

(3) アカデミズムの教育的意義

こうした教育成果は生徒個々人によって異なっていたと思われる。1939 年に和歌山高商を卒業して横浜正金銀行へ就職した加藤信夫の『母校に残す言葉』を通して生徒の教育成果について検討してみたい[570]。この史料は「修身」の授業で書かれたものであり，「88」と点数がつけられていることから，よい点数を得るために本意を超えた内容の恐れもある。しかし，卒業に際してあるべき姿が描かれたものとしてみれば，生徒の思う理想が表現されていると考えられよう。

加藤は，「商業時代（商業学校——引用者注）に学んだ事はすべてが実社会向きな技術的知識的なものが多く」「批判力，理解力が少なかつたが為にすべて

終章　高等商業学校と企業・国家　269

を絶対的として受入れる事が多かつた」とする。そして「困難な統計学，数学，面倒だつた漢文，哲学，むつかしい経済学等，学課は多種多様である」が「これ等の学課を通じてその奥底より得たる理解力，推理力，批判力，反省力こそ商業時代と異なりし自分の得た最高宝玉だと確信してゐる」とする。

このように「実社会向きな技術的知識」を学んだ商業学校に対して，高商では「判断力」「理解力」「批判力」「反省力」などを学んだとされる。加藤の述べるこれら要素は，高商が教育目標に掲げていた「研究力」に等しい。また，加藤が「技術的・技能的」な教育を高商に求めていなかったことは，1920年代以降の高商の教育方針に等しいといえよう。

この和歌山高商の生徒の言説は，1925年に名古屋高商の教官，宮田喜代蔵の「商業教育が単なる技術の習練」ではなく，「種々の根本問題に対して解決を與へる」経営者を養成するものとする見解と一致する（第2章）。

このように1920年以降の高商は，簿記や語学などの実業界での即戦力となる「技術的・技能的」な知識の教授から，批判力や理解力の養成を目指すアカデミズムへの転換を図った。状況に対して1つの応対をする「技術的・技能的」な知識の専門性は高いが，「研究」のような総合性，一般性に乏しかった。批判力，理解力，独創性，自発性は「研究」に包含される概念であり，戦間期の高等商業学校では，「研究」を行動基盤とする職業人を生み出していた。

(4)　「教養教育」と高等商業学校

現在において「教養」の概念は多義的である。幅広い知識を意味すること，「専門」の準備教育の意味で用いられること，自身の陶冶を図ることなどに用いられる。

高商では「普通学」などと呼ばれた現在の「教養」に該当する学科目が置かれていた（第2章）。これは「英語」を主とした外国語科目，「体操」「数学」「理化学」などであった。これら学科目は，東京高商・神戸高商に設置されていた「予科学科目」に該当した。しかし，非昇格型の高商の「普通学」は，経済・商業・法律からなる学科目の準備教育として捉えられていなかった。重要なことは，「普通学」の授業時間数が「商業学科目」（経済・商業・法律）のそれを圧迫していたことである。したがって，高商は修業年限が4年になる際，語学を主とする予科群の授業時間数の削減を計画していた。ただし，「特殊問

題研究」などの生徒の「論文」には，経済や商業をテーマとしたもののみならず，英文学を題材としたものがあった（第4章）。高商では，「実業学科目」（経済・商業・法律）に特化した教育がなされていたわけではなかった。

(5) 人格の陶冶と高等商業学校

　戦前期日本の高等商業教育には，知識の教授のみならず，生徒の人格の陶冶が求められていた。人格の陶冶という文言は，「国体観念ノ養成」とともに，1928年に改正された専門学校令に明記された。この理由を学生の思想事件の発生に求めることも可能である。しかし，高商では法令が改正される以前から「人をつくる」などの生徒の「人格」の向上や成長を掲げていたばかりか，これが高商の教育の最大目標とされることもあった。この点に関しては，渋沢栄一の「商業道徳」に影響された商業教育独自の展開であったと考えられる。

　人格の陶冶は，学校のみならず企業からも重要視されていた。例えば，1936年に設立された実業教育振興中央会は「産業界が教育の上に最も求めて居るものは十分なる人格の陶冶錬成」であると言及していた[571]。ただし，企業の求める人格の陶冶の内容は，「勤労」の精神，「功利」を排除した「徳風」の涵養などの勤労精神や協調性などを主としていた[572]。したがって，教養主義者が論じる自己の思想を確立するなどの内向きの（個人主義的な）人格の陶冶とは異なり，勤労意識や協調性などの外向きの（社会的な）人格の陶冶を企業は要求していた。このことは利己心と社会的利益の調和を求める「商業道徳」を高商が重視していたことと一致していた（第2章）。

　他方，生徒は煩悶することによって人間的成長をする教養主義的人格の陶冶とは無縁ではなかったものの，こうした風潮は昭和恐慌期にマルクス主義に基づく社会問題の下に影を潜め，その後，1930年代前半には好景気に乗じた刹那的な文化に取り替わった（第6章）。教養主義は旧制高校のみにみられた特徴ではないが，社会情勢に柔軟に対応していく高商生徒のあり方をみることができる。

　生徒からみれば，人格の陶冶は教官との親密な接触によって培われると考えていた。いま一度，加藤信夫の『母校に残す言葉』をみてみたい[573]。「我々は教授から学ぶ以外に親しくその人格教養に接して其処から社会的な人間的なものを得たい」が「此の欲求に対する方法が不備である」と述べ，「講義以外に

終章　高等商業学校と企業・国家　271

教授と接触する機会を多くする」，「小グループ」の授業を実施するなどの方策をとるべきだとする。加藤は授業内容を超えた「人格教養」を教官の個性に求めようとしたが，その機会がないことを指摘していた。

　高商における人格の陶冶に関する教育は「修身」が存在していた程度であり，その内容は国内外の哲学や思想を教授するものであった。少なくとも河合栄治郎が主張するような「教養教育」と人格の陶冶との関連が高商において強く認識されることはなかった。その結果，「教養教育」の授業時間数の削減へと高商は動こうとしていた。

(6) 修業年限の延長と校長の役割

　ドイツの大学理念に影響を受けた高根義人の『大学制度管見』では，①「総長」を教授から選挙すること，②「各分科大学教授会」が教授候補者を推薦することが挙げられている。①と②は「大学の自治」を支える重要な要素となる。実際，帝大では教授の進退は教授会の同意を必要とした。しかし，高商では校長の選任権は文部省にあった（第1章）。教授のなかから校長が文部省によって選任される場合や，文部省の選任した校長に教授会が反発することもあったが，校長のみならず教官の選任権は高商の教授会にはなかった。高商の教授会が自己決定できたのは，学科課程の改正案の提出，卒業判定，生徒の懲戒などであった。

　このように高商の教授会の権限は限られていたが，校長間で修業年限の延長が合意され，教授会もこれに賛同していた（第1章）。したがって，高商は大学に匹敵する「自治」を付与されていなかったものの，文部省の意のままに運営されていたわけではなかった。教授会の意思を反映した校長によって文部省との折衝がなされていた。

　とりわけ，校長のリーダー的存在は小樽高商校長（後，名古屋高商校長）の渡邊龍聖であった（第1章）。渡邊は，自らが校長を務めた小樽高商の「昇格」運動を批判し，高商に大学とは異なる独自の役割をもたせようとした。1930年代前半には，世論に影響されながら，大学との違いを明確にするため，高商は「4年制職業教育機関」を標榜するようになった。しかし，ここで言及された「職業教育」は，従来の「実業教育」との差異が検討されないまま，修業年限延長の反故とともに色あせた。

ゴミ箱モデルでは，リーダーシップの曖昧性が指摘されることがある（序章）。戦間期の高商は，校長の主導の下で修業年限の延長という明確な意思統一がなされていたといえよう。

(7) 就職制度と学内選抜

企業の教育要求と高商の教育とはマッチングする方向に向かったが，高商において職業そのものが教育に組み込まれることはなかった。すなわち，高商では職業を自明のものとして捉える意味では「職業教育否定論」の立場にはなかったものの，「職業を通しての人間形成」や「職業のための人間形成」などの職業と教育（教養）との関連性を強く意識することはなかった[574]。

こうしたなか高商は1930年代に生徒の就職に介入していった（第7章）。とりわけ，昭和恐慌による深刻な就職難を契機に各高商では生徒の就職問題に取り組み始めた。事例としてみた和歌山高商では，1932年から生徒へ就職斡旋を行う制度を整備した。この制度の下では求人票に基づいて学校は生徒を企業に推薦する。しかし，生徒の採用は，企業の詮衡を通して決まり，学校の推薦のみで採用されることは稀であった。したがって，職業から学校への移行における制度化は進んでいたものの，戦前期の高商は，刈谷（1991）で論じられている「学校に委ねられた職業選抜」型というほど，学校の選抜通りにはならなかった。

就職相談部の役割は，就職における第1選抜となる学内選抜にあった。「1人1社主義」制度がこれにあたる（第7章）。この学内選抜は，成績のみならず性格や「思想」などを含めた多様な側面で判断された。このことは小樽高商に残された詮衡表の調査項目からも明らかになる。この学内選抜は，1920年代後半から顕在化した生徒の騒擾を抑止する効果を与えたものと考えられる。

したがって，高商は学内選抜同様に学業成績のみならず多様な側面を考慮する，「人物本位」での採用を企業に求めていた（第7章）。「研究」を重視する教育に転換しようとしていた高商は，研究力や独創力が成績のみで判断できないため，「人物」をみた上での採否を企業に求めていたとも考えられよう。

(8) 「教育」と「経済」の調和

このように戦間期において，高商の教育と企業の教育要求とは重なりあうと

終章　高等商業学校と企業・国家　　273

ころが多かった。教育サイドの主体性が発揮されたままで社会の教育需要に応じようとしていた。したがって,「教育」は「経済」によって取り込まれていたわけではなく,その逆でもなかった。本田（2005）で明らかにされた現代日本における「教育の職業的意義」が低いような状況に,戦間期日本の高商はなかったといえよう[575]。

　他方,企業の要求する教育の実際化について,高商は積極的な取り組みをしなかった。この点に関しては,研究体制を構築してアカデミズムを追求しようとした高商と教育の実際化が調和していなかったからだと思われる。

　福田徳三が言及した「フンボルト理念」は,①教える自由,②学ぶ自由,③転学の自由,④自治,⑤職業への不介入であった（序章）。①に関しては,学科目の設定は文部省の認可が必要であったが,具体的な教授内容や方法は教官に委ねられていた。なお,非合法的活動を助長すると目された「マルキシズム」に関しては,その教授そのものが否定されていなかった（第5章）。②に関しては,和歌山高商の「自由選択制」が文部省によって認可されなかったように,生徒には授業時間割が定められていた。他方,「卒業論文」のテーマ選択は生徒に自由が担保されていた。③に関しては,専門学校のみならず大学にいても日本では実施されていなかった。④については,高商の教授会が人事権を保持していなかったが,教授会→校長→校長会議→文部省というルートで学校の意思が表明されていた。⑤に関しては,高商はむしろ積極的に生徒の就職に関与しようとした。

　したがって,帝大と高商との差は大きいようにみえるが,重要なことは,「フンボルト理念」に基づく研究と教授とを高商が目指したことである。戦間期の高商の修業年限の延長として現れたアカデミズムへの転換は,形をかえた大学への「昇格」運動であったといえよう。

第2節　高等商業学校と国家

(1) 戦時統制と高商

　修業年限の延長が実施されないばかりか,日中戦争の勃発とともに,国家の学校への統制が強まっていった。具体的には,1941年の修業年限の短縮（3ヵ月）によって,高商の修業年限の延長要求は挫折した。

戦時期の高商は，①学科課程の画一化，②戦時国民教化運動，③学校転換で影響を受ける。戦時統制下において，文部省に属する官立高商へ国家の意思が否応なしに反映したわけではなかった。戦時下の学校のあり方は，自由と統制，抵抗と統合などの概念で表現されることがあるが，こうした対置概念によって明らかにされえない複雑な実態が存在した。

(2) 学科課程の画一化

戦時統制とともに学科課程の画一化が実施された。具体的には，実業教育振興中央会が1941年に作成した「高等商業学校標準教授要綱」に基づいて，すべての高商が学科課程を改正した（第10章）。その結果，1942年中にはすべての高商の学科課程がこの「標準要綱」に画一化された。この1942年の改正には，高商の学科課程のみならず教授内容を画一化する目的があった。ただし，この「標準要綱」は，前述した「四ヶ年制ノ具体的学科課程」の必修学科目との類似性が高かった。つまり，「標準要綱」の学科目は，実業教育振興中央会を通して文部省から与えられたことは事実であるが，その学科目には高商の意見が反映されていたことを忘れてはならない。

学科課程の画一化のみならず戦時期には，従来の教育方針の修正を迫られた。とりわけ，知育・徳育・体育を統合した「錬成」が重視されるようになった。しかし，「錬成」の趣旨が浸透していなかったことも一因となるが，高商では従来の知識教育を重視する教育のあり方を修正しなかった。こうした知識教育の重視は，次にみる戦時国民教化運動を制約させる原因となった。

(3) 国民教化運動の形式化

国民精神総動員運動期に高商は，文部省から国民教化に関するさまざまな通達を受けるようになった。しかし，戦意高揚を主とした通達内容は，抽象的であり具体性が欠けていた。例えば，1938年6月に『集団的勤労作業運動ノ実施ニ関スル件』が通達されたとき，和歌山高商では教授会における議論の末，週1回の「大掃除」を実施することになった（第8章）。「集団的勤労作業」を「大掃除」と捉える和歌山高商の運動に対する消極性が窺われるが，国民教化運動に対する知識や経験のない高商に「勤労作業」を組織することは不可能であった。そのため，和歌山高商は通達に具体的に明記されていたもののみを実

行した。さらに，すでに寮で実施されていた規律を学校へ取り込むことで精動
運動に対応しようとしていた（第5章）。

　精動運動に対して，高商が受動的に対応していたばかりではなく，生徒の生
活態度の乱れを感じていた教官は，精動運動期に学校全体を寮の規律で縛ろう
とした（第8章）。いずれにせよ，「個人主義的，自由主義的生活態度の弊風を
粛清」などの文部省の通達した実施の趣旨は顧みられることなく，形式的な対
応，もしくは風紀の乱れなどの校内問題の是正に動いていた。

　大政翼賛会期も同様に高商は「学校行事」の開催を求められた（第9章）。
戦意高揚という政策意図に対して，同一もしくは適宜入れ替えた式内容の式典
を開いて対応した。すなわち「聖戦ノ完遂」「大東亜共栄圏建設」などの政策
意図に対して，政策手段は同様の式内容であった。そのため政策効果は低く，
戦後にこうした式典の「形式化」や「画一化」が問題視される原因となった。

　和歌山高商の花田校長が述べたように，こうした戦時国民教化運動は，「行
事ニ引張リダサルル」ため生徒，教官双方にとって不利益となり「学力ノ低
下」を生み出していた（第9章）。問題は，実施主体である学校の遂行能力を
超えた，抽象的・理念的な文部省の政策意図であった。戦意高揚を意図した国
家の教化運動が学校の活動を制限していた。初等教育や中等教育にこうした運
動は一定の成果をみたと考えられるが，高等教育へも画一的に運動の実施を求
めた国家の政策的失敗があったと考えられる。

(4)　高等商業学校の転換

　高等商業学校は，1944年に経済専門学校，工業経営専門学校，工業専門学
校のいずれかに転換した（第11章）。戦時体制の進展とともに，理工系教育を
重視する風潮が高まったことが，高商が転換を求められた理由であったといえ
よう。

　横浜高商の田尻常雄の下で高商は修業年限の延長を求め続けたが，この延長
要求はもはや1930年代前半の教育方針と同じものではなく，商業教育を維持
するための運動とみることもできる（第11章）。1938年の第5回教育審議会に
おいて，田尻は「文科系の学生が多い」と主張して，改革要綱の「自然科学専
攻の学生の増加」を認めていた。

　しかし，田尻は，1941年7月に「商業無用論」に対して「事務担当者」と

しての高商生の役割を主張し，時代の要請に応じるために修業年限の 4 年化を主張した。この主張は，1940 年の教育審議会の特別整理委員として田尻が主張した見解に等しかった。1940 年 8 月には田尻を含む官立高商の校長 3 人が「官立高等商業学校ノ修業年限四ヶ年ニ延長サラレタシ」という「建議」を文部大臣に提出していた。

1941 年 10 月の修業年限の 3 カ月短縮（12 月卒業）が実施され，43 年 9 月には高商の転換が決まったと考えられる。1940 年代に入ってからの修業年限延長要求は，理工系に重点化する社会に対する高商の教育の意義を主張するためのものであったといえよう。

戦時下の理工系教育への重点化は，高商の教育内容にも転換を迫った。戦時期には政府の市場経済への介入が進み，法令や制度の下で経済活動が行われた。こうした戦時統制の「知識」を理解し，即戦力となる人材の養成を行う学校に高商は変貌しようとした。これは学校の生き残りをかけた高商の戦略でもあったといえよう。こうして戦時期には，高商の教育は再び「技術的・技能的」教育が目指されることになった。

終章　高等商業学校と企業・国家　　277

注 ———————

1 例えば，Goto and Hayami（1999），神門・速水（2010）。

2 1998 年までにこの分野の研究動向については，佐々木（1998）を参照。

3 職業系学校における英語教育については，江利川（2006）を参照。

4 三好（2012a），454 頁。

5 三好（2016），17 頁。明治期の慶應義塾の教育と卒業者の動向については，武内（1995）を参照。

6 三好（2012a），460 頁。

7 三好（2016），430〜433 頁。

8 三好（2016），450〜453 頁。

9 東京商大と渋沢栄一の関係は，三好（2001）を参照。

10 高等教育の拡張については，菊池（2003），第 7 章を参照。

11 学歴社会については，野村（2014）を参照。

12 外地については，横井（2009）を参照。学校史としては，小樽商科大学百年史編纂室『小樽商科大学百年史』通史編，小樽商科大学出版会，2011 年が注目される。教育史の動向については，教育史学会編（2007）を参照。

13 現在の大学組織の「管理・運営」の概念については，山本（2015）を参照。なお，本書脱稿後に戸村（2017）が公刊されたが，本書ではその成果を取り入れることができなかった。

14 なお本書では，学校と社会移動の関係については深く検討しない。この問題については，菊池（2003），佐藤（2004）などを参照。

15 官立高商としては，李（1992），山田（1998），松本・大石（2006），三鍋（2011），井沢（2011），私立高商としては，山田（1999）（2004），原・梶脇（2005），木山（2012），川満（2015）が挙げられる。他方，企業側からの高商を含む雇用状況や採用方針などの動向は米川（1994），藤村・山地（2005），若林（2007）などがある。

16 刈谷（1991），101，213〜221 頁。高等教育を含めた就職制度・慣行については，大森（2000），菅山（2011），福井（2016）がある。

17 ゴミ箱モデルについては，高橋（1997）を参照。

18 Clark（1983），有本訳 6，304 頁。

19 「国民国家論」については，牧原編（2003）を参照。

20 伊勢（2014），310〜311 頁。

21 中野（2003），253〜267 頁。

22 金子（2015），第 1 章によれば，1816 年のベルリン大学令は他の大学へ普及した。

23 福田徳三「大学の本義と其の自由」福田徳三『経済学全集』第 4 巻，同文館，1925 年，1391〜1416 頁。なお，この文章は 1917 年に書かれた。

24 高根義人「大学制度管見」1902 年，［復刻］大久保利謙編『明治文化資料叢書』第 8 巻，教育編，風間書房，1961 年。

25 福田徳三「大学とは何ぞや」福田徳三『経済学全集』第 4 巻，同文館，1925 年，1408〜1416 頁。なお，この文章は 1915 年に書かれた。

26 増渕（1996），14 頁。

27 河合栄次郎『学生生活』日本評論社，1935 年，247〜309 頁。

28 河合栄治郎『学生と社会』日本評論社，1938 年，370 頁。

29 渡邊については，倉田（2010）を参照。

30 渡邊龍聖『乾甫式辞集』名古屋高等商業学校，1929 年，2 頁。なお，小樽高商の創立日は 5 月 5 日。『乾甫式辞集』の全貌は中村（2000）によって整理されている。

31 小樽高商の同窓会は，「小樽高等商業学校昇格期成会」を設けていた（小樽高等商業学校々友会『校友会々誌』十週年記念号，1921 年 7 月，150〜152 頁。

32 渡邊龍聖『乾甫式辞集』名古屋高等商業学校，1929 年，2〜3 頁。

33 渡邊は 1926 年に「大学と専門学校は職能を異にして居つて甲乙を是非すべきものでない」と述べている（渡邊龍聖『乾甫式辞集』名古屋高等商業学校，1929 年，55 頁）。

34 渡邊龍聖『乾甫式辞集』名古屋高等商業学校，1929 年，4〜5 頁。

35 渡邊龍聖『乾甫式辞集』名古屋高等商業学校，1929 年，56 頁。

36 蟇目英三編『小樽高商二代校長 伴房次郎先生書簡集』「緑岡」編集部，1971 年，34 頁。

37 島田（2011）の図 6 によれば，政府支出金と授業料が歳入の多くを占めていた。

38 「大分高商教授連新校長排斥決議」『報知新聞』1932 年 4 月 1 日。

39 倉田（2010）。

40 平井又三郎・御手洗康編『憶偉なる哉——田尻先生』城南界，1983 年。

41 森本敏雄『玖珂町誌』玖珂町，1972 年，401〜402 頁。なお，同資料は和歌山大学元学長の山本健慈氏より提供を受けた。岡本については，山本健慈「岡本一郎高商初代校長の足跡とセンター」『和歌山大学生涯学習ニュース』27 号，2008 年 3 月も参照。

42 内田穣吉『エッセイ集知識と社会』日本評論社（非売品），69，101 頁。

43 和歌山高等商業学校庶務課『書翰綴（昭和 6 年 8 月）』。以下，本書で引用するこの史料は，和歌山大学所蔵。

44 寺崎（2000）を参照。

45 職員会議という名称であるが，事務職員の発言権はなかった。

46 和歌山高等商業学校『教官会議録（大正 12 年度以降）』69〜70 頁。以下，本書で引用するこの史料は，和歌山大学所蔵。

47 和歌山高等商業学校庶務課『評議会会議事録（大正 13 年 5 月起）』。以下，本書で引用するこの史料は，和歌山大学所蔵。なお，各年度の評議員は，以下の通り。1923 年度：田中・西島・谷口・山本（勝）・宮城，1924 年度：田中・西島・山本（芳）・光井・小山田・水島，1925 年度：田中・西島・山本・古賀・小野・光井・小山田・岩城，1927 年度：田中・西島・新里・山本・岩城・加川・宮川。

48 和歌山高等商業学校『和歌山高等商業学校一覧』第 2 年度（1924 年 4 月〜25 年 3 月）。

49 教育史編纂会編『明治以降教育制度発達史』第 8 巻，龍吟社，1939 年，702〜709 頁。なお，引用は，文部省が字句・表現において若干の修正をしたものを採用。

50 教育史編纂会編『明治以降教育制度発達史』第 8 巻，龍吟社，1939 年，710〜711 頁。

51 第 46 議会提出時に「専攻科」は「研究科」に改められた。この案の可決までの政治過程は，伊藤（1999），60〜64 頁を参照。なお，この議会での可決に基づいて神戸高商を含む「5 校昇格」が実現した。

52 教育史編纂会編『明治以降教育制度発達史』第 8 巻，龍吟社，1939 年，718〜719 頁。

53 「修業年限延長ノ理由項目書」和歌山高等商業学校庶務課『各庁往復綴』（自昭和9年1月至全10年12月）。以下，本書で引用するこの史料は，和歌山大学所蔵。

54 第1条は「小学校ハ児童身体ノ発達ニ留意シ道徳教育及国民教育ノ基礎竝其ノ生活ニ必須ナル普通ノ知識技能ヲ教クルヲ以テ本旨トス」である。

55 渡邊龍聖『乾甫式辞集』名古屋高等商業学校，1929年，179頁。

56 「全国直轄高等商業学校長協議会決議事項」（大正14年11月24日），和歌山高等商業学校『職員会議事録 附録』。以下，本書で引用するこの史料は，和歌山大学所蔵。なお，修業年限の延長に加えて，弁論部の思想発表を校長があらかじめ査閲すること，新規の学校新聞の発行を見合わせること，生徒監・修身担当教官の協議会を開催すること，教授の平均給与額を3100円に改正すること，奏任助教授・助手・司書を設けること，試験合格者のみに身体検査を行うこと，教授の学術研究費を増額させること，政府の調査会に校長を代表として派遣することなどが決議された。

57 和歌山高等商業学校『教官会議録（大正12年度以降)』100〜101頁。以下で引用するこの史料は，和歌山大学所蔵。

58 「修業年限延長の理由項目書」和歌山高等商業学校庶務課『各庁往復綴』1934年1月〜35年12月。なお，1931年10月の全国高専教務主任会議において高等専門学校を「職業大学」とし，純理論攻究の大学と対等の地位にすることが討議されたとされる（小樽商科大学百年史編纂室編『小樽商科大学百年史』通史編，小樽商科大学出版会，2011年，213頁)。しかし，「職業大学」への要求はなく，修業年限の延長が目指されたといえる。

59 高等教育改革については，伊藤（1999）を参照。

60 八本木（1982），302頁。

61 近代日本教育制度史料編纂会編『近代日本教育制度史料』第16巻，34〜41頁。

62 近代日本教育制度史料編纂会編『近代日本教育制度史料』第16巻，39頁。

63 近代日本教育制度史料編纂会編『近代日本教育制度史料』第16巻，57頁。

64 近代日本教育制度史料編纂会編『近代日本教育制度史料』第16巻，117〜119頁。

65 近代日本教育制度史料編纂会編『近代日本教育制度史料』第16巻，176頁。

66 南寛爾「実業教育と学制改革」全国実業教育会『産業と教育』第1巻第2号，1935年7月。

67 三波晴夫「高等職業教育の改善——高等商業教育改革論」高松高等商業学校『学友会誌』第4号，1928年。

68 実業教育振興委員会『実業教育振興ニ関スル意見（上)』実業教育振興中央会，1936年5月。

69 西田博太郎「工業専門学校改革案ヲ批判ス」実業教育振興委員会『実業教育振興ニ関スル意見（下)』実業教育振興中央会，1936年5月，12〜22頁。

70 栗山緑朗「高等商業学校四年制を排す」『産業と教育』第1巻第7号，1935年12月。

71 和歌山高等商業学校『職員会議事録（大正16年以降)』168〜169頁。以下，本書で引用するこの史料は，和歌山大学所蔵。

72 和歌山高等商業学校『職員会議事録（大正16年以降)』219頁。

73 和歌山高等商業学校『職員会議事録（大正16年以降)』231〜232頁

74 和歌山高等商業学校『職員会議事録（大正16年以降)』235〜236頁。なお，この学科課程の詳細については，第2章を参照。

75 和歌山高等商業学校『職員会議事録（大正 16 年以降）』294 頁。なお「四ヶ年制ノ具体的学科課程」については，第 2 章で詳しく検討される。

76 実業教育振興委員会『時局ニ対処スベキ実業教育方策ニ関スル意見』実業教育振興中央会，1938 年，4-73～4-90 頁。

77 「実業専門学校長会議諮問答申」和歌山高等商業学校庶務課『文部省往復綴』（1939 年 1 月）。以下，本書で引用するこの史料は，和歌山大学所蔵。

78 和歌山高等商業学校『職員会議事録（大正 16 年以降）』140～158 頁。

79 和歌山高等商業学校『教官会議録（大正 12 年度以降）』231～232 頁。

80 和歌山高等商業学校『職員会議事録（大正 16 年以降）』252～262 頁。「実業教育振興ノ緊要ナル現下ノ情勢ニ鑑ミ平素斯教育ノ実際ニ当ラレ之カ刷新改善ニ日夜苦心セラレツツアル各位ニ於テ有セラルヘキ諸問題」。

81 和歌山高等商業学校『職員会議事録（大正 16 年以降）』290～293 頁。

82 和歌山高等商業学校『教官会議録（大正 12 年度以降）』296～297 頁。

83 東京商科大学『東京商科大学創立五十周年記念講演集』1926 年，12～17 頁。ただし，澤柳政太郎が 1911 年に書いた記述によれば，「理論を好んで技術を卑しむ」とされた（澤柳政太郎『論文選集（澤柳全集）』澤柳全集刊行会，第 6 巻，365 頁）。なお，教授会自治の契機となったと目される「澤柳事件」で有名な澤柳政太郎は，高等商業教育にも関わっていた。

84 関一『欧米商業教育ノ概況』文部省専門学務局，1899 年，［復刻］一橋大学学園史編集委員会『一橋大学学制史資料』第 3 集第 2 巻，1982 年，302 頁。

85 このことは，谷脇（1995）において論じられている大谷大学の昇格過程で仏教を「研究」することが重要となったこととも関係する。

86 宮田喜代蔵「独逸の森より」名古屋高等商業学校学友会文芸部『学友会誌』第 6 号，1925 年 2 月。

87 宮田喜代蔵「永遠に出来上らない人への禮賛」名古屋高等商業学校学友会文芸部『学友会誌』第 8 号，1926 年 3 月。

88 宮田喜代蔵「社会科学と人格」名古屋高等商業学校学友会文芸部『学友会誌』第 9 号，1926 年 7 月。

89 渋沢栄一については，田中（2014）を参照。

90 海後編（1960），527，788 頁。

91 田崎愼治『商業教育上特に研究を要する若干の問題に就て』長崎高等商業学校，1934 年。なお，神戸高商，神戸商業大学の「校風」に関しては，天野（2003），井上（2015）を参照。

92 矢野貫城「商業教育の分野」彦根高等商業学校調査課『調査研究』第 6 輯，1935 年。

93 彦根高商における「哲学概論」「文化史」と「人格教育」の関連性は，今井（2016）を参照。

94 実業教育振興委員会『時局ニ対処スベキ実業教育方策ニ関スル意見』実業教育振興中央会，1938 年，1-112，2-32 頁。

95 なお，高商では，「商業」のみならず「成績優等ナル者」には，「英語」の教員免許が与えられた（文部省大学学術局技術教育課『専門学校資料（上）』1956 年，91～93 頁）。なお，教員無試験検定については，船寄ほか編（2008）を参照。

96 これに加えて，神戸高商の予科において「商業算術・珠算」，本科において「商業

数学」として開講されていた数学科目は，他の高商において「商業数学」「代数幾何」「数学」「商業算術」などの学科目として設置されていた。これら学科目のうち予科・本科の判別が困難なものは，中学卒業者の授業時間数が少なく，商業学校卒業者の時間数が多い場合，「予科学科目」と判断した。

97 神戸高商の「第二外国語」の動向については，坂野（2012）を参照。

98 福島高等商業学校『福島高等商業学校一覧』1928 年度。

99 山口高等商業学校『山口高等商業学校沿革史』1940 年，718〜728 頁。

100 長崎高等商業学校『長崎高等商業学校三十年史』1935 年，111〜116 頁。なお，山口高商のスペイン語教育については，板野（2011）を参照。

101 各高商の『学校一覧』による。

102 竹内（2013）。

103 横浜高商のみ 1932 年の学科課程。1930 年高商科目と「4 年制案」との比較に際して，1930 年高商科目の「国語作文」「作文書法」「書法及作文」などは「4 年制案」の「国漢」「商業文」と同一科目と判断した。同様の判断は，「物理及化学」「理化学」＝「自然科学」，「売買市場論」＝「市場論」にもあてはまる。「保険論」と「保険総論」との違いのように，「通論」・「概論」，「海外」・「外国」，「総論」・「論」などの差異についても同一科目とみなした。また，1930 年高商科目名に「及」があるものは 2 つの学科目に分割してカウントした（例えば，1930 年高商科目の「簿記及会計」は「簿記」と「会計」に分割し，「4 年制案」科目の「簿記」と「会計学」にカウントした）。なお，「国際公法」と「国際私法」は「国際法」（「4 年制案」）と同一科目，「経済事情」「国際事情」「東洋経済事情」は「経済事情」（「4 年制案」）と同一科目とした。

104 彦根高商のみで必修学科目であった「哲学概論」と「文化史」が「4 年制案」で必修とされた経緯については不明である。

105 長崎高等商業学校『教授要目』1928，1930 年。

106 三波晴夫「高等職業教育の改善——高等商業教育改革論」高松高等商業学校『学友会誌』第 4 号，1928 年。

107 増地庸治郎『商業通論』千倉書房，1932 年，3〜4，319 頁。

108 緒方清『新時代に於ける商事要項の使命とその体系』至文堂，1933 年，17〜20 頁。なお，日本におけるマーケティングの学説史については，草野（1987），マーケティング史研究会編（1998）を参照。

109 「修業年限延長の理由項目書」和歌山高等商業学校庶務課『各庁往復綴』1934 年 1月〜35 年 12 月。

110 「学生生徒ノ独創力啓発ニ関シ教育上留意スヘキ事項如何 答申案」和歌山高等商業学校『職員会議事録 附録』。

111 文部省実業学務局「彦根経済専門学校規則中改正許可」（請求番号：昭 47 文部00051100：本館-3A-009-01）（国立公文書館デジタルアーカイブス），1926 年 4 月 23日。

112 文部省実業学務局「横浜経済専門学校規則中改正許可」（請求番号：昭 47 文部00052100：本館-3A-009-01）（国立公文書館デジタルアーカイブス），1932 年 4 月 4日。

113 「現下ノ産業状態ニ鑑ミ実業教育上留意スヘキ事項如何」和歌山高等商業学校『職員会議事録 附録』。

114　和歌山高等商業学校『職員会議事録（大正16年以降）』60〜61頁。この提案の最初に挙げられた「専門学校3年」と「専門学校ヲ四年トナス」という内容には矛盾がある。

115　ただし，和歌山高商の建議が答申にどの程度反映されたかは不明である。

116　和歌山高等商業学校『職員会議事録（大正16年以降）』140〜145頁。

117　和歌山高等商業学校『職員会議事録（大正16年以降）』252〜262頁。

118　高根義人「大学制度管見」1902年，［復刻］大久保利謙編『明治文化資料叢書』第8巻，教育編，風間書房，1961年。高根は京都帝国法科大学において自らの理想に基づく改革を行った。この点に関しては，潮木（1997）を参照。

119　「臨時教育会議（総会）速記録第十六号」，［復刻］文部省『資料臨時教育会議』第4集，文部省，1979年。1869年にハーバード大学の学長に就任したエリオットは，「自由選択制の導入によって『研究大学』を創るより，むしろ一般教育の安泰を目指した」とされる（Carnochan 1992，丹波訳17頁）。なお，一般教育は人格教育につながると考えられていた。臨時教育会議の答申については，寺崎昌男によって，簡明な解説がなされている（寺崎1999，171〜180頁）。

120　第1学年：35〜36時間，第2学年：34〜37時間，第3学年1学期：34〜37時間，第3学年2学期：32〜35時間であった。なお，表3-1の105.5時間はこの平均となる。

121　和歌山高等商業学校『教官会議録（大正12年度以降）』16〜17頁。

122　7月2日の教授会では，詳細が不明だが，加藤と谷口吉彦との「意見ノ交換ガアリタルモ纏ラス」「慎重練成」の上，具体化案を提出することとなった（和歌山高等商業学校『教官会議録（大正12年度以降）』55頁）。

123　和歌山高等商業学校『教官会議録（大正12年度以降）』18〜19頁。

124　和歌山高等商業学校『和歌山高商十年史』1933年，附表3〜4頁に記載されている学科課程改正案は，②に関するものだと思われる。

125　和歌山高等商業学校『教官会議録（大正12年度以降）』20〜21頁。

126　和歌山高等商業学校『教官会議録（大正12年度以降）』34頁。

127　和歌山高等商業学校『教官会議録（大正12年度以降）』50〜51頁。

128　和歌山高等商業学校『教官会議録（大正12年度以降）』36頁。

129　和歌山高等商業学校『和歌山高商十年史』1933年，附表7〜8頁。

130　和歌山高等商業学校『教官会議録（大正12年度以降）』96〜97頁。

131　24学科目とは，「第二外国語」「特殊問題研究」「倉庫」「原価計算」「会計監査」「農業及植民地政策」「信託法及商事関係法規」「取引法」「海外経済事情」「貨幣論」「経済史」「民事手続法」「国際私法」「経済学史」「社会法」「漢文」「英文学史」「哲学」「論理及心理」「高等数学」「社会学」「人種学」「教育学」「美術工芸史」である。

132　和歌山高等商業学校『教官会議録（大正12年度以降）』183〜188頁。

133　島本教務課長が文部省へ行きこのカリキュラムの改正について照会したところ，「経済史」を「商業史」，「経済地理」を「商業地理」に改称することを求められた他は，教授会の決定した通りで改正できた（和歌山高等商業学校『教官会議録〔大正12年度以降〕』197頁）。

134　1926年改正による選択科目は，「第二外国語」「特殊問題研究」「倉庫」「原価計算」「会計監査」「農業及植民地政策」「信託法及商事関係法規」「取引法」「海外経済事情」「貨幣論」「経済史」「民事手続法」「国際私法」「経済学史」「社会法」「漢文」「英文学

史」「哲学」「論理及心理」「高等数学」「社会学」「人種学」「教育学」「美術工芸史」
であった。1934 年改正による選択科目は，「第二外国語」「論理」「心理」「高等数学」
「日本思想史」「美術工芸史」「人種学」「社会学」「行政法」「経済学史」「農業政策」
「植民政策」「倉庫」「取引所」「経済統計」「産業心理」「英文簿記」「英文学史」「哲学
概論」「東洋哲学概論」「東洋経済事情」「欧米経済事情」「民事手続法」「親族相続法」
「社会法」「国際法」「税関」「産業組合」「会計監査」「景気変動論」「教育学」「特殊問
題演習」であった。

135 和歌山高等商業学校『教官会議録（大正 12 年度以降）』190〜196 頁。

136 文部省実業学務局『和歌山経済専門学校規則中改正許可』（請求番号：昭 47 文部
00051100：本館-3A-009-01）（国立公文書館デジタルアーカイブ），1934 年 4 月 24 日。

137 和歌山高等商業学校『教官会議録（大正 12 年度以降）』296〜297 頁。

138 和歌山高等商業学校『教官会議録（大正 12 年度以降）』318〜319 頁。

139 文部省実業学務局『和歌山経済専門学校規則中改正許可』（請求番号：昭 47 文部
00051100：本館-3A-009-01）（国立公文書館デジタルアーカイブ），1934 年 4 月 24 日。

140 和歌山高等商業学校『教官会議録（大正 12 年度以降）』318〜319 頁。

141 中谷豊治「卒業に際しての希望」（和歌山大学附属図書館所蔵）。

142 河野謹一「卒業に際しての希望」（和歌山大学附属図書館所蔵）。

143 三宅徳造「卒業に際して希望を述ぶ」（和歌山大学附属図書館所蔵）。

144 畑山一郎「卒業に際して省みる」（和歌山大学附属図書館所蔵）。

145 小畑陽吉「卒業に際しての希望」（和歌山大学附属図書館所蔵）。

146 寺崎（2008），20 頁。

147 例えば，マーケティング史研究会編（1998），西沢（2010）などを参照。

148 なお，阿部（代表）（2015）による科研報告書も参照。

149 山口高商の東亜経済研究会，東亜経済研究所については，木部（2009）を参照。

150 長崎高等商業学校『長崎高等商業学校三十年史』1935 年，151〜153 頁。

151 大分高等商業学校商事調査部『大分高等商業学校商事調査部一覧』1932 年，12，17
〜18 頁。

152 小樽高等商業学校「小樽高等商業学校産業調査会略則」小樽高等商業学校『小樽高
等商業学校一覧』1928 年。

153 西尾清一『北海道石炭業概論』小樽高等商業学校，1916 年。

154 大分高等商業学校商事調査部『大分高等商業学校商事調査部一覧』1932 年，12〜16
頁。

155 京都帝国大学『京都帝国大学史』1943 年，1053〜1056 頁。

156 東京大学経済学部『東京大学経済学部五十年史』東京大学出版会，28〜29 頁。

157 脇村義太郎『回想九十年――師・友・書』岩波書店，1991 年，112 頁。

158 東京商科大学『東京商科大学一覧』1928 年。

159 「論説」は現在の学術論文のスタイルに等しいものといえる。

160 名古屋高等商業学校研究室『商業経済論叢』東京寶文館，1924 年。

161 高畑得四郎編『創立二十周年 記念講演及論文集』長崎高等商業学校同窓会，1926
年，5 頁。

162 「創刊のことば」京都帝国大学京都経営学会『経営と経済』第 1 巻，1931 年。

163 小島昌太郎「経済学と経営学」小島昌太郎監修・京都帝国大学京都経営学会『経営

注　285

と経済』第 1 巻第 1 号，1931 年。

164　馬場敬治「近頃の感想」『経営学年報』第 1 冊，1935 年。

165　三木良賛「囚はれたる簿記会計学」日本会計学会『会計』第 10 巻第 6 号。

166　野村證券株式会社調査部『経済実学の研究（上）』野村実学叢書，第 3 号，1927 年。

167　「経済学出立点の再吟味」高松高等商業学校『学友会誌』第 4 号，1928 年。

168　小樽高等商業学校『北海道石炭業概論』1916 年。

169　名古屋高等商業学校『報告第一集 本邦卸売物価指数の総観』1935 年。

170　小樽高等商業学校『商学討究 マルサス研究』1934 年。

171　渡邊龍聖「開校五周年記念巻に序す」名古屋高等商業学校『商業経済論叢』第 4 巻，
　　　1926 年。

172　東京商科大学『東京商科大学一覧』各年。

173　和歌山高等商業学校『和歌山高等商業学校一覧』1924 年。

174　岡本一郎「創立当時への回顧」和歌山高等商業学校同窓会『柑蘆会会報』第 8 号，
　　　1934 年 1 月。

175　在京第一期生「創立当時を語る会」和歌山高等商業学校同窓会『柑蘆会会報』第 8
　　　号，1934 年 1 月。

176　和歌山高等商業学校『和歌山高商十年史』1933 年，25〜36 頁。

177　京都大学七十年史編集委員会編『京都大学七十年史』1967 年，409 頁。

178　ここでいう「商業科目」とは戦後日本の専門科目，「非商業科目」とは教養科目
　　　（一般教養）に該当する。

179　和歌山高等商業学校『和歌山高等商業学校一覧』各年。

180　この数値は，各年の各外国語担当者数／19（1923〜41 年）を算出したものである。
　　　なお，商業科目担当の正規教員は毎週 1 授業のみを担当していた。

181　この数値の算出は注 180 と同じ。なお，外国人講師・教師の毎週の授業時間数は不
　　　明。

182　和歌山高等商業学校『教官会議録（大正 12 年度以降）』99 頁。

183　和歌山高等商業学校『教官会議録（大正 12 年度以降）』80，82 頁。

184　和歌山高等商業学校『職員会議事録（大正 16 年以降）』7〜8 頁。

185　和歌山高等商業学校『職員会議事録 附録』17 頁。

186　和歌山高等商業学校『職員会議事録（大正 16 年以降）』56 頁。

187　和歌山高等商業学校『公職適格』。以下，本書で引用するこの史料は，和歌山大学
　　　所蔵。

188　教育史編纂会編『明治以降教育制度発達史』第 5 巻，龍吟社，1939 年。教育史編纂
　　　会編『明治以降教育制度発達史』第 8 巻，龍吟社，1939 年。近代日本教育制度史料編
　　　纂会編『近代日本教育制度史料』第 7 巻，1956 年。

189　文部省実業学務局「長崎経済専門学校規則中改正許可」（請求番号：昭 47 文部
　　　00048100：本館-3A-009-01）（国立公文書館デジタルアーカイブス），1923 年 4 月。

190　池尾（2008），9 頁。

191　「ゼミナールの思ひ出」名古屋高等商業学校文芸部『劒陵』第 30 号，1934 年 3 月。

192　「ゼミナールの思ひ出」名古屋高等商業学校文芸部『劒陵』第 36 号，1936 年 2 月。

193　和歌山大学附属図書館所蔵の高商生の論文より分析する。

194　横浜高等商業学校『横浜高等商業学校二十年史』1943 年，173〜174 頁。

195　武藤（2008）を参照。

196　森戸事件に対する，長谷川如是閑の「言論・思想の自由」の観点からの発言は，田中（1993），286〜290頁を参照。

197　大塚金之助『大塚金之助著作集』第1巻，岩波書店，1980年，503頁。

198　斎藤（1995），289頁。

199　海後宗臣編『日本近代教育史事典』平凡社，1971年，268頁。

200　東京高等商業学校『東京高等商業学校一覧』1900年。

201　和歌山高等商業学校『教官会議録（大正12年度以降）』67，110頁。

202　和歌山高等商業学校『教官会議録（大正12年度以降）』110〜111頁。

203　和歌山高等商業学校『職員会議事録（大正16年以降）』65頁。

204　和歌山高等商業学校『教官会議録（大正12年度以降）』4頁。

205　和歌山高等商業学校『職員会議事録（大正16年以降）』67頁。

206　和歌山高等商業学校『職員会議事録（大正16年以降）』138頁。

207　和歌山高等商業学校『職員会議事録（大正16年以降）』29，34頁。なお，学校は生徒を規律化するために処罰を与えるが，この詳細については第5章で検討する。

208　「『学生生徒生活調査』に現れたる学生生徒の思想傾向に就いて」教学局『思想研究』第9輯，1940年2月，［復刻］荻野富士夫編『文部省思想統制関係資料集成』第6巻，不二出版，2008年。

209　和歌山高等商業学校『和歌山高等商業学校一覧』1923年。

210　和歌山高等商業学校『職員会議事録（大正16年以降）』111〜113頁。

211　『教授会議事録（大正16年以降）』127〜128頁。表5-2の事件26の処罰は，教授会において従来の「議案」ではなく「報告」として生徒主事から説明された（和歌山高等商業学校『職員会議事録（大正16年以降）』117頁）。

212　和歌山高等商業学校『教官会議録（大正12年度以降）』54頁。

213　以下，特記しない懲戒の内容については，和歌山高等商業学校『教官会議録（大正12年度以降）』，和歌山高等商業学校『職員会議事録（大正16年以降）』に基づく。なお，両資料の掲載されている教授会開催日は，表5-2の「懲戒決定日」に対応している。

214　『和歌山新聞』1924年5月23日。

215　和歌山高等商業学校『職員会議事録（大正16年以降）』86〜88頁。なお，Nは文部省修費生であった。

216　和歌山高等商業学校『職員会議事録（大正16年以降）』76〜80頁。

217　和歌山高等商業学校『職員会議事録（大正16年以降）』100〜101頁。

218　「岡本校長に引責自決を望む」『和歌山新報』1931年6月28日。なお1936年の司法部からの照会に対して和歌山高商は，水島は法学研究のために京都帝大へ入学し一時休職を希望したが，「休職期間満期ノ時ハ本校教官充員ナリシヲ以テ自然退官」となったと回答している（和歌山高等商業学校庶務課）『各庁往復綴』昭和11年1月）。

219　内田穣吉「北川弁証法とともに」『北川宗蔵著作集』第1巻付録，1頁（『北川宗蔵著作集』第1巻，千倉書房，1982年所収）。

220　和歌山高等商業学校『職員会議事録（大正16年以降）』103頁。

221　和歌山高等商業学校『職員会議事録（大正16年以降）』122〜123頁。

222　内田穣吉「北川弁証法とともに」『北川宗蔵著作集』第1巻付録，2頁（『北川宗蔵

著作集』第 1 巻，千倉書房，1982 年所収）。印南については，表 4-1 を参照。

223　和歌山高等商業学校『職員会議事録（大正 16 年以降）』169 頁。

224　この事件と北川宗蔵（和歌山高商教授）との関連は，中村（1992），113～114 頁を参照。

225　『第二回官立高等商業学校生徒指導主事協議会記録』1931 年，15～28 頁。

226　「社会政策」については，玉井・杉田（2016）を参照。

227　『第二回官立高等商業学校生徒指導主事協議会記録』1931 年，40～41 頁。

228　『第二回官立高等商業学校生徒指導主事協議会記録』1931 年，44～45 頁。

229　『第二回官立高等商業学校生徒指導主事協議会記録』1931 年，58 頁

230　内田穣吉「北川弁証法とともに」『北川宗蔵著作集』第 1 巻付録，2 頁（『北川宗蔵著作集』第 1 巻，千倉書房，1982 年所収）。なお，花田の緩罰化は，自らが「白虹事件」で大阪朝日新聞社を退社したことや，京都帝大，大阪商大における学生鑑の経験に基づくものであったと思われる。

231　和歌山高等商業学校『職員会議事録（大正 16 年以降）』175～181 頁。

232　和歌山高等商業学校『職員会議事録（大正 16 年以降）』169 頁。

233　和歌山高等商業学校『職員会議事録（大正 16 年以降）』198 頁。

234　和歌山高等商業学校『職員会議事録（大正 16 年以降）』248 頁。

235　和歌山高等商業学校『職員会議事録（大正 16 年以降）』285 頁。

236　「昭和一六年九月一六日教授会」和歌山高等商業学校『職員会議事録（大正 16 年以降）』。

237　筒井（2009），96 頁。

238　渡辺（1997），27 頁。

239　唐木（2001）。

240　和歌山高商の校長の花田大五郎は，五高入学後に「神経衰弱」となり「人生とは何ぞや」などを考え，「自分の能力を著しく悲観し」て「自己の生命を絶つこと」も考えていた。『言志四録』を読むことで「役にも立たぬことに思い悩み，ひとり自ら苦労する」ことを悟り，高校在学中は「遊ぶと腹を決め」た（花田大五郎『五高時代の思出』日本講義社，1957 年，24～30 頁）。

241　筒井（2009），59～60 頁。

242　「編集後記」『校友会誌』第 6 号，1928 年 7 月。

243　「煩悶青年」については，キンモンス（1995），広田ほか訳，平石（2012）を参照。

244　中井英俊「学生としての私の人生観」『学友会誌』創刊号，1924 年 7 月。

245　TRAY 生「煩悶について」『学友会誌』創刊号，1924 年 7 月。

246　阿部次郎『三太郎の日記』角川書店，1968 年。

247　私小説論に関しては，日比（2008），序章を参照。

248　太田長郎「山中記」『校友会誌』第 3 号，1926 年 7 月。なお，今後，本文中の作品名に付された括弧内には公刊年次を記す。

249　出口秋義「母の上京」『校友会誌』第 3 号，1926 年 7 月。

250　彩一路「陥さく」『校友会誌』第 9 号，1929 年 12 月。

251　YN 生「或る生活」『校友会誌』第 4 号，1927 年 7 月。なお作者は中田義弘。

252　中田義弘「鏡」『校友会誌』第 3 号，1926 年 7 月。

253　松岡達雄「彼」『校友会誌』第 3 号，1926 年 7 月。

254 和佐尚寛「彼の死」『校友会誌』第3号, 1926年7月。

255 木村元一「怒濤」『校友会誌』第9号, 1929年12月。

256 「卒業生消息」『柑蘆会会報』第4号, 1927年7月。

257 岸本卯只光「生活種々相」『柑蘆会会報』第8号, 1934年1月。

258 『校友会誌』第11号, 1930年12月。

259 阪田勇「十月の窓」『校友会誌』第5号, 1927年12月。

260 中西清「呪はれたつる一生」『校友会誌』第9号, 1929年12月。

261 居内波雄「トランクと頭」『校友会誌』第11号, 1930年12月。

262 的場衣寒「岐路に立ちて」『校友会誌』第5号, 1927年12月。

263 南秀枝「俺等の行進曲」『校友会誌』第9号, 1929年12月。

264 寺岡俊郎「退却」『校友会誌』第12号, 1931年7月。

265 龍田隆尋「決算と根拠」『校友会誌』第9号, 1929年12月。

266 寺岡俊郎「転落」『校友会誌』第11号, 1930年12月。

267 結城潤「ある散文的な創作」『校友会誌』第9号, 1929年12月。

268 寺岡俊郎「ある風景断章」『校友会誌』第11号, 1930年12月。

269 竹林静焔「夜開く」『校友会誌』第3号, 1926年7月。

270 たけ郎「頭の疣」『校友会誌』第3号, 1926年7月。なお, たけ郎の実名は, 五十嵐武雄。

271 たけ郎「黒い手袋」『校友会誌』第3号, 1926年7月。たけ郎は『校友会誌』第3号に2作品を掲載している。

272 登志路「初夏」『学友会誌』創刊号, 1924年7月。

273 かずゆき生「山陰の駅(一)・黒土の話(二)」『学友会誌』創刊号, 1924年7月。

274 河畔寺浩「噴火口」『校友会誌』第15号, 1933年7月。

275 川口渓太郎「一樹の蔭」『校友会誌』第3号, 1926年7月。

276 青木敏夫「試験管」『校友会誌』第16号, 1933年7月。

277 竹内栄次「写真」『校友会誌』第13号, 1931年12月。

278 『校友会誌』第16号, 1933年7月。

279 北村洋吉「愛情」『校友会誌』第13号, 1931年12月。

280 池田牧雄「出発点」『校友会誌』第14号, 1932年7月。

281 1929年までの『校友会誌』においても仮名は用いられていたが, 目次にはすべての作品が生徒の実名で記載されていた。

282 豊倉三子雄「近代学生気質」『柑蘆会会報』第13号, 1936年6月。

283 唐木(2001)。

284 福田富市「狭いながらも」『柑蘆会会報』第14号, 1936年11月。

285 菅山(2011), 132頁。

286 菅山(2011), 170~171頁。

287 菅山(2011), 169頁。

288 大森(2000), 204~205頁。

289 さらに, 初等・中等・高等からなる学校のクラス, 地域性も考慮しなければならない。とりわけ, 菅山真次が分析した山形県の鶴岡工業学校は, 卒業生が大都市圏に就職していたので「地域密着型」ではなかった(菅山2011, 152頁)。大阪の工業教育を分析した研究としては沢井(2012)が挙げられる。

290 苅谷 (1991)。

291 例えば，1927 年度の場合は「前年度ニ於ケル官立高等商業学校ノ本科卒業者ノ昭和二年度末ノ状況」となる。すなわち，1926 年 3 月に卒業した生徒の 27 年 3 月末時点での進路状況が『文部省年報』には掲載されている。したがって，卒業後 1 年後の進路状況が示されていることとなり，卒業直後のものではないことには留保が必要である。

292 和歌山高等商業学校『和歌山高等商業学校一覧』各年。

293 井上信明『銀行・会社・工場・商店従業員待遇法大鑑』エコノミカル・アドヴァイザー，1936 年版。

294 和歌山高等商業学校『職員会議事録（大正 16 年以降）』60〜61 頁。

295 和歌山高等商業学校『職員会議事録 附録』。

296 和歌山高等商業学校『職員会議事録 附録』。

297 和歌山高等商業学校『和歌山高商十年史』79〜80 頁。

298 「母校の近況を語る会」『柑蘆会会報』第 14 号，1936 年 11 月。

299 「最近の消息と母校の思い出」『柑蘆会会報』第 17 号，1937 年 2 月。

300 在京第一期生「創立当時を語る会」『柑蘆会会報』第 8 号，1934 年 1 月。なお，和歌山高商の校長には，岡本一郎（1922〜32 年在任），花田大五郎（1932〜44 年在任）が就いた。

301 馬場甚一「病床の岡本校長」『柑蘆会会報』第 7 号，1932 年 10 月。

302 中村章五「はがき通信」『柑蘆会会報』第 12 号，1936 年 3 月。

303 和歌山高等商業学校『推薦文書処理簿』。以下，本書で引用するこの史料は，和歌山大学所蔵。なお，以下の記述では，特記しない限りはこの史料に基づく。

304 全国各地に複数の事業所をもつ企業は，大阪に事業所がある場合，ここから斡旋依頼をすることが多かった。

305 「就職戦線偵察記 王子製紙」『実業之日本』第 33 巻第 5 号，1930 年 3 月 1 日。

306 就職相談部「第十三回卒業生就職状況」第 18 巻，1938 年 5 月。

307 「就職受験実記（其四）」『実業之日本』第 33 巻第 6 号，1930 年 3 月 15 日。

308 「就職に関する座談会」『柑蘆会会報』第 18 号，1938 年 5 月。

309 「○○○○ニ関スル紹介状」和歌山高等商業学校庶務課『各庁往復綴』1934 年 1 月〜35 年 12 月。「○○○○」は史料には実名が記載されているが，個人情報保護の観点から公開しない。以下の○○○○に関しても同様。

310 「卒業生採用ノ照会」和歌山高等商業学校庶務課『各庁往復綴』1936 年 1 月。

311 「○○○○等身元調査」和歌山高等商業学校庶務課『各庁往復綴』1936 年 1 月。

312 大阪鉄道局に就職した生徒 J に関しては就職相談部より推薦を受けたと思われるが，小松製糸の生徒 D，此花商業の生徒 M に関しては，「個人運動」によって推薦された可能性が高い（表 7-4 の B 群とこれを説明した本文を参照）。

313 表 7-8 における卒業時に就職しておらず，推薦も受けていない生徒 C，E，K については，推薦されたが不採用になったのか，推薦されなかったのかなどの情報はない。

314 『生徒銓衡表』『人物銓衡表』『人物考定表』各年（小樽商科大学所蔵）。

315 生徒の銓衡は面談者の判断によったものの，「生徒銓衡表」「人物銓衡表」には生徒によっては無記入の項目があった。したがって，小樽高商の銓衡過程に関して銓衡表

がどの程度活用されていたかはさらなる研究が必要となる。

316 民間企業のみならず，政府組織，公的団体も含まれるが，以下では便宜上，企業と略す。

317 就職相談部「第十三回卒業生就職状況」『柑蘆会会報』第18号，1938年5月。「母校の近況を語る会」『柑蘆会会報』第14号，1936年11月。

318 就職相談部「第十三回卒業生就職状況」第18巻，1938年5月。「母校の近況を語る会」『柑蘆会会報』第14号，1936年11月。

319 『実業之日本』第35巻3号，1932年2月1日。

320 「母校の近況を語る会」『柑蘆会会報』第14号，1936年11月。

321 堀太一『就職戦線を語る夕』『柑蘆会会報』第8号，1934年1月。

322 成績80点以下の生徒の就職先は，「和歌山高等商業学校第十五回卒業生氏名」和歌山高等商業学校庶務課『第十五回卒業式一件書類』1940年3月。以下，本書で引用するこの史料は，和歌山大学所蔵。

323 「第十三回卒業生就職状況」第18巻，1938年5月。「母校の近況を語る会」『柑蘆会会報』第14号，1936年11月。

324 「母校の近況を語る会」『柑蘆会会報』第14号，1936年11月。

325 筒井（2009），4～6頁。

326 瀬川（2005）。

327 「身体と修養」については，小室（2012）を参照。

328 岡本一郎「励行寮を懐ふ」田村近義「野村先生を憶ふ」酒井道夫編『励行寮二十年史』和歌山高等商業学校寄宿寮，1932年，5～13，186頁。

329 西田天香については，宮田（2008）を参照。

330 中井房五郎『自彊術』中井自彊術道場，1916年によれば31の体操が挙げられている。

331 『寮内新聞』酒井道夫編『励行寮二十年史』1932年，273～284頁。

332 田村近義「野村先生を憶ふ」酒井道夫編『励行寮二十年史』1932年，185～197頁。

333 加川航三郎「野村先生の思出」酒井道夫編『励行寮二十年史』1932年，165～168頁。

334 平田博保「寮生活断片」酒井道夫編『励行寮二十年史』1932年，77～83頁。

335 酒井道夫編『励行寮二十年史』1932年，17～18頁。

336 田村近義「寮生活第二年の追想」酒井道夫編『励行寮二十年史』1932年，84～93頁。

337 布施房次「寮生活の思ひ出」酒井道夫編『励行寮二十年史』1932年，120頁。

338 村井良一「所感」酒井道夫編『励行寮二十年史』1932年，124～126頁。

339 「国民総動員に関する件」和歌山高等商業学校庶務課『国民精神総動員関係書類』（昭和13年7月以降）。以下，本書で引用するこの史料は，和歌山大学所蔵。

340 文部省より和歌山高商へ送付された『国民精神総動員実施要項』には，「部外秘」と記された文書と公開用文書の2つがある。両者の違いは「部外秘」文書に「六，実施上ノ注意」が示されていることである。この内容は次の通り。（一）本運動ハ実践ヲ旨トシテ国民生活ノ現実ニ滲透セシムルコト，（二）従来都市ニ於ケル知識階級ニ対シテハ徹底ヲ欠ク感アリシヲ以テ此ノ点ニ留意スルコト，（三）社会ノ指導的地位ニ在ル者ニ対シ其ノ率先躬行ヲ求ムルコト。なお，復刻史料である長浜功編『国民精

神総動員運動Ⅰ』明石書店，23〜24 頁に掲載されている史料は公開用文書である。

341　和歌山高等商業学校庶務課『国民精神総動員関係書類』（昭和 13 年 7 月以降）。

342　「国民精神総動員に関する件」和歌山高等商業学校庶務課『国民精神総動員関係書類』（昭和 13 年 7 月以降）。なおこの文書は，文部省発専 133 号。

343　「国民総動員打合会」和歌山高等商業学校庶務課『国民精神総動員関係書類』（昭和 13 年 7 月以降）。

344　「校内外ニ於ケル銃後後援ノ強化持続並ニ時局認識普及徹底ニ関スル事項」和歌山高等商業学校庶務課『国民精神総動員関係書類』（昭和 13 年 7 月以降）。

345　「事変業務概況書」和歌山高等商業学校庶務課『支那事変變行賞調査ニ関スル綴』。以下，本書で引用するこの史料は，和歌山大学所蔵。

346　「国民総動員打合会」和歌山高等商業学校庶務課『国民精神総動員関係書類』（昭和 13 年 7 月以降）。

347　「校内外ニ於ケル銃後後援ノ強化持続並ニ時局認識普及徹底ニ関スル事項」和歌山高等商業学校庶務課『国民精神総動員関係書類』（昭和 13 年 7 月以降）。

348　「国民精神総動員強化週間実施方ノ件」和歌山高等商業学校庶務課『国民精神総動員関係書類』（昭和 13 年 7 月以降）。

349　「校内外ニ於ケル銃後後援ノ強化持続並ニ時局認識普及徹底ニ関スル事項」和歌山高等商業学校庶務課『国民精神総動員関係書類』（昭和 13 年 7 月以降）。

350　和歌山高等商業学校『職員会議事録（大正 16 年以降）』316 頁。

351　「昭和一三年度ニ於ケル国民精神総動員実施ノ基本方針」和歌山高等商業学校庶務課『国民精神総動員関係書類』（昭和 13 年 7 月以降）。

352　和歌山高等商業学校『職員会議事録（大正 16 年以降）』325 頁。

353　「集団勤労作業運動ノ実施ニ関スル件」と「国民心身鍛錬運動要綱」は和歌山高商史料には収められていない。「国民心身鍛錬運動要綱」については，長浜功編『国民精神総動員運動Ⅰ』明石書店，99〜101 頁を参照。なお，集団労働作業の全国的な展開過程については，小野（1999）を参照。長浜功編『国民精神総動員運動Ⅰ』明石書店，99〜101 頁。なお，この文書は，和歌山高等商業学校庶務課『国民精神総動員関係書類』（昭和 13 年 7 月以降）には収められていない。

354　「校内外ニ於ケル銃後後援ノ強化持続並ニ時局認識普及徹底ニ関スル事項」和歌山高等商業学校庶務課『国民精神総動員関係書類』（昭和 13 年 7 月以降）。

355　「事変業務概況書」和歌山高等商業学校庶務課『支那事変變行賞調査ニ関スル綴』。

356　「国民教化運動ニ関スル宣伝実施基本計画変更ニ関スル件」和歌山高等商業学校庶務課『国民精神総動員関係書類』（昭和 13 年 7 月以降）。

357　「国民精神作興週間実施要項」和歌山高等商業学校庶務課『国民精神総動員関係書類』（昭和 13 年 7 月以降）。

358　「校内外ニ於ケル銃後後援ノ強化持続並ニ時局認識普及徹底ニ関スル事項」和歌山高等商業学校庶務課『国民精神総動員関係書類』（昭和 13 年 7 月以降）。

359　「国民貯蓄奨励ニ関スル件」和歌山高等商業学校庶務課『国民精神総動員関係書類』（昭和 13 年 7 月以降）。

360　長浜功編『国民精神総動員運動Ⅰ』明石書店，101 頁。

361　「校内外ニ於ケル銃後後援ノ強化持続並ニ時局認識普及徹底ニ関スル事項」和歌山高等商業学校庶務課『国民精神総動員関係書類』（昭和 13 年 7 月以降）。

362 「昭和一四年度国民貯蓄奨励ニ関スル件」和歌山高等商業学校庶務課『国民精神総動員関係書類』（昭和 13 年 7 月以降）。

363 「青少年学徒ニ賜ハリタル勅語ノ件」和歌山高等商業学校庶務課『国民精神総動員関係書類』（昭和 13 年 7 月以降）。

364 「青少年学徒ニ賜ハリタル勅語ニ関スル件回答」和歌山高等商業学校庶務課『国民精神総動員関係書類』（昭和 13 年 7 月以降）。

365 和歌山高等商業学校『職員会議事録（大正 16 年以降）』344〜345 頁。なお，この教授会には配属将校が出席していたが，校長が前述した勅語に関する方針を述べたとき，「勅語ヲ暗記サス要アリ」と発言していた（和歌山高等商業学校『職員会議事録（大正 16 年以降）』，347 頁）。

366 『公私生活ヲ刷新シ戦時態勢化スル基本方策並勤労ノ増進体力ノ向上ニ関スル基本方策ニ関スル件』和歌山高等商業学校庶務課『国民精神総動員関係書類』（昭和 13 年 7 月以降）。なお，これは 1939 年 7 月 24 日に精動部会によって決定したものであった（内閣情報部『精動連絡』第 2 報，1939 年 7 月 31 日）。

367 和歌山高等商業学校『職員会議事録（大正 16 年以降）』353 頁。

368 「興亜奉公日実施事項」和歌山高等商業学校庶務課『国民精神総動員関係書類』（昭和 13 年 7 月以降）。

369 「和歌山県報」号外，1939 年 11 月 11 日，和歌山高等商業学校庶務課『国民精神総動員関係書類』（昭和 13 年 7 月以降）。

370 「和歌山県報」第 10 号，1940 年 1 月 27 日，和歌山高等商業学校庶務課『国民精神総動員関係書類』（昭和 13 年 7 月以降）。

371 和歌山高等商業学校『職員会議事録（大正 16 年以降）』361，366〜367 頁。

372 和歌山高等商業学校『職員会議事録（大正 16 年以降）』370 頁。

373 和歌山高等商業学校『職員会議事録（大正 16 年以降）』374 頁。

374 和歌山高等商業学校『職員会議事録（大正 16 年以降）』377〜378 頁。

375 内閣情報部『精動連絡』第 10 報，1940 年 1 月 12 日，6〜7 頁。

376 「直轄学校学生生徒主事会議」教学局『教学局時報』第 7 号，1938 年 10 月，［復刻］荻野富士夫編『文部省思想統制関係資料集成』第 7 巻，不二出版，2008 年。

377 「学校における宮城遥拝等について」和歌山経済専門学校『文部省往復書類綴』1947 年 1 月〜49 年 3 月。なお，この通達文書は「祝日」の「儀式」に限定した通達であったが，本章で明らかにするように式典全般に当てはまる。

378 和歌山高等商業学校庶務課『日誌』，1926 年 6 月，27 年。1924 年に始まった「体育デー」に関しては，入江（1991），84 頁を参照。なお，高等教育機関における体育のあり方については，佐々木（2016），第 8 章，中澤（2017）などを参照。

379 表 9-1 の福島高商の式典は 1942 年 1〜12 月のものである。1943 年 1 月に福島高商は「新年拝賀式」を開催していたため，1942 年 1 月にもこれを実施した可能性はある。

380 総務部湯川『和歌山高等商業学校 報国団ニ関スル綴』1940 年 12 月起。以下，本書で引用するこの史料は，和歌山大学所蔵。なお，「和歌山高等商業学校報国団規則」によれば，この規則は，1940 年 12 月 1 により施行されると明記されているが，12 月 1 日にこの規則は理事会で討議中であった。

381 和歌山高等商業学校報国団文化部文芸班『南風』第 1 号，1941 年 7 月，138〜139 頁。

382 和歌山高等商業学校報国団文化部文芸班『南風』第5号，1943年7月。

383 和歌山高等商業学校報国団文化部文芸班『南風』第5号，1943年7月。

384 「夏季各種大会及旅行抑制ニ関スル件」和歌山高等商業学校『例規』1938年5月以降43年8月迄。1941年度の「高専大会大学高専大会」は中止されたが，学校間の対抗試合などは開催された（和歌山高等商業学校報国団文化部文芸班『南風』第2号，1941年12月）。

385 「昭和十七年度学徒体育大会等ニ関スル実施要項」和歌山高等商業学校『例規』1938年5月以降43年8月迄。以下，本書で引用するこの史料は，和歌山大学所蔵。

386 「夏季学徒体育訓練大会ニ関スル件」和歌山高等商業学校庶務課『文部省往復綴』1943年。

387 「文部省訓令第二十七号」和歌山高等商業学校『例規』1938年5月以降43年8月迄。なお，文部大臣は橋田邦彦。

388 「学校報国隊本部及地方部規定」和歌山高等商業学校『例規』1938年5月以降43年8月迄。

389 「学校報国団ノ隊組織確立並其ノ活動ニ関スル件通牒」和歌山高等商業学校『例規』1938年5月以降43年8月迄。

390 「和歌山高等商業学校報国隊規定」和歌山高等商業学校『和歌山高等商業学校一覧』第20。

391 小野（2014），242〜247頁。

392 和歌山高等商業学校庶務課『日誌』1924・25年度。以下，本書で引用するこの史料は，和歌山大学所蔵。

393 和歌山高等商業学校庶務課『日誌』1925・26年度。

394 和歌山高等商業学校庶務課『日誌』1932年度，4月27日の記事。

395 「校内彙報」『柑蘆会会報』第16号，1937年7月

396 「紀元節国民奉祝実施ノ件」和歌山高等商業学校庶務課『各庁往復綴』1941年1月。

397 「紀元節国民奉祝実施要項ニ関スル件」和歌山高等商業学校庶務課『文部省往復綴』1942年度。

398 「紀元節国民奉祝実施要項ニ関スル件」和歌山高等商業学校庶務課『文部省往復綴』1943年。

399 「天長節国民奉祝実施要項ニ関スル件」和歌山高等商業学校庶務課『文部省往復綴』1942年度。

400 「天長節国民奉祝実施要項」和歌山高等商業学校庶務課『文部省往復綴』1943年。

401 「靖国神社臨時大祭ニ関スル件」和歌山高等商業学校庶務課『文部省往復綴』1942年。

402 「靖国神社臨時大祭ニ関スル件」和歌山高等商業学校庶務課『文部省往復綴』1942年。

403 「靖国神社臨時大祭ニ関スル件」和歌山高等商業学校庶務課『文部省往復綴』1943年。

404 「靖国神社臨時大祭」和歌山高等商業学校庶務課『文部省往復綴』1943年。

405 「拝賀式挙行」（職員宛掲示文書）和歌山高等商業学校［表紙なし文書綴り］1942年。以下，本書で引用するこの史料は，和歌山大学所蔵。

406 「明治節奉祝実施要項」和歌山高等商業学校庶務課『文部省往復綴』1943年。

407 「明治天皇式年祭ニ関スル件」和歌山高等商業学校庶務課『文部省往復綴』1942 年度。

408 「紀元二千六百年奉祝式及奉祝行事実施ニ関スル件」和歌山高等商業学校庶務課『文部省往復綴』1941 年。

409 下中彌三郎『翼賛国民運動史』翼賛運動史刊行会，1954 年，402 頁。

410 「興亜奉公日実施要項」和歌山高等商業学校庶務課『各庁往復綴』1941 年 1 月。

411 「九月一日興亜奉公日実施要項」和歌山高等商業学校庶務課『各庁往復綴』1941 年。

412 「十月一日の興亜奉公日実施要項」和歌山高等商業学校庶務課『各庁往復綴』1941 年。10 月 1 日に興亜奉公日が実施されたか否かは不明である。

413 和歌山高等商業学校報国団文化部文芸班『南風』第 2 号，1941 年 12 月。

414 「大詔奉戴日実施要項」和歌山高等商業学校『例規』1938 年 5 月以降 43 年 8 月迄。なお，興亜奉公日は 1939 年度 3 日，40 年度 5 日，41 年度 4 日であり，大詔奉読式は 41 年度 1 日，42 年度 6 日，43 年度 5 日であった（和歌山高等商業学校庶務課『日誌』各年。和歌山高等商業学校報国団文化部文芸班『南風』第 1～5 号，1941 年 7 月～43 年 7 月）。

415 「大詔奉戴日設定ニ関スル件」和歌山高等商業学校［表紙なし文書綴り］1942 年。

416 「興亜奉公日実施事項」和歌山高等商業学校庶務課『国民精神総動員関係書類』（昭和 13 年 7 月以降）。なお，③の「勅語」（興亜奉公日）と「詔書」（大詔奉戴日）とは異なるが，「奉読」という意味では一致している。

417 「戦捷祝賀行事ニ関スル件」和歌山高等商業学校庶務課『文部省往復綴』1942 年。

418 「新嘉坡陥落ノ際ニ於ケル戦捷祝賀行事実施要項ニ関スル件」和歌山高等商業学校庶務課『文部省往復綴』1942 年。

419 「大東亜戦争戦捷第二次祝賀行事」和歌山高等商業学校［表紙なし文書綴り］1942 年。

420 「支那事変四周年記念講演資料送附」和歌山高等商業学校庶務課『各庁往復綴』1941 年。

421 「支那事変記念行事」（職員宛掲示文書）和歌山高等商業学校［表紙なし文書綴り］1942 年。

422 「支那事変記念日ノ取扱方ニ関スル件」和歌山経済（工業）専門学校庶務課『例規』1943 年 6 月以降。以下，本書で引用するこの史料は，和歌山大学所蔵。

423 「満洲国建国記念日ニ際シ学生生徒児童ニ対スル訓話方ノ件」和歌山高等商業学校庶務課『各庁往復綴』1941 年。

424 「満洲事変十周念記念行事実施ニ関スル件」和歌山高等商業学校庶務課『文部省往復綴』1942 年。1941 年は「満洲事変」は 10 周年，「満洲国承認」は 9 周年に相当する。なお，この文書は 1942 年の『文部省往復綴』に綴じられている。

425 「満洲事変十周年記念式　報国隊結成式ニ関スル件」和歌山高等商業学校庶務課『各庁往復綴』1941 年。

426 和歌山高等商業学校庶務課『日誌』1941 年度，9 月 18 日。

427 「満洲建国十周年慶祝行事ニ伴フ啓発宣伝ニ関スル件」和歌山高等商業学校庶務課『文部省往復綴』1942 年。

428 「対外宣伝」とは「大東亜共栄圏」内における宣伝を意味している。

429 「満洲国承認十周年記念日ヲ中心トスル行事要項」和歌山高等商業学校庶務課『文

注　295

部省往復綴』1942年。

430 「軍人援護強化運動実施大綱ニ関スル件」和歌山高等商業学校庶務課『文部省往復綴』1942年。

431 「学制頒布七十年記念式挙行方ノ件」和歌山高等商業学校庶務課『文部省往復綴』1942年。

432 「学校ニ於ケル大東亜戦争第一周年記念打事実施要項」和歌山高等商業学校庶務課『文部省往復綴』1942年。

433 「大東亜戦争第一周年記念日」(職員宛掲示文書) 和歌山高等商業学校 [表紙なし文書綴り] 1942年。

434 「来ル五月四日和歌山県護国寺社例大祭」(職員宛掲示文書) 和歌山高等商業学校 [表紙なし文書綴り] 1942年。

435 「神嘗祭当日神宮遥拝ニ関スル件」和歌山高等商業学校庶務課『文部省往復綴』1942年。

436 「神嘗祭当日神宮遥拝ニ関スル件」和歌山高等商業学校庶務課『文部省往復綴』1943年。

437 「聖旨奉戴一億総神拝実施要項」和歌山高等商業学校庶務課『文部省往復綴』1943年。

438 「銃後奉公強化運動実施ニ関スル件」和歌山高等商業学校庶務課『各庁往復綴』1941年。

439 「故山本元帥国葬ニ関スル件」和歌山高等商業学校庶務課『文部省往復綴』1943年。

440 「出陣学徒壮行会開催ニ関スル件」和歌山高等商業学校庶務課『文部省往復綴』1943年。

441 小樽高等商業学校庶務課『昭和17年度 通知綴』(小樽商科大学所蔵)。

442 実施された月日は次の通り。大詔奉戴日1942年4,5〜8,10月,43年2月8日,靖国神社臨時大祭4月21日,天長節拝賀式4月29日,行幸記念式10月9日,教育ニ関スル勅語奉読式10月30日,明治節11月3日,大東亜戦争1周年記念行事12月8日,天皇伊勢神宮参拝による遥拝式12月12日,新年の拝賀式1月1日,紀元節拝賀式2月11日。なお,5月11日の「皇后陛下より賜はりたる結核予防ニ関スル令旨」,12月12日の天皇伊勢神宮参拝による遥拝式に関しては,式内容が不明のため検討材料から除外した。

443 『大正十五年一月 儀式催会綴』(小樽商科大学所蔵)。

444 「戦時国民防諜強化運動実施ニ関スル件」和歌山高等商業学校庶務課『文部省往復綴』1942年。なお,防諜の全般的な動向に関しては,荻野(2014)を参照。

445 「滞貨一掃協力運動実施要項」和歌山高等商業学校庶務課『文部省往復綴』1942年。

446 「軍人援護精神昂揚運動実施ニ関スル件」和歌山高等商業学校庶務課『文部省往復綴』1943年。

447 「軍人援護強化運動実施大綱ニ関スル件」和歌山高等商業学校庶務課『文部省往復綴』1943年。

448 「学校防空緊急対策ニ関スル件」和歌山高等商業学校『例規』1938年5月以降43年8月迄。

449 「学校報国隊防空業務要領」和歌山高等商業学校『例規』1938年5月以降43年8月迄。1941年10月11日付けの文書では「学校防空緊急策ニ関スル件」が通達された。

これによれば「学業研究ニ専念セシメ有事ニ際シテハ積極果敢学校防護ニ身ヲ挺シ更ニ進ンテ国防上緊要ノ業務ニ協力貢献セシムル」こととされた（「学校防空緊急対策ニ関スル件」和歌山高等商業学校『例規』1938 年 5 月以降 43 年 8 月迄）。

450　和歌山高等商業学校庶務課『日誌』1941 年度，10 月 9 日。

451　「学校報国隊ノ活動状況」和歌山高等商業学校庶務課『文部省往復綴』1942 年。この史料は，1942 年 6 月 22 日から開催された実業専門学校会議において，報国隊の活動状況等の聴取ために和歌山高商が作成したものである。

452　「学校報国隊防空補助員ノ運用ニ関スル件」和歌山高等商業学校『例規』1938 年 5 月以降 43 年 8 月迄。

453　「防空防護演習計画書」和歌山高等商業学校［表紙なし文書綴り］1942 年

454　「学校報国隊ノ活動状況」和歌山高等商業学校庶務課『文部省往復綴』1942 年。

455　「学校防空ノ強化徹底ニ関スル件」和歌山高等商業学校『例規』1938 年 5 月以降 43 年 8 月迄。

456　「昭和十七年度後半期ニ於ケル防空教育訓練施行ニ関スル件」和歌山高等商業学校『例規』1938 年 5 月以降 43 年 8 月迄。なお，1942 年 11 月 21 日付けで大都市を対象とした「警戒警報空令下ニ於ケル防空警備要員ノ配備ノ程度ニ関スル件」が通達された（和歌山高等商業学校『例規』1938 年 5 月以降 1943 年 8 月迄）。

457　「大東亜戦争第一周年記念防空強化運動実施要項」和歌山高等商業学校庶務課『文部省往復綴』1942 年。

458　「学校報国隊防空訓練実施ニ関スル件」和歌山高等商業学校庶務課『文部省往復綴』1943 年。

459　「昭和十八年度防空教育訓練実施要項」和歌山高等商業学校庶務課『文部省往復綴』1943 年。

460　「昭和十八年度隣組防空群，特節防護竝学校報国隊基礎訓練実施施行ニ関スル件」和歌山高等商業学校庶務課『文部省往復綴』1943 年。

461　和歌山高等商業学校庶務課『日誌』1943 年度。

462　「学徒航空訓練施設ノ拡充強化ニ関スル件」和歌山高等商業学校庶務課『文部省往復綴』1943 年。

463　「第三回航空日実施事項ニ関スル件」和歌山高等商業学校庶務課『文部省往復綴』1942 年。

464　「第四回航空日実施事項ニ関スル件」和歌山高等商業学校庶務課『文部省往復綴』1943 年。

465　和歌山高等商業学校庶務課『日誌』1941 年度。なお，1941 年 8 月に職員のみに勤労作業を 1 日実施していた。

466　和歌山高等商業学校庶務課『日誌』1943 年度。

467　和歌山高等商業学校報国団文化部文芸班『南風』第 1 号，1941 年 7 月。

468　和歌山高等商業学校報国団文化部文芸班『南風』第 3 号，1942 年 7 月。

469　和歌山高等商業学校報国団文化部文芸班『南風』第 4 号，1943 年 3 月。

470　「学校報国隊ノ活動状況」和歌山高等商業学校庶務課『文部省往復綴』1942 年度。

471　「学徒勤労動員ニ関シ回答ノ件」（1943 年 8 月 28 日）和歌山高等商業学校庶務課『文部省往復綴』1943 年。

472　「学徒戦時動員体制確立要綱実施ニ関スル件」和歌山経済（工業）専門学校庶務課

『例規』1943 年 6 月以降。なお,「学徒戦時動員体制確立要綱」は,6 月 25 日に閣議決定した。

473 「学徒勤労動員ニ関シ回答ノ件」(1943 年 8 月 28 日) 和歌山高等商業学校庶務課『文部省往復綴』1943 年。

474 「学徒勤労動員ニ関シ回答ノ件」(1943 年 8 月 28 日) 和歌山高等商業学校庶務課『文部省往復綴』1943 年。

475 広田 (1997), 383 頁。

476 中島喜一「経済と技術」和歌山高等商業学校報国団文化部文芸班『南風』第 4 号, 1943 年 3 月。

477 和歌山高等商業学校『職員会議事録(大正 16 年以降)』392〜408 頁。なお, この史料は 395 頁以降からは頁数が示されていない。

478 「学徒勤労動員ニ関シ回答ノ件」(1943 年 8 月 28 日) 和歌山高等商業学校庶務課『文部省往復綴』1943 年。

479 寺崎・戦時下教育研究会編 (1987), 192 頁。

480 「卒業繰上ニ関スル件」(発実 65 号) 和歌山高等商業学校『例規』1938 年 5 月以降 43 年 8 月迄。

481 『帝国大学年鑑』昭和 19 年版, 186 頁, [復刻]「教育年鑑」刊行会『帝国大学年鑑』日本図書センター, 1984 年。

482 和歌山高等商業学校『職員会議事録(大正 16 年以降)』392 頁。

483 「卒業期繰上実施ニ関し留意方ノ件」(発実 65 号) 和歌山高等商業学校『例規』1938 年 5 月以降 43 年 8 月迄。

484 実業教育振興中央会『高等商業学校標準教授要綱』1941 年。

485 近代日本教育制度史編纂会編『近代日本教育制度史料』第 5 巻, 259〜285 頁。なお, 長崎・山口高商には「第二部」が存在したがここでの分析対象とはしない。

486 なお, 次の学科科目は同一とみなした。「哲学又は物理化学」(標準) = 「哲学概論・自然科学」(4 年),「第一外国語」(標準) = 「英語」(4 年),「第二外国語」(標準) = 「選択外国」(4 年),「商業数学」(標準) = 「商業数学・数学」(4 年),「演習」(標準) = 「研究指導」(4 年),「金融論」(標準) = 「金融論・貨幣論」(4 年),「商品学」(標準) = 「商品及商品理化」(4 年),「工業概論」(標準) = 「工業」(4 年),「保険論」(標準) = 「保険総論」(4 年)。

487 増地庸治郎「高等商業学校標準要綱について」『一橋論争』第 9 号, 1941 年 1 月。

488 「母校の近況を語る会」『柑蘆会会報』第 14 号, 1936 年 11 月, 2 頁。

489 北野熊喜男『高等商業教育の革新について』1943 年。

490 和歌山高等商業学校『職員会議事録(大正 16 年以降)』358〜359 頁。

491 「社会法」については, 出口 (2016) を参照。

492 和歌山高等商業学校『職員会議事録(大正 16 年以降)』384〜387 頁。

493 和歌山高等商業学校『職員会議事録(大正 16 年以降)』390 頁。

494 近代日本教育制度史編纂会編『近代日本教育制度史料』第 5 巻, 261〜285 頁。以下, この資料の各高商の学科課程の内容に基づく。

495 寺崎・戦時下教育研究会編 (1987), 2 頁, 173〜177 頁。

496 「学校に於ける修練組織強化の問題」教学局『思想研究』第 10 輯, 1940 年 10 月, [復刻] 荻野富士夫編『文部省思想統制関係資料集成』第 6 巻, 不二出版, 2008 年。

497 鈴木庫三「教育国家建設の提唱」教学局『思想研究』第 10 輯，1940 年 10 月，〔復刻〕荻野富士夫編『文部省思想統制関係資料集成』第 6 巻，不二出版，2008 年。

498 和歌山高等商業学校『職員会議事録（大正 16 年以降）』354～355 頁。

499 和歌山高等商業学校『職員会議事録（大正 16 年以降）』370 頁。

500 和歌山高等商業学校『職員会議事録（大正 16 年以降）』388 頁。

501 「学徒勤労動員ニ関シ回答ノ件」（1943 年 8 月 28 日）和歌山高等商業学校庶務課『文部省往復綴』1943 年 1 月。

502 「文部省訓令第三十一号ニ関スル通牒」（1941 年 12 月 18 日）和歌山高等商業学校庶務課『文部省往復綴』1941 年。

503 「専門学校教育刷新充実ニ関スル件照会」（1943 年 5 月 5 日）小樽高等商業学校庶務課『文部省往復綴』1943 年度（小樽商科大学所蔵）。

504 「教育審議会第五回総会会議録」（1938 年 4 月 7 日）近代日本教育制度史料編纂会『近代日本教育制度史料』第 15 巻，1957 年，59～67 頁。

505 「教育審議会第五回総会会議録」（1938 年 4 月 7 日）近代日本教育制度史料編纂会『近代日本教育制度史料』第 15 巻，1957 年，20～25 頁。

506 文部大臣官房文書課編『大日本帝国文部省第 63 年報』1935 年度，1939 年度。

507 「教育審議会第十二回総会会議録」1940 年 9 月 19 日，近代日本教育制度史料編纂会近代日本教育制度史料編纂会編『近代日本教育制度史料』第 15 巻，1957 年，423～425 頁。

508 内閣「各種調査会委員会文書・教育審議会書類・五十九諮問第一号特別委員会整理委員会議事」（請求番号：委 01125100・本館-2A-036-00）（国立公文書館デジタルアーカイブス），1926 年 4 月 12 日。

509 内閣「各種調査会委員会文書・教育審議会書類・六十三諮問第一号特別委員会整理委員会議事」（請求番号：委 01129100・本館-2A-036-00）19～26 頁，（国立公文書館デジタルアーカイブス），1926 年 6 月 19 日。

510 内閣「各種調査会委員会文書・教育審議会書類・六十三諮問第一号特別委員会整理委員会議事」（請求番号：委 01129100・本館-2A-036-00）148～171 頁，（国立公文書館デジタルアーカイブス），1926 年 6 月 19 日。

511 米田（2000 年），205～207 頁。

512 内閣「各種調査会委員会文書・教育審議会書類・六十三諮問第一号特別委員会整理委員会議事」（請求番号：委 01129100・本館-2A-036-00）64～76 頁，（国立公文書館デジタルアーカイブス），1926 年 6 月 19 日。

513 なお，和歌山高商の教授会では，教育審議会において「早稲田ヨリノ異議アリテ必要アルモノハ四年トスルコトヲ得ト決定シタ」と報告された（和歌山高等商業学校『職員会議事録〔大正 16 年以降〕』376 頁）。

514 名古屋高等商業学校教務課「教官授業ニ関スル書類（自昭和 13 年度至昭和 16 年度）」（名古屋大学所蔵）。

515 文部省『文部省年報』各年。

516 「卒業者就職状況調」和歌山高等商業学校庶務課『文部省往復綴』1941 年。

517 「入学並就職状況ニ関スル件」和歌山高等商業学校庶務課『文部省往復綴』1942 年。

518 「実業学校及実業専門学校卒業者ノ上級学校進学ニ関スル件」1939 年 11 月 17 日・発実 94 号）和歌山高等商業学校『例規』1938 年 5 月以降 43 年 8 月迄。

519 「実業学校及実業専門学校卒業者ノ上級学校進学ニ関スル件」(1940 年 12 月 9 日・発実 104 号) 和歌山高等商業学校『例規』1938 年 5 月以降 43 年 8 月迄。

520 「実業学校卒業者及実業専門学校等卒業者ノ上級学校進学ニ関スル件」(1941 年 10 月 16 日・発専 194 号) 和歌山高等商業学校『例規』1938 年 5 月以降 43 年 8 月迄。ここで大学学部と表記しているのは大学予科と区別するためであり,史料の記述に従っている。なお,「実業学校卒業者及専門学校,実業専門学校等卒業者ノ上級学校進学ニ関スル件」(1941 年 10 月 16 日・発専 194 号) では,「大学学部」の専門学校の入学許可者数は,全入学許可者に対する専門学校の入学許可者の割合 (1937 年以降 5 年間の平均) と記載されている。

521 「実業学校卒業者及専門学校,実業専門学校等卒業者ノ上級学校進学ニ関スル件」(1941 年 10 月 16 日・発専 194 号) 和歌山高等商業学校『例規』1938 年 5 月以降 43 年 8 月迄。

522 「実業専門学校及実業学校卒業者ノ上級学校進学ニ関スル件」(1941 年 10 月 16 日,発実 73 号) 和歌山高等商業学校『例規』1938 年 5 月以降 43 年 8 月迄。

523 「卒業者見込者ヲ大学ニ推薦スルニツキ承認ヲ求ムル件」(1942 年 3 月 6 日),「卒業者見込者ヲ大学ニ推薦スルニツキ重ネテ承認ヲ求ムル件」(1942 年 3 月 14 日) 和歌山高等商業学校庶務課『文部省往復綴』1942 年。なお,20 人の志望大学は東京商大 4 人,神戸商大 8 人,九州帝大 5 人,東北帝大 1 人,東亜同文書院 1 人,東京商大または慶應義塾大学 1 人であった。

524 「卒業者見込者ヲ大学ニ推薦ノ件」(1942 年 3 月 19 日) 和歌山高等商業学校庶務課『文部省往復綴』1942 年。

525 「在学徴集延期ノ停止ニ関スル件」(1943 年 10 月 2 日・発文 93 号) 和歌山高等商業学校『例規』1943 年以降。

526 「在学徴集延期制及停止ノ趣旨徹底ニ関スル件」(1943 年 10 月 30 日・発専 253 号) 和歌山高等商業学校『例規』1943 年以降。

527 「和歌山経済専門学校第二十回卒業生」和歌山高等商業学校『第二十回卒業式一件書類』(1944 年 9 月 20 日)。

528 田尻常雄「修業年限四年に 商業精神の確立期せ」『帝国大学新聞』第 865 号,1941 年 7 月 7 日。

529 「専門学校教育刷新充実ニ関スル件照会」(1943 年 5 月 5 日) 小樽高等商業学校庶務課『文部省往復綴』1943 年度 (小樽商科大学所蔵)。

530 『教育週報』第 947 号,1943 年 7 月 10 日。

531 『教育週報』第 948 号,1943 年 7 月 17 日。

532 『教育週報』第 956 号,1943 年 9 月 11 日。

533 『教育週報』第 958 号,1943 年 9 月 25 日。

534 「教育ニ関スル戦時非常措置方策」近代日本教育制度史料編纂会編『近代日本教育制度史料』第 7 巻,1958 年,223 頁。

535 『教育週報』第 959 号,1943 年 10 月 2 日。

536 『教育週報』第 962 号,1943 年 10 月 23 日。

537 『教育週報』第 966 号,1943 年 1 月 20 日。なお,近代日本教育制度史料編纂会編『近代日本教育制度史料』第 7 巻,1958 年,230 頁では,1943 年 10 月にこの整備要領が公表されたことになっている。しかし,閣議決定は 12 月 21 日であるため誤記であ

ると考えられる。

538 高岡経済専門学校『高岡高等商業学校史』1945 年，126～127 頁。なお，1943 年の
3 月 29 日の立教学院と文部省との懇談の際に理科系拡充の急務が伝えられていた（豊
田 2008）。

539 小樽商科大学百年史編纂室『小樽商科大学百年史』小樽商科大学出版会，2011 年，
558～559 頁。

540 和歌山高等商業学校庶務課『日誌』1943 年度，9 月 25 日。

541 『定員増加関係書類』（1938 年 12 月～48 年 2 月），滋賀大学所蔵。

542 『定員増加関係書類』（1938 年 12 月～48 年 2 月），滋賀大学所蔵。

543 文部省『文部省年報』1943，44 年。

544 大分経済専門学校『大分経済専門学校一覧 昭和 19 年度』1945 年，20～21 頁。

545 なお，1944 年の「教育ニ関スル戦時非常措置方策」によって，中学の修業年限が 4
年となった。

546 なお，彦根経済専門学校では，「毎週授業時間数ハ一年ヲ三五周トシテ算出セルモ
ノトス」としている（彦根経済専門学校「昭和二一年度直轄諸学校職員定員令改正ニ
関スル説明」『定員増加関係書類』滋賀大学所蔵）。

547 大分経済専門学校『大分経済専門学校一覧 昭和 19 年度』1945 年，38～39 頁。

548 普通学科目は「道義」「体操」「教練」「国語」「外国語」と考える。

549 経済学科目は，「経済学」「経済史」「経済地理」「経済統制」「財政」「統計」「東亜
経済」と考える。

550 商業学科目は，「商業経済」「理数」「簿記及会計」「経営総論」「工場経営」「原価計
算」と考える。

551 括弧内は「4 年制案」の名称。

552 和歌山工業専門学校電気科第一学年甲組『日誌』（1944 年 6 月 14 日～9 月 16 日）8
月 2 日。なお，以下，本書で引用するこの史料は，和歌山大学附属図書館所蔵。

553 和歌山工業専門学校電気科第一学年甲組『日誌』（1944 年 6 月 14 日～9 月 16 日）8
月 28 日。

554 和歌山工業専門学校電気科第一学年乙組『日誌』7 月 23 日。

555 和歌山工業専門学校電気科第一学年乙組『日誌』7 月 27 日。

556 和歌山工業専門学校電気科第一学年乙組『日誌』8 月 1 日。

557 和歌山工業専門学校電気科第一学年乙組『日誌』8 月 11 日。

558 和歌山工業専門学校電気科第一学年乙組『日誌』8 月 13 日。

559 和歌山工業専門学校電気科第一学年乙組『日誌』8 月 17 日。

560 和歌山工業専門学校電気科第一学年乙組『日誌』9 月 11 日。

561 和歌山工業専門学校電気科第一学年乙組『日誌』9 月 12 日。

562 和歌山工業専門学校電気科第一学年乙組『日誌』9 月 13 日。

563 トロウ（天野・喜多村訳）（1976），Ⅴ頁。

564 実業教育振興委員会『実業教育振興ニ関スル意見』実業教育振興中央会，1936 年，
121～122 頁。

565 宮内省『昭和天皇実録』第 4，東京書籍，2015 年，612 頁。

566 日本経済連盟会『大学及専門学校卒業者 就職問題ニ関スル調査資料』1929 年，39，
63 頁。

567 実業教育振興委員会『実業教育振興ニ関スル意見』実業教育振興中央会，1936 年，71 頁。

568 実業教育振興委員会『実業教育振興ニ関スル意見』実業教育振興中央会，1936 年，61 頁。

569 日本経済連盟『全国実業専門学校長招待茶話会に於ける演説』1936 年，13，24 頁。

570 加藤信夫『母校に残す言葉』（和歌山大学附属図書館所蔵）。

571 実業教育振興中央会『財団法人実業教育振興会中央会要覧』1937 年 12 月，7 頁。飯吉弘子によれば，「教養主義」的教養は，戦後に導入された「教養教育」の 1 類型として，産業界の教育要求の基層となった（飯吉 2008，61 頁）。

572 「訓練ニ関スル事項」『実業教育振興委員会諮問第一号特別委員会 答申試案』1936 年 9 月 8 日。

573 加藤信夫『母校に残す言葉』（和歌山大学附属図書館所蔵）。

574 寺田（2009），26〜29 頁を参照。

575 本田（2005），173 頁。

研究文献一覧

Carnochan, W. B.（1992）*The Battleground of the Curriculum: Liberal Ecucation and American Experience*, Stanford University Press.（丹波めぐみ訳『カリキュラム論争——アメリカ一般教育の歴史』玉川大学出版部，1996）。

Ckark, B. R.（1983）*The Higher Education System: Academic Organization in Cross-National Perspective*, University of California Press.（有本章訳『高等教育システム——大学組織の比較社会学』東信堂，1994）。

Cobban, A. B.（1975）*The Medieval Universities: Their Development and Organization*, Methuen.

Cohen M. D. and J. G. March（1974）*Leadership and Ambiguity: The American College President*, McGraw-Hill.

Coleman, J. S. et al.（1966）*Equality of Educational Opportunity*, U. S. GPO.

Godo, Y. and Y. Hayami（1999）*Accumulation of Education in Modern Economic Growth: A Comparison of Japan with the United States*, ADBI Working Paper No. 4, Asian Development Bank Institute.

Ravitch, D.（2000）*Left Back: A Century of Battles Over School Reform*, Simon & Schuster.（末藤美津子・宮本健市郎・佐藤隆之訳『学校改革抗争の 100 年——20 世紀アメリカ教育史』東信堂，2008）。

阿部安成（2003）「植民地朝鮮をデッサンする——彦根高等商業学校収集資料の読み方」滋賀大学経済経営研究所 Working Paper Series No. 79。

阿部安成（代表）（2015）『20 世紀前期の帝国日本における実学実践と教養主義をめぐる文化研究』科学研究費助成事業研究成果報告書（課題番号 24520746）。

天野郁夫（1993）『旧制専門学校論』玉川大学出版部。

天野郁夫（2013a）『高等教育の時代（上）戦間期日本の大学』中央公論新社。

天野郁夫（2013b）『高等教育の時代（下）大衆化大学の原像』中央公論新社。

天野郁夫（2016）『新制大学の誕生（上）大衆高等教育への道』名古屋大学出版会。

天野雅敏（2003）「神戸高等商業学校の精神史に関する一考察——校風『真摯，自由，協同』の形成過程をめぐって」『国民経済雑誌』第 187 巻第 3 号。

飯吉弘子（2008）『戦後日本産業界の大学教育要求——経済団体の教育言説と現代の教養論』東信堂。

家永三郎（1962）『大学の自由の歴史』塙書房。

伊ヶ崎暁生（2001）『学問の自由と大学の自治』三省堂。

池尾愛子（2008）『赤松要——わが体系を乗りこえてゆけ』日本経済評論社。

井澤直也（2011）『実業学校から見た近代日本の青年の進路』明星大学出版部。

石岡学（2011）『「教育」としての職業指導の成立——戦前日本の学校と移行問題』勁草書房。

伊勢弘志（2014）『近代日本の陸軍と国民統制——山縣有朋の人脈と宇垣一成』校倉書房。

伊藤彰浩（1999）『戦間期日本の高等教育』玉川大学出版部。

井上真由美（2015）「草創期の神戸高等商業学校における道徳教育」『日本経営倫理学会誌』第 22 号。

303

猪木武徳（2002）「ホワイトカラー・モデルの理論的含み」小池和男・猪木武徳編著『ホワイトカラーの人材形成——日米英独の比較』東洋経済新報社。

今井綾乃（2016）「官立高等商業学校教育における人格養成——彦根高等商業学校本科の『哲学概論』と『文化史』をめぐって」『彦根論叢』第409号。

入江克己（1991）『昭和スポーツ史論——明治神宮競技大会と国民精神総動員運動』不昧堂出版。

岩内亮一（1989）『日本の工業化と熟練形成』日本評論社。

岩田弘三（2011）『近代日本の大学教授職——アカデミック・プロフェッションのキャリア形成』玉川大学出版部。

潮木守一（1997）『京都帝国大学の挑戦』講談社。

潮木守一（2008）『フンボルト理念の終焉？——現代大学の新次元』東信堂。

内田星美（1987）「1920年の大学卒業者分布」『東京経大学会誌』第152号。

江利川春雄（2006）『近代日本の英語科教育史——職業系諸学校による英語教育の大衆化過程』東信堂。

大塚啓二郎・黒崎卓（2003）「序章」大塚啓二郎・黒崎卓編著『教育と経済発展——途上国における貧困削減に向けて』東洋経済新報社。

大森一宏（2000）「戦前期日本における大学と就職」川口浩編『大学の社会経済史——日本におけるビジネス・エリートの養成』創文社。

大淀昇一（2009）『近代日本の工業立国化と国民形成——技術者運動における工業教育問題の展開』すずさわ書店。

荻野富士夫（2007）『戦前文部省の治安機能——「思想統制」から「教学錬成」へ』校倉書房。

荻野富士夫（2014）『「戦意」の推移——国民の戦争支持・協力』校倉書房。

小塩隆士（2002）『教育の経済分析』日本評論社。

尾高煌之助（1993）『企業内教育の時代』岩波書店。

小野雅章（1999）「集団勤労作業の組織化と国民精神総動員——宮崎県祖国振興隊を事例として」『教育学研究』第66巻第3号。

小野雅章（2014）『御真影と学校——「奉護」の変容』東京大学出版会。

小股憲明（2010）『明治期における不敬事件の研究』思文閣出版。

海後宗臣編（1960）『臨時教育会議の研究』東京大学出版会。

筧田知義（2011）『旧制高等学校教育の展開』（復刻版）ミネルヴァ書房。

金子勉（2015）『大学理念と大学改革——ドイツと日本』東信堂。

鹿野政直・由井正臣編（1982）『近代日本の統合と抵抗4——1931年から1945年まで』日本評論社。

唐木順三（2001）『現代史への試み』（復刻版）燈影舎。

苅谷剛彦（1991）『学校・職業・選抜の社会学——高卒就職の日本的メカニズム』東京大学出版会。

川満直樹（2015）「同志社専門学校高等商業部に関する一考察」『同志社商学』第66巻第5号。

菊池城司（1999）『近代日本における「フンボルト理念」——福田徳三とその時代』広島大学大学教育研究センター。

菊池城司（2003）『近代日本の教育機会と社会階層』東京大学出版会。

木部和昭（2009）「山口高等商業学校の東アジア教育・研究と東亜経済研究所」『東亜経済研究』第67巻第2号。

木山実（2012）「関西学院高等学部商科草創期の卒業生と貿易商社」『商学論究』第60巻第1・2号。

教育史学会編（2007）『教育史研究の最前線』日本図書センター。

キンモンス，E. H.（広田照幸・加藤潤・吉田文・伊藤彰浩・高橋一郎訳）（1995）『立身出世の社会史——サムライからサラリーマンへ』玉川大学出版部。

草野素雄（1987）「商業学とマーケティング論の系譜——特に学問生成過程の経緯を中心として」『城西経済学会誌』第23巻第1号。

倉田稔（2010）『諸君を紳士として遇す——小樽高等商業学校と渡辺龍聖』小樽商科大学出版会。

神門善久・速水佑次郎（2010）「日本の高度経済成長における学校の役割——その成功と限界」大塚啓二郎・東郷賢・浜田宏一編『模倣型経済の躍進と足ぶみ——戦後の日本経済を振り返る』ナカニシヤ出版。

小室弘毅（2012）「身体と修養」『野間教育研究所紀要』（人間形成と修養に関する総合的研究）第51集。

斎藤利彦（1995）『競争と管理の学校史——明治後期中学校教育の展開』東京大学出版会。

酒井真（2001）「明治期高等商業教育の変容——東京高等商業学校，慶應義塾における教育内容の検討を通して」『教育学研究紀要』第47巻第I部。

酒井真（2010）「戦間期における広島高等工業学校のカリキュラム改革」『広島大学文書館紀要』第12号。

佐々木享（1998）「日本における技術・職業教育史研究の展望と課題——学校教育の分野に限定して」『日本教育史研究』第17号。

佐々木浩雄（2016）『体操の日本近代——戦時期の集団体操と〈身体の国民化〉』青弓社。

佐藤（粒来）香（2004）『社会移動の歴史社会学——生業／職業／学校』東洋館出版社。

沢井実（2012）『近代大阪の工業教育』大阪大学出版会。

沢井実（2016）『日本の技能形成——製造現場の強さを生み出したもの』名古屋大学出版会。

島田直哉（2011）「山口高等商業学校の財源と使途」『東海学園大学研究紀要 人文科学研究編』第16号。

清水康幸（1987）「皇国民錬成の原型と展開」寺崎昌男・戦時下教育研究会編『総力戦体制と教育——皇国民「錬成」の理念と実践』東京大学出版会。

白井厚編（1996）『大学とアジア太平洋戦争——戦争史研究と体験の歴史化』日本経済評論社。

小路行彦（2014）『技手の時代』日本評論社。

菅山真次（2011）『「就社」社会の誕生——ホワイトカラーからブルーカラーへ』名古屋大学出版会。

瀬川大（2005）「『修養』研究の現在」『東京大学大学院教育学研究科紀要』第31号。

高橋伸夫（1997）『日本企業の意思決定原理』東京大学出版会。

高橋弘幸（2013）『企業競争力と人材技能——三井物産創業半世紀の経営分析』早稲田大学出版部。

武内成（1995）『明治期三井と慶應義塾卒業生——中上川彦次郎と益田孝を中心に』文眞堂。

竹内洋（2006）「はじめに」竹内洋・佐藤卓己編『日本主義的教養の時代——大学批判の古

層』柏書房。

竹内惠行（2013）「旧制高等商業学校研究科に関する一考察——名古屋高商商工経営科を中心として」『大阪大学経済学』第 63 巻第 1 号。

田中一弘（2014）「道徳経済合一説——合本主義のよりどころ」橘川武郎，パトリック・フリデンソン編著『グローバル資本主義の中の渋沢栄一——合本キャピタリズムとモラル』東洋経済新報社。

田中浩（1993）『近代日本と自由主義』岩波書店。

谷脇由季子（1995）「仏教系私学における僧侶養成と学問研究との相克——大谷大学の昇格を事例として」『日本の教育史学：教育史学会紀要』第 38 号。

玉井金五・杉田菜穂（2016）『日本における社会改良主義の近現代像——生存への希求』法律文化社。

筒井清忠（2009）「日本型『教養』の運命——歴史社会学的考察」岩波書店。

出口雄一（2016）「菊池勇夫——『社会法』から労働法へ」小野博司・出口雄一・松本尚子編『戦時体制と法学者 1931～1952』国際書院。

寺崎昌男（1999）『大学教育の創造——歴史・システム・カリキュラム』東信堂。

寺崎昌男（2000）『日本における大学自治制度の成立（増補版）』評論社。

寺崎昌男（2008）「戦時下の高等教育政策」老川慶喜・前田一男編著『ミッション・スクールと戦争——立教学院のディレンマ』東信堂。

寺崎昌男・戦時下教育研究会編（1987）『総力戦体制と教育——皇国民「錬成」の理念と実践』東京大学出版会。

寺崎昌男・編集委員会編（1993）『近代日本における知の配分と国民統合』第一法規出版。

寺田盛紀（2009）『日本の職業教育——比較と移行の視点に基づく職業教育学』晃洋書房。

東京大学史料室編（1998）『東京大学の学徒動員・学徒出陣』東京大学。

戸村理（2017）『戦前期早稲田・慶應の経営——近代日本私立高等教育機関における教育と財務の相克』ミネルヴァ書房。

豊田雅幸（2008）「教育における戦時非常措置と立教学院——理科専門学校の設置と文学部閉鎖問題を中心に」老川慶喜・前田一男編著『ミッション・スクールと戦争——立教学院のディレンマ』東信堂。

トロウ，マーチン（天野郁夫・喜多村和之訳）（1976）『高学歴社会の大学——エリートからマスへ』東京大学出版会。

中澤淳史（2017）「大学が期待した学生の身体」寒川恒夫編著『近代日本を創った身体』大修館書店。

中野光（2008）『学校改革の史的原像——「大正自由教育」の系譜をたどって』黎明書房。

中野実（2003）『近代日本大学制度の成立』吉川弘文館。

中村治人（2000）「渡邊龍聖『乾甫式辞集』に見られる実業専門学校経営論」篠田弘・加藤詔士編著『地方教育史論考』大学教育出版。

中村福治（1992）『北川宗蔵——一本の道をまっすぐに』創風社。

西沢保（2010）「戦前の日本経済学会」日本経済学会編『日本経済学会 75 年史——回顧と展望』有斐閣。

野村正實（2014）『学歴主義と労働社会——高度成長と自営業の衰退がもたらしたもの』ミネルヴァ書房。

橋野知子（2001）「近代日本における産業構造変化と教育システムの相互作用」青木昌彦・

澤昭裕・大東道郎・『通産研究レビュー』編集委員会編『大学改革——課題と争点』東洋経済新報社。

橋野知子（2010）「実業教育の使命と実態」佐々木聡・中林真幸編著『講座・日本経営史 3 組織と戦略の時代——1914〜1937』ミネルヴァ書房。

八本木浄（1982）『両大戦間の日本における教育改革の研究』日本図書センター。

原直行・梶脇裕二（2005）「高松高等商業学校卒業生の進路と昇進」『香川大学経済論叢』第78 巻第 2 号。

坂野鉄也（2011）「旧制高等商業学校におけるスペイン語教育——山口高等商業学校の事例」彦根大学経済経営研究所 Working Paper Series No. 148。

坂野鉄也（2012）「官立高等商業学校における『第二外国語』教育の変遷——神戸高等商業学校のばあい」彦根大学経済経営研究所 Working Paper Series No. 167。

東博通（2007）『北の街の英語教師——浜林生之助の生涯』開拓社。

日比嘉高（2008）『〈自己表象〉の文学史——自分を書く小説の登場（2 版）』翰林書房。

平石典子（2012）『煩悶青年と女学生の文学誌——「西洋」を読み替えて』新曜社。

広田照幸（1997）『陸軍将校の教育社会史——立身出世と天皇制』世織書房。

福井康貴（2016）『歴史のなかの大卒労働市場——就職・採用の経済社会学』勁草書房。

藤村聡・山地秀俊（2005）「戦前期の企業内教育——貿易商社兼松の寄宿舎制度」『国民経済雑誌』第 191 巻第 2 号。

藤野裕子（2015）『都市と暴動の民衆史——東京・1905−1923 年』有志舎。

船寄俊雄・無試験検定研究会編（2005）『近代日本中等教育養成に果たした私学の役割に関する歴史的研究』学文社。

本田由紀（2005）『若者と仕事——「学校経由の就職」を超えて』東京大学出版会。

牧原憲夫編（2003）『〈私〉にとっての国民国家論——歴史研究者の井戸端談義』日本経済評論社。

マーケティング史研究会編（1998）『マーケティング学説史 日本編』同文舘出版。

増渕幸男（1996）「教養の形而上学」沼田裕之・安西和博・増渕幸男・加藤守通著『教養の復権』東信堂。

松重充浩（2006）「戦前・戦中期高等商業学校のアジア調査——中国調査を中心に」末廣昭ほか編『岩波講座「帝国」日本の学知 6——地域研究としてのアジア』岩波書店。

松本睦樹・大石恵（2006）「旧制長崎高等商業学校における教育と成果——明治・大正期を中心として」『経営と経済』第 85 巻第 3・4 号。

三鍋太朗（2011）「戦間期日本における官立高等商業学校卒業者の動向——企業への就職を中心に」『大阪大学経済学』第 61 巻第 3 号。

宮田昌明（2008）『西田天香——この心この身このくらし』ミネルヴァ書房。

三好信浩（2001）『渋沢栄一と日本商業教育発達史』風間書房。

三好信浩（2012a）『日本商業教育成立史の研究（増補）』風間書房。

三好信浩（2012b）『日本商業教育発達史の研究』風間書房。

三好信浩（2016）『日本の産業教育——歴史からの展望』名古屋大学出版会。

武藤秀太郎（2008）「戦間期日本における知識人集団——黎明会を中心に」猪木武徳編著『戦間期日本の社会集団とネットワーク——デモクラシーと中間団体』NTT 出版。

矢野眞和（2001）『教育社会の設計』東京大学出版会。

山田浩之（1998）「彦根高等商業学校生の社会的属性——地方高等商業学校の社会的機能」

『松山大学論集』第 10 巻第 1 号。

山田浩之（1999）「戦前における地方高等教育機関の社会的機能——松山高等商業学校を中心として」『松山大学論集』第 11 巻第 5 号。

山田浩之（2004）「高等商業学校におけるビジネスマン養成」望田幸男・広田照幸編『実業世界の教育社会史』昭和堂。

山野井敦徳編著（2007）『日本の大学教授市場』玉川大学出版部。

山本清（2015）「ガバナンスの観点からみた大学組織の変遷」『高等教育研究』第 18 号。

横井香織（2009）「近代日本の『外地』における高等商業教育——台北・京城・大連を事例として」金丸裕一編『近代中国と企業・文化・国家』ゆまに書房。

米川伸一（1994）「第二次大戦以前の日本企業における学卒者」『一橋大学研究年報 商学研究』第 34 巻。

米田俊彦（2000）「教育審議会の研究 高等教育改革」『野間教育研究所紀要』第 43 集。

李東彦（1992）「神戸高等商業学校における教育と人材養成」『神戸大学史紀要』第 2 号。

若林幸男（2007）『三井物産人事政策史 1876～1931 年——情報交通教育インフラと職員組織』ミネルヴァ書房。

渡辺かよ子（1997）『近現代日本の教養論——一九三〇年代を中心に』行路社。

あ と が き

　本書は，筆者にとって，『戦間期日本石炭鉱業の再編と産業組織——カルテルの歴史分析』（日本経済評論社，2009 年）についで，2 冊目の著書となる。石炭鉱業の研究を進めてきたが，その上で，高等商業学校の卒業生が財閥系の炭鉱企業に多く就職していたことを発見し，関心を深くもった。これが本書を執筆する契機となった。

　本書をまとめる際には，「戦間期日本における高等商業学校の就職斡旋活動」（大阪大学経済学会『大阪大学経済学』第 63 巻第 1 号，2013 年 6 月），「高等商業学校の学科課程改正 1920〜45 年」（和歌山大学経済学会『経済理論』382 号，2015 年 12 月）の 2 編を改稿した上で，本書の一部に織り込んだ。さらに，本書の公刊に先立ち，「戦前期日本における高等商業学校の経営史研究」（Working Paper Series 16-02，2016 年 5 月 18 日）を出すことによって，批判を仰いだ。

　本書の執筆には，和歌山大学図書館，名古屋大学大学文書資料室，小樽商科大学図書館，神戸大学附属図書館大学文書史料室などから史料閲覧の機会を与えていただいた。さらに，株式会社有斐閣の柴田守氏には本書の企画や校正などを進める上で大変お世話になった。

　なお，本書は，科研若手（B）「日中戦争期の高等商業学校と社会移動」（2010〜2012 年度，課題番号 22730619），「戦間期日本における高等商業学校と人的資本の形成」（2013〜2016 年度，課題番号 25870439）の成果の一部である。また，本書の公刊には，和歌山大学経済学部より出版助成を受けた。

　昨今，大学の改革に関する議論が盛んに行われているが，本書が少しでもそれらの議論の参考になれば幸いである。

　　2017 年 9 月

　　　　　　　　　　　　　　　　　　　　　　　　　　　長廣　利崇

索　引

【事項索引】

◎ あ 行

愛国貯金組合　184

アカデミズム　59, 99, 268-270, 274

アントワープ高等商業学校　3

石原産業海運　147

一燈園　173

イデオロギー教化　214

伊藤忠商事　148, 150, 166, 167

伊藤萬商店　148

岩井商店　148

岩尾商店　148

運動週間　181, 183, 188

王子製紙　150

大分高等商業学校　4, 21, 77-79, 94, 140, 253

大倉高等商業学校　4, 21

大阪外国語専門学校　85

大阪高等商業学校　3, 4

大阪市電気局　155, 163

大阪市役所　163

大阪商科大学　3, 113

大阪商工会議所　42

OJT　266

小樽高等商業学校　4, 17, 21, 34, 46, 77, 78, 82, 83, 94, 140, 161, 207, 231, 234, 236, 253, 268, 269

◎ か 行

外国語　1

学術優秀者　160

学生生徒の独創力啓発に関し教育上留意すべき事項　56

学制頒布七十年記念式　205

学徒戦時動員体制確立要綱　212

学問の自由　99

学　理　4

学歴社会　4

鹿児島高等商業学校　4

学科課程　62, 64

　――改正　66, 70, 228, 229, 231

　――の画一化　275

学校行事　193, 195, 213, 276

　――の「形式化」　214

学校整備要項　251

学校騒擾　104

加藤忠商店　148

兼　松　148

刈谷モデル　6

川崎造船所　148

緩罰主義　114-116

官立高等商業学校　→高等商業学校

官立高等商業学校生徒主事協議会　113

官立高等商業学校長会議　190

企業の教育要求　265

規矩生活　175

紀元節拝賀式　199, 207

岸橋商店　148

技術的・技能的教育　39-41, 57, 59, 60, 263, 267, 268, 270, 277

記念式典　203

九州帝国大学　85

宮城遥拝　193

旧制高等学校　118, 173

久徳信三商店　148

教育刷新協議会　251

教育審議会　237-241, 244, 263, 276

教育生産関数　5

教育制度改革案　30

教育同志会　31
教育ニ関スル戦時非常措置方策　251
教育の実際化　57, 265, 267, 268
教員構成　87
教員の採用　85
教員の昇進　89
教員の離職　85
教官会議　25
教授会　23, 25, 106, 107
共同印刷　268
京都経営学会　81
京都帝国大学　21, 79, 80, 85, 174, 239
教務主任会議　34
教　養　118, 173, 270
教養教育　272
教養主義　8, 9, 118, 137, 271
教　練　230
近代経済学　83
勤労作業　211-214, 216, 236, 255, 275
勤労動員　260, 261, 263
倉敷紡績　148
繰上卒業　217
呉羽紡績　150
軍人遺族　213
軍人援護精神昂揚運動　208
軍人援護ニ関スル勅語渙発記念日　205
軍　務　249
経営経済学　53, 228
経済史　228
経済審議会案　29
経済戦強調運動　188
経済戦強調週間　183
経済専門学校　237, 252-254, 258, 276
　──の学科課程　255, 256
継続的取引関係　139
ケース・メソッド　84
決戦教育体制確立案　251
現下ノ産業状態ニ鑑ミ実業教育上留意スヘキ
　事項　57, 92, 144
研　究　4, 76, 81, 82, 92, 93, 98, 269

研究組織　77, 78, 83
研究力　62, 75, 270
厳罰主義　110
興亜学生報国　189
興亜奉公日　188, 200, 201, 203, 213
工業経営専門学校　237, 252, 260, 276
工業専門学校　237, 252, 260, 276
航空訓練　211
公私生活刷新　191
公私生活ヲ刷新シ戦時態勢化スル基本方策
　187
江　商　148
校長会議　23, 244
校長の動向　20
高等教育拡張計画　3
高等教育機関拡張整備計画　27, 28, 46
高等工業学校　1, 38, 238
高等商業学校　1, 3-5, 237
高等商業学校教授要綱調査会　218
高等商業学校長協議会　23
高等商業学校の修業年限を四ヶ年に延長すべ
　き理由項目書　29, 54
高等商業学校標準教授要綱　218, 219, 221, 224,
　227, 230-232, 236, 255, 275
高等農業学校　238
校内選抜　154, 155, 161
校風刷新　187
神戸海上火災保険　147
神戸高等商業学校　3, 4, 16, 19, 27, 42, 45, 77,
　85, 140
國學院大學　85
国際公法　53
国際法　1
国民教化運動　193, 213, 275
国民国家論　7
国民心身鍛錬運動　182
国民精神作興運動　183
国民精神作興週間　181
国民精神総動員運動　172, 177, 178, 180-182,
　184, 189, 190, 193, 216, 275, 276

国民統合　7, 8
個人運動　150, 154
寿製作所　148, 161
ゴミ箱モデル　7, 273

◎　さ　行

採　用　148, 154, 168
作品煩悶型　129
雑　録　80, 81
差別待遇　18, 243
サラリーマン　126-128, 136
サレルノ大学　7
産業研究部　92
産業戦士　233
三和銀行　163
時間割編成　64
自彊術　175-177
時局講演会　180, 191
時局ニ対処スベキ実業教育方策ニ関スル意見
　34
思想事件　113, 271
実業学務局　21, 22
実業学校及実業専門学校卒業者ノ上級学校進
　学ニ関スル件　247
実業教育　266, 267
実業教育改善に関し社会の要求と認むへき事
　項並に之に対する方策　28
実業教育刷新改善　229
実業教育振興委員会　32, 265
実業教育振興中央会　218, 271, 275
実業専門学校　27, 238, 239
実業専門学校長会議　23, 32, 144
失業問題　144
実　際　81, 82
支那事変　203
支那事変四周年記念行事　203
自発性　60, 62
自発的研究　60
社会運動　129, 137
社会問題型作品　119, 128-130, 137

修業年限延長　16, 27-29, 32-36, 38, 48, 49, 57,
　59-61, 76, 219, 228, 243-245, 268, 272, 274,
　276
修業年限短縮　216, 217, 274
修業年限4年化案　242, 243, 267, 277
銃後後援　183
銃後後援強化運動　183
銃後後援強化週間　188
就職斡旋制度　138, 273
就職委員会　145
就職相談部　145-155, 163, 168, 273
就職動向　245
就職問題　144
自由選択制　61, 62, 64, 65, 75, 268, 274
集団勤労奉仕　182
集団的勤労作業　185, 187, 275
修　養　118, 173, 175, 191
修　練　184, 232, 234-236
主知主義的教育　233
需要申込数　245
昇　格　4, 16, 33, 36
商科大学　4
商業学校通則　3
商業史　228
商業実践　268
商業道徳　41, 271
商業無用論　276
詔書奉読式　201, 205
商人無用論　250
冗費節約及貯蓄奨励　180
傷病軍人　213
商法講習所　1, 3
昭和恐慌　144, 145
職員会議　25
職業教育　10, 32, 37, 272
職業教育機関（化）　30-32, 138
職業教育否定論　11, 273
職業指導　139
女性関係　104, 108, 109, 130
初任給　143

索　引　313

進学の制限　247

人格の陶冶　10, 56, 59, 74, 95, 118, 227, 265, 267, 268, 271, 272

シンガポール陥落・大東亜戦争祝賀行事　202

神社参拝　206, 213

心身鍛錬　180, 182, 185, 186

信託協会　266

人的資本理論　6

新年拝賀式　198

人物考定表　162

人物銓衡表　162

人物本位　160, 165, 166, 168, 169, 273

人文教育　10

進路状況　140

推　薦　139, 147-151, 154, 155, 160, 161, 163, 168

推薦者　151

巣鴨高等商業学校　4

住友信託　266

正規教員　87, 88

生産力拡充計画　212

聖旨奉戴一億総神拝　206

青少年学徒ニ賜ハリタル勅語　185

成績不振者　160

生徒管理　100, 101, 169

生徒心得　100-102

生徒指導　173, 180

生徒指導主事　113

生徒銓衡表　162

制度的リンケージ　139

生徒の教育需要　73

整理委員会　240, 242

整理統合　251

ゼミナール　71, 74, 94-96, 98

戦意高揚　213

1930年高等商業学校科目　49, 52

銓　衡　144, 148, 165, 166, 168

全国官公立高等商業学校長協議会　34

全国高等商業学校長会議　33, 34

全国中学校校長協会　31

全国直轄高等商業学校長協議会　28

戦時国民教化運動　215, 275, 276

戦時配給機構　250

戦時物価統制　250

専門学校　1, 9, 10, 30

専門学校ニ関スル要項　239

専門学校令　17

総合的判断能力　267

創造性　266, 267

粗食デー　180, 191

◎ た　行

体育功労者　160

第一銀行　144, 147

第一生命　165

滞貨一掃協力運動　208

大　学　9, 10

大学自治　25, 99, 265, 272

大学昇格運動　27, 39

大学と高等商業学校との格差　18

待遇格差　240, 241

第三高等学校　176

大正自由主義　99

大詔奉戴日　200, 201, 207

大詔奉読式　205

大政翼賛運動　200

大政翼賛会　189, 195, 213, 214, 216, 234, 276

大東亜戦争　203

大東亜戦争一周年記念行事　207

大東亜戦争第一周年記念日　205

大東紡織　42

大日本製糖　165

大日本文教報国会　251

大日本紡績連合会　268

高岡高等商業学校　4, 34, 79, 94, 140, 231, 252, 260

高千穂高等商業学校　4

高松高等商業学校　4, 31, 34, 52, 78, 94, 140

鍛　錬　232

知識教育　232, 233, 236

知識人階級　144

地方産業開発ニ鑑ミ実業専門学校ニ於テ留意
スヘキ事項　91

注入教育　266

注入主義　227

懲戒制度　104

調査　81, 82, 92, 98, 269

調査・研究体制の構築　91

調査組織　77-79, 83

調査部　91

徴集猶予の廃止　248

懲罰委員会　106

徴兵猶予廃止　263

勅語奉読式　206

貯蓄報国強調週間　183

貯蓄励行　183, 184

直轄学校学生生徒主事会議　191

詰込主義　56, 57, 59, 60, 74, 75, 96, 227, 268

帝国生命　165

天長節拝賀式　198, 199, 207

東京銀行集会所　265

東京高等商業学校　3, 4, 16, 21, 85, 95, 101, 102

東京商科大学　3, 39, 42, 45, 79, 154

東京帝国大学　79, 239

東京物理学校　239

同志社高等商業学校　4

同志社大学　85

東武鉄道　144

同盟休校事件　111, 112

東洋文化学会　30

独逸協会専門学校　173

独創性　60, 62, 266, 267

独創的研究　60, 265, 267, 268

独創力　62, 75

独創力啓発　56, 57, 61, 74, 75

特別委員会　240

特別委員会整理委員会　240, 242

特別講義　180

戸畑鋳物　160

取引コスト　138, 169

◎　な　行

内　申　168

内部統治の論理　169

長崎高等商業学校　4, 21, 45, 46, 48, 77, 78, 81, 94, 102, 114, 140, 221, 224

名古屋高等商業学校　4, 17, 21, 46, 48, 77, 79, 81, 83, 84, 94, 95, 140, 196, 269

浪華高等商業学校　4

日中戦争　172, 182

日本経営学会　81

日本経済連盟会　267, 269

日本女子高等商業学校　4

日本生命保険　163

日本窒素肥料　166

日本貿易協会　266

日本郵船　143

野村銀行　144

野村證券　82

◎　は　行

拝賀・奉祝式典　198, 199, 206

白虹事件　21

原田組　148

原田商事　148

万国公法　53

阪神ゴム製造所　161

阪神電気鉄道　147

煩　悶　121, 122

煩悶型作品　119, 120, 122, 137

彦根高等商業学校　4, 78, 79, 94, 95, 102, 140, 196, 231, 232, 252, 260

非昇格型高等商業学校　16

非常措置　251

非正規教員　87, 88

日立製作所　247

1人1社主義　154, 155, 273

福島高等商業学校　4, 48, 79, 94, 140, 195

福田商店　148

藤永勝商店　147
不正行為　104, 106-109, 116, 172
佛教大学　85
フンボルト理念　5, 8, 77, 87, 274
ヘルバルト派　100
防空訓練　209, 213
報国隊　195, 198, 209-212
報国団　190, 195-197, 211, 212, 234
奉仕デー　180, 182
防諜強化運動　208
奉読式　183, 185
簿　記　1
ホワイトカラー　138, 267
本科学科目　42

◎ ま 行

マーケティング　54
松下電器産業　148
松山高等商業学校　4
マルキシズム　112-114, 117, 124, 274
丸　紅　148, 149
満洲国　163
満洲国建国記念日　204
満洲国承認十周年記念日　204
満洲事変十周年記念式　204
三井銀行　144
三井鉱山　147, 155, 166, 247
三井合名　144
三井物産　147, 148, 266
三　越　165
三菱銀行　143, 147
三菱鉱業　82, 147
三菱合資　143, 165
三菱重工　147
三菱商事　147, 148, 266
三菱製紙　147
南満洲鉄道　143
ミュンヘン大学　5
明治精糖　148
明治節拝賀式　199, 200

面　会　148, 155, 160, 163, 165
文部省　178, 184, 193, 198, 217, 229, 247, 274,
　276
文部省実業学務局　247
文部省専門教育局　234, 250
文部省批判　35
文部大臣　196, 197

◎ や 行

靖国神社臨時大祭　199, 207
安田保善社　144, 165
山口高等商業学校　4, 21, 34, 46, 48, 77, 95,
　102, 140, 190, 221, 224, 231, 253
予科学科目　42, 49
横浜高等商業学校　4, 34, 78, 79, 94, 95, 97,
　140, 168, 241
横浜正金銀行　144
横浜市立横浜商業専門学校　4
4年制学科課程案　49, 52-54, 56, 57, 59, 60,
　219-221
四ヶ年制ノ具体的学科課程　268

◎ ら 行

理工系重点政策　251
立身出世　173
理　論　81, 82
臨時教育会議　3, 8, 41
臨時徴兵検査　248
励行寮　174-177
　──の規律　175
黎明会　99
恋愛型作品　119, 131, 134, 137
錬　成　173, 216, 232, 235, 236, 275
論　説　80-82, 97
論　文　98, 214

◎ わ 行

和歌山経済専門学校　248
和歌山県護国寺社例大祭参拝　206
和歌山工業専門学校　248, 260, 261

和歌山高等商業学校　4, 21, 29, 33, 35, 36, 46, 58, 59, 62-67, 73, 85-91, 94, 96, 97, 102, 104, 113, 114, 116, 119, 140, 144, 145, 154-157, 163-166, 168, 172, 174, 175, 178, 179, 182-184, 188-193, 195, 198, 200-206, 208, 209, 212, 214, 217, 221, 228-231, 233, 236, 248, 249, 252, 260, 269, 273-275

和歌山高等商業学校開校一五周年記念式　180

【人名索引】

◎ あ 行

赤松要　84, 95
安藤正純　240
伊藤延吉　113
伊藤義路　87
岩城忠一　93
印南伝吉　87, 93, 112
上田貞二郎　83
上原専祿　84
上原種美　240, 241
大石義雄　93
大久保忠雄　87
大西弘治　90, 93
大畑文七　87, 90, 93, 145
大淵慧真　93
岡橋保　85
岡本一郎　20, 21, 85, 111, 112, 114, 116, 145, 146, 174, 242, 244

◎ か 行

加川航三郎　35, 58, 64, 65, 215
賀川豊彦　198
唐木順三　118
河合栄治郎　9, 119, 272
河上肇　85, 99
北川宗蔵　87, 93, 94
北野熊喜男　227
木村重治　81
木村和三郎　93
小泉信三　240
古宇田實　269

郡菊之助　84
古賀経夫　64
小島昌太郎　81
後藤清　35, 36
後藤文夫　240, 241
小林甚兵衛　85, 90, 93
古林喜楽　87, 93

◎ さ 行

酒井正三郎　95
作田荘一　89
佐々木季邦　90, 93
佐野善作　39
渋沢栄一　22, 41, 271
島本英夫　35, 58, 66
下村寿一　240
新里文八郎　84, 85
鈴木庫三　232
前場治一　95

◎ た 行

高橋是清　140
田崎愼治　41
田尻常雄　21, 33, 34, 238, 240-245, 250, 263, 276, 277
多田満長　251
只見徹　20, 34
田所美治　240, 243
田中穂積　240
田中保平　20
田中隆三　29, 30
谷口吉彦　85

筒井清忠　118
手塚寿郎　83
東条英機　251
土岐政蔵　36, 58, 85, 90, 145, 165, 217
徳富蘇峰　22

◎ な　行

西島彌太郎　65
西田幾多郎　85, 176
西田天香　173
西田博太郎　32, 240
西山貞　64, 85, 87
新渡戸稲造　119
野村越三　173-175, 177

◎ は　行

橋寺太郎　93, 176
花田大五郎　21, 67, 114-116, 145, 146, 166,
　215, 217, 221, 233, 234, 244, 252, 276
馬場敬治　81
林博太郎　240
伴房次郎　18
府川哲雄　84
福田徳三　5, 8, 82, 95, 99, 269, 274
古川栄一　84
フンボルト, W.　11
穂積重遠　240
堀経夫　83
堀　南　84

堀江帰一　80

◎ ま　行

増地庸治郎　53
松本雅男　84
三上利三郎　90
水島密之亮　112
宮川實　36
宮田喜代蔵　40, 84, 95
茗荷幸也　90
村瀬玄　84
森岡常蔵　240
守屋守　85, 90

◎ や　行

矢野二郎　3
矢野恒太　269
矢野貫城　21, 33, 41, 242
山崎弥九太郎　21
山本勝市　35, 64, 65, 85, 87, 111
湯川貢　90
米倉二郎　90
米本新次　84

◎ ら・わ　行

リカード, D.　95
渡邊龍聖　17, 20, 21, 29, 33, 34, 37, 54, 81, 83,
　84, 268, 269, 272

◎ **著者紹介**

長廣　利崇（ながひろ　としたか）

2004 年，大阪大学大学院経済学研究科博士後期課程修了
現　　在，和歌山大学経済学部准教授（専攻：近現代日本経済史・経営史）

主要著作

『戦間期日本石炭鉱業の再編と産業組織——カルテルの歴史分析』日本経済評論社，2009 年

「戦前期三井物産の外国炭取引——台湾炭取引を中心に」安藤精一・高嶋雅明・天野雅敏編『近世近代の歴史と社会』清文堂出版，2009 年

『日本商業史——商業・流通の発展プロセスをとらえる』（共著）有斐閣，2017 年

高等商業学校の経営史——学校と企業・国家
Business History of the Higher Commercial School:
　Relationship between School and both Company and Policy before World
　WarⅡ, Japan

2017 年 11 月 15 日　初版第 1 刷発行

著　者　　長　廣　利　崇

発行者　　江　草　貞　治

発行所　　株式会社　有　斐　閣

郵便番号 101-0051
東京都千代田区神田神保町 2 -17
電話 (03) 3264-1315 〔編集〕
　　 (03) 3265-6811 〔営業〕
http://www.yuhikaku.co.jp/

印刷・大日本法令印刷株式会社／製本・牧製本印刷株式会社
ⓒ 2017, Toshitaka Nagahiro. Printed in Japan

落丁・乱丁本はお取替えいたします。
★定価はカバーに表示してあります。
ISBN 978-4-641-16511-3

|JCOPY| 本書の無断複写（コピー）は、著作権法上での例外を除き、禁じられています。複写される場合は、そのつど事前に、(社)出版者著作権管理機構（電話03-3513-6969, FAX03-3513-6979, e-mail:info@jcopy.or.jp）の許諾を得てください。

本書のコピー，スキャン，デジタル化等の無断複製は著作権法上での例外を除き禁じられています。本書を代行業者等の第三者に依頼してスキャンやデジタル化することは，たとえ個人や家庭内での利用でも著作権法違反です。